S0-DTC-386

SPRACHPHILOSOPHIE IN ANTIKE UND MITTELALTER

BOCHUMER STUDIEN ZUR PHILOSOPHIE

herausgegeben von

Kurt Flasch   Ruedi Imbach   Burkhard Mojsisch

Band 3

Sprachphilosophie in Antike und Mittelalter

Bochumer Kolloquium, 2.-4. Juni 1982

herausgegeben von
Burkhard Mojsisch

VERLAG B.R. GRÜNER — AMSTERDAM — 1986

SPRACHPHILOSOPHIE IN ANTIKE UND MITTELALTER

Bochumer Kolloquium, 2.-4. Juni 1982

Mit Beiträgen von

Tilman Borsche, Donatella Di Cesare,
Gerhard Endreß, Wilfried Kühn,
Alain de Libera, Burkhard Mojsisch,
Rudolf Rehn, Antonia Soulez

herausgegeben von

BURKHARD MOJSISCH

VERLAG B.R. GRÜNER — AMSTERDAM — 1986

No part of this book may be translated or reproduced in any form, by print, photoprint, microfilm, or any other means, without written permission from the publisher.

© by B.R. Grüner, 1986
ISBN 90 6032 233 9
Printed in The Netherlands

INHALT

Inhalt

V O R W O R T

Der vorliegende Band zur "Sprachphilosophie in Antike und Mittelalter" ist das Resultat häufiger Diskussionen und eines abschließenden Kolloquiums, das im Juni 1982 an der Ruhr-Universität Bochum stattfand.

Die Autoren haben versucht, grundlegende Perspektiven der antiken und mittelalterlichen Sprachphilosophie - das Wort in seinem Sachbezug, in seiner Selbstidentität und in seiner Relation zu es transzendierenden Bedeutungen oder zum Denken, der Satz und die für ihn konstitutive Dialektik als Sich-Unterreden, die Bezeichnung und die Bedeutung, die Sprache und ihre Funktion im Blick auf Grammatik und Logik, die Logik der Sprache - unter philologisch-literaturhistorischer wie philosophiegeschichtlich-systematischer Rücksicht herauszuarbeiten, dies mit der Intention, zu bekannten Denkern neue Einsichten zu gewinnen und zugleich weniger bekannten zu der ihnen gebührenden Bekanntheit zu verhelfen.

Der Beförderung erweiterter Erkenntnis zur gerade heute wieder an Aktualität gewinnenden Theorie der Sprache dürften besonders das Zugleich von Philologie und Philosophie wie der internationale Dialog zuträglich gewesen sein.

Daher ist vor allem Herrn Professor Dr. Kurt Flasch zu danken, diesen Dialog ermöglicht und bereichert zu haben.

Zu danken ist aber auch Frau Edith Sujata für mühevolle Schreibarbeiten, ferner Herrn cand. phil. Franz-Bernhard Stammkötter, der mit Sorgfalt die griechischen Zitate überprüft und das Personenregister erstellt hat.

Schließlich sei dem B. R. Grüner Verlag für seine - wie immer - untechnokratische Abwicklung der Herstellung herzlich gedankt.

Bochum, im März 1986 Burkhard Mojsisch

DONATELLA DI CESARE

HERAKLIT UND DIE SPRACHE

Am Anfang der philosophischen Reflexion wird das Denken in seiner Entfaltung und in seiner Äußerung durch die Intuition der archaischen Einheit der ontologischen, logischen und sprachlichen Ebene bestimmt[1]. Das Wirkliche und das Wahre werden im Griechischen durch dasselbe Adjektiv ὄν oder ἀληθές ausgedrückt; denn das, was als wahr gedacht wird, muß unausweichlich auch existieren und umgekehrt; ebenso muß das, was denkbar ist, auch seinen sprachlichen Ausdruck finden, sonst wäre es nicht einmal wahr und wirklich.

Den ersten Denkern erscheint nämlich die Welt der Wörter nicht nur durch dieselbe Objektivität und Bestimmtheit charakterisiert, die der Welt der Dinge eigen sind (und deshalb auch als von der Tätigkeit und der Willkür des Menschen unabhängig), sondern auch als ein Ganzes, das die wahre Struktur der Wirklichkeit enthüllen kann, die sonst dem Denken verborgen und von ihm unbeachtet bleiben würde. Das Sein findet seine Rechtfertigung in der Sprache[2].

"Das Wort ist nicht eine Bezeichnung und eine Benennung, nicht ein geistiges Symbol des Seins, sondern es ist selbst ein realer T e i l von ihm"[3]. Man muß noch hinzufügen, daß das Wort sogar mächtiger als die Wirklichkeit selbst erscheint. Weil man seine symbolische Funktion nicht versteht, wird das ὄνομα in univoker Weise auf die bedeutete Sache bezogen, so daß ein bestimmter Name einem bestimmten Gegenstand entspricht und umgekehrt (auf solche Weise bleiben die Synonymie und die Homonymie ausgeschlossen und deshalb unbekannt).

Die Sphäre der Wirklichkeit-Wahrheit hängt also von der Sphäre der Sprache ab. Der Sprachgebrauch und die Sprachbetrachtung - in diesem Fall des Griechischen - haben das Denken nicht nur der ersten Philosophen wie etwa dasjenige Heraklits, sondern sogar das des Aristoteles entscheidend beeinflußt[4]. Viele Probleme, auf die sie das Augenmerk gerichtet haben, finden ihren Ursprung nicht auf der ontologischen, sondern auf der sprachlichen Ebene.

Heraklit ist der typischste Vertreter der archaischen Logik. Es erscheint deshalb angebracht, um eine einseitige und irrige Interpretation seiner Fragmente zu vermeiden, die schon erwähnte Einheit der ontologischen, logischen und sprachlichen Ebene als hermeneutisches Kriterium anzuwenden. Die Sprachbetrachtung Heraklits ist selbstverständlich mit seiner Ontologie eng verbunden. Wir fangen also mit dem Fragment B 1 an, das das Werk Περὶ φύσεως [5] eröffnete und das in unserem Zusammenhang das bedeutsamste zu sein scheint: hier erscheinen nämlich Termini, die ebenso wichtig wie strittig sind.

"Diese Lehre hier, ihren Sinn, der Wirklichkeit hat, zu verstehen, werden immer die Menschen zu töricht sein, so ehe sie gehört, wie wenn sie erst gehört haben. Denn geschieht auch alles nach diesem Sinn, so sind sie doch wie Unerfahrene - trotz all ihrer Erfahrung mit derlei Worten und Werken, wie ich hier sie eingehend auseinanderlege einzeln ihrem Wesen nach und erkläre, wie sich jedes verhält; den anderen Menschen aber bleibt unbewußt, was sie im Wachen tun, wie was sie im Schlaf bewußtlos tun"[6].

Wenn wir von den objektiven Schwierigkeiten des dunklen Stiles Heraklits absehen, interessiert uns hier vor allem die Bedeutung der Termini λόγος, ἔπος und ἔργον. Es ist sicher kein Zufall, daß der Terminus λόγος sich immer als sehr schwer interpretierbar gezeigt hat und daß kein entsprechender Terminus in den neueren Sprachen zu finden war. Diesen λόγος, ewiges Weltgesetz, das das Werden des Ganzen regiert, verstehen die Menschen nicht, weder bevor sie ihn hören, noch nachdem sie ihn gehört haben. Wenn das Hören und das Sich-Ausdrücken immer korrelativ sind, so kann man daraus folgern, daß das Hören und das Nicht-Hören der Menschen sich auf die zweifache Möglichkeit beziehen, nämlich daß der λόγος eine sprachliche Form hat oder nicht[7]. Es ist daher unbestreitbar, daß der λόγος auch eine Rede ist. Andererseits kann man aus der Bemerkung Heraklits, daß die Menschen den λόγος nicht verstehen, sowohl bevor sie ihn gehört haben als auch danach, folgern, daß dieser λόγος sprachlich ausgedrückt werden kann, daß er sich aber zugleich auch sonst, d. h. in der Wirklichkeit, offenbart. Der λόγος ist sogar das Gesetz, das die Beziehungen zwischen den Dingen regelt und die wahre Struktur der Wirklichkeit widerspiegelt. Weil der λόγος das einzig wahre und wirkliche Sein sprachlich ausdrückt, bildet er den Schnittpunkt der drei genannten Sphären.

Da die Menschen sich in einem Zustand der Bewußtlosigkeit befinden, verstehen sie dieses Gesetz nicht, weder wenn es implizit in dem ontologischen Prozeß vorhanden ist noch wenn es eine explizite sprachliche Form annimmt.

Hier aber stellt sich die Frage, welche Bedeutung den drei Termini λόγος , ἔπος und ἔργον - gemäß ihren gegenseitigen Beziehungen - zukommt. In seinem Werk 'Die Sprache und die archaische Logik' hat Ernst HOFFMANN die Meinung vertreten, daß ein Gegensatz zwischen λόγος und ἔπος bestehe. HOFFMANN versteht unter ἔπος das einzelne Wort und unter λόγος den Satz[8]. Die Beschaffenheit des ἔπος sei dadurch charakterisiert, daß die Benennung, die den Gegenstand fixiert und dessen wahres und kontradiktorisches Wesen nicht widerspiegelt, sich eben deshalb als inadäquat erweise. Dies sei in der Fähigkeit vieler Wörter zu konstatieren, die mehrere Bedeutungen besitzen können. Während das ἔπος durch den Widerspruch gekennzeichnet sei - weil nämlich jedes Wort seinem Gegenteil entgegengesetzt werden kann - , vereinige der λόγος , der zugleich das Weltgesetz und der es ausdrückende Satz ist, dank seiner synthetischen Natur in sich die entgegengesetzten Wörter und erhebe sich somit über den Widerspruch. Die Menschen aber verstehen die παλίντονος ἁρμονίη nicht, vertrauen hingegen auf die Wirksamkeit der Wörter. Zwischen λόγος und ἔπος bestehe derselbe Gegensatz, der auch zwischen der allgemeinen und der privaten Vernunft existiert[9]. In bezug auf diesen Gegensatz vertritt Bruno SNELL dieselbe Meinung, nämlich daß Heraklit einen hohen Begriff des λόγος habe, weil er Sinn und Widersinn in sich einschließe; der Name hingegen, der nur einen Aspekt des Wirklichen andeute, isoliere den Gegenstand von den anderen und gebe von ihm deshalb ein falsches Bild[10].

CALOGERO hat HOFFMANNS Interpretation ausführlich kritisiert, obwohl er zugleich auch ihre Vorzüge hervorgehoben hat[11]. Nach CALOGERO setzt HOFFMANN eine einfache Unterscheidung fest. HOFFMANN selbst gestehe ein, daß die einzelnen Wörter dieselbe Wirklichkeitsstufe wie der Satz besitzen. Als Versöhnung der Gegensätze könne der Satz ohne sie nicht einmal existieren. Es sei außerdem notwendig hinzuzufügen, daß die wahre Wirklichkeit nach Heraklit aus den Gegensätzen und nicht aus deren Versöhnung besteht. Der λόγος selber sei dem Werden nie transzendent; in der Synthese hingegen, die der Satz bildet, verschwinde das Widerspruchselement, das die wesentliche Bedingung der Harmonie der Gegensätze darstelle. Aber vor allem sei die Interpretation des λόγος als Satz unannehmbar. Es sei sehr unwahrscheinlich, daß Heraklit sich schon der Natur des Satzes bewußt gewesen sei und daß er ihn deshalb dem einzelnen Wort entgegengesetzt habe.

Während also nachgewiesen zu sein scheint, daß gar kein Gegensatz zwischen λόγος und ἔπος besteht, ist es schwieriger, zu einer Interpretation von ἔπος zu gelangen und dessen Verhältnis zu ἔργον (das auch im Fr. B 1 erscheint) zu verstehen. Nach PAGLIARO hat man unter ἔπος die phonisch-akustische Konkretisierung des diskursiven Denkens zu verstehen, d. h. den Sprechakt unter seinem motorischen Aspekt[12]. Es bestehe dann kein Gegensatz, sondern bloß eine Unterscheidung zwischen λόγος und ἔπος. Die Identifizierung von ἔπος mit Name oder Wort, wie sie HOFFMANN vollzieht, sei dagegen unannehmbar. PAGLIARO behauptet, daß das ἔπος auf das

Bezeichnungselement zustrebe, wohingegen das ὄνομα zu der bedeuteten Sache hinneige; das ὄνομα sei das Zeichen in seinem ontologischen Verhältnis, und nur dieses Verhältnis könne als Maß der naturbedingten Wahrheit des Zeichens selbst angenommen werden[13]. Während ein vollkommener Parallelismus zwischen ἔπεα und ἔργα bestehe, d. h. zwischen dem Satz und der dargestellten Tatsache in ihren sprachlichen bzw. ontologischen Elementen, gebe es hingegen einen Gegensatz zwischen ὄνομα und ἔργον , d. h. zwischen dem Zeichen und seiner Bedeutung. Nach PAGLIARO findet man schon bei Heraklit nicht nur eine Unterscheidung zwischen Wort und Ding, sondern sogar einen Gegensatz, der nicht den Ausdruck gegenüber dem Inhalt (die Ausdrucksform ist in diesem Sinn vielmehr das Modell der Wirklichkeit), sondern eher das Verhältnis ὄνομα - ἔργον betreffe. Das einzelne Wort sei in dieser Hinsicht eine Kristallisierung, die sich als eine völlig inadäquate erweise, um das der bezeichneten Sache eigentümliche Werden auszudrücken. Nach PAGLIARO möchte Heraklit außerdem beweisen, daß der synthetische Prozeß, der durch die Prädikation des Subjekts innerhalb des Satzes, d. h. des λόγος , dargestellt wird, den Prozeß der Wirklichkeit im ganzen widerspiegelt.

Daß Heraklit ein sprachliches Modell vorschlägt, um die unsichtbare Harmonie zu erklären, die sich in den Dingen verbirgt, impliziert unausweichlich, daß er schon zwischen der ontologischen und der sprachlichen Ebene unterschieden hat und daß er sie dann wieder identifiziert. In Wirklichkeit ist es sicher möglich, daß die Sprache, wie gesagt, das Denken Heraklits auf irgendeine Weise bedingt und beeinflußt hat, aber freilich ohne daß er sich dessen bewußt gewesen ist. Darüber hinaus erscheint uns die Bedeutung unverständlich, die PAGLIARO dem ἔπος zuschreibt. Im Fragment B 1 wird ἔπος nicht in der Bedeutung von Sprechakt, der dem λόγος zugeschrieben wird, sondern in der Bedeutung von 'Wort' gebraucht.

Aufmerksamkeit verlangt vor allem die bestreitbare Behauptung, die nicht nur PAGLIARO, sondern auch andere wie z. B. CASSIRER und BORST vertreten[14], daß nämlich das Wort, welches die Sache begrenzt und sie aus dem allgemeinen Strom herauskristallisiert, sie auch einseitig bestimmen und ihr wahres Wesen deshalb nicht widerspiegeln würde. Dies würde hingegen in der durch den Satz gebildeten Synthese nicht vorkommen. Aus der genannten These geht hervor, daß Heraklit der Verfechter nicht der Richtigkeit der Namen[15], sondern deren Arbitrarität sei; er hätte also schon die Ansicht in Frage gestellt, daß der Name die bezeichnete Sache widerspiegelt. Andererseits - und dies scheint uns noch widerspruchsvoller - wäre eine Synthese aus Namen, die die Dinge nicht getreu darstellen, nicht richtiger, sondern eher qualitativ anders, weil sie, im Gegensatz zu den sie bildenden Elementen, der Wirklichkeit im ganzen entsprechen würde.

Zur Erläuterung der heraklitischen Auffassung des Namens und dessen Verhältnisses zur Sache ist es hier vielleicht nötig, den logisch-ontologischen Aspekt seiner Lehre kurz in Erinnerung zu rufen. Nur wenn die Lehre des allgemeinen Stromes aller Dinge ihm zugeschrieben wird, kann man ein negatives Bild des Wortes bei Heraklit annehmen: Heraklit hätte also die ὀρθότης ὀνομάτων deshalb abgelehnt, weil die Namen stabil blieben, während das Ganze sich bewege. Aber wie CALOGERO hervorhebt (und mit ihm stimmt MONDOLFO überein), hat die neuere Kritik, von REINHARDT her, die Notwendigkeit anerkannt, die Philosophie Heraklits, die vor allem durch das Motiv der concordia discors aller Dinge gekennzeichnet ist, von der Philosophie der späteren Herakliteer zu unterscheiden, in welcher die Idee des allgemeinen Strömens überwiegt. Diese letztere Lehre war das Ergebnis der Polemik gegen den Eleatismus.

Tatsächlich aber sind sowohl das Motiv des allgemeinen Werdens als auch das Motiv der concordia discors bei Heraklit vorhanden. Innerhalb des kontradiktorischen Gegensatzes bestehen noch die verschiedenen Begriffe: Alterität, Opposition, Widerspruch usw., und keiner von diesen wird deutlich von den anderen unterschieden und spezifiziert. Die Struktur der Wirklichkeit wird so durch die Idee der Relativität charakterisiert: jedes Ding wird durch Diversifikation und Opposition zu den anderen bestimmt. Das Werden entspringt also der reziproken Umwandlung der Gegensätze[17]. Πόλεμος "ist aller Dinge Vater, aller Dinge König" (B 53)[18]. Deshalb ist das Werden kein blindes Herabstürzen der Dinge, sondern ein weises Übergehen von einem Gegenteil zum anderen. Es gibt also ein dialektisches Gleichgewicht, das aus entgegengesetzten Kräften entsteht, die sich harmonisieren. Man nimmt eine oppositionelle Struktur der Wirklichkeit an, die so bestimmt ist, daß sie leicht durch die Namen widergespiegelt werden kann. Nur auf diese Weise kann man die heraklitischen Fragmente auslegen, die häufig nur für bloße Wortspiele gehalten worden sind; sie bezeugen uns hingegen, daß die Namen nach Heraklit φύσει sind. "Nun ist der Bogen dem Namen nach Leben, in der Tat aber Tod"[19]; βιός (Bogen) hat als ἔργον den Tod (θάνατος), aber als ὄνομα das Leben (βίος). Es handelt sich hier nicht um einen Gegensatz zwischen dem Namen und dem Gegenstand, durch den der Name sich unausweichlich als falsch und inadäquat erweisen würde. Diese Etymologie muß vielmehr als ein Beispiel für die Harmonie der der Sache selbst innewohnenden Gegensätze ausgelegt werden. Die παλίντονος ἁρμονίη regelt nämlich nicht nur die Beziehungen zwischen den einander entgegengesetzten Dingen, sie kennzeichnet auch die Struktur des einzelnen Gegenstandes. Zu ihrer Erklärung bedient sich Heraklit des Namens als eines Teiles der Sache, der deshalb die gleiche Wirklichkeitsstufe wie das ἔργον besitzt. Freilich hätte er eine solche Etymologie nicht schaffen können, wenn er den Namen als ein bloßes Etikett angesehen hätte. Der Name wird also weder abgelehnt noch in Frage gestellt, sondern eher überbewertet. Derselbe Name kann verschiedene Bedeutungen (mehrdeutiges Zeichen) haben, wie es aus dem oben analysierten Fragment B 48 hervorgeht, oder dieselbe Sache kann verschiedene Namen haben wie in dem Fragment B 60: "Der Weg hin und her ist ein und derselbe"[20].

Es ist allerdings notwendig, daß zwei entgegengesetzte Formen desselben Gegenstandes bestehen. Derselbe Weg kann Anstieg oder Abstieg genannt werden: es sind zwei Namen um ein und dieselbe Sache zu bezeichnen. Die Namen zeigen daher den dem Gegenstand eigentümlichen Widerspruch. Je zweideutiger der Name ist, desto mehr wird er von Heraklit geschätzt. Der Name ist das adäquateste Werkzeug, um die widerspruchsvolle Natur des Seins zu verstehen; gerade weil er in sich die Opposition besitzt, bildet er die Relativität der Sachen ab. Seine fließenden Umrisse ermöglichen es, jede Sache jedesmal in neuer und unterschiedlicher Art ihrem Wesen nach auseinanderzulegen[21]. Die symbolische Sprache der Sibylle ist für Heraklit deshalb die höchste, weil sie sich als zweideutig und widerspruchsvoll erweist und gerade deswegen als fähig, die Wahrheit zu enthüllen[22]. Wie das Feuer wandelt sich Gott in seine Gegenteile und verdient daher entgegegesetzte Namen.

Wenn aber ein Name etwas auf univoke Weise 'bedeutet', verliert er nach Heraklit die Fähigkeit, mehrere entgegengesetzte Bedeutungen zu haben. "Eins, das einzige Weise, läßt sich nicht und läßt sich doch mit dem Namen des Zeus (des "Lebens") benennen"[24].

Der Gott, die universale Vernunft, läßt sich nicht und läßt sich doch mit dem Namen des Zeus benennen, weil er Leben (Ζεύς kommt von ζῆν = leben), aber zugleich auch Tod ist[25]. Jedoch wird die zweite Bedeutung durch den Namen 'Zeus' nicht ausgedrückt. In diesem Fall ist also der Name nicht adäquat. Die Etymologie erweist sich nun als das wesentliche Werkzeug, dessen sich Heraklit bedient, um das ἔτυμον nicht nur der Wörter, sondern auch der Dinge zu entdecken. Die Suche nach der Wahrheit hat aber als Gegenstand immer die concordia discors. Der Name zeigt nämlich das Gleichgewicht zwischen entgegengesetzten Spannungen, eine Ambivalenz, die sonst verborgen bleiben würde.

Zur Bestimmung des Unterschieds zwischen Heraklit und den späteren Herakliteern, insbesondere Kratylos, scheint es angebracht hervorzuheben, daß Kratylos sich in bezug auf dieselbe Etymologie[26] mit dem bloß univoken Verhältnis des Namens zu der bezeichneten Sache begnügt. Zeus ist nur Prinzip des Lebens, nicht des Lebens und des Todes. Es fehlt also hier die heraklitische Opposition gerade deshalb, weil die παλίντονος ἁρμονίη nicht mehr als hermeneutische Methode und zugleich als Wesen der Wirklichkeit aufgefaßt wird. Die unterschiedliche Ontologie und die verschiedene Auffassung der Etymologie zeigen, daß Kratylos dem Problem der Richtigkeit der Namen gegenüber eine andere Position vertritt als Heraklit. Notwendig erscheint die Erklärung, gerade um zu einem tieferen Verständnis der Philosophie Heraklits und der Auseinandersetzung über die Richtigkeit der Sprache zu gelangen, daß sich das Denken des Kratylos, so wie es uns von Platon und Aristoteles bezeugt wird[27], von dem seines Lehrers unterscheidet. Es ist eher zu vermuten, daß die Position des Kratylos aus der Entwicklung und Veränderung der Philosophie Heraklits hervorgeht[28]. Die Auseinandersetzung mit dem Eleatismus führte unvermeidlich zu einem negativen Begriff des sowohl in den Namen wie auch in den Dingen existierenden Widerspruchs. Alle Merkmale der Sprache, die sie zweideutig, aber zugleich auch geschmeidig und fähig machen, jedwede Art von Wirklichkeit und Denken auszudrücken - Eigenschaften, die Heraklit hochgeschätzt hatte - , werden als negativ abgelehnt.

Die Alternative war klar: einerseits konnte man eine stabile Struktur der Wirklichkeit-Wahrheit erhalten, die der Welt der δόξα zugrunde liegt und durch den Widerspruch charakterisiert bleibt. Die Namen werden dann als bloße Etiketten aufgefaßt, als Ergebnis menschlicher Willkür und deshalb für unfähig gehalten, ein Erkenntniswerkzeug zu sein. Man gelangt auf diese Weise zu der Überzeugung, daß der einzige wahre Satz "daß IST" sei. Das ist bekanntlich die Position des Parmenides. Andererseits nimmt man die Lehre des πάντα ῥεῖ an und, nachdem der Widerspruch sowohl aus der Welt der Dinge wie auch aus der Welt der Namen ausgeschlossen worden war, erhielt man mit Mühe die Lehre der ὀρθότης ὀνομάτων , und dies ist die Position, die Kratylos vertritt. In diesem Sinn hat der Name eine einzige Bedeutung und einen einzigen Referenten. Deshalb setzt die Lehre der Richtigkeit der Namen, die Kratylos vertritt, eine Kunstsprache voraus.

Dies läßt sich nur erklären, wenn man bedenkt, daß die Sprachbetrachtung des Kratylos keine originelle ist; er knüpft nämlich an die heraklitische Sprachauffassung an und setzt sie als Ausgangspunkt voraus, wie es auch aus 'De Alimento' hervorgeht (dessen Autor ein Hippokrateer ist). Die Bezugsebene ist bei Kratylos, im Gegensatz zu Heraklit, nicht die sprachliche, sondern die logisch-ontologische. Gerade darum gelangt er am Ende, nur um damit das Thema des allgemeinen Werdens zu retten, zur Ablehnung des Gebrauchs der Verbalsprache und zur Annahme der Gebärdensprache, wie Aristoteles es uns in der 'Metaphysik'[29] bezeugt. Es handelt sich freilich nicht um nachahmende, sondern um anzeigende Gebärden, sonst hätten sie nämlich die gleiche Funktion wie Namen und wären dann Kristallisierungen, die sich als unzureichend erweisen würden, die Wirklichkeit in ihrem Werden darzustellen. Seine Lehre führt also zur Unmöglichkeit des Mitteilens, zu einer absoluten Aporie.

Bei Heraklit hingegen ist die Struktur der Sprache mit der Struktur der Wirklichkeit identisch: Jede Sache nimmt Bedeutung durch die Opposition gegenüber den anderen Sachen an. So besteht ein Widerspruch nicht nur zwischen den Sachen, sondern auch in den Sachen selbst, nicht nur zwischen den Namen, sondern auch innerhalb des Namens und schließlich zwischen Name und Sache als verschiedenen Formen ein und derselben Wirklichkeit.

Durch die komplizierte semantische Sprachstruktur erkennt Heraklit die Homonymie, die Polysemie und die Antonymie, und daraus leitet er das Gesetz des Gegensatzes und der Relativität ab, das er dann auf das Wirkliche projiziert. Obwohl er die These vertritt, daß die Namen eine naturgemäße Richtigkeit besitzen, könnte man trotzdem behaupten, daß die archaische Einheit der ontologischen, logischen und sprachlichen Ebene mit ihm zum ersten Mal einen Riß bekommt. Mit dem Ziel, die ewige Harmonie der Gegensätze zu beweisen, erkennt Heraklit, daß ein Name zwei verschiedene oder sogar entgegengesetzte Sachen bezeichnen kann und daß eine Sache durch mehrere Namen, welche verschiedene Bedeutungen haben, ausgedrückt werden kann.

Anmerkungen

1. Vgl. G. CALOGERO, Storia della logica antica, Bari, Laterza, 1967. - E. COSERIU, Die Geschichte der Sprachphilosophie, Teil I, Tübingen 1975, S. 27 - 28.

2. Das Sein befindet sich nämlich in der Sprache. So bemerkt M. HEIDEGGER: "Die Sprache ist das Haus des Seins." Vgl. M. HEIDEGGER, Platons Lehre von der Wahrheit, mit einem Brief über den "Humanismus", Bern-München 1975, S. 53.

3. Vgl. E. CASSIRER, Philosophie der symbolischen Formen, I, Oxford 1956, S. 56.

4. Vgl. E. HOFFMANN, op. cit.

5. Vgl. Sextus Empiricus, Adv. Math. VII, 132; - Aristoteles, Rhet. 1407 b 2.

6. Übersetzung von B. SNELL (in: Heraklit, Fragmente, hrsg. von B. SNELL, München 1979).

   Τοῦ δὲ λόγου τοῦδ' ἐόντος ἀεὶ ἀξύνετοι γίνονται ἄνθρωποι καὶ πρόσθεν ἢ ἀκοῦσαι καὶ ἀκούσαντες τὸ πρῶτον· γινομένων γὰρ πάντων κατὰ τὸν λόγον τόνδε ἀπείροισιν ἐοίκασι, πειρώμενοι καὶ ἐπέων καὶ ἔργων τοιούτων, ὁκοίων ἐγὼ διηγεῦμαι κατὰ φύσιν διαιρέων ἕκαστον καὶ φράζων ὅκως ἔχει· τοὺς δὲ ἄλλους ἀνθρώπους λανθάνει ὁκόσα ἐγερθέντες ποιοῦσιν, ὅκωσπερ ὁκόσα εὕδοντες ἐπιλανθάνονται.

7. Vgl. A. PAGLIARO, Nuovi saggi di critica semantica, Firenze-Messina 1956, S. 133-157.

8. Vgl. E. HOFFMANN, op. cit., S. 3.

9. Fr. B 2.

10. Vgl. B. SNELL, "Die Sprache Heraklits", in: Hermes, 1926, LXI, S. 368-9.

11. Vgl. G. CALOGERO, "Recensione a Hoffmann", in: Giornale critico della filosofia italiana, 1925, VI, S. 296 ff.

12. A. PAGLIARO, op. cit., S. 140.

13. A. PAGLIARO, ibidem.

14. Vgl. E. CASSIRER, op. cit., S. 67; - A. BORST, Der Turmbau von Babel, Stuttgart 1957, Bd. I, S. 96.

15. Wie es uns von Platons 'Kratylos' bezeugt wird.

16. Vgl. G. CALOGERO, "Eraclito", in: Giornale critico della filosofia italiana, 1936, S. 215.

17. Vgl. Fr. B 10, B 50, B 88.

18. Vgl. Fr. B 80. Übersetzung von B. SNELL. Fr. B 53.

Πόλεμος πάντων μὲν πατήρ ἐστι, πάντων δὲ βασιλεύς.

19. Fr. B 48. Übersetzung von B. SNELL.
Τῷ οὖν τόξῳ ὄνομα βίος, ἔργον δὲ θάνατος.

20. Fr. B 60. Übersetzung von B. SNELL.
Ὁδὸς ἄνω κάτω μία καὶ ωὑτή.

21. Vgl. Fr. B 1.

22. Vgl. Fr. B 93.

23. Vgl. Fr. B 67.

24. Fr. B 32. Übersetzung von B. SNELL.
Ἓν τὸ σοφὸν μοῦνον λέγεσθαι οὐκ ἐθέλει καὶ ἐθέλει Ζηνὸς ὄνομα.

25. Etymologie orphischer Herkunft.

26. Kratylos, 396 a.

27. Platon, Kratylos. Vgl. Aristoteles, Metaphysik, IV 5,1010 a 10.

28. Vgl. E. ZELLER - R. MONDOLFO, La filosofia dei Greci, Firenze 1968, Teil I, Bd. IV. - R.MONDOLFO, "Il problema di Cratilo e l'interpretazione di Eraclito", in: Rivista critica di storia della filosofia, 1954, IX.

29. Aristoteles, Metaphysik, IV 5, 1010 a 10.

ANTONIA SOULEZ

NOMMER ET SIGNIFIER DANS LE 'CRATYLE' DE PLATON

S'interroger sur "nommer et signifier" dans 'Le Cratyle' peut paraître une entreprise audacieuse sinon discutable.

En effet, nous avons, dans ce couple d'expressions verbales, une question plutôt à la mode qui évoque les controverses de W.V.O. Quine[1], le débat "antiplatonicien" autour du sens comme nom d'une entité intensionnelle bref des affaires logiques nées des réactions au frégéanisme et que des siècles séparent des préoccupations grecques. Sans compter que l'émergence d'une attention spécifiquement centrée sur la théorie de la signification dans une perspective symbolique a une histoire récente qui ne remonte guère plus haut que le milieu du XIXème siècle, période où s'amorce, contre le kantisme, un courant positiviste dont l'acmé semble atteint dans l'Entre-Deux-Guerres, lorsque l'empirisme rencontre, en l'instrument symbolique, l'indispensable organon de la philosophie nouvelle.

Si l'empirisme et les problèmes de signification ont partie liée dans l'histoire, comme l'affirme par exemple G. Granger au début de son livre 'Langages et Epistémologie'[2], le platonisme, qui ne saurait évidemment passer pour autre chose qu'un "idéalisme", devrait "rejeter" toute question ainsi posée. La "répugnance essentielle" entre l'"idéalisme" et la prise en considération du langage comme thème autonome invaliderait toute enquête s'appliquant rétroactivement à des systèmes où la référence à l'être fait du langage un simple véhicule expressif destiné à s'effacer devant son contenu[3].

Un tel diagnostic peut ne pas entraver toute recherche sur un dialogue tel que 'Le Cratyle', mais il y décèlera les symptômes d'une dévaluation du langage conforme à la leçon qu'enseigne l'histoire de la pensée "idéaliste"; il y trouvera donc confirmation d'une incompatibilité intrinsèque entre une philosophie des Idées et une théorie de la signification.

D'ailleurs 'Le Cratyle' ne dit-il pas lui-même qu'on ne découvre pas les choses au moyen des noms, et que, pour découvrir la vérité, mieux vaut aller aux "choses-mêmes" sans recourir aux noms (438 d)?

Tel n'est pourtant pas notre avis. Au premier argument, nous répondons que la distinction entre "nommer" et "signifier" n'a rien d'anachronique, et que "projetée" sur 'Le Cratyle', elle engage un point discuté dans 'Le Sophiste' et dans ces termes. Les passages 261 d - 262 e examinent, sous le titre d'"enquête sur les noms" (261 d), de quelle façon un discours qui entrelace des noms avec des verbes, produit un sens (σημαίνει) tandis qu'une suite de noms, mis bout à bout, n'en produit pas. La question de la signification n'est donc pas étrangère à une philosophie comme celle du "platonisme". Et qu'une phrase fausse puisse également signifier quelque chose (263 d), le dialogue du 'Sophiste' le dit pour la postérité, la postérité des philosophes, mais aussi celle des logiciens.

A regarder 'Le Cratyle' de près, cette question évoquée par le 'Sophiste' n'est pas absolument nouvelle dans l'oeuvre-même de Platon. Sans mentionner aussi vite le vocabulaire on ne peut plus varié de la signification, 'Le Cratyle' semble bien, en certains passages, pointer en direction d'une analyse du procès signifiant, non certes pour répondre clairement à la question de "la signification des phrases fausses", mais pour réhabiliter le langage au prix des noms et moyennant leur dévaluation.

'Le Cratyle' n'est ni un dialogue sur l'étymologie - c'est pourtant l'opinion de D. Ross[4] -, ni un écrit qui raye le langage du champ de la philosophie contrairement à ce que laisserait entendre l'"énigme" du "retour aux choses-mêmes", dont s'inspirera Heidegger[5], à la suite de son maître Husserl. Et s'il traite du langage sans se limiter à des spèculations sur l'étymologie, il n'est pas non plus une enquête qui, indifférente au procès du langage, ne tendrait qu'à cerner son statut d'origine pour prendre position dans le débat qui oppose les thèses du parti naturaliste représenté par Cratyle et du parti conventionnaliste représenté par Hermogène. Mais ce que nous tenons ici à montrer c'est que 'Le Cratyle' ne se limite pas non plus à une enquête sur la dénomination, sous prétexte que son objet est "la justesse des noms".

L'objet véritable du dialogue est clairement annoncé au passage 384 b-c. La "justesse des noms", n'est que l'objet "apparent", celui sur lequel il y a désaccord. Ce que Socrate propose de "rechercher, de concert avec Hermogène et Cratyle" (384 c) est "la vérité au sujet de la justesse des noms": τὴν ἀλήθειαν περὶ ὀνομάτων ὀρθότητος (384 b6). Disons plutôt, la justesse de la justesse.

A ce niveau "sémantique" où la relation de rectitude devient le centre de la réflexion, on s'élève au-dessus des controverses pour viser l'accord. L'accord s'identifiant avec l'entente sur l'essence du discours juste, le langage réalise sa vocation qui est de réunir les usagers et par là de préparer à la concorde publique[6], à moins qu'il en soit déjà, ainsi compris, le signe audible. Parvenu à ce niveau d'entente, il sera alors possible de dire "qui a raison, d'Hermogène ou de Cratyle" (384 c8), autrement dit, de départager les candidats à la bonne théorie de la justesse au premier degré après qu'une critique de l'emploi du mot "justesse" ait été menée sur un front puis sur l'autre, et sur des modes réfutatoires divers.

La conclusion du 'Cratyle'? Et d'abord y-en-a-t-il une? Oui. Elle n'est ni dans ce morceau "sur la valeur des divers éléments" (426 c - 427 d) que retiendront les linguistes d'aujourd'hui parce qu'il est la première anticipation d'une théorie phonologique, ni dans ce que nous avons tout à l'heure qualifié un peu méchamment d'"énigme" du "retour aux choses-mêmes", mais dans un passage sérieux où Socrate ne réfute plus personne, et élabore une théorie positive de ce qu'il appelle " ἔθος " et qui est un autre nom, meilleur sans doute, de la convention (συνθήκη). Ce passage est le dernier moment d'une longue discussion avec Cratyle sur la ressemblance, qui a commencé en 428 a, tout au long de laquelle, Socrate, d'étapes en étapes, et non sans ménager Cratyle, désintègre le schème de la mimesis appliqué au cas du langage. La définition de l'ἔθος est assez forte pour faire renoncer, même à regret, à la "noble hypothèse" des noms en tous points semblables aux choses (435 c). Tel est donc, par définition, le " λέγειν ": quand j'articule ce mot, j'ai dans l'esprit ceci-même que toi tu reconnais que je conçois (quand je l'articule) (434 e)[7]. Cette "reconnaissance" est l'acte par lequel autrui identifie mes paroles en les rapportant à ce que je pense tandis que je parle. Procès intersubjectif, "dire" signifie échanger des mots dont le référent est en étroite connexion avec l'usage grâce auquel l'identification est possible. Il s'agit bien de "dire" et pas seulement de "nommer" quoique le contexte suggère l'énonciation des vocables pris un à un et de type nominal (l'exemple dans le passage 434 e est: σκληρόν). Reportons-nous en effet au passage 432 e qui laisse clairement apparaître une distinction entre nommer ὀνομάζειν et dire λέγειν . Certes "dire" s'entend sans doute encore au sens d'employer des noms. "Dire" est en ce sens le nom de l'opération instrumentale, mais aussi le but de cette opération (387 c où "nommer" est appelé une "partie" de l'acte de "dire" en vue duquel nous employons les noms), en d'autres termes "instruire". Les considérations "instrumentales" sur le nom ont posé les premiers jalons en vue de ce que M. Schofield appelle le "dénouement du Cratyle"[8]. Loin d'apporter un renfort d'arguments à la thèse cratylienne de l'imitation des choses par les noms, elles préparent le terrain à la discussion d'une certaine conception de la naturalité des noms, et à un niveau qui n'est nullement celui de la justesse au premier degré, mais celui de l'emploi correct du mot j stesse que nous avons plus haut qualifié de "sémantique" (388c). Si l'instruction est bien la finalité sémantique de la justesse, nous tenons dès 388 c le fil qui doit conduire à la caractérisation d'une opération qui n'est encore, en 388 d, qu'une simple "utilisation" dont le but est pour les usagers de communiquer, en se conformant aux règles de l'échange dont le dialecticien est seul à posséder la raison. L'ἔθος de 434 e est une reprise développée de la χρῆσις dont les auteurs sont en 388 d: "nous-mêmes".

Or dans la notion d'"usage" entre l'idée d'une combinaison de noms, d'une association de vocables en phrases. L'usage suppose l'accomplissement de ce qu'on appelle de nos jours un "mouvement dans le langage". Ce "mouvement" ne serait pas sans l'intervention d'un facteur qui opère au niveau du tout de l'assemblage. C'est déjà reconnaître que les "unités linguistiques" (les noms) ne sont pas des "unités de signification"[9].

En 431 c la formule du 'Sophiste' est disponible[10]. Cette combinaison de vocables relie noms et verbes (τὰ ὀνόματα ... καὶ ῥήματα ...) en une σύνθεσις dont la suite de l'analyse va révéler qu'elle a perdu les traits de ressemblance avec l'objet représenté, ce qui ne l'empêche pas pour autant "d'énoncer la chose", de sorte qu'en énonçant la chose, alors la chose se trouve énoncée: λελέξεταί γε τὸ πρᾶγμα (433 a) conformément au principe de la justesse "naturelle-instrumentale" (l'expression est de nous) de Socrate formulé en 387 c - 387 d.

Le moment est venu de retracer brièvement les étapes du chemin qui conduit à envisager le procès discursif autrement qu'en le rapportant à une imitation des choses par les noms. Au moment où la discussion s'engage avec Cratyle, il y a déjà quelques acquis importants dont la majeure partie se laisse deviner au huitième du dialogue, avant que Socrate ne s'engage dans des spéculations étymologiques.

On sait en effet que dire est une sorte d'acte (μία τις τῶν πράξεων 387 b) dont la justesse consiste en ce que la chose soit dite quand on la dit. Remarquable est cette première approche que nous avons tout à l'heure signalée et qui ne s'embarrasse d'aucune terminologie afférant à la représentation imagée. La détention des règles par le dialecticien suffit sans doute à certifier la correction de l'usage. Le dialecticien, c'est-à-dire la figure de cette légalité interne du discours en vertu de laquelle celui-ci, sans nécessairement ressembler aux choses, les dit avec "succès"[11] et de manière intercompréhensible.

N'y a-t-il pas, au coeur de ce qui pourrait passer pour un simple exercice analogique transportant au "sujet" des noms les caractéristiques des paradigmes artisanaux, les bases d'une réflexion sur les condition de l'entente publique dans la cité, dont le dialecticien, sorte de version linguistique du philosophe-roi, serait le garant en tant qu'il est l'expert du dialogue?

Sont dès lors en place, avant même que ne se dégage par degrés, la définition de l'ἔθος en 434 e:

- l'idée que dire est un procès destiné à instruire
- le caractère dialectique des lois qui le régissent
- le domaine public où il exerce.

Il reste toutefois un second pas à franchir pour démontrer que réussir à dire n'est pas de l'ordre de l'imitation, contrairement à ce que soutient Cratyle contre Hermogène. Le schème de la Mimesis, appliqué aux noms s'avère en effet impropre à résoudre la question du sens. C'est pourquoi le mouvement qui portera à dépasser la définition étroite de la "naturalité" de la justesse selon Cratyle est le même que celui par lequel il s'agira de dépasser une conception atomistique du logos comme tout d'éléments dénominatifs. L'accès au procès signifiant du "dire" suppose aussi une critique que le 'Théètète' systématisera dans un passage bien connu (voir le "songe" à partir de 201 e) où il est permis de lire une critique de Democrite.

Nous voulons ici montrer que Platon se retourne contre la Mimesis comme cadre de l'atomisation du logos en noms-tableaux.

Le long excursus sur les étymologies a généralisé et caricaturisé la mimesis en l'étendant inconsidérément des noms aux syllabes, des syllabes aux lettres. La conséquence de cette généralisation est une définition discutable de la signification en vertu de laquelle nommer c'est révéler: ὀνομάζειν = δηλοῦν. Le présupposé est une illusion, celle de croire que les attributs d'un tout se distribuent identiquement à ses parties[12].

Ch. Lenormant[13] signale dans son 'Commentaire du Cratyle de Platon' que Platon a déployé, sous l'apparât étymologique, toute sa méthode paradigmatique.

Le résultat est une inversion de la relation ὄνομα / λόγος. Socrate en est venu, à force de traquer l'intention signifiant dans les plus petites unités du discours, à visionner le tout dans ses parties. Ainsi retrouve-t-on, dit-il, dans certains noms de dieux, "tout un discours"[14]. Le modèle mimétique conduit à fétichiser la signification en faisant des noms et de leurs "atomes" (στοιχεῖα) des effets des choses.

C'est encore ensemble que fonctionnent, dans le tableau de 426 c - 427 e où les linguistes s'accordent à voir le meilleur d'un Platon précurseur de la linguistique[15], le schème de la Mimesis et le principe de l'atomisation du discours. Ce dernier méconnaît la différence de niveau qu'il convient de marquer quand on passe des éléments du discours à une totalité signifiante. En l'appliquant, on croit dit Socrate (424 bc) que "c'est avec des syllabes et des lettres que se fait l'imitation de l'essence", affirmation on ne peut plus "risible" (425 d).

Le modèle "phonétique" des lettres et des syllabes[16] joue ici le rôle d'un obstacle épistémologique qui freine l'accès à une théorie de la signification affranchie de l'imagerie de la ressemblance. Il faut attendre 'le Sophiste' (262) et 'le Théètète' (202) pour que ce "modèle phonétique", enrichi de la théorie de la force assertive propre au verbe, permette au contraire d'envisager un type de liaison supérieur à la simple agrégation d'atomes linguistiques. Dès lors adapté à la démonstration que ce qui est dit dans un énoncé est plus que le "nommé", il permet de distinguer l'entrelac doué de sens de l'assemblage d'atomes de sens détachables, un point difficile que

Frege cherchera à exprimer[17].

Mais dans le 'Cratyle', la notion sémantique d'une liaison par le verbe n'apparaît pas encore. Le "modèle phonétique" y est encore en quelque sorte incomplet. C'est donc en s'en écartant que Socrate pourra s'acheminer vers une théorie de l'énoncé.

On comprend mieux le tour de force que suppose l'abandon des audacieuses spéculations sur le symbolisme phonétique appliqué aux noms primitifs. En dénonçant la confusion entre "signification" et "expressivité", "discours" et "agrégat d'organes sonores" (426 c2) Socrate condamne, avec l'illusion de la connaissance des noms dérivés à partir des noms primitifs (transposition temporelle de l'illusion de la connaissance du tout à partir de ses parties Cf. 'Le Théètète) la conception de la signification qui est à la base des pratiques étymologiques. Car le même tableau sur la valeur des sons et celle de leur composition, autorise bien une analyse "herméneutique" du discours comme s'il était tout entier traversé d'"effets de sens" jusqu'en ses éléments les plus ultimes. Le "délire herméneutique" n'est plus très loin, dès l'instant où l'on fait du discours un tout d'atomes interprétables. Tel n'est pourtant pas le discours qui, s'il est "herméneute"[18], est tout le contraire d'un système d'"intentions" sonorisées dans des mots.

Mais comment Platon va-t-il réussir à démontrer, sans l'aide d'un modèle phonétique adéquat, que signifier est produire un énoncé dans une relation d'échange où le critère de la reconnaissance par autrui de ce que je conçois en mon esprit remplace l'entité extra-linguistique à laquelle ne renvoie que le nom? En s'attaquant au paradigme de l'imitation[19] et en administrant la preuve qu'à imiter la chose à l'aide d'atomes nominaux ou litéraux, on emprunte au peintre un procédé qui tient plus d'un langage gestuel utile au muet, qu'à l'homme doué de voix.

Il n'est donc pas possible d'affirmer que Platon développe, dans le 'Cratyle', une théorie mimétique (même relativisée) de la signification[20]. La mimesis s'avère au contraire incapable d'expliquer le procès signifiant. Tout l'intérêt de la discussion avec Cratyle est là: démontrer qu'une conception iconique de la signification sacrifie notre instrument de communication par excellence, à savoir le logos. Inversement la critique que va subir la Mimesis à partir du 'Cratyle' 430 a est une preuve que ce dialogue agite plus que de simples questions de mots et qu'il précède 'Le Sophiste' et 'Le Théètète' dans la recherche de l'"essence" du langage[21].

Socrate, non sans avoir discrètement pointé la difficulté qu'il y a à ne pas pouvoir au moins "affirmer" des faussetés d'après Cratyle (... φάναι δέ 429 e I), passe à l'argument qu'une imitation peut être partiellement exacte. L'exactitude partielle prépare déjà à renoncer à la belle hypothèse de la ressemblance (431 d).

La seconde étape consiste en 432 b à tourner plus radicalement le dos à l'idée d'une représentation de tous les caractères de l'objet. Mais le vocabulaire de l'image est conservé: εἰ μέλλει εἰκὼν εἶναι (432 b4). L'argument que "tout serait double" si les noms imitaient les objets exige qu'on fasse désormais son deuil du thème de la ressemblance.

La troisième étape introduit une notion intéressante qui s'offre comme un substitut terminologique de l'image: ὁ τύπος (432 e 6). Notons que son apparition coïncide avec la "remontée sémantique" à la phrase (λόγος). Socrate distribue cette fois la "dissemblance" mais en sens inverse du procédé atomistique. Il passe de la lettre au nom et du nom à la phrase dont on sait, depuis 431 bc, qu'elle est une σύνθεσις d'éléments nominaux et verbaux. L'expression τύπος paraît ici proche de ce que Ryle appelle "a propositionnal difference" et qu'il distingue des "propositionnal components"[22].

Le passage de l' εἰκών au τύπος marque un moment important de la critique de la mimesis. Il permet de "retrouver" un point antérieurement établi dans l'entretien avec Hermogène: celui du "succès de l'ajustement" par la coïncidence de l'action et de la passion (λέγειν- λέγεσθαι). Le πρᾶγμα est le lieu identique où se fait la pliure du dire et de l'être-dit. Ainsi compris, il prend le sens non plus de "chose désignée", mais d'"objet du discours". La présence du τύπος tolère la fausseté et s'en accommode: κἂν μὴ πάντα τὰ προσήκοντα ἔχῃ (433 a 4-5). L'énonciation de l'objet n'est plus incompatible avec une imitation ratée. Mais s'il en est ainsi, il n'est plus possible de "chercher une autre définition de la justesse": ζήτει τινὰ ἄλλην ὀνόματος ὀρθότητα tout en persistant à voir dans le nom une représentation (δήλωμα) de la chose à l'aide de syllabes et de lettres (433 b). Cela veut dire qu'arrivé à cette étape de l'analyse, il faut choisir entre deux "modèles", celui de la représentation imagée qui s'est avéré défectueux, ou celui qui permettrait de formuler la justesse autrement. Cette mise en demeure indique qu'il faut changer de cap mais Cratyle recule devant le risque d'avoir à renoncer à l'hypothèse des noms bien faits (καλῶς κείμεναι 433 c 3). Aussi Socrate revient-il, comme pour le rassurer, au langage de la ressemblance (en 434 a).

La quatrième étape est celle de la mise en place de l'"usage" à partir de l'argument de la non-ressemblance des éléments litéraux avec ce que l'on cherche à exprimer par leur composition. Le passage semble être une concession à Hermogène, mais sur une base nouvelle qui rapporte l'"usage" non pas tant à un contrat passé entre usagers, qu'au procès signifiant lui-même[23].

Mais comment dire "autrement" qu'avec le vocabulaire de la ressemblance dont dépend encore l'argument de la dissemblance, que "signifier" ne revient pas à "imiter"? D'où le retour du modèle mimétique en 435 a-b même si c'est pour le réduire à "presque-néant". "Presque-néant", entendons par là cette situation terminologique bien embarrassante où Platon dit à la fois que 1) le sujet du verbe représenter: δηλοῖ (435 b2) n'est plus la ressemblance (ἡ ὁμοιότης) mais l'usage τὸ ἔθος , et que 2) l'usage est un δήλωμα.

Tout ce passe comme si Platon, dans l'approche d'une théorie de la signification, buttait contre la difficulté d'un bon modèle terminologique. C'est donc encore à des expressions relevant de la représentation par l'image que Platon fait subir des modifications de sens. Ainsi, δήλωσις en vient-il à signifier la représentation de ce que j'ai dans l'esprit (435 b), et non plus l'imitation d'une entité extra-linguistique.

Mais il est clairement entendu que l'hypothèse des noms semblables aux choses ne correspond pas à la réalité de la communication publique (435 c). Que la preuve s'administre "en parlant", Cratyle en est témoin à ses dépens (cf. 434 e). Tel est bien l'"usage" dans la thèse platonicienne de la justesse.

C'est pourquoi 'tu' es "maître" (κῦρος 435 c1) en ce qui concerne la rectitude des noms, non parce qu'elle relève d'une décision arbitraire de ta part, mais parce que ton agrément signe la reconnaissance mutuelle de l'emploi d'une phrase pour ce que j'entends dire par son moyen.

L'étroite connexion entre la διάνοια , en ce sens discursif[24] et l'usage, a l'avantage de nous faire échapper à l'arbitraire de la convention selon Hermogène, en rapportant le procès signifiant à la dimension intersubjective de l'échange en cité.

Pour résumer, Platon est allé ici le plus loin possible dans l'analyse du procès signifiant. 435 d marque le point ultime, le sommet du dialogue[25]. La suite n'apportera à cet égard rien de neuf. Socrate se contentera de renverser l'énigme de Cratyle en en produisant une autre, avant d'achever l'entretien par un rêve qui contient un appel à la stabilisation de la connaissance. Que l'enquête du 'Cratyle' culmine en ce passage 435 c-d ne signifie pas toutefois que Platon y affirme une théorie complète et satisfaisante de "l'acte de dire". Non seulement un modèle d'interprétation (un "langage" au sens logique d'aujourd'hui) fait défaut, qui permettrait d'exprimer la critique de la Mimesis dans un vocabulaire qui ne lui devrait plus rien, mais le 'Cratyle' laisse dans l'indétermination le mode d'articulation théorique de l'"usage" avec ce qui reste de la "représentation" et qu'il faut encore appeler δήλωσις (435 b6). La "contribution" de l'"usage" à la "représentation", qu'est-ce à dire? Comment comprendre cette expression très neutre de συμβάλλεσθαι (435 b5)? Il est certain que l'"usage" ne "s'ajoute" pas à la "représentation" de ce que l'on conçoit tandis que l'on parle.

Nous pensons qu'un retour en arrière vers la garantie dialectique du bon emploi des noms, renferme une amorce de réponse à ce problème. Le travail de pensée dont s'accompagne l'opération langagière est ce dont le dialecticien est la figure personnalisée. Les définitions discursives de la pensée, dont "Le Sophiste' nous livre une approche qui ne permet pas de séparer διάνοια et λόγος (263 e, cf. 'Théètète' 189 e - 190 a), contiennent un argument précieux en faveur d'une lecture soucieuse de confronter la théorie platonicienne de la signification dans 'Le Cratyle' avec celle des Idées, comme denotata[26].

Nous espérons ici avoir contribué à ouvrir une voie possible pour examiner de quelle façon 'Le Cratyle' pourrait être lu, non comme un programme de "reconstruction rationnelle du langage"[27], mais comme une réflexion sur le mode d'inscription des règles dans l'usage, en un mot sur une pratique dialectiquement normée où les exigences de la rectitude se manifestent au sein d'une communication bien gérée, dans le présent[28].

NOTES

1) Voir par exemple le début de: Philosophy of Logic, Prentice-Hall 1970.

2) Cf. introduction: Idéalisme, Empirisme et Philosophie du Langage, ed. Klincksieck, 1979.

3) V. Goldschmidt oppose encore le langage comme "véhicule expressif" de la pensée à la "pensée pure" dans son: Essai sur Le Cratyle, Paris, Champion, 1940.

4) Cf. D. Ross, The Date of Plato's Cratylus, dans: Rev. Intern. de Philosophie 9 (1955).

5) Cf. (par ex.) M. Heidegger, Sein und Zeit, § 166: "La réflexion philosophique doit renoncer à la 'philosophie du langage' pour se reporter 'aux choses-mêmes' ... ".

6) Pour cette raison, nous sommes en désaccord avec la lecture de Raphaël Demos, Plato's Theory of Language, dans: Journal of Philosophy 61 (1964), pour qui Platon fait l'impasse sur la fonction de communication sociale de l'outil du langage et qui affirme que l'intérêt porte sur la relation aux choses, et non sur les sujets parlants.

7) τὸ ἔθος ... ὅταν τοῦτο φθέγγωμαι, διανοοῦμαι ἐκεῖνο, σὺ δὲ γιγνώσκεις ὅτι ἐκεῖνο διανοοῦμαι;

8) Cf. article dans le volume: Language and Logos, ed. M. Schofield et M. Nussbaum, Cambridge University Press 1982 (offert à G.E.L. Owen).

9) Cf. la distinction de Benveniste entre la "phrase" et les "signes" dont la langue est un système. Seule la phrase est "unité du discours" (dans: Problèmes de Linguistique Générale, Gallimard 1966).

10) Mais non encore véritablement au point. Cf. plus bas. La valeur "synthétique" du verbe est annoncée, non thématisée. Cf. Soph. 262 e sur la différence entre nom et verbe: le nom désigne un "pragma" tandis que le verbe représente une "praxis". Cette nuance entre "pragma" et "praxis"

n'est pas dans le Crat. Par ailleurs le sens "verbal" de ῥῆμα en 431 c paraît nouveau dans le dialogue (cp. 399 b, 425 a 1).

11) Sur l'importance du succès de l'ajustement du dire aux choses, voir l'analyse de Thomas Wheaton Bestor, Plato's Semantics and Plato's Cratylus, dans: Phronesis 25 (1980). C'est le même argument du "succès de l'ajustement" qui est opposé dans le Soph. 248 d - 249 a à la thèse éléatique qui immobilise la connaissance au lieu d'y voir un processus. Mais le mobilisme héraclitéen lui aussi compromet à sa façon cet ajustement en retirant au processus le critère objectif qui permettrait de l'identifier dans son cours (fin du Crat.).

12) Ce présupposé est à l'oeuvre dans le curieux passage 385 c.

13) Athènes 1861.

14) Ἀτεχνῶς γάρ ἐστιν οἷον λόγος τὸ τοῦ Διὸς ὄνομα (396 a 1-2).
396 a 1-2: le nom contient la définition entière.

15) Cf. G. Genette par exemple dans: L'eponymie du nom, dans: Critique 307 (1972) 1038.

16) Voir G. Ryle, Letters and Syllables in Plato, dans: Philos. Review (1960), sur le caractère phonétique des στοιχεῖα et des γράμματα.

17) Cf. G. Ryle, dans art. cit., distingue l'opération de "nommer", simple fait de désigner un objet par un nom, de celle de "dire", acte assertif de liaison qui exprime un événement propositionnel, grâce au verbe.

18) Il produit les significations et ne les renferme pas. Cf. J. Pépin, L'herméneutique ancienne, dans: Poétique 23 (1975) 291-300.

19) Que la théorie de la Mimesis subit ici un rude coup, est un point accentué par B. Williams, Cratylus. Theory of Names, dans: Language and Logos (cf. op. cit.).

20) C'est notamment l'opinion d'H. Joly, Le Renversement platonicien, Vrin 1974, 188-189.

21) τί ποτ' ἔστιν est la question du Soph. 260 a-b à propos du logos.

22) La première n'est qu'"abstractible". Les secondes sont "extractibles" dit-il (cf. op. cit., note 16).

23) Cf. la conclusion de l'article de N. Kretzmann, Plato on the Correctness of Names II, dans: Americ. Philosoph. Quarterly 8 (1971).

24) Cf. le sens moderne de la Διάνοια ou "univers du discours" chez Platon, selon Cr. Joja, dans: Revue Roumaine de Sciences Sociales 17 (1973).

25) En ce sens, nous partageons la déclaration de R.H. Weingartner pour qui il y a bel et bien une théorie platonicienne du langage, cf. Making Sense of the Cratylus, dans: Phronesis 15 (1970). Dans cet article, l'auteur montre comment le passage instrumental prépare la discussion importante sur l'"usage".

26) Nous n'avons pas cherché ici à traiter ce problème mais simplement tenté une lecture qui puisse l'éclairer sous un certain jour.

27) C'est la thèse de K. Lorenz et J. Mittelstraß dans un article de: Mind 76 (1967).

28) Il est peut-être plus exact alors de faire du dialecticien la figure d'une "autorité linguistique acceptée" que celle d'un "philosophe-roi" soucieux de créer les conditions idéales d'une communication parfaite.

BURKHARD MOJSISCH

PLATONS SPRACHPHILOSOPHIE IM 'SOPHISTES'

Nicht nur die Authentizität, sondern auch die eminente Bedeutung des Dialogs 'Sophistes' für das platonische Denken ist heute nahezu unbestritten[1], wenngleich bisweilen immer noch Stimmen laut werden, die diesem Dialog als Episode[2] im Sinne einer transeunten Verirrung nur eine untergeordnete Rolle zuerkennen, um nicht an den Fundamenten eines sonst harmonischen Platonbildes rühren zu müssen.

Abgesehen davon, daß selbst eine Episode stets ein integratives Moment eines Denkens bilden und somit für dieses Denken - in welcher Hinsicht auch immer - konstitutiv sein dürfte, erlaubt gerade der 'Sophistes', ihn als grundlegendes Werk Platons zu betrachten. Damit verkehren sich die Vorzeichen: Ein als bloße Episode deklarierter Dialog gewinnt prädominierende Relevanz - eine umwertende Aufwertung, die nach Rechtfertigung verlangt, dies um so mehr, als der Dissens selbst zwischen denen, die sich der Bedeutung dieses Dialogs gewiß sind, nicht größer sein könnte.

Worin seine Bedeutung aber besteht, läßt sich aus einer Betrachtung der immer noch Probleme aufwerfenden platonischen Sprachphilosophie ermitteln. Der 'Sophistes' ist insofern Platons wichtigster Dialog zur Theorie der Sprache, als nach Hinweisen auf die Hypothesis im 'Phaedon'[3], nach der Wörterlehre im 'Kratylos' und aporetisch endenden Reflexionen über den Satz im 'Theaetet'[4] der Logos selbst[5] thematisiert wird. Im Folgenden soll diese Thematisierung selbst thematisiert, sollen die spätplatonischen Einsichten zum Logos, zur Sprache in ihrer Differenziertheit, analysiert und zugleich weiterweisende Grenzen dieser Sprachtheorie bedacht werden.

*

Bei der Suche nach der Wesensbestimmung des Sophisten bedient sich Platon einer Methode, die an eine sprachphilosophische Erwägung anknüpft: Der Name 'Sophist', so Platon, dürfte zwar jedem geläufig sein; allein der Logos aber, der in Satzform gefaßte wesentliche Begriff, erlaube eine Verständigung über die Sache selbst[6]. Das Auffinden eines derartigen Logos erfolgt durch die Methode[7] der Dihairesis, durch das κατὰ γένη oder κατ' εἴδη διαιρεῖσθαι[8], eine Methode, bei der in grober Charakterisierung eine oberste Gattung in zwei niedere Gattungen geteilt wird, nur die für die gesuchte Wesensbestimmung konstitutive niedere Gattung dann selbst wieder in zwei weitere Gattungen untergliedert und dieser prinzipiell dichotomische Prozeß soweit fortgeführt wird, bis die genannte Wesensbestimmung erreicht ist.

Zu dieser analytischen Methode soll hier nur angemerkt sein, daß Platon für sie den Titel 'dialektisches Wissen'[9] verwendet und sie als τέχνη[10] qualifiziert. Dieses Fertigkeitswissen trägt zwei signifikante Merkmale: Einmal sind diesem Wissen seine Gegenstände äußerlich, da es auf unterschiedlichste Gegenstände applikabel ist, so im 'Sophistes' auf den Angelfischer oder den Sophisten, im 'Politikos' auf den Staatsmann; zum anderen ist dieses Wissen - und darauf hat erst jüngst W. Wieland[11] aufmerksam gemacht - reines Gebrauchswissen (knowledge by acquaintance), ein Wissen, das sich im

Fall der Dihairetik allgemeiner Inhalte lediglich bedient, ohne sie selbst zu thematisieren.

Mag Platon nun auch gerade diese Form des Gebrauchswissens, die Dihairetik, als dialektisches Wissen bezeichnet haben, so ist das, was er als sprachphilosophisch relevante andere Weise von Dialektik qualifiziert, mit dieser Wissensform noch nicht angesprochen. Er gibt selbst zu erkennen, daß der Schematismus der dihairetischen Methode dann versagt, wenn die Inhaltlichkeit der bei diesem Verfahren nur gebrauchten Inhalte selbst in Frage steht. Bemerkenswerterweise ist es gerade die Inhaltlichkeit des Inhalts 'Gebrauch des Satzes', die Platon einer näheren Prüfung unterzieht, da er insofern zugleich seine eigene Methode bloßen Gebrauchswissens hinterfragt: Der Sophist gebraucht Sätze, weigert sich jedoch, Falschheit von Sätzen zuzugestehen[12)], obwohl gerade er, der Verfertiger von gesprochenen Schattenbildern[13)] als Trugbildern[14)], sich nach Platon falscher Sätze bedient. Eine Rechtfertigung für seine Weigerung findet der Sophist in der Philosophie des Parmenides, der Seiendes, Denken, Wahrheit, Eines und Rede identifiziert[15)], so daß falsche Rede als Rede von Nichtseiendem gar nicht möglich, nicht einmal Rede ist. Reines Nichtseiendes ist auch für Platon der Rede nicht zugänglich[16)], da es ausschließt, was bei Parmenides aber auch hinsichtlich der Einheit von Rede und Seiendem unberücksichtigt bleibt, nämlich Verknüpfung. Reines Seiendes ist ein ἄλογον, ein sprachlich nicht zu fassender Unbegriff, wie auch reines Nichtseiendes[17)], reine Vielheit, reine Einheit, reine Körperlichkeit, reiner Geist: Es sind dies Scheininstanzen, da ihnen Gegensätzlichkeit und Verknüpfbarkeit zugleich äußerlich sind. Platon markiert die Rede von derartigen Scheininstanzen als Mythologeme[18)], die daran kranken, daß sie Widerspruch gegen sich nicht zulassen[19)].

Seine eigene Intention äußert sich in dem bedeutsamen Hinweis, daß, wenn das Seiende und das Nichtseiende auch nicht in völliger Deutlichkeit, d. h. in ihrer Reinheit, erfaßt werden könnten, dennoch auf einen Logos über sie nicht verzichtet werden dürfe[20]. Für Platon ist es der Logos, der die Selbstverständlichkeit bloß identifizierender Rede von Seiendem, Wahrheit und Rede korrigiert, das Nichtseiende zugleich mit dem Seienden thematisiert und ihre notwendige Verknüpfung[21] manifest werden läßt, um die Möglichkeit falscher Sätze zu erweisen.

Nur scheinbar stellt sich damit das Problem der Selbstapplikation des Logos: Um zu erkunden, wie der Logos durch notwendige Verknüpfung überhaupt erst möglich ist, gebraucht Platon bereits den Logos. Insofern genügt er zwar dem Anspruch des Sophisten, der, wenn überhaupt, nur durch Logoi zu überzeugen ist[22], setzt selbst aber den Gebrauch des Logos vor die Bestimmung dessen, was der Logos selbst ist. Der bloße Gebrauch des Logos hätte Platon in der Tat auf eine Stufe mit dem Sophisten gestellt, wenn die Methode des Gebrauchs des Logos sich nicht gerade auf den Logos als Gegenstand gerichtet hätte. Damit, so darf antizipativ angedeutet werden, ist der Logos über Seiendes und Nichtseiendes[23] jedenfalls von anderer Art als der seitens des Sophisten bloß gebrauchte einzelne Satz, auch von anderer Art als das dialektische Gebrauchswissen der Dihairetik und dennoch kein intuitives Wissen; der Logos über Seiendes und Nichtseiendes ist vielmehr Sprache im Sinne des Sich-Unterredens, ist somit auch Dialektik, aber Dialektik als prozessuales Denken.

Die diesem Logos eigentümliche Methode hat Platon bereits im 'Phaedon'[24], wenngleich nur partiell, aufgeführt und im 'Parmenides'[25] komplettiert: Ein erster Satz wird zugrunde gelegt; was mit ihm zusammenstimmt, wird als wahr gesetzt; aber auch was ihm widerstreitet, wird geprüft und als auf den ersten

Satz zurückwirkend festgehalten.

Inhaltlich werden auf diese Weise fünf der sogenannten wichtigsten Gattungen (μέγιστα γένη, εἴδη, ἰδέαι)[26], nämlich Ruhe, Bewegung, Seiendes, Selbes und Verschiedenes, das Platon mit dem Nichtseienden identifiziert, zunächst in ihrer gegenseitigen Unterschiedenheit aufgewiesen, damit dann am Beispiel der Bewegung ihre wechselseitige Verknüpfung demonstriert werden kann. Durch das genetische Konstruieren dieser wichtigsten, weil grundlegendsten, Gattungen sichert ihnen Platon eine Gleichrangigkeit, die die Voraussetzung für ihre wechselseitige notwendige Verbindung darstellt, so daß selbst dem Seienden, dies eine unverkennbar spätplatonische Einsicht, keine Priorität gegenüber den anderen Gattungen eingeräumt wird[27]. Verwunderlich ist jedoch, daß bei der Enumeration der wichtigsten Gattungen nicht vom Logos die Rede ist, obwohl Platon gerade ihn thematisiert hat[28]. Das Faktum, daß, und die Weise, wie er schließlich auf den Logos zurückkommt, markieren jedoch den bedeutendsten sprachphilosophischen Ertrag des 'Sophistes'.

*

Platons Argumentation zur Unterschiedenheit der fünf wichtigsten Gattungen hebt mit der Feststellung an, daß Ruhe und Bewegung einander entgegengesetzt[29], miteinander unvereinbar sind[30]. Diese Entgegengesetztheit von Ruhe und Bewegung liegt allen Argumenten, die die Verschiedenheit der wichtigsten Gattungen zu erweisen suchen, zugrunde; sobald der Gehalt des Verschiedenen jedoch gewonnen ist, relativiert sich diese zunächst als unumschränkt gültig angenommene Entgegengesetztheit von Ruhe und Bewegung, da, so darf schon jetzt angedeutet werden, Verschiedenheit stets auch Relationalität impliziert, Relationalität, die auch Ruhe und Bewegung als aufeinander bezogen zu denken erlaubt.

Platon argumentiert zunächst jedoch weiterhin für die Unterschiedenheit der Gattungen: Da Ruhe und Bewegung trotz ihrer Entgegengesetztheit sind, umfaßt das Seiende beide[31] und ist, gerade weil es beide umfaßt, nicht eines von ihnen, ist vielmehr außerhalb beider[32], ist von ihnen verschieden. Das Seiende ist neben Ruhe und Bewegung ein Drittes[33].

Jedes der drei ist aber von den beiden anderen verschieden, selbst mit sich selbst jedoch identisch[34]. Damit ist angezeigt, daß auch das Verschiedene und das Selbe Gattungen für sich sind, was Platon nun im einzelnen begründet.

1. Was der Bewegung und der Ruhe gemeinschaftlich zugesprochen wird, kann - und hier erneut die schon bekannte Argumentationsstruktur - nicht eines von ihnen selbst sein, weil sich dann die Natur des einen in ihr Gegenteil verkehrte[35]. Da aber Ruhe und Bewegung zwar am Selben und Verschiedenen Anteil haben - sie sind nämlich, wie bereits bemerkt, mit sich selbst jeweils identisch und voneinander verschieden -, da sie jedoch weder mit dem Selben noch mit dem Verschiedenen identisch sind, sind das Selbe und das Verschiedene eigene Gattungen[36].

2. Auch das Seiende und das Selbe sind verschieden. Wenn das Seiende und das Selbe nämlich identisch wären, würde daraus, daß Ruhe und Bewegung sind, folgen, daß sie beide, obwohl unterschieden, dasselbe wären[37]. Denn setzte sich die Identität an die Stelle des Seins, resorbierte sie jegliche Verschiedenheit, sowohl die des Seins gegenüber Ruhe und Bewegung als auch die der Ruhe gegenüber der Bewegung. Das Selbe ist damit als vierte Gattung gewonnen[38].

3. Auch ist das Seiende vom Verschiedenen verschieden. Während das Seiende nämlich teils in bezug auf sich selbst, teils in bezug auf anderes ausgesagt wird, wird das Verschie-

dene hingegen immer in bezug auf anderes ausgesagt[39], so daß der Selbstbezug des Verschiedenen nichts anderes ist als Bezug auf anderes[40]. Das Verschiedene ist damit als fünfte Gattung gewonnen[41].

*

Anhand der Gattung 'Bewegung'[42] resümiert Platon zunächst den Gedanken der Unterschiedenheit der wichtigsten Gattungen: Denn wegen der Teilhabe am Verschiedenen steht die Bewegung nicht in Gemeinschaft mit der Ruhe, dem Selben, dem Seienden und dem Verschiedenen. Dieses Resümee ist zugleich aber verquickt mit dem Aufweis der notwendigen Verbindung dieser Gattungen: Wegen der Teilhabe am Seienden steht die Bewegung in Gemeinschaft mit dem Seienden, wegen der Teilhabe am Selben in Gemeinschaft mit dem Selben, wegen der Teilhabe an der Ruhe in Gemeinschaft mit der Ruhe und wegen der Teilhabe am Verschiedenen in Gemeinschaft mit dem Verschiedenen.

Was hier entgegen der platonischen Dialogführung in systematisierter Form erscheint, bedarf einiger verdeutlichender Reflexionen:

1. Da sich die Gattungen wechselseitig mischen, steht auch die Bewegung - so Platons bedeutsame Einsicht - trotz ursprünglich gesetzter Verschiedenheit schließlich in Gemeinschaft mit der Ruhe[43]. Damit ist das, was im 'Parmenides'[44] nur gefordert ist, daß nämlich die Gattungen 'Bewegung' und 'Ruhe' sowohl miteinander vermischbar als auch voneinander unterschieden sein mögen, erwiesen, dies gemäß der Intention, daß alle Gattungen gleichermaßen eine notwendige Verbindung eingehen. Was diese Verbindung jedoch *inhaltlich* meint, verlangt noch nach Klärung.

2. Besondere Aufmerksamkeit verdient, und das hat vornehmlich

N. Hartmann[45] herausgestellt, die Gattung des Nichtseienden, die Platon mit dem Verschiedenen identifiziert. Das Nichtseiende gewinnt nämlich erst im Verlauf der Argumentation seinen gültigen Gehalt: Es meint nicht nur Unterschiedenheit, sondern zugleich auch Relationalität. Sind Ruhe und Bewegung daher zunächst unterschieden, so sind sie schließlich auch aufeinander bezogen. Selbst für das Seiende gilt, daß es durch Teilhabe am Nichtseienden sowohl von sich selbst unterschieden als auch es selbst als Seiendes ist: Indem das Seiende nämlich nicht die anderen Gattungen ist, indem es also von den anderen Gattungen verschieden ist, ist es insofern selbst nicht; indem es jedoch nicht die anderen Gattungen ist, ist es selbst, ist Seiendes[46]. Somit ist das Seiende keineswegs eine letzte, stabile Gegebenheit; denn durch Teilhabe am Nichtseienden ist es nicht einmal mit sich selbst identisch, eine Selbstidentität, die es überhaupt erst gewinnt durch Teilhabe an der Gattung 'Identität'.

3. Die Theorie der Gattungen erlaubt auch die Rede vom Sein des Nichtseienden oder Verschiedenen: Das Verschiedene ist als Verschiedenes vom Seienden verschieden, ist insofern nicht, ist jedoch hinwiederum aufgrund der Teilhabe am Seienden[47].

Ein erstes Resümee: Seiendes und stets als Verschiedenes gefaßtes Nichtseiendes gehen durch alles und auch durcheinander hindurch[48], sind niemals identisch, verbinden sich jedoch notwendig, so daß das Seiende jeweils unter verschiedener Hinsicht ist und nicht ist, das Nichtseiende aber nicht nur nicht ist, sondern zugleich auch ist.

*

Es ist hier der Moment, wo Platon auf den Logos zurückkommt.

Weder vermischt sich alles mit allem[49] - dann wäre etwa das absolute Nichts mit dem Seienden verbindbar -, noch läßt sich alles von allem absondern, was die völlige Vernichtung aller Logoi bedeutete[50]. Denn, so Platons gewichtiger und noch undurchschauter Hinweis, durch die Verknüpfung der Gattungen untereinander ist uns der Logos geworden (διὰ γὰρ τὴν ἀλλήλων τῶν εἰδῶν συμπλοκὴν ὁ λόγος γέγονεν ἡμῖν)[51]. Platon ergänzt, der Logos sei selbst eine der seienden Gattungen[52], nicht also reines Nichts, vielmehr eine der wichtigsten Gattungen wie das Nichtseiende; denn auch das Nichtseiende ist eine seiende Gattung, und zwar insofern, als es ist, als es am Seienden teilhat.

Dieser Logos meint Sprache, die identisch (ταὐτόν) ist mit Denken (διάνοια)[53], meint Sich-Unterreden (διάλογος)[54], nicht bloß einen einzelnen Satz. Platon mußte zunächst auf eine Diskussion des Sich-Unterredens selbst verzichten, da sich dieses Sich-Unterreden durch die wechselseitige Verknüpfung der Gattungen als weitere Gattung überhaupt erst hergestellt hat. Die Explikation der notwendigen Verbindung der Gattungen hat den Logos als denkendes Sich-Unterreden oder sich-unterredendes Denken erst zum Resultat. Dennoch ist dieser Logos, so kann jetzt gewußt werden, nicht nur als bloßes Resultat geworden: Er ist als geworden (γέγονεν). Allein durch das Sich-Unterreden war die Entfaltung der Gattungen möglich, wie umgekehrt gerade diese Entfaltung das Sich-Unterreden ermöglichte. Der Gedanke der notwendigen Verknüpfung von Ruhe, Bewegung und Sich-Unterreden bedeutet dann nicht nur formal, daß das Sich-Unterreden sowohl an der Ruhe teilhat und insofern selbst ruht als auch an der Bewegung teilhat und insofern selbst bewegt ist, sondern auch inhaltlich, daß die Bewegung des Sich-Unterredens den ruhenden Logos als ein Ganzes, als Resultat, überhaupt erst werden läßt und zugleich die Ruhe des Logos, eben das Sich-Unterreden als solches, auch schon an seinem Anfang, am Beginn seines Vollzugs,

Sich-Unterreden ist und damit seinem eigenen Vollzug vorausgesetzt ist.

Die von Platon explizierten wichtigsten Gattungen sind somit, wie jetzt auch gewußt werden kann, weder nur Begriffe noch keine Begriffe: Es sind dies Gattungen, die als sie selbst sie selbst und zugleich auf die Gattung 'Denken als Sich-Unterreden' bezogen sind, wie umgekehrt die Gattung 'Denken als Sich-Unterreden' einerseits für sich ist und andererseits stets auch auf die anderen Gattungen bezogen ist; diese Gattungen sind daher nicht vom Denken konstituiert, aber auch nicht ohne Denken; gegenüber einer derartigen Alternative muß bedacht werden, daß die Teilhabe am Selben jede Gattung mit sich selbst identisch sein läßt, dies jedoch nur begriffen werden kann, weil das sich-unterredende Denken, welches ebenfalls mit sich selbst identisch und damit von allen anderen Gattungen unterschieden ist, all diese Gattungen sich entfalten läßt und sich insofern mit ihnen verbindet.

Dialektik in diesem Verstande ist Dialektik in eminentem Verstande, da sie sich - anders als die Dialektik des Gebrauchswissens der Dihairetik - allgemeiner Inhalte nicht etwa nur bedient, sondern sie überhaupt erst auseinander entstehen läßt und selbst auch nicht fertige Bestimmtheit ist, sondern im Entstehen-Lassen dieser Inhalte selbst auch erst entsteht.

Die Theorie der wechselseitigen Verknüpfung der wichtigsten Gattungen, unter ihnen die Dialektik als sich-unterredendes Denken oder denkendes Sich-Unterreden, läßt Platons zunächst nur thetisch formulierte Gedanken verstehbar werden, daß nämlich das Seiende, sofern es erkannt werde, bewegt werde[55], Bewegung, Leben, Seele und Vernunft somit dem Seienden als solchen (τῷ παντελῶς ὄντι) zugegen seien (παρεῖναι)[56], also mit ihm verknüpft seien, daß das Seiende aber auch niemals ohne Ruhe und ohne sie auch Erkenntnis nicht möglich sei[57].

Erst nach der Feststellung, daß der Logos - als Sich-Unterreden - selbst eine der seienden - oder wichtigsten - Gattungen sei, fragt Platon, was der Logos denn sei[58]. Er will jetzt prüfen, ob das Verschiedene oder Nichtseiende, das als wichtigste Gattung durch seine Teilhabe am Seienden selbst seiend ist, sich auch mit dem Logos oder der Vorstellung (δόξα) verbinde[59], da durch dieses Sich-Verbinden falscher Logos und falsche Vorstellung entstünden; denn Nichtseiendes vorstellen oder reden sei das Falsche vorstellen oder reden[60]. 'Logos' bedeutete in seiner Identität mit dem Denken: Sich-Unterreden; jetzt bedeutet 'Logos' das, was er als er selbst ist: gesprochener einzelner Satz als Verknüpfung von Hauptwort (ὄνομα) und Tätigkeitswort (ῥῆμα)[61], der nicht nur nennt, sondern aussagt[62], ferner Aussage von etwas, nicht von nichts ist[63] und schließlich entweder wahr oder falsch ist[64].

Der Logos als Sich-Unterreden hat deutlich werden lassen, daß das Nichtseiende durch Teilhabe am Seienden stets auch seiend ist. Wie aber die Erkenntnis ins kleinste zerteilt ist, so auch die dialektischen Strukturen des Verschiedenseins und Verbundenseins, spezifisch die des Seins und Nichtseins[65]. Wird somit im einzelnen Satz von einem bestimmten Seienden etwas ausgesagt, das ihm nicht zukommt, dann wird von diesem bestimmten Seienden zwar ein Seiendes ausgesagt - denn auch bestimmtes Nichtseiendes ist wie das Nichtseiende überhaupt selbst auch seiend -, aber ein solches Seiendes, das verschieden ist von dem Seienden, das dem auszusagenden Seienden zukommt[66]. Damit wird von einem Seienden Nichtseiendes als seiend ausgesagt[67], und die Aussage ist falsch. Über Wahrheit oder Falschheit einer Aussage entscheidet jedoch nicht eine wahre oder falsche Ideenverbindung[68], sondern die Vorstellung (δόξα) oder die Einbildung (φαντασία) als Verknüpfung von Vorstellung und Wahrnehmung[69]; denn der Logos als einzelner Satz ist eine gesprochene Aussage[70], die in der Vorstellung die ungesprochene Vorstellung selbst ist[71], welche selbst wiederum Einbildung ist, wenn sie nicht ohne Wahrnehmung ist[72].

Platons Beispiele: Der gesprochene Satz 'Der Mensch lernt' ist wahr aufgrund richtiger Verbindung von Vorstellungsinhalten, während der gesprochene Satz 'Theaetet sitzt' wahr ist aufgrund richtiger Verbindung von Wahrnehmungs- und Vorstellungsinhalten; in dem gesprochenen Satz 'Theaetet, mit dem ich jetzt rede, fliegt' hingegen läßt die falsche Verbindung von Wahrnehmungs- und Vorstellungsinhalten die Aussage falsch werden[73].

*

Platon vertritt im 'Sophistes' unter sprachphilosophischer Perspektive einen differenzierten Begriff von Logos; denn einmal ist 'Logos' gefaßt als mit Denken identisches Sich-Unterreden, zum anderen als gesprochener Satz, der in der Satzstruktur aufweisenden Vorstellung oder Einbildung eben diese Vorstellung oder Einbildung ist. Logos-Theorie ist daher niemals Theorie bloßen Benennens im Sinne einer Wort- oder Wörtertheorie. Bereits der Satz als Einheit von Haupt- und Tätigkeitswort bezeichnet nicht nur, sondern bedeutet auch etwas. Während die Bedeutungen der Gehalte im Logos als Sich-Unterreden sich jedoch überhaupt erst herstellen, wobei Platon von ihm vorliegenden historischen Alternativen, von der Einheitstheorie des Parmenides und der Gegensatzlehre des Heraklit, ausgeht und durch Explikation ihrer unerkannten Implikate diese Alternativen zu verknüpfen versucht, während das Sich-Unterreden selbst in seinem Vollzug sich selbst auch erst herstellt und seine Bedeutung als dieser Vollzug gewinnt, sind die Bedeutungen der Gehalte des Logos als Satzes vorgestellte oder eingebildete Faktizitäten.

In dieser Charakterisierung der platonischen Sprachtheorie treten zugleich ihre Vorzüge wie Grenzen auf. Es muß anerkannt werden, daß die Dialektik des Sich-Unterredens nicht intuitionistisch verfährt. Alternativen, die sich historisch entwickelt haben, werden von Platon geprüft und ihrer Bedingtheit überführt, ohne destruiert zu werden; sie werden im Verfahren sprachlichen Denkens berücksichtigt und als notwendig verknüpft erwiesen.

Ferner: Weder behauptet die Ontologie gegenüber der Dialektik des Sich-Unterredens noch diese Dialektik gegenüber der Ontologie einen Primat. Das Seiende ist ebensowenig fertig Gegebenes wie das sich-unterredende Denken. Platon korrigiert den Schein, als besitze das Seiende unverrückbare Bedeutungskonsistenz: Selbst von Selbstidentität des Seienden kann nur gesprochen werden, weil das Seiende an der Gattung 'Identität' teilhat; darüber hinaus ist das Seiende zugleich auch nicht, sofern es von allem, was es nicht ist, verschieden ist. Auch das Sich-Unterreden als Denken entsteht erst, indem die Gattungen sich gegeneinander und miteinander entfalten. Das Seiende gewinnt somit seine Bestimmtheit erst im Sich-Unterreden, das die Gattungen sich entwickeln läßt, wie das Sich-Unterreden selbst erst seine Bestimmtheit gewinnt, indem sich die Gattungen entwickeln.

Ferner: Platon versucht eine Grundlegung des Satzes, also auch des falschen Satzes. Er versucht, die in jedem bestimmten Sprechen vorausgesetzten Konstituentien dieses Sprechens - wenngleich nur exemplarisch[74] - zu ermitteln. Dabei gewinnt er die dialektische Einsicht, daß Seiendes und Nichtseiendes niemals als isoliert, niemals aber auch als identisch gedacht werden können. Anders kann es sich bei dem der Vorstellung oder Einbildung zugehörigen Satz verhalten: Falschheit tritt auf, wenn ein Nichtseiendes, das durch seine Teilhabe am Seienden stets auch ist, an die Stelle eines Seienden gesetzt und einem anderen Seienden zugesprochen wird. Dann, so Platons Erkenntnis, vollzieht sich faktisch das, was dialektisch ausgeschlossen ist: Nichtseiendes wird mit Seiendem identifiziert.

*

Gerade von dieser Perspektive her erheben sich jedoch Probleme, die sowohl Platons Theorie der Dialektik des Sich-Unterredens wie die des Satzes betreffen:

1. Die Dialektik vermag zu erweisen, daß Wahrheit und Falschheit von Sätzen möglich sind; wann jedoch ein wahrer oder falscher Satz vorliegt, entzieht sich ihrem Geltungsbereich. Die Rechtfertigung für Wahrheit oder Falschheit von Sätzen in ihrer Faktizität bleibt der Vorstellung oder Einbildung überlassen. Die faktische Wahrheit oder Falschheit von Sätzen wird damit nicht wieder dialektischer Prüfung unterzogen.

2. Gemäß der Unterscheidung zwischen Sich-Unterreden und Satz bleiben dem Denken als Sich-Unterreden eminente Inhalte vorbehalten: wichtigste Gattungen. Die Inhalte des Satzes sind dem Fragen der Dialektik äußerlich. Es darf daher von einer Hierarchisierung der Inhalte gesprochen werden. Inhalte wie Sein, Identität, Bewegung, Ruhe und Nicht-Identität besitzen eine Prävalenz vor Inhalten wie Mensch oder Sitzen. Diese Inhaltshierarchisierung, die Platon selbst hinsichtlich der Gattungen 'Bewegung' und 'Nicht-Identität' dadurch, daß er sie als wichtigste Gattungen dachte, überwunden hat - was von Plotin[75)] auch noch anerkannt wurde, bei Ficino[76)] aber auf Unverständnis stieß -, war ausschlaggebend für die in der

Geschichte der Philosophie immer wieder zu beobachtende Tendenz zur Bildung von Kategorienschemata und führte bei Aristoteles bereits zu Auswüchsen, die aller Einsehbarkeit widerstreiten: Ein Inhalt wie Substanz genießt einen Vorrang vor dem der Relation. Es kann nur angedeutet werden, daß Boethius den Menschen als individuelle - wenngleich vernünftige - Substanz dachte und ihn damit dinganalog unbezüglich konzipierte, daß die sogenannten idealistischen Denkmodelle der Neuzeit aufgrund ihrer Kategorienschemata sich den Vorwurf ungerechtfertigter Systemgeschlossenheit gefallen lassen mußten. Platon bot im 'Sophistes' zu einem derartigen Vorwurf keinen Anlaß: Er hat unter wichtigsten Gattungen lediglich einige ausgewählt. Ihre Ergänzung in anderen Dialogen bestätigt jedoch nur, daß auch Inhalte wie Einheit und Vielheit, Ähnlichkeit und Unähnlichkeit allein das Prädikat 'eminente Inhalte' verdienen und damit die platonische Intention unterstreichen, das s i c h - u n t e r r e d e n d e D e n k e n sich nur mit ihm g e m ä ß e n I n h a l t e n auseinandersetzen zu lassen.

3. Als gewichtigster Einwand gegen die platonische Sprachtheorie darf jedoch angeführt werden, daß Platon zwar das sprachliche Denken, das Sich-Unterreden, vom gesprochenen oder vorgestellten Satz unterscheidet, somit eine g e w u ß t e Differenzierung vornimmt, diese Differenzierung selbst jedoch nicht Gegenstand des W i s s e n s sein läßt. Platon beteuert stets, daß weder die wahre Vorstellung noch der gesprochene Satz E r k e n n t n i s seien[77]; eine derartige Beteuerung, die mit dem Anspruch auf Erkenntnis auftritt, wäre jedoch nur Erkenntnis, wenn die Differenz zwischen dem gesprochenen oder vorgestellten Satz und dem Sich-Unterreden dem erkennenden Denken als diesem Sich-Unterreden selbst immanent wäre. Obwohl Platon einerseits gerade im 'Sophistes' den Partizipationsgedanken insofern aufgewertet hat, als bei den wichtigsten Gattungen Teilhabe 'wechselseitige Verknüpfung' meint, behält er andererseits seinen ursprünglichen

bildhaften Begriff von Partizipation bei und bezieht ihn auf sein Sprachmodell: Der Logos als Satz ist mimetischer Logos[78], steht somit in der Abbilddifferenz zu seinem Urbild, dem Logos als dem sich-unterredenden Denken, das selbst aber einer Eigengesetzlichkeit unterliegt und über den Satz erhaben ist. Den mimetischen Logos gebraucht freilich nach Platon der Sophist, der gar keinen Gedanken darauf verschwendet, wie die Möglichkeit falscher Sätze erweisbar ist, da es ihm hinreicht, sich falscher Sätze sogar bewußt zu bedienen, und er obendrein noch behauptet, jeder Satz sei wahr. Platon selbst erweist diese Möglichkeit, erkauft seinen Erweis jedoch mit dem Verzicht, die Differenz zwischen dem mimetischen Logos als Satz und dem Logos als Sich-Unterreden für das Sich-Unterreden selbst thematisch werden zu lassen.

*

Neben der Dialektik des Gebrauchswissens der Dihairetik, die sich allgemeiner Inhalte bloß bedient, ohne diesen Gebrauch zu rechtfertigen, und neben der Dialektik des mit dem Denken identischen Sich-Unterredens, die die Konstituentien von Sätzen aufsucht, ohne jedoch die mit diesen Sätzen verbundene Problematik der Faktizität von Wahrheit und Falschheit auf sich selbst zu applizieren, kennt Platon noch eine dritte Art von Dialektik, in der Gebrauchswissen und Denken zusammentreten. Im 'Theaetet' expliziert er den Gedanken, daß die Seele selbst durch sich selbst denkt, wenn sie allgemeine Inhalte im Sich-Unterreden erforscht und sich ihrer bedient, um Wahrnehmungsinhalte überhaupt erst zu dem werden zu lassen, was sie seit je zu sein scheinen. Derartige allgemeine Inhalte sind das Sein und das Nichtsein, Ähnlichkeit und Unähnlichkeit, das Selbe und das Verschiedene, das Eine und das Viele[79]. Diese Inhalte, unschwer als wichtigste Gattungen zu erkennen, werden vom sich-unterredenden Denken zwar gedacht, aber doch so, daß sich das Denken ihrer bloß bedient, ohne sie sich auseinander entwickeln zu lassen.

Aber auch dieser Art von Dialektik liegt ein Gedanke zugrunde, der sie als unzureichend erweist. Anaxagoras[80)] hat ihn zuerst gedacht: Der Geist sei selbständig und für sich, und zwar deshalb, weil er selbst unvermischt sei, um alles sein zu können. Platon nimmt diesen Gedanken auf, indem er die Seele ihren Inhalten gegenüber vorgängig sein läßt. Auch Aristoteles[81)] erkennt dem Geist das Prädikat 'unvermischt' zu, und noch Kant formuliert, das Ich der reinen Apperzeption sei ein stehendes und bleibendes[82)], das alle seine Vorstellungen nur muß begleiten können[83)], ohne sie auf sich selbst zu applizieren. Diese Selbstapplikation hätte jedoch bewirkt, daß Geist, Seele, Ich gerade aufgrund des Nichtseins stets auch im Gegensatz zu sich selbst stünden, hätte Geist, Seele, Ich aus ihrer scheinbaren Vorrangstellung herausgeführt, einer Vorrangstellung, die auch der Logos als Sich-Unterreden im 'Sophistes' noch behauptet, indem er sich nur mit wichtigsten Gattungen auseinandersetzt, die er überdies, mag er von ihnen auch verschieden sein, zugleich umgreift. Stünden aber Geist, Seele, Ich im Gegensatz zu sich selbst, eröffnete ihnen gerade diese Selbstentgegensetzung eine neue Selbstidentität: Das Denken als Andersheit ist dann nicht mehr starrer Fixpunkt, vielmehr Prozessualität, eine Prozessualität, die nicht mehr eminente Kategorien erfordert, damit Denken Denken ist; nicht einmal das Denken ist eine eminente Kategorie, sondern es gewinnt sich erst durch seine Selbstaufhebung und wird dadurch prozessuales Denken, das als es selbst für Anderes ist und Anderes auf sich bezieht, um im Ertragen des Anderen in all seiner Schwäche und Stärke denkend und sprechend tätig zu sein. Falschheit dieses sprachlichen Denkens ist monadologisches Eingeschlossensein in sich selbst, vermessener Selbstbezug, einseitige Akzentuierung seiner Stärke oder auch einseitige Bescheidung durch Resignation oder Quietismus. Wahrheit dieses Denkens ist eine auch von Platon intendierte Prozessualität, die jetzt jedoch nicht mehr als auf eine begrenzte Anzahl wichtigster Gattungen restringiert zu verstehen ist, sondern ihre Stärke darin erkennen läßt, daß das Denken sich im Eigenbezug zu der Andersheit der Vorstellung oder Wahrnehmung, im Fremdbezug zu der Andersheit als Andersheit bekennt, in diesem Sich-Bekennen stets die eigene Ohnmacht verspürt und durch sie den Impuls zum Fortdenken gewinnt.

Ansätze zu einer derartigen Theorie finden sich bei Platon selbst: die Idee des Guten als Impuls zum Wissensfortschritt, zur Distanzierung des Wissens von sich selbst und zum Fortgang dieses Wissens zu den Wissensweisen der Vorstellung und Wahrnehmung (im Bild: Rückkehr in die Höhle); diese Gedanken aus Platons 'Politeia' bleiben dennoch Ansätze, da weder das Nichtsein noch die Bewegung theoretisch angemessen analysiert werden, weil ferner dort, wo eine derartige Analyse erfolgt (im 'Sophistes'), neue Probleme den Gedanken adäquater Prozessualität des Denkens verhindern.

Progressiver ist Nikolaus von Kues[84)], der die sprachliche Vernunft beim Bedenken ihres Ursprungs scheitern sieht, ein Scheitern, das von der Vernunft auf unbegreifliche Weise begriffen wird und als begriffenes der Vernunft ermöglicht, sich in ihre Andersheiten zu entlassen, um erst in diesem kontraktiven Prozeß ihre Selbstbestätigung zu finden; Moment dieses kontraktiven Prozesses ist jedoch nicht nur der Verstand als erneut geistige Instanz, Momente sind vielmehr auch die Vorstellung oder die sinnliche Wahrnehmung.

Unter erkenntnistheoretischer Perspektive denkt ähnliches Descartes, daß nämlich das Denken, wenn es denn Gewißheit von sich selbst besitzt, zugleich auch dessen gewiß ist, daß die Einbildungskraft ein integratives Moment des Denkens selbst darstellt, gerade weil sich das seiner selbst gewisse Denken des Vollzugs des Sich-Einbildens bewußt ist. So formuliert Descartes: " ... vis ... imaginandi revera existit et cogitationis meae partem facit"[85] (die Einbildungskraft existiert in der Tat und macht einen Teil meines Denkens aus), ferner: " ... sentire ... praecise ... sumptum nihil aliud est quam cogitare"[86] (sinnliches Wahrnehmen, als solches genommen, ist nichts anderes als Denken). Sogar die Sinnlichkeit ist somit nicht nur Moment des Denkens, sondern das Denken selbst. Die scheinbare Schwäche des Denkens, seine sensitiven und imaginativen Vollzüge, evoziert insofern nicht nur seine Stärke, sondern ist vielmehr seine Stärke.

Das Denken, das das Bewußtsein von seinen Vorstellungen hat und daher seine Vorstellungen selbst ist, läßt sich als sprachliches Denken vollends auf seine Vorstellung ein, wenn es sein Selbstverständnis von der Brüchigkeit der Vorstellung gar bedingt sein läßt; Denken, so bemerkt Humboldt, ist ohne Sprache unmöglich[87]; wir verstehen uns aber selbst nur, indem wir erproben, ob uns andere verstehen[88]. Die Stärke des sprachlichen Denkens, sein Selbstverständnis, hängt somit ab von seiner Schwäche, seiner Angewiesenheit auf andere, genauer: seiner niemals auszusetzenden Bedürftigkeit, im Akt des Erprobens zu prüfen, ob ein Verstehen seitens anderer erzielt ist.

*

Auch Platon spricht von der Stärke und Schwäche des Logos: Stark ist der Logos als Hypothesis, als Satz im Sinne einer allgemeinen Grundlage zur Bestimmung des Besonderen[89]; schwach ist der Logos[90] als mimetischer Logos, als der Satz, der entweder wahr oder falsch sein kann und gerade als falscher Satz dem Sophisten die Möglichkeit bietet zu täuschen. Stärke und Schwäche sind für Platon jedoch keine Bestimmungen des Denkens als Sich-Unterredens, obwohl gerade Stärke und Schwäche in ihrem Zugleich das Sich-Unterreden das sein ließen, was es von seinem Begriff her zu sein beansprucht: Dialog.

Anmerkungen

1) Vgl. Platon, Der Sophist, Auf der Grundlage der Übers. von O. Apelt (2. Aufl. 1922) neu bearb. u. eingel., mit Anm., Literaturübers. u. Regist. vers. von R. Wiehl, (PhB 265) Hamburg 1967, VII f.

2) Vgl. H. Gauss, Philosophischer Handkommentar zu den Dialogen Platos, 3. Teil/1. Hälfte: Die Spätdialoge. Theätet, Parmenides, Sophist und Politicus, Bern 1960, 221-223.

3) Vgl. Phaed. 100 a 3-7.

4) Vgl. Theaet. 206 c 1 - 210 b 3.

5) Vgl. Soph. 251 a 1-3. 254 b 7 - d 2, bes. c 5-7. 260 a 7-9.

6) Vgl. Soph. 218 c 1-5. Vgl. auch: 221 a 7 - b 2.

7) Vgl. Soph. 218 d 5. 219 a 1. Pol. 286 d 9.

8) Vgl. Soph. 253 d 1 - e 2. Pol. 286 d 9. Phaedr. 265 e 1.

9) Vgl. Soph. 253 d 1-3: Τὸ κατὰ γένη διαιρεῖσθαι καὶ μήτε ταὐτὸν εἶδος ἕτερον ἡγήσασθαι μήτε ἕτερον ὂν ταὐτὸν μῶν οὐ τῆς διαλεκτικῆς φήσομεν ἐπιστήμης εἶναι;

10) Vgl. Phaedr. 265 d 1.

11) Vgl. W. Wieland, Platon und die Formen des Wissens, Göttingen 1982, bes. 255: " Technisches Wissen ist eine Art des Gebrauchswissens." Vgl. auch: 297. 299: " Der Dialektiker ist, wie jeder Inhaber eines Gebrauchswissens, an Ideen orientiert, wenn er sein Wissen praktiziert; er braucht dazu nicht im Besitz einer Theorie über die Ideen zu sein." 300 f.

12) Vgl. Soph. 240 e 10 - 241 a 3. 260 c 11 - d 3.

13) Vgl. Soph. 234 c 6: εἴδωλα λεγόμενα.

14) Vgl. Soph. 236 b 7. c 3: φάντασμα. Vgl. auch: 266 d 9.

15) Vgl. VS 28 B 7; 235, 1. 28 B 8; 238, 34-36.

16) Vgl. Soph. 237 e 4-6. 238 c 8-10. 258 e 6 - 259 a 1.

17) Vgl. Soph. 238 c 8-10 (zum μηδαμῶς ὄν als ἄλογον).

18) Vgl. Soph. 242 c 8.

19) Vgl. Soph. 243 a 6 - b 1.

20) Vgl. Soph. 254 c 5-7: ... ἵνα τό τε ὂν καὶ μὴ ὂν εἰ μὴ πάσῃ σαφηνείᾳ δυνάμεθα λαβεῖν, ἀλλ᾽ οὖν λόγου γε ἐνδεεῖς μηδὲν γιγνώμεθα περὶ αὐτῶν ... Vgl. bereits: Soph. 251 a 1-3.

21) Vgl. Soph. 251 d 5 - 252 e 8.

22) Vgl. Soph. 240 a 2.

23) Daß der Logos über Seiendes und Nichtseiendes zum Erweis des Seins des Nichtseienden das zentrale Thema des 'Sophistes' ist, bestätigt der 'Politicus' (vgl. Pol. 286 a 4 - c 1).

24) Vgl. Phaed. 100 a 3-7.

25) Vgl. Parm. 135 e 8 - 136 c 5.

26) Vgl. Soph. 254 d 4 ff.

27) Vgl. Soph. 243 c 2-5. 244 a 4-8. 250 e 1 - 251 a 3.- P. Natorp, Platos Ideenlehre, Darmstadt, 3. Aufl., 1961, 291 f., hält an der prinzipiellen Vorrangigkeit des Seins fest; Sein sei voraussetzungsloser "Urbegriff", besage "Verknüpfung überhaupt", sei "der letzte Ausdruck der Denksetzung überhaupt". Für Platon hingegen ist das Sein (οὐσία) - oder das Seiende (ὄν) - auch nur eine der fünf wichtigsten Gattungen, keine den anderen Gattungen nochmals übergeordnete Gattung.- Vgl. ähnlich wie Natorp: H. Gundert, Dialog und Dialektik. Zur Struktur des platonischen Dialogs, (Studien zur antiken Philosophie 1) Amsterdam 1971, 4: " Erstens ist Dialektik in jedem Fall die Wissenschaft von der Wahrheit des Seienden selbst, der Ideen " (zum 'Sophistes': 125-147).- K. Düsing, Ontologie und Dialektik bei Plato und Hegel, in: Hegel-Studien 15 (1980) 95-150, bes. 120: Platon skizziere mit der Entwicklung von fünf obersten Gattungen " ... den Grundriß einer reinen Ontologie." Platons eigener - freilich vorläufiger - Hinweis, daß der Philosoph sich mit der Idee des Seienden beschäftige (vgl. Soph. 254 a 8-10), worauf Düsing, 121, verweist, wird von Platon selbst ergänzt: Eine Theorie der Gemeinschaft wichtigster Gattungen - unter ihnen das Seiende - solle entwickelt werden; ein Logos über Seiendes u n d Nichtseiendes sei erforderlich (ein Logos, der die in ihrer Wertigkeit uneingeschränkt äquivalenten Gattungen als stets verknüpft erweisen wird) - Soph. 254 bc.- Vgl. dazu: K. Flasch, Die Metaphysik des Einen bei Nikolaus von Kues. Problemgesch. Stellung und system. Bedeutung, (Studien zur Problemgesch. der antiken und mittelalterlichen Philosophie VII) Leiden 1973, 39-47 (Metaphysik, Sprache und Widerspruch bei Platon).- R. Rehn, Der logos der Seele. Wesen, Aufgabe und Bedeutung der Sprache in der platonischen Philosophie, Hamburg 1982, 128 f.

28) Vgl. Soph. 251 d 5 - 252 e 8. 254 c 5-7.

29) Vgl. Soph. 250 a 8 f.

30) Vgl. Soph. 254 d 4-8.

31) Vgl. Soph. 250 b 7-10.

32) Vgl. Soph. 250 d 2 f.

33) Vgl. Soph. 250 c 1 f. 254 d 12.

34) Vgl. Soph. 254 d 14 f.

35) Vgl. Soph. 255 a 7 - b 1.

36) Vgl. Soph. 255 b 3-6.- W. Bröcker, Platos Gespräche, Frankfurt a.M., 2. Aufl., 1967, 465, bezweifelt die Gültigkeit der Begründung, indem er bemerkt: " Denn obwohl die beiden Ideen Ruhe und Bewegung als Ideen an der Ruhe teilhaben, ist diese mit einer von ihnen identisch." Bröckers Zurückweisung der platonischen Begründung ist jedoch insofern unberechtigt, als er von der Idee 'Ruhe' ausgeht, an der die Ideen 'Ruhe' und 'Bewegung' Anteil haben sollen. Das würde aber bedeuten, daß die Idee 'Ruhe' einen Vorrang gegenüber der der Bewegung besäße, ferner, daß die Idee 'Ruhe' an sich selbst teilhätte (vgl. W. Bröcker, 467: " Ja, auch das Selbige hat am Selbigen teil, und das Andere am Anderen und die Ruhe an der Ruhe und das Sein am Sein ") - beides unplatonische Gedanken. Die Gleichrangigkeit der Gattungen ist nicht berücksichtigt, Ruhe als den Ideenkosmos bevorzugt auszeichnendes Prädikat verstanden.- P. Seligman, Being and Not-Being. An Introduction to Plato's Sophist, The Hague 1974, 60, sieht in der Unvermischbarkeit von Ruhe und Bewegung die Gültigkeit des Arguments gegründet: " Consequently there are only three alternatives: either motion becomes rest, or rest becomes motion, or there is no participation. And the latter is Plato's answer: motion and rest cannot combine." Seligman ist zunächst beizupflichten. Platon selbst legt der gesamten Argumentation zur Unterschiedenheit der Gattungen die Unvermischbarkeit von Ruhe und Bewegung zugrunde (Soph. 254 d 7 f.), Unvermischbarkeit im Sinne von Unvereinbarkeit Entgegengesetzter (Soph. 255 b 1). Verknüpfung von Ruhe und Bewegung - und daran ist Platon gelegen (vgl. Soph. 256 b 6-9; Seligman, 74, geht auf diesen Gedanken nicht ein) - kann erst verstehbar werden, wenn die Gattung 'Verschiedenes' gewonnen ist; dann zeigt sich, daß alle Gattungen nicht einander entgegengesetzt, sondern voneinander verschieden sind; Verschiedenheit impliziert jedoch Relationalität, so daß auch Ruhe und Bewegung stets unterschieden bleiben, dennoch aber aufeinander bezogen sind.

37) Vgl. Soph. 255 b 8 - c 3.- B. Liebrucks, Platons Entwicklung zur Dialektik. Untersuchungen zum Problem des Eleatismus, Frankfurt a.M. 1949, 150, und W. Bröcker, Platos Gespräche, 465, werfen Platon hier eine verfehlte Begründung vor. Für dieses Argument ist jedoch die Inhaltlichkeit des Seins im Unterschied zu der der Identität zu beachten. Die Aussage 'Bewegung und Ruhe sind seiend' erlaubt noch Verschiedenheit von Bewegung und Ruhe, während die Aussage 'Bewegung und Ruhe sind

identisch' ihre Verschiedenheit gerade aufhöbe.

38) Vgl. Soph. 255 c 5 f.

39) Vgl. Soph. 255 c 8 - d 7.

40) Vgl. B. Liebrucks, Platons Entwicklung zur Dialektik, 152.

41) Vgl. Soph. 255 d 9 f.

42) Vgl. Soph. 255 e 11 - 256 e 3.- Die textgemäße Abfolge der Grundsätze zur Verschiedenheit und besonders Verknüpfung der Gattung 'Bewegung' mit den anderen Gattungen:

1. Bewegung i s t n i c h t Ruhe.

   Das heißt: Bewegung steht nicht in Gemeinschaft mit der Ruhe wegen ihrer Teilhabe an der Nicht-Identität.

2. Bewegung i s t (Seiendes).

   Das heißt: Bewegung steht in Gemeinschaft mit dem Seienden wegen ihrer Teilhabe am Seienden.

3. Bewegung i s t n i c h t Identität.

   Das heißt: Bewegung steht nicht in Gemeinschaft mit der Identität wegen ihrer Teilhabe an der Nicht-Identität.

4. Bewegung i s t Identität.

   Das heißt: Bewegung steht in Gemeinschaft mit der Identität wegen ihrer Teilhabe an der Identität.

5. Bewegung i s t Ruhe.

   Das heißt: Bewegung steht in Gemeinschaft mit der Ruhe wegen ihrer Teilhabe an der Ruhe.

6. Bewegung i s t n i c h t Nicht-Identität.

   Das heißt: Bewegung steht nicht in Gemeinschaft mit der Nicht-Identität wegen der Teilhabe an der N i c h t-I d e n t i t ä t.

7. Bewegung i s t Nicht-Identität.

   Das heißt: Bewegung steht in Gemeinschaft mit der Nicht-Identität wegen der T e i l h a b e an der Nicht-Identität.

8. Bewegung i s t n i c h t Seiendes.

   Das heißt: Bewegung steht nicht in Gemeinschaft mit dem Seienden wegen der Teilhabe an der Nicht-Identität.-

Zur mehrdeutigen Verwendung von 'ist' vgl.: W. Kamlah, Platons Selbstkritik im Sophistes, (Zetemata 33) München 1963, 44 ff.- R. Marten, Der Logos der Dialektik. Eine Theorie zu Platons S o p h i s t e s, Berlin 1965, 198. 205.

43) Anders im Anschluß an Heindorf und Cornford: K. Düsing, Ontologie und Dialektik bei Plato und Hegel, 118 u. Anm. 44. 119: " Die Teilhabe ermöglicht also die Verbindung jener selbständigen Gattungen oder Ideen untereinander, mit Ausnahme des Gegensatzpaars: Bewegung und Ruhe ..." Vgl. ähnlich: R. Marten, Platons Theorie der Idee, Freiburg/München 1975, 49. Vgl. auch: K. M. Sayre, Plato's Late Ontology. A Riddle Resolved, Princeton 1983, 224.- Für eine Teilhabe der Bewegung an der Ruhe sprechen sich berechtigterweise aus: N. Hartmann, Platos Logik des Seins, (Philosophische Arbeiten III) Gießen 1909, 129. Ferner: R. Rehn, Der logos der Seele, 127 f., und zwar im Hinblick auf die Textstelle Soph. 255 e 11 - 256 a 2. Platon selbst geht auf dieses Teilhabeverhältnis jedoch erst an der Stelle Soph. 256 b 6-9 ein. Ferner: S. Rosen, Plato's Sophist. The Drama of Original and Image, New Haven/London 1983, 279.

44) Vgl. Parm. 129 d 6 - e 4.

45) Vgl. N. Hartmann, Platos Logik des Seins, 127-136.

46) Vgl. Soph. 257 a 4 f. 259 b 1-4.

47) Vgl. Soph. 259 a 6 - b 1.

48) Vgl. Soph. 259 a 4-6.

49) Vgl. Soph. 259 d 2-7. Vgl. dazu: 251 d 8 f. 253 d 1-3.

50) Vgl. Soph. 259 d 9 - e 5.

51) Soph. 259 e 5 f.- Vgl. zu den unterschiedlichsten Interpretationsvorschlägen: K. Lorenz/J. Mittelstraß, Theaitetos fliegt. Zur Theorie wahrer und falscher Sätze bei Platon (Soph. 251 d - 263 d), in: Archiv für Geschichte der Philosophie 48 (1966) 113-152 (114-128: Auseinandersetzung mit den Interpretationen von Cornford, Hackforth, Robinson, Peck, Lacey, Hamlyn, Ackrill, Bluck, Marten, Moravcsik und Gulley; vgl. dazu das Literaturverzeichnis: 151 f.). Ferner: J. Derbolav, Platons Sprachphilosophie im Kratylos und in den späteren Schriften, (Impulse der Forschung 10) Darmstadt 1972, 178 ff. Ferner: R. Rehn, Der logos der Seele, 132 f. Ferner: K. M. Sayre, Plato's Late Ontology, 235.- Daß der hier angesprochene Logos identisch ist mit Denken als Sich-Unterreden, ist bisher übersehen worden.

52) Vgl. Soph. 260 a 5 f.: Πρὸς τὸ τὸν λόγον ἡμῖν τῶν ὄντων ἕν τι γενῶν εἶναι.

53) Vgl. Soph. 263 e 3.

54) Vgl. Soph. 263 e 4. 264 a 9.- Wenn der λόγος somit als mit der διάνοια identischer διάλογος zu denken ist, ist es verfehlt, den Soph. 259 e 6 erwähnten Logos als Satz zu ver-

stehen. Der Zusammenhang zwischen Soph. 250 c 9 f., 255 b 8, 255 c 9 f. (Hinweise auf die διάνοια und das διανοεῖσθαι), Soph. 251 a 1-3, 254 c 5-7 (Hinweise auf den λόγος περί) und Soph. 263 e 3 f., 264 a 9 (Hinweise auf die Identität von λόγος und διάνοια, auf den λόγος als διάλογος) bleibt dann unberücksichtigt. Was der λόγος als Verknüpfung der Gattungen untereinander ist, ist durch den διάλογος selbst deutlich geworden. Ist der λόγος insofern mit dem διάλογος identisch, bleibt die sich anschließende Frage, was er denn selbst sei (Soph. 260 a 8), eine nach Soph. 259 e 6 und 260 a 1 überhaupt noch sinnvoll zu stellende Frage. Platon fragt jetzt nämlich nach dem λόγος in seiner ihm eigentümlichen Bedeutung, nach dem λόγος als dem gesprochenen einzelnen Satz.

55) Vgl. Soph. 248 e 2-4.

56) Vgl. Soph. 248 e 6 - 249 a 2.

57) Vgl. Soph. 249 b 8 - c 2. c 3-5.- Diese Texte widersprechen der Annahme von R. Marten, Der Logos der Dialektik, 216-220, bei Platon liege eine Differenzierung zwischen noetischer Erfahrung und bloß dianoetischen Reflexionsbestimmungen vor. Vgl. zu dieser Differenzierung bereits: K. Oehler, Die Lehre vom noetischen und dianoetischen Denken bei Platon und Aristoteles. Ein Beitrag zur Erforschung der Geschichte des Bewußtseinsproblems in der Antike, (Zetemata 29) München 1962, 88: νόησις sei " geistige Anschauung ", διάνοια " das Nachdenken oder diskursive Denken " (vgl. auch: 126). Für Platon hingegen ist das sich-unterredende Denken nicht diskursives, sondern dialektisches Denken, das auch das Sein nicht mehr " hehr und heilig " (Soph. 249 a 1 f.) unbewegt sein läßt und einer geistigen Anschauung überläßt.

58) Vgl. Soph. 260 a 8.

59) Vgl. Soph. 260 b 10 f.

60) Vgl. Soph. 260 c 1-4.

61) Vgl. Soph. 262 c 2-7.

62) Vgl. Soph. 262 d 3 f.

63) Vgl. Soph. 262 e 5 f.

64) Vgl. Soph. 262 e 8. 263 b 3.

65) Vgl. Soph. 257 c 7 f.

66) Vgl. Soph. 263 b 9-11.

67) Vgl. Soph. 263 d 2.

68) Auch G. Prauss, Platon und der logische Eleatismus, Berlin 1966, 196, diskutiert den Logos im Sinne " des Urteils als Verbindung von Noemata ".

69) Vgl. zur Theorie der Vorstellung und der richtigen bzw. falschen Verknüpfung von Vorstellungsinhalten und Wahrnehmungsinhalten: Theaet. 187 a 1 - 201 c 7.

70) Vgl. Soph. 261 e 4 - 262 e 1, bes. 262 d 8 - e 1.

71) Vgl. Soph. 264 a 1 f.

72) Vgl. Soph. 264 a 4-6.

73) Auf diese Zusammenhänge verweist ähnlich bereits: K. Oehler, Die Lehre vom noetischen und dianoetischen Denken bei Platon und Aristoteles, 94, der jedoch nicht nur anders ordnet (da er das Verhältnis zwischen Wahrnehmung und Vorstellung unterbestimmt; denn es ist nach Platon auch eine Vereinigung von Wahrnehmung und Vorstellung denkbar; vgl. Theaet. 191 c - 195 b, bes. 194 ab), sondern zugleich auch die Dihairesis berücksichtigt wissen will (vgl. bereits: J. Stenzel, Studien zur Entwicklung der platonischen Dialektik von Sokrates zu Aristoteles, Stuttgart, 2. Aufl., 1931, 89), die Platon selbst aber in diesem Zusammenhang gar nicht erwähnt.

74) Vgl. Soph. 254 c 2 f.: ... μὴ περὶ πάντων τῶν εἰδῶν ...

75) Vgl. Plotin, Enn. VI 2, 7, 16 f. Enn. VI 2, 8b, 38 f.

76) Vgl. M. Ficinus, Theologia Platonica XVII, Parisiis 1559 (ND Hildesheim/New York 1975), 310 I; Ficino differenziert zwischen Wesen/Nicht-Identität/Bewegung und Sein/Identität/Ruhe. Vgl. auch: M. Ficinus, In Platonis Sophistam; Opera omnia II, Basileae, 2. Aufl., 1576 (ND Torino, 2. Aufl., 1962) 1289-1292.

77) Vgl. Theaet. 201 c 4-7. 206 d 1 - e 3.

78) Vgl. zum Zusammenhang zwischen Nachahmung, Satz und gesprochenen Bildern: Soph. 234 b 1 - c 7. 267 c 2-6: Der Sophist ahmt in Reden und Handlungen nur nach, gibt überdies vor zu wissen, was er nicht weiß (Soph. 267 e 10 - 268 a 4). Der Vorstellungs- oder Einbildungslogos ist der mimetische Logos des Sophisten.

79) Vgl. Theaet. 185 c 9 - d 1.

80) Vgl. VS B 12; 37, 18 - 38, 6.

81) Vgl. Aristoteles, De an. III 4, 429 a 18-20.

82) Vgl. Kant, KrV A 123.

83) Vgl. Kant, KrV B 131.

84) Zu Nikolaus von Kues vgl.: B. Mojsisch, Zum Disput über die Unsterblichkeit der Seele in Mittelalter und Renaissance, in: Freiburger Zeitschrift für Philosophie und Theologie 29 (1982) 341-359, bes. 354 ff.- Ferner: A. de Libera/B. Mojsisch, Name II, in: Historisches Wörterbuch der Philosophie,

hrsg. von J. Ritter/K. Gründer, Bd. 6, Basel 1984, 381 f.

85) Descartes, Med. II 9; Adam/Tannery VII, 29.

86) Descartes, Med. II 9; Adam/Tannery VII, 29.

87) Vgl. W. von Humboldt, Werke, Bd. III: Schriften zur Sprachphilosophie, hrsg. von A. Flitner/K. Giel, Darmstadt 1963 (ND 1972), 15 f. 19 f. 195.

88) Vgl. W. von Humboldt, Werke, Bd. III, 200 ff., bes. 202: " ... die Sprache kann auch nur so zur Wirklichkeit gebracht werden, dass an einen gewagten Versuch ein neuer sich anknüpft."

89) Vgl. Phaed. 100 a 3-5.

90) Vgl. Ep. VII, 342 e 2 - 343 a 1.- H.-G. Gadamer, Platos dialektische Ethik und andere Studien zur platonischen Philosophie, Hamburg 1968, 230, faßt hier den Logos auch als Satz, als definitorischen Satz - wenngleich nicht in technisch-logischem Sinne -, nicht jedoch als mimetischen Satz.

RUDOLF REHN

ZUR THEORIE DES ONOMA IN DER GRIECHISCHEN PHILOSOPHIE

Das Interesse an der antiken Sprachphilosophie ist in den letzten Jahrzehnten spürbar gewachsen. Deutliches Indiz hierfür ist die große Anzahl neuerer Arbeiten zu diesem Thema. Die intensivere Beschäftigung mit sprachphilosophischen Konzeptionen antiker Denker hat zweierlei sehr deutlich werden lassen:
1. Das Thema 'Sprache' stellt kein Randthema antiken Philosophierens dar, sondern gehört schon in vorklassischer Zeit zu den gewichtigen (und als gewichtig durchschauten) Gegenständen philosophischer Forschung.
2. Wer die Ergebnisse antiker Bemühungen um die Sprache allein unter historischer Perspektive betrachtet oder philosophische Sprachtheorien der Antike (bestenfalls) als bloße Vorstufen moderner sprachtheoretischer Entwürfe wertet, unterschätzt das Niveau antiker Sprachreflexion; denn auf zahlreichen Feldern sprachphilosophischer Forschung ist die Antike zu Ergebnissen gelangt, die als substantielle Beiträge auch zur gegenwärtigen Diskussion sprachphilosophi-

scher Probleme zu betrachten sind[1].

Die folgenden Überlegungen befassen sich mit einem Aspekt der antiken Sprachphilosophie, der Wortforschung. Sie spielte in der gesamten Antike - anders als in der gegenwärtigen sprachphilosophischen Diskussion - eine zentrale Rolle, und man überzeichnet nur wenig, wenn man behauptet, daß sich nicht selten antike Bemühungen um die Sprache darin erschöpften, Wesen und Funktion der Wörter zu bestimmen.

Die antike Philosophie beschäftigt sich mit ὀνόματα (Namen bzw. Wörtern) in erster Linie unter erkenntnistheoretischem Aspekt. Dabei geht es um zwei Fragenkomplexe, um das Verhältnis von Name und Sache (πρᾶγμα, ἔργον) und um die Beziehung zwischen Wort und Wortkomplex (λόγος)[2].

In archaischer Zeit glaubt man an die Einheit von Name und Sache. Der Name ist nach diesem Glauben nicht das Produkt menschlicher Erfindungsgabe, er ist nicht 'gemacht', nicht 'gesetzt', sondern gehört dem (jeweiligen) Gegenstand von Natur aus an. Im Namen offenbart sich für das mythische Denken das Wesen der Sache, und wer über den Namen einer Sache verfügt, verfügt zugleich auch über die Sache selbst. Dieser Glaube an die Einheit von Name und Sache und an die (magische) Kraft des Namens, das Wesen einer Sache zu offenbaren[3] - hieraus erklärt sich das übermäßige Interesse des Altertums an etymologischen Wortanalysen[4] -, ist von grundlegender Bedeutung für die vorphilosophische Beschäftigung mit der Sprache. Erst mit dem Entstehen der Philosophie, die sich, vor allem in ihrer Frühzeit, als der Versuch verstand, mythologische Deutungsmuster der Welt und des Menschen abzulösen durch rationale, sich auf einsehbare und diskutierbare Argumente stützende Erklärungsmodelle[5)], kommt es zur kritischen Erörterung des Verhältnisses von Name und Sache und stellt sich die Frage nach der Leistungsfähigkeit der Sprache. Exponent unter den sprachkritischen Philosophen der vorklassischen Epoche ist Parmenides.

P a r m e n i d e s

Der Beitrag des Gründers der eleatischen Philosophenschule zur Sprachphilosophie ist umstritten. Der sich auf die Mehrzahl der Forscher stützenden Ansicht, Parmenides habe die Namen als "Quelle des Irrtums" bezeichnet und "den Sündenfall der Menschheit mit der Sprache beginnen (lassen)"[6)], traten vor allem in neuerer Zeit Interpreten mit der These entgegen, Parmenides' Kritik richte sich nicht gegen die Sprache, sondern gegen ein Denken, das nicht in der Lage ist, über das jeweils sinnfällig Gegebene hinauszufragen, ein Denken also, daß sich allein auf der Ebene der doxa bewegt[7)].

Die Vertreter der Ansicht, Parmenides billige den Wörtern keinerlei Erkenntniswert zu, denn er halte sie für bloße Erfindungen der Menschen, die zwar beanspruchten, wahr zu sein - den jeweiligen Gegenständen also von Natur aus anzugehören -, tatsächlich aber lediglich das Ergebnis trügerischer Meinung (δόξα) seien, berufen sich in der Regel auf das Fragment 28 B8,38-41: "Darum wird alles (bloßer) Name sein, was die Sterblichen (in ihrer Sprache) festgesetzt haben, überzeugt, es sei wahr: Werden sowohl als Vergehen, Sein sowohl als Nichtsein, Verändern des Ortes und Wechseln der leuchtenden Farben." Doch gerade dieses Fragment macht deutlich, daß es Parmenides nicht um eine Kritik an der Leistungsfähigkeit der Wörter schlechthin geht, sondern um eine kritische Distanzierung von den die Wirklichkeit verfälschenden Wörtern, die von Menschen gebraucht werden, die keine Einsicht in die physis der Dinge haben und deshalb von Sein und Nichtsein, von Bewegung und Veränderung usw. reden, obwohl es, für Parmenides, weder Nichtsein noch Bewegung und Veränderung gibt. Wörter sind also nicht die Ursache, sondern das Ergebnis einer falschen Denkweise: "Primär ist (...) hier (sc. im Fragment 28 B8,38-41) der menschliche Irrtum, der etwas für wahr hält (...), das es nicht gibt, und ihm daher einen Namen beilegt, der von der Wahrheit aus betrachtet nur ein Name ist."[8)]

Die bei Parmenides vorliegende Opposition von Wort und Wahrheit (ἀλήθεια,φύσις) zeigt, daß für ihn die mythische Einheit von Wort und Sache zerbrochen ist[9)], doch resultiert dieser Bruch nicht aus der defizienten Natur der Wörter,sondern ist zurückzuführen auf die durch "das blinde Vertrauen auf Erfahrung (ἔθος πολύτροπον)"[10)] erzeugten irrigen Vorstellungen der Menschen. Für diese Auffassung sprechen auch die folgenden Überlegungen:

1. Für Parmenides sind Sprechen und Denken notwendig miteinander verknüpft. Er betont sogar mehrmals,Sprechen und Denken seien dasselbe[11)]. Wer die Ansicht vertritt, Parmenides diskreditiere die Rolle der Sprache im Erkenntnisprozeß, behauptet demnach auch, der Philosoph aus Elea nehme im Hinblick auf die Lei-

stungsfähigkeit des Denkens eine skeptische Haltung ein. Eine solche Behauptung aber ist mit dem Text seines nur fragmentarisch überlieferten Lehrgedichts kaum in Einklang zu bringen. Bestimmend nämlich für dieses Werk ist die Opposition von Wahrheit (ἀλήθεια) und (bloßer) Meinung (δόξα), der Gegensatz zwischen wahrem und falschem (Denk)weg und der Anspruch des Autors, wahr zu denken und zu sprechen. Mit welchem Selbstbewußtsein Parmenides seine Philosophie vorträgt, zeigt die Stelle 28 B8,50-51. Parmenides läßt dort die Göttin, der in seinem Lehrgedicht die Rolle zufällt, den einen richtigen Denkweg aufzuzeigen, erklären: "Damit beschließe ich für dich mein verläßliches Reden und Denken (πιστὸν λόγον ἠδὲ νόημα) über die Wahrheit."

2. Wenn "all names (...) are false, we must enquire how he (sc. Parmenides) would have justified his own assertion of the necessity of saying, as well as thinking, 'it-is'."[12] Im Gedicht spricht die Göttin zu Parmenides (κόμισαι δὲ σὺ μῦθον ἀκούσας, heißt es im Text[13]), belehrt ihn mit Worten über den Weg, den das Denken einzuschlagen hat, um sich nicht in Widersprüchen zu verfangen[14], nennt das Seiende Eines (ἕν) und fordert, nicht den Sinnen zu vertrauen, sondern sich allein am logos zu orientieren[15]. Die Tatsache, daß Parmenides seine philosophischen Einsichten in sprachlicher Form präsentierte und beanspruchte, Wahres zu lehren, läßt nur den Schluß zu, daß er der Leistungsfähigkeit der Sprache nicht skeptisch gegenüberstand oder gar die Sprache insgesamt als 'trügerisch' betrachtet hat.

3. Im 'Sophistes' setzt sich Platon mit Parmenides unter sprachphilosophischem Aspekt auseinander[16]. Er prüft, ob dem Seienden, wenn es - wie der Philo-

soph aus Elea und seine Anhänger es lehren - ein ἕν ist, ein Name zugeordnet werden kann. Platon: Parmenides und seine Schüler behaupten, das Seiende sei ein ἕν, sie nennen das Seiende aber auch ein τι. Hierdurch befinden sie sich in einem Dilemma, denn entweder sind 'Eines' und 'Etwas' verschiedene Namen für jeweils Verschiedenes, dann kann keine Rede davon sein, daß es sich bei dem Seienden um ein ἕν handelt, oder 'Eines' und 'Etwas' sind unterschiedliche Bezeichnungen für dasselbe, dann ergibt sich die "lächerliche" Konsequenz, daß zwei Namen existieren, obwohl "man nichts (anderes) gesetzt hat als ein ἕν". Doch auch dann, wenn man davon ausgeht, daß es nur einen Namen für das Seiende gibt, gerät derjenige, der ein streng monistisches Seinskonzept vertritt, in eine schwierige Lage; denn behauptet er, Name und Sache seien nicht identisch, so räumt er ein, daß (mindestens) zwei Dinge existieren, nämlich der Name und das, worauf sich der Name bezieht, geht er aber davon aus, daß Name und Sache identisch sind, "so wird er entweder genötigt sein zu sagen, der Name (sc. ἕν) sei ein Name von nichts, oder wenn er sagen will, er sei der Name von etwas, so wird herauskommen, der Name sei des Namens Name und sonst keines anderen"[17].

Platon kritisiert das eleatische Seinskonzept unter sprachtheoretischer Rücksicht, doch er wirft dem Schöpfer dieses Konzepts nicht vor, der Sprache insgesamt die Tauglichkeit für das philosophische Geschäft abgesprochen und sie dennoch zur Darstellung seiner Lehre benutzt zu haben - einen ähnlichen Vorwurf macht Platon den Herakliteern im 'Theaitet' -, sondern er tadelt ihn, weil er übersah, daß das, was er für unmöglich hielt, die Existenz von Einheit und Vielheit, in seinen eigenen (sprachlichen) Äußerungen (hier speziell:der Bezeichnung des Seienden als ἕν) immer schon vorausgesetzt und verwirklicht war. Auch dies stützt die Ansicht jener, die davon ausgehen, Parmenides habe Wörter nicht schlechthin für das Denken in die Irre führende Erfindungen von Menschen ohne wahre Einsichten gehalten, sondern habe zwischen trügerischen und korrekten Namen unterschieden, zwischen Namen also, von denen die einen die Wirklichkeit (die Natur des Seienden) verfehlen, verfälschen, die anderen aber - dem einen wahren Denkweg folgend - dem Wesen des Seienden angemessen sind.

Neben dem Problem, welcher Stellenwert der Sprache in der eleatischen Philosophie zukommt, gehört die Frage, ob sich Parmenides über den Unterschied zwischen Wort und Satz im klaren gewesen sei, er also gewußt habe, daß zwischen beiden neben quantitativen auch qualitative Unterschiede bestehen, zu den oft - und kontrovers - behandelten Themen innerhalb der Parmenidesforschung. Einer der bedeutendsten Beiträge zu dieser Frage stammt von E. Hoffmann. In seinem Buch 'Die Sprache und die archaische Logik'[18] vertritt er die Ansicht, für Parmenides stünden die Wörter (ἔπεα) "in deutlicher Antithese zum λόγος: jene trügerisch, dieser vertrauenswürdig; jene im Pluralis auf das Eine gerichtet; jene in Verbindung mit dem, was man akustisch 'hinnimmt' (δόξα von δέχομαι), dieses in Verbindung mit der geistigen Funktion (νόημα)"[19]. Für E. Hoffmann geht Parmenides von einer qualitativen Differenz zwischen Wort (ὄνομα bzw. ἔπος) und Satz (λόγος) aus: "Das bloße ἔπος k a n n nicht wahr sein, denn es ist ein

Fragment; und auch die Häufung von ἔπεα in vermeintlicher 'Rede' spiegelt nur das Chaotische einer Welt der Partikularitäten und Pluralitäten wider; erst der Logos, der weiß, daß er das Sein nur vom Einen und Ganzen aussagen darf, ist wahr. In ihm ist nach Parmenides die restlose Drei-Einigkeit von Seiendem, Gedachtem und Gesprochenem, von Sein, Wahrheit und Rede, erzielt."[20]

E. Hoffmanns Versuch, aus den Resten des parmenideischen Werks das Oppositionsschema von Wort und Satz zu rekonstruieren (er stützt sich hierbei vor allem auf die Stelle VS 21 B8,50-52, in der dem "vertrauenswürdigen logos" die "trügerische Ordnung der epea" gegenübergestellt wird) und dieses Schema in Verbindung zu bringen mit der eleatischen Unterscheidung von Wahrheit und Meinung, verdient ohne Zweifel Beachtung; doch spricht manches dafür, daß im philosophischen Entwurf des Parmenides der Unterschied zwischen Wort und Satz keine oder nur eine periphere Rolle spielt. Es ist sogar wahrscheinlich, daß sich Parmenides über die grundsätzliche Verschiedenheit von Wort und Satz noch nicht im klaren war; denn zwar wird schon in vorklassischer Zeit zwischen einzelnem Wort und Wortkomplex (logos) unterschieden[21], doch ist die Einsicht in die qualitative Verschiedenheit von Wort und Satz mit einiger Sicherheit erst das Ergebnis der sprachwissenschaftlichen Forschungen im 5. Jahrhundert v. Chr. (Sophistik). Nachweisbar jedenfalls differenziert erst Platon im 'Sophistes' explizit zwischen Wort und Satz nicht nur aufgrund quantitativer, sondern auch - und in erster Linie - aufgrund qualitativer Unterschiede (vgl. hierzu den Abschnitt über Platon).

Vor allem aber spricht gegen die Auffassung E. Hoffmanns, das "bloße ἔπος" könne nicht wahr sein, daß bei Parmenides die ἔπεα nicht durchgängig - als die Erkenntnis der Wahrheit erschwerende oder gar verhindernde Erfindungen unwissender Menschen - dem Bereich der δόξα zugeordnet sind; denn 28 B1,22-23 heißt es z.B.: "Und es nahm mich die Göttin huldreich auf, ergriff meine rechte Hand mit der ihren und so sprach sie das Wort (ἔπος) und redete mich an (...)." Auch die Göttin benutzt ἔπεα, doch im Gegensatz zu den von Menschen gebrauchten Wörtern, die in ihrer Mehrzahl eine Wirklichkeit widerspiegeln, die so nicht existiert, verwendet sie Wörter, die dem Wesen der Dinge angemessen sind. E. Hoffmanns These, für Parmenides sei jedes (einzelne) Wort prinzipiell falsch, ist demnach unzutreffend.

Für die parmenideische Philosophie ist die Unterscheidung von wahren und falschen Wörtern von grundlegender Bedeutung. Parmenides selbst nennt - mit dem Anspruch auf Wahrheit - das Seiende nicht nur ein ἕν, sondern auch ein συνεχές und ἀκίνητον[22] und kritisiert jene, die - aufgrund irriger Annahmen - vom Sein des Nichtseienden reden und dem Seienden Vielheit und Bewegung zusprechen[23]. Für das zentrale Motiv der'Auffahrt' in der parmenideischen Philosophie heißt das: Wer den ausgetretenen Pfad der "vielerfahrenen Gewohnheit" verläßt, kehrt nicht den (einzelnen) Wörtern, 'Vokabeln',(oder gar der Sprache insgesamt) den Rücken, um sich am (allein wahrheitsfähigen) logos, Satz,(oder an einem von allem Sprachlichen 'gereinigten' Denken) zu orientieren, sondern er setzt auf das Wort, das, dem Zeugnis der Sinne mißtrauend, Halt im logos sucht, im "vertrauenswürdigen" logos, in dem nach Parmenides die Einheit von Sprechen und Denken immer schon realisiert ist[24].

Die vorklassische Philosophie war vorwiegend unter epistemologischem Aspekt an Sprache interessiert. Sie problematisierte die Beziehung zwischen Wort (Name) und Sache und fragte nach der Rolle der Wörter im Erkenntnisprozeß. Erst im 5. Jahrhundert v. Chr. wird die Sprache als Sprache Objekt philosophischer Reflexion. Die Sophisten sind die ersten, die neben der erkenntnistheoretischen Funktion der Sprache auch - modern ausgedrückt - grammatische und lexikologische Probleme erörterten und damit (auch) die formale Seite der Sprache zum Gegenstand wissenschaftlichen Fragens machten[25]. Zu den bedeutendsten Sprachtheoretikern unter den Sophisten zählen Protagoras und Prodikos.

Protagoras gilt als "der erste, der sprachwissenschaftliche Studien trieb und damit eine wissenschaftliche Grammatik in den Unterricht eingeführt hat"[26]. Er befaßte sich nach dem Zeugnis Platons[27] mit der ὀρθότης bzw. ὀρθοέπεια der Wörter, setzte sich also mit Fragen auseinander, die sich auf den korrekten Gebrauch der Sprache beziehen[28]. Darüber hinaus hat nach antiken Quellen Protagoras als erster vier Formen des Satzes (logos), Bitte (εὐχολή), Frage (ἐρώτησις), Antwort (ἀπόκρισις), Befehl (ἐντολή), und drei Wortgeschlechter (γένη τῶν ὀνομάτων), ein männliches, weibliches und neutrales, unterschieden[29]. Diesen sprachwissenschaftlichen Bemühungen des Sophisten aus Abdera ist um so mehr Bedeutung beizumessen, als "vor ihm von keinem, selbst nicht vom schüchternsten, Versuche die Rede ist, die Formen der Sprache zu sondern, zu zergliedern, auf Grundsätze zurückzuführen"[30].

Neben Protagoras hat sich Prodikos von Keos, ein Zeitgenosse des Sokrates[31], intensiv mit sprachwissenschaftlichen Problemen beschäftigt[32]. Der Akzent der Sprachforschungen des Prodikos liegt auf dem Versuch, Klarheit über die Bedeutungen der Wörter zu schaffen[33]. Hierzu bediente er sich einer bestimmten Methode, der ὀνομάτων διαίρεσις. Grundlage dieser Methode ist der Wortvergleich: Ein Wort bekommt dadurch inhaltliche Konturen, daß man es mit anderen Wörtern, die eine ähnliche Bedeutung haben, vergleicht, fast möchte man sagen: konfrontiert. Prodikos verstand es nach dem Urteil Platons wie kein anderer, Unterschiede in den Bedeutungen auch solcher Wörter zu entdecken, die in der Umgangssprache als Synonyme behandelt wurden[34].

In der Zielsetzung der Bemühungen um die Sprache verbinden sich bei Prodikos - wie bei der Mehrzahl der Sophisten überhaupt - Rhetorik und Pädagogik; denn es geht ihm nicht nur darum, die Grundlagen für ein korrektes und wirkungsvolles Sprechen zu schaffen, sondern er betrachtet "seine Wortkunde (auch) als Bedürfnis allgemeiner Bildung und als Bedingung bürgerlicher Lebens- und Staatsweisheit"[35]. Der epistemologische Aspekt, der im Rahmen der vorsokratischen Beschäftigung mit 'Wörtern' im Vordergrund gestanden hat, spielt in den wissenschaftlichen Sprachstudien der Sophisten nur noch eine untergeordnete Rolle. Erst bei Platon wird die Frage nach dem Erkenntniswert der Wörter erneut zu einem zentralen Thema sprachphilosophischer Reflexion[36].

P l a t o n

Platons Überlegungen zur Sprache stehen in der Tradition vorsokratischer Philosophie; denn - anders als die Sophistik - ist er nur mäßig an grammatischen und semantischen Problemen interessiert. Im Vordergrund seiner Beschäftigung mit sprachphilosophischen Gegenständen steht die Frage nach dem Stellenwert der Sprache für die Erkenntnis. Doch geht Platon über die Denker der Vorklassik (und auch der Sophistik) insofern hinaus, als er nicht mehr nur einzelne sprachphilosophische Probleme diskutiert, sondern nach der grundsätzlichen Bedeutung der Sprache für die Philosophie fragt und damit zum ersten Mal in der Geschichte der Philosophie die Frage nach dem systematischen Zusammenhang zwischen Sprache und Philosophie stellt[37)].

Mit dem 'Kratylos', dem ältesten zur Sprachphilosophie "gehörenden authentischen Schriftstück, das auch vollständig und sicher überliefert ist"[38)], greift Platon ein Thema auf, das nach dem Zeugnis Xenophons weite Kreise der Gebildeten des 4. Jahrhunderts v. Chr. zu hitzigen Debatten veranlaßte: die Frage nach der 'Richtigkeit der Wörter' (ὀρθότης τῶν ὀνομάτων)[39)]. Bei dieser Frage ging es nicht, wie vielfach gemeint wurde und noch immer wird[40)], um den "Ursprung der Sprache" - daß die Wörter das Ergebnis eines τίθεσθαι sind, wurde von niemandem bestritten -, sondern um die Art des Verhältnisses zwischen Wort und Sache. Wie aus dem platonischen 'Kratylos' hervorgeht, sind in der Diskussion über die 'Richtigkeit der Wörter' zwei gegensätzliche Positionen vertreten worden, die φύσει-Position, die von einer 'natürlichen' Beziehung zwischen Wort und

Sache ausging (für die Anhänger dieser Position zeigte sich im Namen die jeweilige Sache), und die νόμῳ-Position, die einen durch Absprache gestifteten Zusammenhang zwischen Bezeichnendem und Bezeichnetem annahm und deshalb die Möglichkeit ausschloß, durch Wörter etwas über Dinge zu erfahren.

Platon stellt sich im 'Kratylos' auf die Seite derer, die die These von der konventionellen Richtigkeit der Wörter vertreten. Gegen die in diesem Dialog dem Herakliteer Kratylos zugeschriebene Ansicht, "jeder Gegenstand besitze einen ihm von Natur aus zukommenden Namen"[41)], formuliert Platon eine Reihe von - in ihrem Gewicht oft nur schwer abzuschätzenden[42)] - Argumenten. Diese Argumente lassen erkennen, daß sich Platon nicht die vollständige Destruktion der φύσει-These zum Ziel gesetzt hat. Die Intention seiner Kritik an der Position des Kratylos, dem Wortführer jener, die glauben, zwischen dem wirklichen Namen einer Sache und der Sache selbst bestehe ein Verhältnis, das auf struktureller Übereinstimmung basiere, geht vielmehr auf den Nachweis, daß derjenige, der sich darauf verläßt, durch Wortforschung etwas über Gegenstände zu erfahren, leicht Gefahr läuft, getäuscht zu werden[43)].

Von zentraler Bedeutung für Platons Versuch, den Erkenntnisanspruch der Wörter in Frage zu stellen, sind jene Passagen im 'Kratylos', in denen erörtert wird, ob das Wort - wie es die Vertreter der φύσει-Position behaupten - als ein μίμημα τοῦ πράγματος verstanden werden kann. Im Mittelpunkt dieser Erörterung steht die Entwicklung (und die Destruktion) des 'phonemanalytischen Modells'[44)].

Das 'phonemanalytische Modell' ist als Antwort

auf die Frage zu verstehen, wie sich eine Nachahmung von Gegenständen durch Wörter denken läßt. Es geht davon aus, daß Wörter deshalb die wesentlichen Strukturen der Gegenstände wiedergeben können, weil ihren kleinsten Bestandteilen, den Buchstaben, "spezifische Ausdruckscharaktere inhärieren"[45]. Das Rho z.B. drückt nach diesem Modell eine Bewegung aus, da "die Zunge bei ihm am wenigsten stillsteht"[46], das Iota dagegen repräsentiert das Feine, da es "am leichtesten durch alles hindurchgeht"[47], während das Lambda, bei dem die Zunge "am besten gleitet", zur Benennung des Glatten, des Gleitens selbst und ähnlicher Dinge geeignet ist[48].

Das ist - in Grundzügen - das 'phonemanalytische Modell', über dessen Bedeutung die Meinungen weit auseinandergehen[49]. Gegen dieses Modell, das von einer strukturellen Ähnlichkeit zwischen Buchstabe und Element, zwischen Buchstabenkomplex und Elementenverbindung ausgeht, führt Platon in der Hauptsache zwei Argumente ins Feld:

1. Es gibt Wörter, die keine Ähnlichkeit mit ihren jeweiligen Gegenständen haben und dennoch als vollwertige Wörter anzusehen sind. Das Wort σκληρότης ('Härte') z.B. enthält ein Lambda, obwohl dieser Buchstabe nach dem oben skizzierten Modell etwas 'Weiches', 'Glattes' ausdrückt. Daß dieses Wort trotzdem verstanden wird, ist nicht auf das Prinzip 'Ähnlichkeit', sondern auf das Prinzip 'Gewohnheit' (ἔθος) zurückzuführen. Wörter, die keine Ähnlichkeit mit den Gegenständen haben, denen sie zugeordnet sind, werden verstanden, weil man διὰ τὸ ἔθος weiß, was sie bedeuten[50].

2. Es gibt einen Bereich, den Bereich der Zahlen,

für den die Behauptung, bei Wörtern handele es sich um Abbilder der durch sie bezeichneten Gegenstände, nicht nur nicht unumschränkt, sondern überhaupt nicht gilt; denn Zahlen sind Objekte, die sich prinzipiell einer strukturellen Nachahmung durch Sprachelemente entziehen, weil ihre "Strukturbeschaffenheit mit der akustisch-morphologischen Eigentümlichkeit von Worten schlechthin inkommensurabel (ist)"[51)].

Platons Argumentation gegen die Auffassung, bei Wörtern handele es sich um Abbilder der Gegenstände, denen sie zugeordnet sind, und deshalb sei durch Wortanalysen etwas über die jeweiligen Gegenstände zu erfahren, zielt darauf ab nachzuweisen, daß der Versuch, Dinganalyse auf Wortforschung zu reduzieren, nicht selten undurchführbar ist, immer aber so viele Risiken birgt, daß die Wortforschung nicht als ein geeignetes Instrument zur Erforschung dessen, was Objekt sprachlicher Bezeichnung ist, betrachtet werden kann. Platons Kritik am Erkenntnisanspruch der Wörter erweist den schon von Parmenides in Frage gestellten Glauben an die Einheit von Wort und Sache als haltlos und zerstört damit einen der Eckpfeiler der vorphilosophischen Sprachspekulation.

In der Auseinandersetzung um die 'Richtigkeit der Wörter' stellt sich Platon auf die Seite derer, die von einem durch Absprache gestifteten Zusammenhang zwischen Wort und Sache ausgehen. Danach handelt es sich bei Wörtern um (bloße) Zeichen (σημεῖα), die aufgrund einer Übereinkunft (Konvention) für bestimmte Gegenstände stehen und deshalb eine Verständigung über πράγματα ermöglichen. Daß Platon nicht nur das Wort als Erkenntnismittel um jeden Kredit bringt, sondern auch die Diskussion um die Bestimmung des

Wortes ein entscheidendes Stück weiterbringt, zeigt der Abschnitt des 'Kratylos', in dem Platon die beiden Hauptakteure des Dialogs, Sokrates und Kratylos, darüber diskutieren läßt, ob (vorausgesetzt, Buchstaben können Merkmale von Gegenständen mimetisch repräsentieren) de facto die Leistungsfähigkeit von Wörtern in kommunikativen Prozessen zurückzuführen ist auf deren Vermögen, Dinge strukturell abzubilden[52].

Nachdem Sokrates an dem Wort σκληρότης ('Härte') demonstriert hat, daß die These, alle Wörter seien Abbilder der durch sie benannten Dinge - σκληρότης heißt bei den Eretriern σκληρότηρ, obwohl rho und sigma nach dem 'phonemanalytischen Modell' für unterschiedliche Eigenschaften stehen -, unzutreffend ist, und Kratylos ihm entgegengehalten hat, daß die Differenz zwischen rho und sigma nicht notwendig als ein qualitativer Unterschied aufzufassen sei[53], entwickelt sich zwischen ihnen der folgende kurze Dialog:

Sokrates: Trifft das auch auf das Lambda (in dem Wort σκληρότης) zu, oder drückt dieser Buchstabe nicht das Gegenteil von Härte aus?

Kratylos: Vielleicht befindet er sich zu Unrecht in diesem Wort, Sokrates, und wie auch du, als du vorhin mit Hermogenes sprachst, Buchstaben, wo es notwendig war, herausnahmst und einsetztest, und dies schien mir richtig zu sein, so sollte man vielleicht auch jetzt an die Stelle des Lambda ein Rho setzen.

Sokrates: Du hast recht. Was aber weiter? Verstehen wir uns etwa nicht bei unserer jetzigen Sprechweise, wenn jemand 'hart' (σκληρόν) sagt, und weißt du jetzt etwa nicht, was ich (mit diesem Wort) meine?

Kratylos: Doch, und zwar aufgrund von Gewohnheit (διά γε τὸ ἔθος), mein Bester.

Sokrates: Und wenn du 'Gewohnheit' sagst, glaubst du etwas anderes zu sagen als 'Abmachung' (συνθήκης)? Oder nennst du Gewohnheit nicht, daß ich, wenn ich dieses (Wort) ausspreche, an jenes (jene Sache) denke, und daß du erkennst, daß ich an jene Sache denke? Meinst du nicht das?

Kratylos: Ja.

Sokrates: Wenn du also (die jeweilige Sache) erkennst, indem ich (ein bestimmtes Wort) ausspreche, erhältst du durch mich ein Zeichen (δήλωμα)?

Kratylos: Ja.

Sokrates: Und zwar durch etwas, das dem, was ich denke und ausspreche, unähnlich ist, da doch das Lambda dem unähnlich ist, was du 'Härte' nennst. Verhält sich dies aber so, wie kann es anders sein, als daß du es mit dir selbst so verabredet hast und also die Richtigkeit des Wortes für dich auf Übereinkunft beruht, da doch sowohl die ähnlichen als auch die unähnlichen Buchstaben eine Verständigung erlauben (δηλοῖ), wenn sie Gewohnheit und Verabredung für sich haben[54)].

Wörter dienen nach der Ansicht Platons als Zeichen (δηλώματα) für Gegenstände der Kommunikation, es handelt sich bei ihnen um Vehikel zur Übermittlung von Informationen[55)]. Kommunikation ist allerdings nur mit solchen Wörtern möglich, die bestimmte, den Angehörigen der jeweiligen Sprachgemeinschaft bekannte und von ihnen anerkannte 'Bedeutungen' haben. Das Stiften von Beziehungen zwischen

Wörtern und Dingen (das Festsetzen von 'Bedeutungen') ist deshalb für Platon keine Privatsache eines Einzelnen - dies ist der Standpunkt des Hermogenes; er setzt der φύσει-These des Kratylos eine extrem konventionalistische Theorie entgegen -, sondern Aufgabe der jeweiligen Sprachgemeinschaft (πόλις)[56].

Wichtiger fast, jedenfalls von größerer Tragweite als Platons Beitrag zur Präzisierung des Verhältnisses von Wort und Sache sind seine Überlegungen zur Beziehung von Wort und Satz. Diese Überlegungen finden sich jedoch nicht im 'Kratylos', sondern im 'Sophistes', einem der Schlüsseldialoge des platonischen Spätwerks.

Den Sophisten - unter ihnen vor allem Protagoras - ging es in erster Linie um ein Klassifikationsschema zur (grammatischen) Einordnung von Sätzen, Platon dagegen suchte nach einer allgemeinen Bestimmung des Satzes und fragte nach den Bedingungen, unter denen ein Satz wahr oder falsch ist. In diesem Zusammenhang spielte das Oppositionsschema von Wort und Satz eine wesentliche Rolle.

In dem Abschnitt Sph. 261c6-262d7 erörtert Platon die Zusammensetzung und Struktur von Sätzen. Er unterscheidet zwischen zwei Arten von Wörtern, den Substantiven (ὀνόματα), unter denen "gesprochene Zeichen" zu verstehen sind, die "dem, was handelt, beigelegt werden"[57], und den Verben (ῥήματα), die "Handlungen zum Ausdruck bringen"[58], und betont im Hinblick auf die Struktur des Satzes, daß aus dem planlosen 'Mischen' von Wörtern kein Satz (logos) entstehe. Platon: Das bloße Aneinanderreihen von Verben (z.B 'geht', 'läuft', 'sitzt') ergibt keinen Satz. Auch derjenige, der lediglich Substantiv an

Substantiv fügt (z.B. 'Löwe', 'Hirsch', 'Pferd') erhält keinen Satz; denn "nicht eher kann das Ausgesprochene weder auf diese noch auf jene Weise ein Handeln oder Nichthandeln oder das Sein eines Seienden oder Nichtseienden ausdrücken (δηλοῖ[59]), als bis jemand mit den Substantiven die Verben mischt. Dann aber passen sie zusammen, und gleich ihre erste Verknüpfung (συμπλοκή) ist ein Satz (...)"[60]. Was aber ist ein Satz - im Unterschied zum Wort? Der Fremde aus Elea, der Gesprächsführer im 'Sophistes': Ein Satz "sagt etwas aus (δηλοῖ) über Seiendes, Werdendes, Gewordenes oder Zukünftiges und (be)nennt nicht nur, sondern bestimmt auch etwas (καὶ οὐκ ὀνομάζει μόνον ἀλλά τι περαίνει), indem er die Verben mit den Substantiven verknüpft"[61].

Wort und Satz unterscheiden sich für Platon vor allem in epistemologischer Hinsicht. Wörter besitzen keinen Erkenntniswert; es handelt sich bei ihnen um bloße 'Spielmarken'[62], die sich prinzipiell beliebig austauschen lassen[63]. Sätze hingegen sind der Ort, an dem es um die Realisierung von Erkenntnis geht; denn Sätze sind - anders als Wörter - nicht nur selbst wahr oder falsch (diese 'Qualität' führt Platon auf das τι περαίνειν des Satzes zurück, auf seine Fähigkeit also, etwas durch Ab- und Eingrenzung - in περαίνειν steckt das Wort 'Grenze' - zu bestimmen), sondern sie sind auch das ὄργανον, durch das Wissen gewonnen und gesichert werden kann. Das geht z.B. aus der Stelle im 'Theaitet' hervor, in der Platon beschreibt, was er unter 'Denken' versteht. Es heißt dort, das Denken sei ein dia-logos, "den die Seele mit sich selbst führt über das, was sie untersuchen will. Doch nur als einer, der nichts weiß, kann ich es dir erklären; denn so schwebt es mir vor, daß, wenn sie denkt, sie nichts anderes tut als einen Dialog zu führen, indem sie sich selbst fragt und antwortet, bejaht und verneint. Wenn sie aber - sei es langsamer oder auch schneller vorgehend - zu einer Feststellung gelangt ist, auf ihr beharrt und nicht mehr zweifelt, dann bezeichnen wir diese Feststellung als ihre Behauptung (δόξαν). Ich nenne also das Denken ein Sprechen und die Behauptung einen gesprochenen Satz (λόγον εἰρημένον) (...)"[64].

Das Gewicht liegt bei dieser Beschreibung des Denkprozesses auf dem Wort διαλέγεσθαι. Denken besteht für Platon nicht in dem Formulieren und Austauschen von 'Meinungen', sondern in dem Hin und Her von Frage(n) und Antwort(en), im Wechsel von Zustimmung und Ablehnung, in der Konfrontation von Behauptung und Gegenbehauptung. Beim Denken reiben sich gegensätzliche logoi aneinander, messen sich miteinander und kontrollieren sich gegenseitig. Am Ende eines Denkvorgangs steht der Satz, der sich in der Auseinandersetzung mit anderen Sätzen als der stärkste erwiesen hat[65]. Dieser logos, das Ergebnis eines inneren Dialogs, eines inneren Wettstreits unterschiedlicher logoi - wenn E. Hoffmann, 27-34, den sokratischen logos als maieutischen logos auffaßt und ihn gegen den agonalen logos der Sophisten abgrenzt, dann verkennt er, daß der ἀγών ein wesentliches Element des sokratisch-platonischen διαλέγεσθαι darstellt -, hat sich dann im philosophischen Gespräch mit anderen (Dialogpartnern) in seinem Wahrheitsanspruch zu bewähren; denn für Platon darf allein der logos Anspruch auf Wahrheit geltend machen, der "wie in einer Schlacht durch alle Anfechtungen hindurchgeht (...) und sich dabei aufrecht hält"[66].

Platons Leistungen auf dem Gebiet der Sprachphilosophie lassen sich nur schwer überschätzen. Er hat nicht nur wichtige Impulse zur Lösung einzelner Probleme im Bereich der Sprachphilosophie gegeben - etwa durch die Herausarbeitung der deiktischen Funktion des Wortes und durch die Präzisierung der Begriffe νόμος und ἔθος im Zusammenhang mit der Frage nach der Geltung von Wörtern, durch die grammatische Bestimmung eines Minimalsatzes und durch Überlegungen zur Wahrheitsfunktion von Sätzen -, sondern er hat auch (und wahrscheinlich als erster) die qualitative Differenz von Wort und Satz thematisiert und mit großem Nachdruck die Abwertung des Wortes und die Aufwertung des Satzes, des logos, im Hinblick auf die Erkenntnisproblematik betrieben. Gegen den Versuch wesentlicher Teile der Sophistik, Sachanalysen weitgehend auf Wortanalysen, auf Etymologie und Synonymik, zu reduzieren, stellt Platon ein philosophisches Programm, das bei der Erkenntnisfrage eindeutig auf den logos setzt[67]. Ohne den logos, so läßt Platon den Sokrates im 'Phaidon' erklären, lohnte sich das Leben nicht, denn dann wäre uns der Weg zur Wahrheit abgeschnitten, wäre Philosophie nicht möglich[68].

A r i s t o t e l e s

Im Zentrum der platonischen Beschäftigung mit Wörtern steht die Frage nach dem Charakter der Beziehung zwischen Wort und Sache. Im 'Kratylos' problematisiert er diese Beziehung und macht deutlich, daß die Wörter zur Dingerkenntnis nicht taugen, indem er deren Grenzen als μιμήματα τῶν πραγμάτων aufzeigt. Platon interessiert sich fast ausschließlich unter epistemologischem Aspekt für Sprache; Probleme, die mit der grammatischen Struktur der Sprache zusammenhängen, finden in seiner Philosophie nur am Rande Beachtung. Kritisch setzt er sich mit den sprachphilosophischen Bemühungen der Sophisten auseinander. Er wirft ihnen vor, Sprache zu einseitig als bloßes Instrument, als Waffe zur Durchsetzung eigener und meist: eigensüchtiger Interessen, zu betrachten und damit dem Wesen der Sprache, ihrem engen Zusammenhang mit dem Denken und Handeln des Menschen und ihrer Bedeutung für die Erkenntnis, nicht gerecht zu werden, und moniert, die sophistische Sprachkritik messe dem Wort und Fragen,die sich auf die formale Seite der Sprache bezögen, zuviel Gewicht bei[69].

Anders Aristoteles. Zwar stimmt er mit seinem Lehrer darin überein, daß sich Wörter nicht unmittelbar auf Dinge beziehen können - Wörter sind auch für Aristoteles keine μιμήματα τῶν πραγμάτων[70] -, doch er ist davon überzeugt, daß es möglich (und notwendig) ist, Wörter, genauer: die Bedeutungen von Wörtern für die philosophische Forschung fruchtbar zu machen. Sinnvoll nutzen lassen sich nach Aristoteles Wörter innerhalb der Philosophie allerdings nur dann, wenn man sich über deren - häufig unterschiedliche - Bedeutungen im klaren ist. Zu diesem Zweck entwickelte Aristoteles eine spezielle Methode der Wortanalyse, die dadurch gekennzeichnet ist, daß sie - und hier setzt Aristoteles gegenüber dem sophistischen Verfahren der διαίρεσις τῶν ὀνομάτων, dem seine eigene Methode viel verdankt[71], einen neuen Akzent -

davon ausgeht, in welcher Weise Wörter in der Umgangssprache gebraucht werden. Das aristotelische Interesse an grammatischen und semantischen Problemen ist demnach - entgegen der häufig geäußerten Ansicht, "Aristotle's primary interest in language was naturally that of a logician"[72] - im Kern zurückzuführen auf seine Überzeugung, durch Bedeutungsanalysen ein Fundament gewinnen zu können für weiterführende philosophische Untersuchungen.

Nach der Schrift 'De interpretatione', die wichtige Elemente der aristotelischen Auffassung vom Wort und seiner Beziehung zum Denken und zu den Objekten des Denkens, den Gegenständen, enthält, handelt es sich beim 'Wort' (ὄνομα) um einen "Laut, der aufgrund von Absprache etwas bedeutet (φωνὴ σημαντικὴ κατὰ συνθήκην)" und "dessen einzelne Teile (sc. Silben und Buchstaben) für sich allein nichts bedeuten (ἧς μηδὲν μέρος ἐστὶ σημαντικὸν κεχωρισμένον)"[73]. Darüber hinaus sind Wörter (als Namen bzw. Nomina verstanden) dadurch gekennzeichnet, daß sie - anders als Verben (ῥήματα) - keine Zeitbestimmung enthalten[74].

Schlüsselwörter hinsichtlich des Problems von Wahrheit und Falschheit sprachlicher Äußerungen sind für Aristoteles Verbindung (σύνθεσις) und Trennung (διαίρεσις). Gedanken an sich, so Aristoteles, sind weder wahr noch falsch. Erst dann, wenn einzelne Gedanken - in bestimmter Weise - miteinander verknüpft werden, lassen sie sich als wahr oder falsch bezeichnen. Ähnlich verhält es sich nach Aristoteles mit der Sprache[75]. Einzelne Wörter, isolierte sprachliche Einheiten also, sind weder wahr noch falsch. Verknüpft man jedoch einzelne Wörter miteinander, und zwar so, daß entweder eine synthesis oder eine diairesis entsteht, dann läßt sich von 'wahr' und 'falsch' reden.

Es ist offenkundig, daß Aristoteles hier an die platonische These anknüpft, nach der erst dann, wenn einzelne sprachliche Einheiten, Substantiv und Verb etwa, (zu einem Satz) verbunden sind, von 'wahr' und 'falsch' gesprochen werden kann, doch Aristoteles benutzt in diesem Zusammenhang nicht den ungenaueren platonischen Begriff 'Verknüpfung' (συμπλοκή), sondern er verwendet die Ausdrücke 'synthesis' und 'diairesis'. In welchem Sinne Aristoteles diese Ausdrücke gebraucht, zeigt der Abschnitt De int. I 16a13-18. Dort heißt es: "Substantive und Verben an sich gleichen dem Gedanken ohne Verbindung (synthesis) und Trennung (diairesis), z.B. 'Mensch' und 'weiß', wenn man weiter nichts hinzusetzt; denn hier gibt es weder Irrtum noch Wahrheit. Beweis dafür ist: Auch (das Wort) 'Tragelaphos' (Bockhirsch) bedeutet zwar etwas, doch (noch) nichts Wahres oder Falsches,wenn man nicht hinzusetzt 'ist' oder 'ist nicht', sei es schlechthin oder zu einer bestimmten Zeit."

Mit den Begriffen 'synthesis' und 'diairesis' hebt Aristoteles ab auf die Prädikationsstruktur eines (Aussage)satzes. Danach läßt sich von Wahrheit und Falschheit erst dann sprechen, wenn einzelne Wörter (etwa durch die Kopula εἶναι)so miteinander verflochten sind, daß einem Nomen (Subjekt), z.B. 'Mensch', ein anderes Nomen oder ein Verb (Prädikat), z.B. 'weiß', zugesprochen (synthesis) oder abgesprochen (diairesis) wird.

Im Hinblick auf die Beurteilung des Verhältnisses von Wort und Satz folgt Aristoteles der von Platon im 'Sophistes' explizit formulierten Ansicht, daß zwischen Wort und Wortkomplex (Satz) nicht nur quantitative, sondern auch qualitative Unterschiede bestehen. Die entscheidende Differenz zwischen Wort und Satz zeigt sich für Aristoteles (und zeigte sich schon für Platon) in der Wahrheitsfrage: Das einzelne Wort (ὄνομα κεχωρισμένον) stellt - im Unterschied zum Satz - keine apophantische, sondern eine semantische sprachliche Einheit dar, es sagt also nichts aus (und ist deshalb auch weder wahr noch falsch), sondern bedeutet etwas, bezieht sich auf etwas (σημαίνει τι)[76]. Doch anders als Platon setzt Aristoteles das Wort in diesem Zusammenhang nicht in Opposition zum Satz schlechthin, sondern stellt es dem 'prädizierenden Satz', dem λόγος ἀποφαντικός,gegenüber; denn für ihn hat zwar jeder Satz eine Bedeutung, doch nur dem Satz, der etwas von einem Subjekt prädiziert (behauptet oder negiert), kommt nach seiner Ansicht Wahrheit oder Falschheit zu[77].

Das Wort betrachtet Aristoteles als ein phonetisches Zeichen, das κατὰ συνθήκην etwas bedeutet, und da κατὰ συνθήκην in der Regel mit 'aufgrund von Verabredung, Absprache' übersetzt wurde und wird - schon Boethius verstand unter κατὰ συνθήκην 'secundum placitum' -, ging und geht die Mehrzahl der Aristotelesinterpreten davon aus, daß Aristoteles in der Frage nach der 'Richtigkeit der Wörter' die Ansicht jener teilte, für die der Zusammenhang zwischen Wort und Sache keine natürliche Grundlage hatte, sondern durch Absprache gestiftet war.

Dieses traditionelle Verständnis von κατὰ συνθήκην ist in neuerer Zeit von mehreren Autoren in Frage gestellt worden[78]. Unter den Kritikern der 'boethianischen' Auffassung von κατὰ συνθήκην ist vor allem

E. Coseriu hervorgetreten. In seiner Geschichte der 'Sprachphilosophie von der Antike bis zur Gegenwart' erörtert er ausführlich den Ausdruck κατὰ συνθήκην und kommt schließlich zu dem Ergebnis: "Der Sinn von κατὰ συνθήκην ist, wenn κατὰ als qua interpretiert wird, nicht etwa 'aufgrund einer Vereinbarung', sondern 'der Name ist Laut mit Bedeutung aufgrund dessen, was schon eingerichtet ist', oder 'der Name ist Laut, der als eingerichtet bedeutet' (dies wird im Lateinischen mit 'ex instituto', 'ex institutione', 'secundum institutionem' wiedergegeben, womit nicht etwa der Ursprung der Wörter gemeint ist, sondern die Art, wie sie funktionieren). Aristoteles stellt einfach die historische Motiviertheit, das historische Gegebensein des Namens fest. In einer modernen Übersetzung dürfte man κατὰ συνθήκην mit 'traditionell' oder 'historisch eingerichtet', 'historisch motiviert', nicht aber mit 'nicht naturnotwendig' übersetzen."[79)]

Es ist nicht ganz klar, warum E. Coseriu es ablehnt, κατὰ συνθήκην mit 'aufgrund von Absprache' zu übersetzen; denn auch diese Übersetzung schließt nicht aus, daß Wörter, genauer: Wortbedeutungen 'historisch eingerichtet', 'historisch motiviert' sind. Das zeigt besonders deutlich der platonische 'Kratylos'. In ihm entwickelt Platon im Hinblick auf die Frage nach der Beziehung zwischen Wort und Sache eine Konventions-Theorie, die, obwohl sie davon ausgeht, daß die Verbindung zwischen Wort und Ding prinzipiell beliebig ist, dennoch daran festhält, daß Wörter - sofern sie als Instrument zur Kommunikation aufgefaßt werden - nicht nach eigenem Gutdünken und ohne Rücksicht auf die jeweilige Sprachgemeinschaft eingeführt werden dürfen; denn Kommunikation ist - jedenfalls unter 'pragmatischem' Aspekt - allein mit solchen Wörtern möglich, die bestimmte (eindeutig fixierte), den Angehörigen der jeweiligen Sprachgemeinschaft bekannte und von ihnen anerkannte Bedeutungen haben[80)]. Im Gegensatz zu den Vertretern der φύσει-These, für die, da sie von einem natürlichen Zusammenhang zwischen Wort und Sache ausgehen, die historische und soziale Komponente im Zusammenhang mit der Frage nach der Geltung von Wörtern nicht ins Gewicht fällt, betonen die Anhänger der These von der konventionellen Richtigkeit der Wörter, daß es sich bei Wörtern um der Tradition verpflichtete Zeichen handelt[81)]. Deshalb hebt Platon im 'Kratylos' auch hervor, daß συνθήκη und ἔθος - wenn es um die Geltung von Wörtern geht - als austauschbare Begriffe anzusehen sind[82)].

Die Alternative φύσει-νόμῳ (συνθήκῃ, ὁμολογίᾳ, θέσει) bezieht sich im Rahmen der Diskussion über die 'Richtigkeit der Wörter' auf die Frage, worauf sich die Wort-Ding-Relation gründet. Hierbei geht es um den Wert der Wörter für die Erkenntnis. Die Anhänger der φύσει-These glauben, daß sich aufgrund gewisser struktureller Ähnlichkeiten zwischen Bezeichnendem und Bezeichnetem im Wort etwas von der jeweiligen Sache zeige, während für die Vertreter der νόμῳ-These von Wörtern kein Aufschluß über Dinge zu erwarten ist. Auch Aristoteles denkt, wenn er erklärt, Wörter bedeuteten etwas 'aufgrund von Verabredung', in erster Linie an die epistemologische Valenz von Wörtern. Wörter sind für ihn keine Abbilder (ὁμοιώματα) der Dinge, sondern konventionelle Zeichen (σημεῖα, σύμβολα) für Dinge; ihre primäre Funktion besteht darin, daß Reden über Gegenstände zu erlauben, Kommunikation zu ermöglichen[83]. Deutlich zeigt dies der Abschnitt De int. I 16a3-8, den N. Kretzmann als "the most influential text in the history of semantics" bezeichnete[84]: "Das im Laut Geäußerte ist Symbol für Affektionen der Seele[85] und das, was geschrieben wird, ist Symbol für das im Laut Geäußerte. Und wie nicht alle (Menschen) dieselben Schriftzeichen besitzen, so sind auch die Laute nicht bei allen dieselben. Die Affektionen der Seele aber, wovon sie (sc. die Schriftzeichen und Laute) in erster Linie Zeichen sind, sind für alle gleich, und auch die Dinge, deren Abbilder diese Affektionen darstellen, sind dieselben für alle Menschen."

Daß dieser kurze Abschnitt nicht nur für das Verständnis der aristotelischen Sprachauffassung von eminenter Bedeutung ist, sondern auch entscheidend den Gang sprachphilosophischer Forschung bis in die Neuzeit und darüber hinaus mitbestimmt hat, wird heute kaum noch bestritten. Tiefgreifende Divergenzen bestehen allerdings hinsichtlich der Deutung dieser "highly compressed"[86] Textpassage. Neben Kontroversen, die im Hinblick auf die Interpretation einzelner Aspekte dieses Abschnitts bestehen, ist auch umstritten, ob hier überhaupt der Versuch vorliege, eine Zeichentheorie oder wenigstens wesentliche Elemente einer solchen Theorie - wenn auch nur ansatzweise - zu entwickeln. Eine deutlich skeptische Position nimmt in dieser Frage etwa N. Kretzmann ein. Er ist der Ansicht, das, was Aristoteles in dem Abschnitt De int. I 16a3-8 formuliere, sei "not even a sketch of a general theory of meaning", da er in diesem Abschnitt weder explizit noch implizit etwas aussage "about a relationship of spoken sounds to actual things"[87].

Für die Position N. Kretzmanns spricht, daß in der zur Diskussion stehenden Textpassage tatsächlich Wörter explizit allein auf Inhalte des Denkens, die Denkinhalte aber auf Wörter und auf Dinge bezogen werden und daß damit ein zentraler Aspekt einer semantischen Theorie, die Beziehung zwischen sprachlichem Zeichen und Bezeichnetem, nicht, wenigstens nicht ausdrücklich, erörtert wird. Doch ist die Tatsache, daß Aristoteles De int. I 16a6 erklärt, Wörter seien "an erster Stelle" (πρώτως[88]) Zeichen für Denkinhalte, ein Indiz dafür, daß es in diesem Abschnitt durchaus auch um die Wort-Sache-Relation geht; denn Aristoteles will offensichtlich durch diese Formulierung zu erkennen geben, daß Wörter an zweiter Stelle als Zeichen für Dinge fungieren[89]. Überdies: Daß Aristoteles davon ausgeht, daß Wörter (auch) für Dinge stehen, dafür finden sich in seinen Schriften eine Vielzahl von Belegstellen (vgl. z.B. Soph. Elench. I 1,165a6-7). Wenn Aristoteles in De int. I 16a3-8 dies nicht ausdrücklich erwähnt, dann liegt das zweifellos daran, daß es ihm hier in erster Linie darauf ankommt hervorzuheben, daß zwischen Wörtern und Dingen die παθήματα ἐν τῇ ψυχῇ als vermittelnde Instanz stehen.

Die Analyse des Abschnitts De int. I 16a3-8, von dem mit Recht gesagt worden ist, er sei "the only passage of some length in the known works of Aristotle which contains a theory of meaning"[90], bestätigt, daß für Aristoteles die 'Richtigkeit der Wörter' keine natürliche Basis hat, sondern auf Konvention beruht. Die Beziehung zwischen Wörtern und den παθήματα ἐν τῇ ψυχῇ sind arbiträr, Wörter bilden also die Inhalte des Denkens nicht ab, sondern repräsentieren sie in einer Lautform, die von Sprachgemeinschaft zu Sprachgemeinschaft verschieden ist.

Im Gegensatz zu Wörtern, die aufgrund von Absprache den Inhalten des Denkens (und damit indirekt auch den Dingen) zugeordnet sind, beruht das Verhältnis zwischen den παθήματα ἐν τῇ ψυχῇ und den Dingen auf einer natürlichen Grundlage: παθήματα ἐν τῇ ψυχῇ sind keine konventionellen Zeichen der Dinge, sondern deren Abbilder (ὁμοιώματα). In welchem Sinne allerdings Aristoteles hier den Begriff 'Abbild' gebraucht, ist nur schwer exakt zu bestimmen. Offenbar aber ist die Behauptung, pathemata seien Abbilder der Dinge, nicht so zu verstehen, als gehe Aristoteles von einer bildhaften oder auch nur strukturellen Ähnlichkeit zwischen pathemata und pragmata aus (die absurden Konsequenzen einer solchen Annahme hatte schon Platon im 'Kratylos' aufgezeigt); vielmehr scheint Aristoteles mit dieser Behauptung sagen zu wollen, daß es einen sachlichen Zusammenhang zwischen pathemata und pragmata gebe, der darauf zurückzuführen sei, daß der Prozeß, der aufgrund innerer oder äußerer Reize in der Seele in Gang komme, stets nach denselben Gesetzen ablaufe, innere und äußere Objekte also immer dieselben pathemata in den Seelen der Menschen bewirkten[91)].

Worin ist der wesentliche sprachphilosophische Ertrag des Abschnitts De int. I 16a3-8 zu sehen? Der Versuch Platons, die Rolle des Wortes im Erkenntnisprozeß (neu) zu bestimmen, war geprägt durch das Bemühen, die Ansicht, zwischen Wörtern und Dingen bestehe ein natürlicher Zusammenhang, als falsch zu erweisen und aufzuzeigen, daß Wörter Dinge nicht kopieren oder abbilden, sondern (lediglich) bezeichnen, benennen; Platons Versuch ist - mit einigen Abstrichen - erfolgreich gewesen; denn im 'Kratylos' hatte er überzeugend und wirkungsvoll demonstriert, wie problematisch die Annahme ist, Wörter ahmten Dinge nach. Doch Platons Bemühungen um eine Neubestimmung des Wortes hatten ein entscheidendes Defizit, sie versäumten es,den Faktor 'Denken' im Zusammenhang mit der Wort-Sache-Relation angemessen zu berücksichtigen. Dadurch daß bei Platon Wörter unmittelbar auf Dinge verweisen, die Bedeutung eines Wortes also noch weitgehend zusammenfällt mit der Sache, für die das Wort steht, konnte es nicht zur Ausbildung eines eigenständigen und differenzierten Bedeutungsbegriffs kommen.

Anders Aristoteles. De int. I 16a3-8 zeigt, daß Aristoteles zwar daran festhält, daß es sich bei Wörtern um konventionelle Zeichen für Dinge handelt, daß er aber Wörter und Dinge nicht mehr unmittelbar einander zuordnet, sondern mittelbar durch eine dritte Instanz, die pathemata, verbindet. Hierdurch wird es möglich, das Wort nicht mehr primär von der jeweiligen Sache her zu verstehen, sondern als einen eigenständigen 'Bedeutungsträger' zu begreifen. Erst Aristoteles vollendet also das, was Platon angestrebt und zum Teil verwirklicht hatte, das Wort aus seiner engen Beziehung zur Sache zu lösen und als eigenständige semantische Einheit zu etablieren.

Die These des Aristoteles, zwischen Wörtern und Dingen bestehe kein unmittelbarer Zusammenhang, hatte eine beachtliche Wirkung. Sie spielte nicht nur bei den stoischen Überlegungen zur Sprache eine nicht zu unterschätzende Rolle (zu denken ist hier in erster Linie an den Zusammenhang zwischen dem λεκτόν, einem zentralen Begriff der stoischen Sprachphilosophie, und den παθήματα ἐν τῇ ψυχῇ des Aristoteles), sondern hatte auch - im wesentlichen durch die Vermittlung des Boethius[92] - großen Einfluß auf die sprachphilosophischen Erörterungen im Mittelalter[93]. Darüber hinaus deutet die Tatsache, daß sich für Aristoteles Wörter auf Denkinhalte und auf Dinge beziehen, darauf hin, daß er - zumindest im Ansatz - zwei verschiedene semantische Funktionen eines sprachlichen Zeichens unterscheidet: "einerseits dessen Funktion, etwas als seinen Sinn oder als seine Bedeutung auszudrücken, und andererseits dessen Funktion, sich mittels seiner Bedeutung oder seines Sinnes auf etwas zu beziehen. Er hätte also den in der modernen Semantik wiederentdeckten Unterschied aufgedeckt, der in der (vom gewöhnlichen Sprachgebrauch abweichenden) Terminologie Gottlob Freges zwischen dem Sinn und der Bedeutung eines Zeichens, in der Terminologie Rudolf Carnaps zwischen der Intension und der Extension eines Ausdrucks und in der Terminologie W.V. Quines zwischen meaning und reference besteht, wobei die Auffassungen dieser Autoren über den genannten Unterschied allerdings nicht nur terminologisch voneinander abweichen"[94].

Das historische Gewicht der aristotelischen Worttheorie steht in einem auffälligen Kontrast zu der Tatsache, daß in der unter sprachphilosophischem Aspekt zentralen Schrift 'De interpretatione' der Abschnitt über die Wörter nur wenige Seiten umfaßt, während etwa Platon der Frage nach der 'Richtigkeit der Wörter' einen umfänglichen Dialog, den 'Kratylos',gewidmet hatte. Doch es ist zweifelhaft, ob

sich hieraus ableiten läßt, Aristoteles habe der Beschäftigung mit Wörtern nur geringen Wert beigemessen[95]; denn abgesehen davon, daß sich Aristoteles an zahlreichen Stellen seines Werks mit Wörtern befaßt, bildet das Bemühen, sich durch semantische Analysen Klarheit über deren Bedeutungen zu verschaffen, ein wesentliches Element seines philosophischen Prozedere: Aristoteles stellt "immer wieder Untersuchungen über den (umgangssprachlichen) Gebrauch wichtiger Wörter an, führt terminologische Regeln auf und ist übrigens auch der erste, von dem ein philosophisches Begriffswörterbuch überliefert ist: nämlich das jetzige Buch Delta der 'Metaphysik', das ursprünglich den Titel Περὶ τῶν πολλαχῶς λεγομένων getragen haben soll"[96]. Charakteristisch für den aristotelischen Umgang mit Wörtern ist zweierlei:
1. Wo es bloß um die Bezeichnung von Gegenständen geht, soll man sich - so rät Aristoteles - an den üblichen Sprachgebrauch halten; steht jedoch das zur Diskussion, was im Wort gemeint ist, das jeweilige pragma also, dann darf man sich um die Art und Weise, wie die 'Vielen' etwas nennen, nicht kümmern[97].
2. Aristoteles hält die Wortforschung für wichtig, ja unerläßlich, doch betont er, die philosophische Arbeit dürfe sich nicht in der 'Jagd auf Wörter' (oder in der Reflexion auf sprachliche Strukturen) erschöpfen. Neben der Wortanalyse habe (gleichberechtigt) die Sachforschung zu stehen: "Es ist nun zwar notwendig, auch zu untersuchen, wie man im Hinblick auf jede Sache zu sprechen hat, doch man sollte es nicht in größerem Umfang tun (οὐ μὴν μᾶλλόν γε) als (zu untersuchen) wie sich jede Sache verhält."[98]

Die aristotelische Wortforschung - und hierin

zeigt sich wohl am deutlichsten die Veränderung gegenüber der platonischen und vorplatonischen Beschäftigung mit Wörtern - problematisiert nicht (mehr) die Beziehung zwischen Wort und Sache, sondern konzentriert sich auf die Klärung des Zusammenhangs zwischen Wort und Satz (λόγος) bzw. Definition (ὁρισμός) auf der einen und Wort und Begriff (εἶδος) auf der anderen Seite. Für Aristoteles ist die Frage nach der Sachhaltigkeit eines Wortes, nach seiner präzisen Bedeutung, allein zu entscheiden im Rückgriff auf das eidos oder den horismos der jeweiligen Sache, denn das Wort ist für ihn in der Hauptsache ein 'Zeichen' (σημεῖον) für einen logos[99)]; logos(horismos) und Sache dagegen bilden für Aristoteles eine enge Einheit, das im Satz Erfaßte und Gemeinte ist im Idealfalle mit der Sache selbst sogar identisch[100)].

Philosophisch arbeiten läßt sich für Aristoteles allein mit Wörtern, deren Bedeutungen geklärt sind. Dabei geht es zunächst stets um die Frage, ob ein Wort (in der Umgangssprache) eindeutig (μοναχῶς) oder mehrdeutig (πολλαχῶς) gebraucht wird[101)]. Handelt es sich um ein mehrdeutiges Wort, wird in einem zweiten Arbeitsgang geklärt, in welchen verschiedenen Bedeutungen dieses Wort gebraucht wird. Nutzen bringt nach Aristoteles die Wortanalyse in dreifacher Hinsicht[102)]:

1. Wer etwas behauptet, benutzt Wörter. Kennt er die - häufig vielfältigen - Bedeutungen dieser Wörter, weiß er besser, <u>was</u> er behauptet.
2. Stringentes Argumentieren und sachgerechtes Diskutieren ist erst möglich, wenn Klarheit über die verschiedenen Bedeutungen der Wörter besteht; denn nur dann kann man sicher sein, über die(selbe) Sache und

nicht bloß über Wörter zu streiten.
3. Ist man mit den unterschiedlichen Bedeutungen der Wörter vertraut, kann man durch Trugschlüsse nicht hintergangen werden, ist aber selbst in der Lage, andere durch Trugschlüsse zu täuschen.

In welcher Weise Aristoteles die Methode der Wortanalyse in seinen philosophischen Untersuchungen anwendet, läßt sich gut am 1. Buch der 'Physik' illustrieren, in dem er gegen die parmenideische These streitet, "das Seinsganze sei eines"[103]. Ausgangspunkt (ἀρχὴ δὲ οἰκειοτάτη) der aristotelischen Kritik ist die Feststellung, man müsse zunächst, da es sich bei ὄν und ἕν um vieldeutige Termini handele, herausfinden, was jene meinten, die behaupteten, das Seinsganze sei eines (πῶς λέγουσιν οἱ λέγοντες εἶναι ἓν τὸ πάντα)[104]. Nachdem die verschiedenen Bedeutungen der Ausdrücke πᾶν und ἕν ermittelt sind ('Seinsganzes' kann als Substanz, Qualität oder Quantität verstanden werden, und mit 'eines' kann die Einheit der Kontinuität, die Einheit der Unteilbarkeit oder die Einheit und Identität des Wesensbegriffs gemeint sein)[105], prüft Aristoteles die These, das "Seinsganze sei eines", indem er sämtliche Bedeutungsvarianten von πᾶν und ἕν erörtert. Das Ergebnis dieser Prüfung: Was immer man auch unter den Termini 'Seinsganzes' und 'eines' verstehen mag, "es scheint unmöglich zu sein, daß das Seiende eines ist"[106]. Den Hauptgrund für das Scheitern des Parmenides sieht Aristoteles in dem Umstand, daß sich der Eleate über die Bedeutung(en) des Ausdrucks 'seiend' nicht im klaren gewesen sei. Parmenides sei nämlich davon ausgegangen, der Terminus 'seiend' habe nur eine einzige Bedeutung, während er in Wahrheit doch vieldeutig sei[107].

In der Auseinandersetzung mit Parmenides und dessen Anhängern stützt sich Aristoteles auf Erkenntnisse, die er mit Hilfe seiner Methode der Wortanalyse gewonnen hat, seine Kritik an der eleatischen Seinslehre ist "fast ausschließlich Sprachkritik"[108]. Doch für Aristoteles handelt es sich bei der Wortanalyse nicht nur um ein nützliches Instrument in der Diskussion mit philosophischen Kontrahenten, sondern für ihn ist die Analyse der Umgangssprache, genauer: die Analyse des umgangssprachlichen Gebrauchs von Wörtern auch (und vielleicht vor allem) ein Mittel, Einsichten in Sachzusammenhänge zu gewinnen[109]. Das zeigt z.B die Stelle Phys. I 7,189b30-190a13, in der sich Aristoteles mit dem Phänomen 'Werden', 'Veränderung' auseinandersetzt. Er entwickelt dort die allgemeine Bestimmung dieses Phänomens ('Veränderung' als der Prozeß, durch den etwas zu etwas anderem wird), indem er untersucht, in welchem Sinne der Begriff 'Veränderung' in der Umgangssprache (etwa in den Sätzen: Ein Mensch wird gebildet; das Ungebildete wird gebildet; der ungebildete Mensch wird ein gebildeter Mensch) gebraucht wird[110]. Wortanalysen haben demnach für Aristoteles nicht nur die gleichsam propädeutische Funktion, Klarheit zu schaffen im Hinblick auf das, was jeweils zur Diskussion steht[111], sondern bilden - weil Aristoteles von ihnen Aufschlüsse in sachlicher Hinsicht erwartet - ein unverzichtbares Element seiner philosophischen Arbeit.

Die Berücksichtigung sprachtheoretischer Perspektiven bei der Erörterung fast aller philosophischen Themen ist ein Charakteristikum der aristotelischen

Arbeitsweise. Die Probleme des Aristoteles sind im großen und ganzen "dieselben Fragen, die in der früheren philosophischen Tradition behandelt wurden. Aber wie er an diese Probleme geht, ist durchaus neu im Vergleich zu den meisten älteren Denkern, insbesondere zu den milesischen Naturphilosophen. Wie schon dargestellt (vgl. S. 45, Anm. 110), geht er bei der Aufstellung seiner Prinzipienlehre ausdrücklich von der Sprache aus, indem er sich um eine Analyse des umgangssprachlichen Prädikators 'γίγνεσθαι' bemüht und von da aus die Termini 'ἀρχή' und 'αἴτιον' explizit einzuführen sucht. Entsprechend steht am Beginn seiner Ontologie der ausdrückliche Hinweis, daß man das Wort 'seiend' in verschiedenen Bedeutungen gebraucht: τὸ δὲ ὂν λέγεται...πολλαχῶς (Γ 2,1003a33), und später wird dann versucht zu klären, welches diese Bedeutungen sind (vgl. auch N 2,1089a7ff.). - Übrigens ein Verfahren, dessen Fehlen man bei manchen modernen Ontologen wohl mit Recht bemängeln darf"[112].

Die aristotelische Theorie des Wortes gehört zweifellos zu den bedeutendsten Schöpfungen der antiken Sprachphilosophie. Mit dieser Theorie gelingt Aristoteles, was vor ihm stets gescheitert war, die Etablierung des Wortes als eines eigenständigen (Sprach)-zeichens, das primär nicht mehr an der Sache orientiert ist, die es benennt, sondern an den παθήματα ἐν τῇ ψυχῇ. Kaum weniger Gewicht ist der Tatsache beizumessen, daß für Aristoteles 'Sprache' nicht mehr nur ein Thema der Philosophie ist, sondern - unter jeweils verschiedenen Gesichtspunkten - Objekt einer Reihe von wissenschaftlichen Spezialdisziplinen, der Rhetorik etwa und der Poetik. Diese 'Funktionalisierung' der Sprachforschung führte zu einer genaueren Kenntnis des Phänomens 'Sprache' und ermöglichte es, daß die Stoiker zu Gründern der "wissenschaftlichen Lehre von der Sprache" für "die Griechen und für das Abendland" werden konnten[113].

Anmerkungen

1) Daß überhaupt zu kurz greift, wer antikem Denken allein unter historischem Aspekt Bedeutung beimißt, betont mit Recht J. Corcoran, 186: "Notice that, in almost all of our expositions of ancient doctrines, the emphasis was on placing those doctrines accurately and objectively within modern settings. To be more specific, most of us were concerned to say, of the things that we know, which of them were already known by the ancients. This, of course, is of great importance, not only for our own understanding of the historical development of our own technical fields, but also because, in order to be part of the cultures of subsequent generations, ancient texts must be re-interpreted from the standpoint of each subsequent generation (...). However, the above approach to ancient theories overlooks one crucial and potentially valuable possibility: namely, that the ancients had insights, perhaps even fairly well developed theories, which are substantially better than our own views on the same topics."
Vgl. hierzu auch W. Kamlah, 295: "Die Selbstkritik des seiner einst so sicheren modernen Denkens hat mit großem Recht die Bereitschaft geweckt, die Gründer der abendländischen Philosophie nicht mehr nur historisch zu studieren, sondern als gegenwärtige Gesprächspartner aufmerksam anzuhören." Zur Bedeutung speziell der antiken Sprachphilosophie vgl. K. Oehler.

2) Ὄνομα steht zunächst für 'Name', speziell 'Eigenname' (bei Homer etwa wird unter ὄνομα stets der Name einer Person verstanden; vgl. hierzu H.G. Liddell/R. Scott, 1232), dann für 'Wort' allgemein im Gegensatz zum λόγος, der schon in vorklassischer Zeit nicht als einzelnes Wort, sondern als eine Kombination von Wörtern aufgefaßt wird (Instruktives hierzu bietet W.J. Verdenius). Erst im 4. Jahrhundert v. Chr. setzen, etwa im platonischen 'Kratylos', Bemühungen ein, verschiedene Arten von Wörtern zu unterscheiden, das ὄνομα z.B. als Substantiv und das ῥῆμα als Verb aufzufassen.

3) Vgl. hierzu E. Cassirer, I 21/22: "So ist es für die ersten gleichsam naiven und unreflektierten

Äußerungen des sprachlichen Denkens, wie für das Denken des Mythos bezeichnend, daß sich für sie der Inhalt der 'Sache' und der des'Zeichens' nicht deutlich scheidet, sondern daß beides in völliger Indifferenz ineinander überzugehen pflegt. Der Name einer Sache und diese selbst sind untrennbar miteinander verschmolzen; - das bloße Wort oder Bild birgt in sich eine magische Kraft,durch die sich uns das Wesen des Dinges zueigen gibt." Instruktiv für diesen Zusammenhang auch: H. Steinthal, I 5-19, und F. Heinimann, 46-56.

4) Vgl. hierzu F. Heinimann, 48.

5) Vgl. hierzu etwa Platon, Sph. 242c8-243a5.

6) So H. Diels, 7/8. Vgl. auch A. Graeser, 362: "Greek philosophy is famous for its peculiar view that reality is entirely different from what we are used to think it is. This view, held in the sixth century B.C., is just another way of saying that language is somehow deceptive.The notion was expressed by both conventionalists and non-conventionalists. In possibly its strongest form, it was advocated by Parmenides (...) who claimed that all language does is to create a sort of mumbo jumbo in which the words it consists of seem to denote what could not be possibly real in the first place."

7) Vgl. etwa F. Heinimann, 50/51, und L. Woodbury, 145-62.

8) F. Heinimann, 50.

9) R.B. Levinson, 260, nennt Parmenides "the first thinker of record to raise critically the question of the relation between words and thought". Neben Parmenides heben auch Xenophanes (VS 21B32), Anaxagoras (VS 59B17 und 19) und Empedokles (VS31 B8/9) den Unterschied hervor zwischen den üblichen, auf Sprachgewohnheit (νόμος) beruhenden Namen der Dinge und ihrem Wesen (φύσις).

10) F. Heinimann, 50.

11) Vgl. VS 28B2,7-8; VS 28B6,1; VS 28B8,7-8; VS 28 B8,50-52.

12) L. Woodbury,147.

13) VS 28B2. Zur Deutung der Gestalt der Göttin und zu literarischen Vorbildern des Proömiums vgl. W. Jaeger, 107-26; H. Fränkel(2), 158-73; H. Fränkel(1), 399-402; W. Schadewaldt, 314-20.

14) VS 28B7-8,1. Die Akzentuierung der Wegmetapher im Werk des Parmenides (im Text ist von ὁδός, πάτος und κέλευτος die Rede) zeigt, daß es ihm nicht nur um die Vermittlung von (Denk)ergebnissen geht, sondern auch - und vielleicht in erster Linie - um das Aufzeigen einer (Denk)methode. Hiermit ist ohne Zweifel ein neuer Abschnitt in der Entwicklung der Philosophie markiert.Vgl. hierzu W. Röd, 111: "Bei Parmenides tritt erstmals in der Geschichte der Philosophie die logische Form des philosophischen Raisonnements klar zutage. Das heißt natürlich nicht, daß die früheren Philosophen alogisch gedacht hätten. Parmenides scheint aber der Erste gewesen zu sein, der ein deutliches Bewußtsein der logischen Struktur seiner Argumente entwickelte. Die Argumentation mit Hilfe des indirekten Beweises, um die es sich in erster Linie handelt, sollte in der Folge eine wichtige Rolle spielen. Sie liegt in verschiedenen metaphysischen Begründungsversuchen auch noch der neueren und neuesten Zeit zugrunde."

15) Vgl. VS 28B7-8,7.

16) Sph. 244b6-d10.

17) Vgl. Sph. 244d6-9.

18) Für die genauen bibliographischen Angaben vgl. das Literaturverzeichnis am Ende dieses Beitrages.

19) E. Hoffmann, 10.

20) E. Hoffmann, 11.

21) Zur Bedeutung von λόγος in vorklassischer Zeit bemerkt W.J. Verdenius, 103: "An diesen Tatsachen lassen sich schon die drei Merkmale ablesen, die für den altgriechischen Logos bestimmend sind: 1. Logos ist nicht an die Schrift gebunden; 2. Logos ist nicht das einzelne Wort, sondern eine Kombination von Worten, und diese Kombination wird primär als eine Tätigkeit und

nicht als ein Resultat betrachtet; 3. Diese Tätigkeit beruht auf einer bestimmten Ordnung."

22) Vgl. VS 28B8,2-6 und 22-31.

23) Vgl. etwa VS 28B6,3-9.

24) Über die Einheit von Sprechen und Denken im Begriff des 'logos' bemerkt W.J. Verdenius, 108: "Wenn wir moderne Menschen uns von etwas Rechenschaft geben, sind wir uns meistens nicht bewußt, daß diesem Denkprozeß eine spezifische Tätigkeit zugrunde liegt und daß diese Tätigkeit aufs engste mit dem Sprechen zusammenhängt. Die ältesten Griechen empfanden diesen Zusammenhang von Denken und Sprechen in viel höherem Maße als eine lebendige Realität (...). Auch den griechischen Lyrikern blieb dieser Zusammenhang von Denken und Sprechen eine Selbstverständlichkeit und selbst die älteren Philosophen haben ihn, trotz ihrer Geringschätzung alltäglicher und traditioneller Auffassungen, nicht verworfen."

25) Vgl. hierzu P.M. Gentinetta, 9: "Der Anfang der griechischen Sprachbetrachtung fällt in die Zeit der Sophisten", und N. Kretzmann, 359: "Language first became a subject of specialized inquiry among the Sophists, who, unlike their philosophical predecessors, were more interested in man than in the cosmos."

26) So H. Mayer, 14. Vgl. auch R.B. Levinson, 260: "Protagoras did much to develop the foundations of Greek grammar (...)."

27) Vgl. Krat. 391a5-c8 und Phdr. 267b10-c7.

28) F. Blass, I 24, definiert ὀρθοέπεια als "das richtige und den Grundgesetzen der Sprache gemäße Sprechen".

29) Zur Unterscheidung der vier Formen des logos vgl. Diogenes Laertius, IX 53,20-54,24; hinsichtlich der Wortformen vgl. Aristoteles, Rht. III 5,1407b6-8.

30) Th. Gomperz, I 354.

31) Über das Leben und die Forschungen des Prodikos

informiert gründlich H. Mayer in seinem Buch über die Synonymik des Prodikos.

32) Das meiste von dem, was man heute über die Sprachforschungen des Prodikos weiß, stammt von Platon. Er erwähnt den Sophisten nicht weniger als vierzehnmal.

33) Vgl. hierzu Platon, Euthyd. 277e3-4: "Denn das erste muß sein, wie Prodikos sagt, sich Kenntnisse über die Richtigkeit der Wörter (περὶ ὀνομάτων ὀρθότητος μαθεῖν) zu verschaffen."

34) Vgl. hierzu Platon, Lach. 197d3-5. Prodikos gilt als Schöpfer der 'ars synonymica' (vgl. z.B. H. Mayer, 147).

35) So H. Mayer, 5.

36) Für die These, daß sprachphilosophische Probleme bei Sokrates selbst und in seinem Schülerkreis eine Rolle spielten, spricht (auch) eine Notiz bei Epiktet (Diatr. I 17,12), nach der Sokrates und Antisthenes der Ansicht waren, der "Anfang der Erziehung" (ἀρχὴ παιδεύσεως) sei "die Erforschung der Wörter" (ὀνομάτων ἐπίσκεψις).

37) Vgl. etwa Sph. 260a5-7.

38) So H. Steinthal, I 42.

39) Memor. III 14,2. G.B. Kerferd, 68, nennt die Diskussion über die 'Richtigkeit der Wörter' "a standard theme in sophistic discussions".

40) Vgl. etwa O. Apelts Bemerkung in der Einleitung zu der von ihm besorgten Ausgabe des 'Kratylos', 1: "Woher entlehnen die Wörter ihr Recht auf Allgemeinheit? Worauf beruht ihre Wahrheit, oder, wie Platon es ausdrückt, ihre 'Richtigkeit'? Das ist die Frage, die unser Dialog behandelt, eine Frage, die sofort auf die weitere Frage nach dem Ursprung der Sprache zurückführt."

41) Krat. 383a4-5.

42) Die verwickelte, an vielen Stellen undurchsichtige Gedankenführung des 'Kratylos' und die verwirrende Mischung von Ernst und Ironie in die-

sem Dialog stellen jeden Interpreten vor fast unlösbare Probleme.

43) Vgl. hierzu Krat. 436a9-b3: "Wenn sich jemand bei der Erforschung der Dinge von Wörtern leiten läßt, indem er die Bedeutung eines jeden einzelnen Wortes zu ergründen sucht,läuft der nicht leicht Gefahr, getäuscht zu werden?"

44) Dieser Ausdruck findet sich bei J. Derbolav, 9. Auf die Ähnlichkeit dieses Modells mit der Sprachlehre Demokrits weist P.M. Gentinetta, 65-67.

45) So J. Derbolav, 70.

46) Vgl. Krat. 426d3-e6.

47) Vgl. Krat. 426e6-7.

48) Vgl. Krat. 427b2-5.

49) Die einen halten das 'phonemanalytische Modell' für einen "wichtigen Beitrag zum Problem der ikastischen Phonetik" (E. Coseriu, 54), die anderen meinen, Platon beabsichtige, mit diesem Modell die "Methode der Elementaranalyse und ihren ontologischen Hintergrund abzuqualifizieren" (J. Derbolav, 62).

50) Vgl. Krat. 434e1-4.

51) So I. Abramczyk, 27.

52) Vgl. Krat. 434b9-e4.

53) Vgl. hierzu Krat. 434c7-d6.

54) Krat. 434d7-435a10.

55) Korrekt ist danach das Wort, das eine Verständigung über pragmata erlaubt. Als Erkenntnismittel ist das Wort damit außer Kurs gesetzt. Vgl. auch H. Dahlmann, 5: "Platon hat dies κατ' ὀνόματα διώκειν abgelehnt, und wir wissen von keinem anderen Akademiker, der durch das Wort die Erklärung des Gegenstandes zu gewinnen suchte."

56) Vgl. hierzu R.H. Weingartner, 25: "Hermogenes' view is not a view about language at all: if he

were right, communication of any sort would be impossible. Language must at least be given in law; a conversation can be carried on only by investigators who share the same linguistic customs."

57) Vgl. Sph. 262a6-7.

58) Vgl. Sph. 262a3-4.

59) Wie aus der Stelle Sph. 261d9-e2 hervorgeht, denkt Platon, wenn er das Wort bzw. den Satz als δήλωμα bezeichnet, an das Faktum, daß es sich bei Wörtern und Sätzen um sprachliche Einheiten mit jeweils bestimmten 'Bedeutungen' handelt. δηλόω und σημαίνω bilden in diesem Zusammenhang für Platon synonyme Begriffe.

60) Vgl. Sph. 262a9-c6. Zur Theorie der συμπλοκή im Zusammenhang mit dem διάλογος-Entwurf Platons im 'Sophistes' vgl. B. Mojsisch, 42-44.

61) Vgl. Sph. 262d2-4.

62) Vgl. hierzu E. Haag, 29-31.

63) Deutlich formuliert es Platon im '7. Brief', 343a9-b3: "Was den Namen betrifft, so sagen wir, daß kein Ding einen festen habe; nichts stehe im Wege, daß, was jetzt 'rund' heißt, 'gerade' heiße und umgekehrt 'gerade' 'rund' und daß die Dinge gleich wirklich bleiben, auch wenn man die Namen vertausche und den gegenteiligen gebrauche." (Die Übersetzung stammt von E. Howald.)

64) Vgl. Tht. 189e6-190a5.

65) Innerer und äußerer Dialog sind in ihrer Struktur weitgehend identisch. Vgl. hierzu, wie W.J. Verdenius, 112, beschreibt, was Platon unter 'dialegesthai' versteht: "Um (...) Sicherheit erreichen zu können, (darf) die intersubjektive Tätigkeit des Logos sich nicht auf einen zufälligen und vorübergehenden Kontakt beschränken, sondern sollte in einer ununterbrochenen und fest gerichteten Verkettung von Fragen und Antworten bestehen. Ein richtiges Fortschreiten (...) im Dialog hängt davon ab, ob die Teilnehmer sich mit jedem, auch dem kleinsten Schritt einverstanden erklären (...). Man muß sich also

fortwährend miteinander zu verständigen versuchen: das διαλέγεσθαι ist wesentlich ein διομολογεῖσθαι. Dieses Streben nach gegenseitiger Verständigung ist keine Sache freundlicher Nachgiebigkeit, sondern systematischer Kritik. Die Dialektik ist die Kunst, 'die uns in den Stand setzt, auf die kundigste Weise (...) zu fragen und zu antworten (Staat 534 D)'."

66) Vgl. Rep. 7,534b3-d2.

67) Zur programmatischen Bedeutung des logos-Begriffs für die platonische Philosophie vgl. z.B. Phd. 98b7-100a3.

68) Vgl. hierzu Phd. 90c7-d7.

69) Vgl. z.B. Platons ironische Charakterisierung der Wortunterscheidungskunst des Prodikos im 'Protagoras', 339e4-342a5.

70) Dem widerspricht nicht, daß Aristoteles, Rht. III 1,1404a21, die Wörter als μιμήματα bezeichnet; denn aus dem Kontext dieser Stelle geht eindeutig hervor, daß er diesen Ausdruck nicht auf die Erkenntnisleistung der Wörter bezieht, sondern auf deren Vermögen, (als artikulierte Laute) beim Hörer eine bestimmte Wirkung zu erzielen. Es geht also hier um Wörter unter dem Gesichtspunkt von Rhetorik und Poetik. Vgl. hierzu: M.Th. Larkin, 24-25, und R. McKeon, 206.

71) Zweifellos unterschätzt E. König, 242, den Einfluß der sophistischen Sprachforschung auf die aristotelische Methode der Sprachanalyse, wenn er meint: "Übrigens ist Aristoteles nicht der erste, der zu der richtigen Einsicht gelangte, daß es bei der Erörterung wissenschaftlicher (oder philosophischer) Probleme zweckmäßig ist, sein Augenmerk auch auf den Gebrauch der Wörter zu richten. Den Anstoß zu einer Sprachanalyse gaben letzten Endes die jüngeren Sophisten, die gerade deshalb, weil sie sich nicht um präzise terminologische Klärung bemühten, sondern Wörter mehrdeutig gebrauchten, zu ihren im Grunde unhaltbaren Ergebnissen gelangten." Die Sophisten gaben nicht nur den "Anstoß zu einer Sprachanalyse", sondern lieferten Aristoteles auch in methodischer Hinsicht wichtige Anregungen.

72) So N. Kretzmann(1), 362.

73) Vgl. De int. II 16a19-20. Statt von 'Wörtern' spricht Aristoteles in der Regel von 'Lauten'. Für ihn handelt es sich beim 'Sprachlaut'(φωνή) um ein "artikuliertes Geräusch mit Bedeutung" (vgl. De an. II 8,420b5-421a1). Der (Sprach)-laut, der nach der Ansicht R. McKeons, 201,"the natural basis of 'language' (λόγος)" darstellt, besteht demnach aus einer materiellen Komponente, dem Ton, der durch die Bewegung der Luft erzeugt wird (vgl. hierzu De an. II 8,420a3-19), und einer immateriellen, der Bedeutung. Wenn Diogenes von Babylon nach einer Notiz bei Diogenes Laertius, VII 55,16-18, Sprachlaute, die den Menschen eigentümlich sind, von den Lauten unterscheidet, die Tiere produzieren, indem er die φωναί der Tiere auf einen Trieb zurückführt (ἀὴρ ὑπὸ ὁρμῆς πεπλεγμένος), als Ausgangspunkt der "gegliederten"φωναί der Menschen aber das Denken bezeichnet (ἀὴρ ὑπὸ ᾽ιανοίας ἐκπεμπομένη), dann folgt er also einer aristotelischen Unterscheidung.

74) Onomata als 'Wörter' verstanden, umfassen auch Verben (vgl. etwa De int. III 16b19-20). Im engeren Sinne zählt Aristoteles die rhemata allerdings nicht zu den onomata, weil sie, wie er De int. III 16b7 erklärt, im Gegensatz zu den onomata immer Zeichen für etwas seien, das von etwas anderem ausgesagt werde, und niemals anzeigten, ob das Bezeichnete sei oder nicht sei (vgl. hierzu De int. III 16b21-22).

75) Vgl. De int. I 16a9-13 und Kat. 2a7-10. Bezeichnend für Aristoteles ist, daß er von den noemata auf die phonai schließt. Aristoteles räumt dem Denken, das er als eigenständiges, von der Sprache im Prinzip ablösbares Vermögen betrachtet, der Sprache gegenüber Priorität ein. W.Kamlah, 292, spricht in diesem Zusammenhang von der "Rückverlegung des Sprechens in das Denken".

76) Vgl. De int. I 16a13-18.

77) Vgl. De int. IV/V 16b33-17a9.

78) Neben E. Coseriu, 76-80, vgl. vor allem W. Wieland(2), 161-72.

79) E. Coseriu, 80.

80) Zu PLatons Theorie der konventionellen Richtigkeit der Wörter vgl. oben, 12-14, und R. Rehn, 34f.

81) Für die Anhänger der physei-Theorie ist 'Tradition' im Hinblick auf die Geltung von Wörtern im Prinzip entbehrlich, denn für sie existiert ein natürlicher und deshalb für jeden mehr oder weniger unmittelbar einsehbarer Zusammenhang zwischen Wörtern und Dingen.

82) Vgl. Krat. 434e1-435a1.

83) Soph. El. I 1,165a6-8 bemerkt Aristoteles, daß die Wörter "anstelle der Dinge" (ἀντὶ τῶν πραγμάτων) gebraucht würden, "weil es nicht möglich ist, in einem Gespräch die Dinge selbst (αὐτὰ τὰ πράγματα) herbeizuschaffen".
Aristoteles betrachtet das κατὰ συνθήκην als eine notwendige Bestimmung des Wortes; denn allein durch diese Bestimmung wird für ihn aus einem artikulierten Laut ein semantisches Gebilde, ein Zeichen, das etwas bedeutet (σημαίνει τι) . 'Absprache', 'Vereinbarung', 'Konvention' bilden danach ein spezifisches Moment der menschlichen Sprache. Tiere sind zwar in der Lage, Laute zu produzieren, die etwas kundtun (δηλοῦσί τι) - vgl. hierzu De int. II 16a28-29; Pol. I 2,1253a 10 heißt es, die tierischen Laute dienten dazu, Lust und Schmerz auszudrücken -, sie können aber Wörter weder bilden noch gebrauchen. Vgl. hierzu auch H. Weidemann, 244.

84) N. Kretzmann(2), 3. K. Oehler, 216, spricht im Hinblick auf De int. I 16a1-18 von dem "locus classicus der Semiotik, dessen wirkungsgeschichtliche Reichweite von keinem anderen Text in der Geschichte der Semiotik übertroffen worden ist".

85) Diese Übersetzung des Ausdrucks παθήματα ἐν τῇ ψυχῇ ist ein Kompromiß, da für πάθημα kein geeignetes deutsches Wort zur Verfügung steht. Auch 'Vorstellung' (E. Rolfes) und 'Zustand' (H. Weidemann, 241) treffen nur ungefähr das, was mit πάθημα gemeint ist; denn wer παθήματα mit 'Vorstellungen' übersetzt, läßt außer acht, daß Aristoteles zu den παθήματα auch (Sinnes)eindrücke und Gekanken (noemata, vgl. De int. I 16a10) rechnet. Übersetzt man hingegen παθήματα mit 'Zustand' so hat man nicht berücksichtigt, daß παθήματα,

auch wenn es sich bei ihnen um auf Wahrnehmung beruhende Eindrücke handelt, im Kern das Ergebnis einer Aktion der Seele, des wahrnehmenden Subjekts also, sind.

86) So N. Kretzmann(2), 3. K. Gyekye, 72, nennt den Abschnitt "recondite and elliptical".

87) N. Kretzmann(2), 5. Vgl. hierzu auch T.H. Irwin, 265: "We can say enough with reasonable confidence about signification in Aristotle to conclude that he is not talking primarily about meaning; he is not sketching, well or badly, a theory of meaning."

88) I. Bekker und H.P. Cook haben πρώτως, Minio-Paluello hat πρώτων. Da jedoch πρώτων - im Gegensatz zu πρώτως - handschriftlich nicht überliefert ist und vom Text her sowohl πρώτων als auch πρώτως möglich sind, verdient πρώτως den Vorzug. Vgl. hierzu auch N. Kretzmann(2), 18, Anm. 4.

89) In diesem Sinne ist De int. I 16a3-8 bereits von Ammonios (Busse, S. 17, Z. 24-26) und Boethius (Meiser, S. 33, Z. 27-31) verstanden worden. Auch H. Steinthal, I 186, schließt aus dem πρώτως,daß für Aristoteles die Sprache "δευτέρως Zeichen der πράγματα (ist)". Gründlich setzt sich H. Weidemann in seinem jüngst erschienenen Aufsatz,Ansätze zu einer semantischen Theorie bei Aristoteles, mit der Position N. Kretzmanns auseinander. H. Weidemann unternimmt es, "die traditionelle Interpretation (des Abschnitts De int. I 16a3-8) gegenüber N. Kretzmann zu verteidigen", und bemüht sich um eine Antwort auf die Frage, "inwiefern die von den sprachlichen Ausdrücken symbolisierten 'Zustände der Seele' als 'Abbildungen' der Dinge die zwischen den sprachlichen Ausdrükken und den Dingen vermittelnde Rolle spielen können, die ihnen nach dieser Interpretation zufällt" (243).

90) So K. Gyekye, 71.

91) Vgl. hierzu R. McKeon, 203: "The passions of the soul, which are symbolized in verbal discourse, are natural occurrences,for the reaction of the organism to stimuli in sensation and emotion follow natural laws and they are therefore the same for all men, as are the things of which our ex-

periences are the images."

92) Vgl. hierzu die Stelle I 1,27-33, seines Kommentars zu 'De interpretatione'.

93) Bei Albertus Magnus (Periherm. I tr. 2 c. 1;Borgnet1,380) z.B heißt es, "voces sunt notae earum passionum quae sunt in anima", und auch Thomas v. Aquin betont in der 'Summa theologiae', I 13,1, daß "voces referuntur ad res significandas mediante conceptione intellectus".

94) H. Weidemann, 242.

95) W. Wieland(1), 216, etwa konstatiert: "Am Wort ist Aristoteles, der nur selten Etymologie treibt, kaum interessiert; um so mehr allerdings an syntaktischen Strukturen."

96) So E. König, 241.

97) Vgl. hierzu Top. II 2,110a14-19: "Darüber hinaus ist zu unterscheiden, was man auf die übliche Weise (ὡς οἱ πολλοί) zu benennen habe und was nicht (...). Man sollte z.B. mit denselben Wörtern die Gegenstände bezeichnen wie die Vielen; bei der Frage allerdings, was an den Dingen von dieser Art ist oder nicht ist, darf man sich nicht mehr an die Vielen halten." Aufschlußreich ist in diesem Zusammenhang auch die Stelle Top. VI 2,140a3-5, in der Aristoteles denen, die ungewöhnliche Wörter benutzen, vorwirft, undeutlich zu sprechen. An der 'überlieferten' und 'gewöhnlichen' Bezeichnungsweise festzuhalten, fordert Aristoteles auch Top. VI 10,148b19-22.

98) Metaph. VIII 4,1030a27-28. Es ist deshalb fraglich, ob W. Wieland recht hat, wenn er in seiner Arbeit über die aristotelische 'Physik' meint, daß "Aristoteles im Einklang mit der natürlichen Einstellung keine fundamentale Trennung zwischen Sprache und Dingen macht"(146).

99) Vgl. Metaph. IV 8,1012a23-24.

100) Top. VI 7,146a3-7, erklärt Aristoteles, daß hinsichtlich der Frage, ob ein 'Mehr' (oder 'Weniger') möglich sei, Sache und Definition übereinstimmen müßten, "wenn doch das gemäß der Definition Gemeinte (τὸ κατὰ τὸν λόγον ἀποδοθέν) und

die Sache dasselbe sind (ταὐτόν ἐστι)". W. Wieland(2), 160, geht aber zweifellos zu weit, wenn er aus dieser Stelle folgert, für Aristoteles handele es sich bei Sache und Definition um "ontologisch (nicht) streng geschiedene Bereiche"; denn hier wird keine Identität in "ontologischer" Hinsicht behauptet, sondern festgestellt, daß in der Definition die jeweilige Sache (in ihren charakteristischen Zügen) so erfaßt ist, daß das in der Definition Gemeinte und die Sache selbst dasselbe bedeuten.

101) Vgl. hierzu etwa Top. I 15,106a1-10.

102) Vgl. Top. I 18,108a18-37.

103) Phys. I 2,185a22. Mit "Seinsganzes" übersetzt H. Wagner τὰ πάντα bzw. τὸ πᾶν.

104) Vgl. Phys. I 2,185a20-22.

105) Vgl. Phys. I 2,185a22-26 und 185b5-9. Ich folge hier der Übersetzung H. Wagners.

106) Phys. I 3,186a3-4.

107) Vgl. hierzu Phys. I 3,186a22-25.

108) So E. König, 242.

109) Mit Recht hebt deshalb T.H. Irwin, 266, hervor, daß für Aristoteles die "inquiry into words and their signification is part of inquiry into the world and the real essences in it".

110) Vgl. hierzu E. König, 228-30. Er hebt hervor, daß Aristoteles mit der sprachlichen Analyse des Begriffs 'Werden' keinesfalls nur eine Analyse der Umgangssprache geben will. Ohne Zweifel ist das der Ausgangspunkt, zugleich aber ist Aristoteles davon überzeugt, nicht nur das Wort 'Veränderung' erklärt zu haben, sondern die Veränderung selbst (deutlich z.B. Phys. A 7,190b20ff.), nicht nur Sprachanalyse zu betreiben, sondern - wie die philosophische Tradition seit den Vorsokratikern - in erster Linie Kosmologie"(229/30).

111) 'Klarheit' (τὸ σαφές) hinsichtlich dessen, was erörtert wird, gehört für Aristoteles zu den

Voraussetzungen einer philosophischen Untersuchung. Vgl. hierzu Rht. III 2,1404b1-3 und Top. I 18,108a18-20.

112) E. König, 241.

113) So M. Pohlenz, I 45.

LITERATURVERZEICHNIS

Q u e l l e n

Albertus Magnus, Perihermenias, ed. A. Borgnet, in: Opera omnia, Tom. 1, Paris 1890, 373-457.

Ammonius, In Aristotelis De interpretatione commentarius, ed. A. Busse, in: Commentaria in Aristotelem Graeca, vol. IV 5, Berlin 1897, 1-272.

Aristoteles, Ars rhetorica, ed. W.D. Ross, Oxford 1959.

-, Categoriae et Liber de interpretatione, ed. L. Minio-Paluello, Oxford 1949.

-, Categories and De interpretatione. Transl. with notes by J.L. Ackrill, Oxford 1966.

-, The Categories/On Interpretation (griech./engl.). Transl. and notes by H.P. Cook, London/Cambridge 1962.

-, Kategorien/Lehre vom Satz. Übers., mit einer Einl. versehen v. E. Rolfes, Hamburg 1958 (unveränderte Neuausgabe der 2. Auflage v. 1925).

-, Metaphysica, ed. W. Jaeger, Oxford 1957.

-, Physikvorlesung. Übers. v. H. Wagner, Darmstadt 1967, 3. Aufl. 1979.

-, Politica, ed. W.D. Ross, Oxford 1957.

-, Topica et Sophistici elenchi, ed. W.D. Ross, Oxford 1958.

Boethius, Commentarii in librum Aristotelis Peri hermeneias, ed. C. Meiser, Leipzig 1880.

Diogenes Laertius, Vitae philosophorum, ed. H.S. Long, 2 vol., Oxford 1964.

Epictetus, The Discourses as Reported by Arrian, the Manual, and Fragments (griech./engl.). With an Engl. transl. by W.A. Oldfather, 2 vol., Londen/ Cambridge 1925.

Die Fragmente der Vorsokratiker, hrsg. v. H. Diels/ W. Kranz, 3 Bde., 1903, 16. Aufl. Dublin/Zürich 1972.

Platon, Opera, ed. J. Burnet, 5 vol., Oxford 1899-1907.

-, Die echten Briefe Platons (griech./deutsch). Übertr. u. eingel. v. E. Howald, Zürich 1951.

-, Platons Dialog Kratylos. Übers. u. erläutert v. O. Apelt, Leipzig 1918, 2. Aufl. 1922.

Thomas Aquinas, Summa theologiae; Editio Leonina Manualis, Taurini 1950.

Xenophon, Memorabilia, ed. C. Hude, Leipzig 1934.

S e k u n d ä r l i t e r a t u r

Abramczyk, I., Zum Problem der Sprachphilosophie in Platons 'Kratylos', Breslau 1928.

Blass, F., Die attische Beredsamkeit, 4 Bde., 3. Aufl. Leipzig 1887-1898.

Cassirer, E., Philosophie der symbolischen Formen, 3 Bde., 2. Aufl. Darmstadt 1953, 7. Aufl. 1964.

Corcoran, J., Future Research on Ancient Theories of Communication and Reasoning, in: Ancient Logic and its Modern Interpretations, ed. by. J. Corcoran, Dordrecht/Boston 1974, 185-7.

Coseriu, E., Die Geschichte der Sprachphilosophie von der Antike bis zur Gegenwart, I: Von der Antike bis Leibniz, Tübingen 1970.

Dahlmann, H., Varro und die hellenistische Sprachtheorie, 2. Aufl. Zürich/Berlin 1964.

Derbolav, J., Platons Sprachphilosophie im Kratylos und in den späteren Schriften, Darmstadt 1972.

Diels, H., Die Anfänge der Philologie bei den Griechen, in: Neue Jahrbücher f. d. Klassische Altertum 13(1910), 1-25.

Fränkel, H.(1), Dichtung und Philosophie des frühen Griechentums, 3. Aufl. München 1962.

Fränkel, H.(2), Wege und Formen frühgriechischen Denkens, hrsg. v. F. Tietze, 3. Aufl. München 1968.

Gentinetta, P.M., Zur Sprachbetrachtung bei den Sophisten und in der stoisch-hellenistischen Zeit, Winterthur 1961.

Gomperz, Th., Griechische Denker. Eine Geschichte der antiken Philosophie, 3 Bde., 2. Aufl. Leipzig 1903-1909.

Graeser, A., On Language, Thought, and Reality in Ancient Greek Philosophy, in: Dialectica 31 (1977), 359-88.

Gyekye, K., Aristotle on Language and Meaning, in: International Philosophical Quarterly 14(1974), 71-7.

Haag, E., Platons Kratylos, Stuttgart 1933.

Heinimann, F., Nomos und Physis, Basel 1945.

Hoffmann, E., Die Sprache und die archaische Logik, Tübingen 1925.

Irwin, T.H., Aristotle's Concept of Signification, in: Language and Logos, ed. by M. Schofield/ M.C. Nussbaum, Cambridge 1982, 241-66.

Jaeger, W., Die Theologie der frühen griechischen Denker, Stuttgart 1953.

Kamlah, W., Aristoteles' Wissenschaft vom Seienden und die gegenwärtige Ontologie, in: Archiv f. Gesch. d. Philos. 49(1967), 269-97.

Kerferd, G.B., The Sophistic Movement, Cambridge 1981.

König, E., Aristoteles' erste Philosophie als universale Wissenschaft von den APXAI, in: Archiv f. Gesch. d. Philos. 52(1970), 225-46.

Kretzmann, N.(1), History of Semantics, in: The Encyclopedia of Philosophy, ed. by P. Edwards, 8 vol., New York/London 1967, vol. 7, 359-406.

Kretzmann, N.(2), Aristotle on Spoken Sound Significant by Convention, in: Ancient Logic and its Modern Interpretation, ed. by J. Corcoran, Dordrecht/Boston 1974, 3-21.

Larkin, M.Th., Language in the Philosophy of Aristotle, The Hague/Paris 1971.

Levinson, R.B., Language, Plato, and Logic, in: Essays in Ancient Greek Philosophy, ed. by J. P. Anton/G.L. Kustas, New York 1971, 259-84.

Mayer, H., Prodikos von Keos und die Anfänge der Synonymik bei den Griechen, Paderborn 1913.

McKeon, R., Aristotle's Conception of Language and the Arts of Language, in: Class. Philology 41 (1946), 193-206, und 42(1947), 21-50.

Mojsisch, B., Platons Sprachphilosophie im 'Sophistes', in: Sprachphilosophie in Antike und Mittelalter (Bochumer Studien zur Philosophie, Bd. 3), hrsg. v. B. Mojsisch, Amsterdam 1986, 35-62.

Oehler, K., Die Aktualität der antiken Sprachphilosophie, in: Zeitschr. f. Semiotik 4(1982), 215-9.

Pohlenz, M., Die Begründung der abendländischen Sprachlehre durch die Stoa, in: Kl. Schriften, hrsg.v. H. Dörrie, 2 Bde., Hildesheim 1965.

Rehn, R., Der logos der Seele. Wesen, Aufgabe und Bedeutung der Sprache in der platonischen Philosophie, Hamburg 1982.

Röd, W., Die Philosophie der Antike 1 (Von Thales bis Demokrit), in: Geschichte der Philosophie, hrsg. v. W. Röd, Bd. 1, München 1976.

Schadewaldt, W., Die Anfänge der Philosophie bei den

Griechen, Frankfurt/M. 1978.

Steinthal, H., Geschichte der Sprachwissenschaft bei den Griechen und Römern mit bes. Rücksicht auf die Logik, 2 Tle., Berlin 1863, 2. Aufl. 1890/1891.

Verdenius, W.J., Der Ursprung der Philologie, in: Studium Generale 19(1966), 103-14.

Weidemann, H., Ansätze zu einer semantischen Theorie bei Aristoteles, in: Zeitschr. f. Semiotik 4(1982), 241-57.

Weingartner, R.H., Making Sense of the Cratylus, in: Phronesis 15(1970), 5-25.

Wieland, W.(1), Das Problem der Prinzipienforschung und die aristotelische Physik, in: Kant-Studien 52(1960/61), 206-19.

Wieland, W.(2), Die aristotelische Physik. Untersuchungen über die Grundlegung der Naturwissenschaft und die sprachlichen Bedingungen der Prinzipienforschung bei Aristoteles, Göttingen 1962.

Woodbury, L., Parmenides on Names, in: Essays in Ancient Greek Philosophy, ed. by J.P. Anton/G.L. Kustas, New York 1971, 145-62.

Ludger Oeing-Hanhoff
zum
sechzigsten Geburtstag

TILMAN BORSCHE

MACHT UND OHNMACHT DER WÖRTER

Bemerkungen zu Augustins 'De magistro'

I

In den vergangenen drei Jahrzehnten seit dem Jubiläumsjahr 1954 fand Augustin in sprachphilosophischen und sprachwissenschaftlichen Kreisen wachsende Beachtung. Linguisten untersuchen die Zeichentheorie nach 'De doctrina Christiana'[1], Philosophen reflektieren die Metaphysik der Sprache nach 'De Trinitate'[2], Philologen fragen nach der Echtheit und erforschen die Herkunft der Motive von 'De dialectica'[3]. Allen gemeinsam ist dabei das Interesse an der einzigen Schrift Augustins, die sich zentral mit Fragen der Sprache beschäftigt, dem Dialog 'De magistro'. Nach dem Vorbild der 'Retractationes' und gemäß dem dort genannten Titel[4] wurde dieses kleine, kunstvoll gestaltete Gespräch zwischen Vater und Sohn von früheren Interpreten vorwiegend unter pädagogischem Aspekt gewürdigt[5], und man war geneigt, die lange Hinführung zum eigentlichen Thema - 83, 5 % des Textes, nach der Berechnung von Mandouze[6] - rasch zu übergehen. Da dieses eigentliche Thema, die Lehre vom inneren Lehrer, im Schlußteil nur knapp angedeutet, aber nicht diskutiert wird, ist es nicht verwunderlich, daß 'De magistro' lange Zeit als unbedeutender Begleittext zu größeren Werken angesehen wurde, die die Frage nach der Erkenntnis der Wahrheit ausführlicher erörtern.

Das neu erwachte Interesse an den Problemen der Sprache brachte eine Umkehr dieser Tendenz. Häufig führt es dazu, daß man allein den Hinführungsteil behandelt und glaubt, von dem die Kompetenz des Sprachforschers überschreitenden theologischen Schlußteil schadlos absehen zu können. Dabei wird das Risiko, die Intention des Autors zu verfehlen, bewußt in Kauf genommen[7]. Hat sich aber das Auge des Interpreten an ein zunächst nur methodisch begründetes Ausblenden erst einmal gewöhnt, fängt es an, eine entsprechende Trennung in den Dingen selbst zu sehen. Es entsteht der Eindruck, als stünden "Schulgrammatik" und "Logosmetaphysik", jene vor allem in 'De dialectica' und im Hinführungsteil von 'De magistro' abgehandelt, diese angedeutet im Schlußteil von 'De magistro' und ausgeführt in 'De Trinitate', unvermittelt nebeneinander[8]. Da nun der Dialog zwischen Vater und Sohn beide Seiten umfaßt, müßte sich allein an ihm schon zeigen lassen, ob jene Trennung zurecht angenommen werden kann. Die folgenden Ausführungen dienen der Erörterung dieser Frage. Ausgehend von der Arbeitshypothese, daß man auch 'De magistro' einen 'crédit de cohérence'[9] einräumen könne, werden die Schwierigkeiten einer kohärenten Auslegung des Textes neu untersucht.

Erste und grundlegende Bedingung einer solchen Untersuchung ist die genaue Analyse der Komposition des Dialogs. Sie wurde von G. Madec vorgenommen und kann hier vorausgesetzt werden[10]. Von den Ergebnissen dieser Analyse verdienen zwei Dinge besonders festgehalten zu werden. Zum einen bemerkt Madec, daß die Ausführungen Augustins zur Zeichen- und zur Sprachtheorie insgesamt "circonstancielles et utilitaires" sind[11]. Das gilt zwar nicht nur für 'De magistro', wird hier aber schon durch die Einordnung der entsprechenden Untersuchungen und die Hervorhebung ihres maieutischen Charakters deutlich gemacht. Zum anderen stellt er fest, daß die Argumentationsführung "ne correspond pas à celle d'une démonstration progressive et linéaire"[12]. Sie folgt vielmehr einem kunstvoll durchdachten Plan, der über ein "paradoxe tactique" zu unerwarteten Ergebnissen führt[13].

II

Auch wenn Augustin die Erörterung der Sprachtheorie nur als ein Vorspiel (praeludo[14]) betrachtet und sich besorgt zeigt, daß Adeodat die Beschäftigung mit ihr nicht als Spielerei (ludendi gratia[15]) mißverstehe, so ist doch sein persönliches Interesse an allen Fragen, die die Sprache betreffen, offenkundig. Grammatik und Philologie standen im Mittelpunkt seiner Ausbildung. Anschließend studierte er Rhetorik in Karthago, wurde Rhetoriklehrer von Beruf und erwies sich als sehr erfolgreich in diesem Geschäft mit schönen Worten. Für einen so gebildeten Geist waren klassische Texte der Schlüssel zum Verständnis der Welt. Die Schönheit der Rede schien zugleich ihre Wahrheit zu verbürgen. Erst allmählich schlug das Vertrauen des jungen Rhetors in die wahrheitsbildende Kraft der Worte um in ein tiefes Mißtrauen. Wort und Wahrheit traten auseinander. Die späteren 'Confessiones' schildern auf eindrucksvolle Weise, wie Augustin - obwohl durch eine erste Bekehrung schon ganz der äußeren Welt entfremdet und die Wahrheit nur noch im Innern der Seele suchend - dennoch der verführerischen Rede (suaviloquentia[16]) der Manichäer verfiel; jahrelang wurde er durch ihre Worte um die Wahrheit betrogen.

Aus dieser Erfahrung heraus stellt sich für Augustin das Problem der Sprache als das Problem ihres Verhältnisses zur Wahrheit. Es stellt sich, nachdem der als selbstverständlich angenommene Zusammenhang beider Seiten zerbrochen ist. Und es stellt sich auf folgende Weise: Wir setzen voraus, daß wir die

Wahrheit durch Worte erkennen können, doch die Worte erweisen sich als unzuverlässig. Sprache scheint also für die Erkenntnis der Wahrheit nicht nur unentbehrlich, sondern auch unzulänglich zu sein. Das Ziel aber bleibt die wahre Erkenntnis der Dinge. Problematisch ist die Selbstverständlichkeit geworden, mit der die Sprache als das Medium der Erkenntnis galt.

Um die Frage nach der Leistung der Sprache für die Erkenntnis der Wahrheit überhaupt sinnvoll stellen zu können, muß zuvor geklärt sein, was unter Sprache zu verstehen sei. Auch die Frage nach der Sprache stellt sich für Augustin auf ganz bestimmte Weise, die, weil sie für uns keineswegs selbstverständlich ist, hervorgehoben werden muß. Sie wird im ersten Satz des Dialogs klar formuliert: Quid tibi uidemur efficere uelle, cum loquimur?[17)]. Diese einleitende Frage ist in doppelter Hinsicht richtungweisend für den Verlauf der Unterredung. Erstens wird als Gegenstand der Frage nicht lingua, die Sprache, in dem uns geläufigen Sinn von la langue (nach De Saussure), sondern loqui, das Reden, genannt. Zweitens wird dieser Gegenstand als etwas vorausgesetzt, das von seinem Zweck her zu definieren ist. Die Antwort auf die einleitende Frage gibt Adeodat ohne zu zögern: Der Zweck des Redens sei docere aut discere, zu lehren oder zu lernen.

Zur Beurteilung von Aussagen in einem Dialog ist es bekanntlich nicht unwesentlich festzustellen, wer sie macht. Hier antwortet Adeodat auf eine sehr überlegt formulierte Frage, und zwar antwortet er so, wie es ihm unmittelbar in den Sinn kommt (quantum quidem mihi nunc occurrit[18)]). Man braucht gar nicht erst spätere Stellen hinzuzunehmen, an denen Augustin seinen Sohn ausdrücklich auffordert, so zu antworten, wie er es in der Schule gelernt hat, um zu sehen, daß Adeodat auch hier eine geläufige Lehrmeinung wiedergibt. Das ist durchweg seine Aufgabe, der er sich wohlunterrichtet, klug und kritisch zu entledigen weiß. Es handelt sich bei dieser Art von Wechselrede um ein Verfahren, das auch Platon in den Dialogen anwendet, in denen er den Gesprächspartner des Sokrates als Vertreter einer gängigen Lehrmeinung auftreten läßt. In der Anwendung dieses Verfahrens zeigt sich, bei Augustin wie bei Platon, ein Wissen davon, daß man die Wahrheit nicht ins Leere hinein lehren kann, daß der Lehrer vielmehr genötigt ist, an bestehende Meinungen anzuknüpfen und diese, sofern sie der Wahrheit entgegenstehen, auszuräumen.

Es erscheint von daher als sehr fraglich, ob man die in der folgenden Erörterung entwickelte Sprach- und Zeichenlehre schlicht als diejenige Augustins zu lesen berechtigt ist[19]. Zweifellos handelt es sich um eine Sprach- und Zeichenlehre, deren wesentliche Elemente ihm vorgegeben waren. Vorgegeben war auch die Meinung, daß man durch Worte etwas über die Dinge lehren und lernen könne. Diese vorgegebene Meinung ist es, die Augustin im Gespräch mit seinem Sohn kritisch zu prüfen unternimmt[20]. Und es erscheint als wenig fruchtbar, ihm vorwerfen zu wollen, daß er nicht eine andere als die herrschende Meinung der kritischen Prüfung unterzogen habe.

In der Weise, wie Augustin das docere aut discere sogleich auf docere allein reduziert, deutet sich an, daß er einen sehr weiten Begriff von docere zugrunde legt. Doch ist dieser Begriff nicht nur weit, sondern er wird im weiteren Verlauf der Unterredung mit Bedacht mehrdeutig gebraucht[21]. In einem weiteren Sinn schließt docere das Mitteilen von Sachverhalten ein, in einem engeren Sinn schließt es dieses, da es die Wahrheit der mitgeteilten Sachverhalte nicht lehren kann, ausdrücklich aus. Einen "Paralogismus"[22] wird man in dieser offenbaren Mehrdeutigkeit allerdings nur dann erkennen können, wenn man den ordre tactique der Argumentation nicht berücksichtigt. Im Verlauf der Entwicklung der Sache wird die Bedeutung des Wortes mit Gründen eingeschränkt. Für den Anfang ist neben der Reduktion von discere auf docere wichtig festzuhalten, daß Augustin als eine Art des Lehrens (genus docendi) oder vielleicht auch als einen weiteren Zweck des Redens (causa loquendi), neben dem Lehren, das Erinnern (transitiv gemeint, commemorare) einführt[23]. Auch diese scheinbare Unsicherheit über das Verhältnis von docere und commemorare ist kunstvolle Absicht: Dem weiteren Begriff von docere ist commemorare untergeordnet, dem engeren Begriff ist es alternativ nebengeordnet. Der für Augustin wichtigste Zweck des Redens (vgl. VI) taucht hier zu Anfang noch gar nicht auf.

Augustin steht vor der Aufgabe, wie er seinen Sohn, der - nach der Ansicht des Vaters - eine falsche Meinung davon hat, was Reden sei, durch vernünftige Argumentation so von dieser Meinung befreie, daß er zugleich für die wahre Lehre empfänglich werde. Die Argumentation dient also der Vorbereitung der Einsicht durch Vernunftgründe, die Einsicht selbst kann sie nicht bewirken. Folglich muß es genügen, wenn die wahre Lehre am Ende nur knapp und rein dogmatisch vorgetragen wird, und es ist nicht unvernünftig, wenn Adeodat diesem Vortrag nun zustimmt. Denn das argumentative Ziel des Dialogs ist erreicht, wenn seiner Zustimmung zur Lehre des inneren Lehrers kein vernünftiges Hindernis mehr im Wege steht, dann also, wenn alle Einwände ausgeräumt und alle Zweifel an ihrer Glaubwürdigkeit beseitigt worden sind. Mit der Bestätigung durch Adeodat, daß dieses Ziel erreicht sei, endet der Text[24].

III

Augustin eröffnet das Gespräch, indem er die Ansichten seines Partners erfragt und bestätigt. Erst dann geht er dazu über, ihre Bedingungen und Konsequenzen zu untersuchen. Hier sind vor allem zwei dieser Ansichten zu nennen, deren Darstellung und Kritik für den Verlauf der Untersuchung von grundlegender Bedeutung sind. Es wird sich auch nicht vermeiden lassen, einiges zu ihrer Vorgeschichte anzumerken, da sie teilweise nur aus dieser heraus verständlich sind.

Die erste Voraussetzung, die Augustin seinem Sohn zugesteht und die beide mit der gesamten Tradition der antiken Sprachbetrachtung teilen, ist die Ansicht, daß die Rede, insofern sie auf ihre Bedeutung hin betrachtet wird, aus Wörtern zusammengesetzt sei. Einzelne Wörter erscheinen als die elementaren Bedeutungsträger. So steht, wenn das Reden nicht nach seinem Zweck, sondern nach seiner Form bestimmt werden soll, für loqui die Wendung uerba promere[25)], und locutio wird mit sonantia uerba[26)] umschrieben. Auch der Sonderfall des lautlosen Redens der Seele mit sich selbst wird analog durch uerba cogitare erläutert[27)].

Diese selbstverständliche Voraussetzung leitet sich noch von der archaischen Sprachansicht her, die Namen und Wort nicht unterscheidet, indem sie Wörter nur als Namen in den Blick nimmt[28)]. Zwar hatte schon Platon die Grenzen dieser Sprachansicht im 'Kratylos' deutlich aufgezeigt und im 'Sophistes' erste Konsequenzen daraus gezogen, indem er verschiedene Arten von Wörtern zu unterscheiden begann. Aber auch Aristoteles, der diese Unterscheidung ausbaute, konnte Wörter insgesamt noch als Namen (ὀνόματα) bezeichnen, deren wesentliches Merkmal darin bestehe, daß sie Eines bedeuten (ἓν σημαίνειν)[29)]. Solange die Ebenen von Laut und Bedeutung noch nicht streng unterschieden wurden, ging die Analyse der Rede (λέξις) noch über die bedeutungstragenden Wörter hinaus zu den bedeutungslosen Silben und endete erst bei den unteilbaren Lauten (φθόγγος, γράμμα[30)], φωνὴ ἀδιαίρετος[31)], die als kleinste Teile der Rede mit einem aus der Metrik geläufigen Ausdruck Elemente (στοιχεῖα) genannt wurden[32)]. Eine spezielle Bedeutungsanalyse der Rede wurde erst möglich, nachdem in der Stoa eben jene Unterscheidung der Ebenen vollzogen war. Von nun an wurden auch zweierlei Elemente unterschieden. Die vorher als Elemente der Rede schlechthin angesehenen einzelnen Laute galten nur noch als Elemente der Lautform der Rede (λέξεως oder τῆς φωνῆς στοιχεῖα). Demgegenüber nannte Chrysipp die verschiedenartigen Wörter ausdrücklich Elemente der Rede, insofern diese als komplexe Bedeutung betrachtet wurde (τοῦ λόγου στοιχεῖα)[33]. Die Grammatiker hoben die Trennung beider Ebenen noch deutlicher hervor. So lehrte Apollonios Dyskolos, daß die Wörter (λέξεις) aus Lauten und Silben zusammengesetzt seien, der Satz (λόγος) aber nicht aus Wörtern, sondern aus Begriffen (νοητά)[34]. Demnach kann der (sinnvolle) Satz nur solche Wörter enthalten, denen je ein Begriff entspricht, es gibt aber auch (sinnlose) Wörter, bei denen das nicht der Fall ist[35].

Aus solchen Unterscheidungen ist zu entnehmen, daß eine Bedeutungsanalyse darin bestehen muß, Rechenschaft über die Bedeutung aller einzelnen Wörter eines Textes zu geben. Man darf also annehmen, daß folgender, von einem späteren Scholiasten zu Dionysios Thrax überlieferte Satz auch schon zur Zeit Augustins im grammatischen Schulbetrieb allgemeine Geltung besaß: "Das Eigentümliche des (sinnvollen) Wortes besteht darin, daß es Bedeutung hat" (ἴδιον γὰρ λέξεως σημαινόμενον ἔχειν[36]).

Es finden sich Stellen in 'De magistro', an denen der moderne Leser sich mit Erstaunen fragen mag, warum Augustin die elementare Analyse der Bedeutung nicht aufgibt, obwohl sie ihn in große Schwierigkeiten bringt; etwa bei der Frage, was nihil bedeute[37], oder auch schon bei Präpositionen wie ex und de. Dieses Festhalten wird allerdings verständlich, wenn man sich vergegenwärtigt, daß in der Antike - soweit ich sehen kann - nach der Bedeutung der Rede niemals anders als von den einzelnen Wörtern her gefragt wurde. Diese Fragestellung steckt einen Rahmen ab, innerhalb dessen wohl Aporien erscheinen mögen, der deswegen aber noch nicht einfach aufgegeben werden kann. Man darf wohl auch bezweifeln, ob eine Kritik der traditionellen Bedeutungsanalyse besser geeignet gewesen wäre, Adeodat von der Ohnmacht der Wörter zu überzeugen, als der Weg, den Augustin tatsächlich gewählt hat. Man hätte im Falle des nihil einen Grenzfall der herrschenden Theorie der Bedeutung zum Ausgangspunkt der Kritik nehmen müssen. Überzeugender aber dürfte es immer sein, zentrale Fälle zum Ausgangspunkt zu nehmen und von ihnen her die Inadäquatheit einer Theorie zu erweisen. Es zeugt hingegen von einer besonders kunstvollen Komposition, wenn ein Randphänomen, das die zu erörternde Theorie in Aporien zu führen geeignet wäre, zwar gleich zu Anfang angesprochen, nicht aber herangezogen wird, um die folgende Argumentation darauf zu gründen.

Die zweite Voraussetzung, die gemäß den ciceronischen Anweisungen über kunstgerechtes Disputieren der folgenden Argumentation gewissermaßen als Definition vorausgeschickt wird, ist die Ansicht, daß Wörter Zeichen seien. Augustin stellt die lapidare rhetorische Frage: Constat ergo inter nos uerba signa esse?[38]; und Adeodat stimmt ohne Zögern und vorbehaltlos zu: Constat. Durch eine Gegenfrage wird diese Grundannahme zusätzlich abgesichert: Signum nisi aliquid significet potest esse signum?[39]; die Antwort ist ebenso unzweideutig: Non potest. Was aber wird mit dem ergo im ersten Satz zusammengefaßt? Unmittelbar bezieht es sich auf die vorhergehende Bemerkung über die res ipsas quarum signa sunt uerba, mittelbar auch noch weiter zurück auf die Feststellung, qui enim loquitur, suae uoluntatis signum foras dat. Nun aber waren beide Aussagen nicht etwa Thesen, die erst hätten bewiesen werden müssen, sondern Argumente, mit deren Hilfe etwas anderes, das nicht selbstverständlich zu sein schien, plausibel gemacht werden sollte. Das ergo des ersten Satzes kennzeichnet diesen mithin nicht als Resultat einer vorhergehenden Argumentation, sondern appelliert offensichtlich an etwas Selbstverständliches, das nur, weil es für das Folgende grundlegend ist, ausdrücklich hervorgehoben und bestätigt wird.

Diese Erinnerung schien erforderlich gewesen zu sein, weil sich seit dem für die Rezeption der augustinischen Sprach- und Zeichentheorie einflußreichen Aufsatz von Markus (1956) die Ansicht verbreitet hat, jene Bedeutungslehre sei gerade darin originell, daß Augustin die Wörter als Zeichen par excellence betrachte und die Zeichentheorie von den Sprachzeichen her zu begründen versuche[40)]. Die in diesem Zusammenhang häufig entworfenen Skizzen einer Geschichte des Zeichenbegriffs[41)] behandeln die rhetorische Zeichenlehre, die Zeichenlehre der logischen Beweistheorie, die der empirischen Medizin, gelegentlich auch die biblische Sakramentenlehre. Wenn daneben noch festgestellt wird, daß die Grammatiker den Zeichenbegriff nicht verwendeten[42)], dann kann sogar der Eindruck entstehen, Augustins Bestimmung der Wörter als Zeichen sei ungewöhnlich und stelle eine Neuerung dar. Richtig ist daran lediglich so viel, daß die Grammatiker die auch ihnen selbstverständliche Tatsache, daß Wörter etwas bedeuten, nur voraussetzen, nicht aber thematisieren, denn das gehört nicht zu ihrer Wissenschaft. Wort und Wortarten werden nach dem Vorbild des Aristoteles so definiert, daß das Definiens zunächst durch ein Substantiv die sinnlich wahrnehmbare Substanz des Definiendum nennt (φωνή/vox) und dann spezifizierende Zusätze durch Adjektive hinzufügt. In den eher peripatetisch orientierten Definitionen erscheint regelmäßig der Zusatz 'bedeutungstragend' (σημαντικός). Wenn in den eher formal-grammatischen Definitionen dieser Zusatz entfällt, dann heißt das nicht, daß man den Wörtern Bedeutung absprechen will, sondern umgekehrt, daß die Bedeutung als eine Eigenschaft aller Wortarten gilt, zu ihrer Unterscheidung also nichts beitragen kann. Das Fehlen entsprechender Bestimmungen berechtigt also keineswegs zu der Annahme, Wörter seien nicht als Zeichen verstanden worden. Noch weniger ist einzusehen, warum σημεῖον/signum etwas anderes bedeuten sollte als die

Substantivierung von σημαίνειν/significare oder σημαντικός/significans - gemäß der von Augustin selbst herangezogenen[43] und zudem offenkundigen Wortbildung -, auch wenn dieses Wort in verschiedenen Spezialwissenschaften, wie Rhetorik, Logik oder Medizin, auf je verschiedene Weise terminologisch genauer fixiert worden ist. Man wird umgekehrt von folgender Sachlage ausgehen können: Seitdem überhaupt auf ὀνόματα reflektiert wurde, galt es als selbstverständlich, daß sie τι σημαίνει oder daß Wörter Zeichen sind - ungeachtet aller Verschiedenheit der Meinungen über die Natur der Wörter und die Weise ihres Bezeichnens oder Bedeutens.

IV

Nach der einleitenden Feststellung der beiden Grundvoraussetzungen der antiken Sprachbetrachtung, (a) daß die Rede aus Wörtern besteht und (b) daß die Wörter Zeichen sind, formuliert Augustin die Hauptfrage der Semantik, die er im folgenden mit Adeodat zu erörtern beabsichtigt. Auch diese Frage kleidet er in eine traditionelle Form, nämlich die einer schulmäßigen Texterklärung. Er legt seinem Sohn einen Vergilvers vor und fragt ihn vorbereitend zunächst nach der Zahl der Wörter, um die Vollständigkeit der Analyse zu sichern, und nach Verständlichkeit des Ganzen, um auszuschließen, daß sich eine bedeutungslose Lautform unter den Wörtern befinde. Dann erst stellt er die entscheidende Frage, indem er ihn auffordert zu sagen, quid singula uerba significent[44].

Wie schon angedeutet, führt der Versuch einer unmittelbaren Beantwortung dieser Frage, insbesondere angesichts des Wortes nihil, zu Schwierigkeiten[45]. Für die weitere Erörterung schlägt Augustin deshalb eine neue Disposition vor, die das Problem in drei Fälle gliedert (tripertita distributio). Richtet sich die Frage auf die Zeichen, so kann man diese durch Zeichen erklären (unspezifisch: monstrare); richtet sie sich auf die Dinge, so kann man diese entweder durch sich selbst oder wiederum durch Zeichen erklären[46]. Die anschließende Untersuchung beginnt mit der Frage nach den Zeichen. Fest steht bisher, daß jedes Zeichen selbst eine Sache (res) und wahrnehmbar ist und zugleich eine Sache bezeichnet. Umgekehrt kann jede wahrnehmbare Sache als Zeichen verstanden werden. Von den Zeichen im allgemeinen unterscheiden sich sprachliche Zeichen zum einen nach dem Grund ihrer Hervorbringung als künstliche Zeichen (signa data) im Gegensatz zu natürlichen Zeichen (signa naturalia)[47], zum anderen nach ihrer Form als artikulierte Laute, die von der menschlichen Stimme hervorgebracht und als solche vom menschlichen Ohr wahrgenommen werden können[48].

Das, was durch sprachliche Zeichen bezeichnet werden kann, ist die Gesamtheit aller Sachen (res) - die in dieser Beziehung grenzenlose Macht der Wörter zeichnet diese vor allen anderen Arten von Zeichen aus[49]. Die Sachen aber sind hiermit eingeteilt in solche, die selbst Zeichen sind, und solche, die selbst keine Zeichen sind und die Augustin aus dieser Sicht als significabilia unterscheidet[50].

Die Untersuchung der Zeichen konzentriert sich nun ganz auf die sprachlichen Zeichen. Der Sachbereich der Wörter bildet also, wie im folgenden deutlich wird, obwohl Augustin auf eine solche Abgrenzung von Disziplinen wenig Wert zu legen scheint, den eigentümlichen Gegenstand der Grammatik. In dieser Untersuchung erweist sich Augustin, sozusagen beiläufig, als ein ungewöhnlich scharfsinniger Sprachtheoretiker, der die überkommenen Lehren nicht nur systematisierend referiert, sondern sie in dem Punkt, den er auswählt, auch konsequent zu Ende denkt. Dabei gelangt er zu einer Unterscheidung, die, soweit es die allgemeine Quellenlage und die besondere Quellenkenntnis zu beurteilen erlauben, vorher so nicht gesehen wurde. Er entwickelt eine Hierarchie der Reflexivität der Wörter, die in

eine präzise Unterscheidung von Extension und Intension ihrer Begriffe mündet. Das soll kurz dargestellt werden[51]:
Es geht um eine Einteilung der sprachlichen Zeichen nach dem Grad ihrer Reflexivität.
1. In einem ersten Schritt sondert Augustin aus der Gesamtheit der Zeichen diejenigen aus, die nicht irgendwelche anderen Dinge (significabilia), sondern Zeichen bezeichnen, die also, obschon nur in einem generischen Sinn, auch sich selbst bezeichnen: signa quae cetera signa significant oder schlicht signa signorum. Sein Beispiel ist coniunctio, der entsprechende Beispielsatz: coniunctio est signum.
2. In einem zweiten Schritt spezifiziert er diese allgemeine Bestimmung, um diejenigen Zeichen zu charakterisieren, die nicht nur Zeichen überhaupt, sondern auch sich selbst bezeichnen, die also selbst von der Art sind wie das, was sie bezeichnen. Ein Beispiel ist signum, der entsprechende Beispielsatz: signum est signum.
3. In einem dritten Schritt unterscheidet Augustin diejenigen Zeichen, deren Reflexivität sich gewissermaßen verdoppelt hat, derart daß sie sich nur noch an zwei Zeichen aufzeigen läßt. Es handelt sich um solche Zeichen, die nicht nur Zeichen überhaupt und sich selbst, sondern auch sich gegenseitig bezeichnen. Das Beispiel ist nun selbst ein Satz - zusammen mit seiner Umkehrung: signum est uerbum und uerbum est signum[52].
4. In einem vierten Schritt wird diese wechselseitige Reflexivität quantifiziert. Hier verweist Augustin auf solche Zeichen, die nicht nur Zeichen überhaupt, sich selbst und sich gegenseitig bezeichnen, sondern auch genausoviele Gegenstände erfassen: tantundem ualent. Die Reflexivität der Zeichen hat damit den Grad der Extensionsgleichheit erreicht. Der Beispielsatz mit seiner Umkehrung lautet: omne nomen uerbum est und omne uerbum nomen est. Dieser Satz wird, im Unterschied zu den vorhergehenden Fällen, sehr ausführlich disku-

tiert[53]. Man kann nun, was häufig geschehen ist, diese Diskussion wie lästige Subtilitäten übergehen - oder sich fragen, warum sie wohl geführt wurde. Sie war erforderlich, so wird man vermuten dürfen, weil die in jenem Satz enthaltenen Behauptungen weder allgemein bekannt noch unmittelbar einleuchtend waren[54]. Augustin bemüht sich, mit den vertrauten Mitteln der traditionellen Grammatik und Etymologie zwei weniger vertraute Gedanken plausibel zu machen. Zum einen fragt er nach der Möglichkeit im allgemeinen, wie die Umfangsgleichheit bestimmter Wörter mit ihrer Bedeutungsverschiedenheit zusammengehen könne, und er sieht diese Möglichkeit darin gegeben, daß dieselben Gegenstände aus verschiedenen Gründen verschiedene Bezeichnungen erhalten können[55]. Zum anderen führt er aus, wie dieses Verhältnis im besonderen auf die beiden Begriffe nomen und uerbum - beide in ihrer allgemeinen Bedeutung als 'Wort' verstanden - angewandt werden können[56].

5. In einem fünften und letzten Schritt treibt Augustin die Reflexivität der Bedeutung auf die Spitze, indem er ihre quantitative Gleichheit durch qualitative Selbigkeit vervollständigt. Dadurch werden verschiedene Wörter mit derselben Intension als solche Zeichen bestimmt, die Zeichen überhaupt, sich selbst und sich gegenseitig bezeichnen, ferner aber nicht nur genausoviele Gegenstände, sondern auch dasselbe erfassen: non solum tantundem sed etiam idem omnino significent[57]. In dieser Identität der Bedeutung unterscheiden sich verschiedene Wörter nur noch durch ihre verschiedene Lautform als verschiedene voces. Daß sie meist verschiedenen Sprachen angehören, wird zwar erwähnt[58], ist aber für ihr Verhältnis zueinander unwesentlich; es könnte sich auch um Synonyme innerhalb derselben Sprache handeln. Als Beispiel wählt Augustin das lateinische Wort nomen und seine griechische Entsprechung ὄνομα und stellt fest, inter quae nihil praeter litterarum distet sonum, nomen et ὄνομα inuenimus[59].

In der breiten Diskussion über die Reflexivität der Wörter[60] macht Augustin deutlich, welchen Nutzen die Sprachtheorie haben kann. Sie belehrt uns über den Gegenstand Sprache, d.h. nach den vorausgegangenen Definitionen und Einteilungen, über Wörter als Sachen. Und es scheint, daß wir wirklich etwas über sie lernen können. Denn in den Wörtern, sofern sie in reflexiver Bedeutung genommen werden, ist das, was durch sie bezeichnet wird, unmittelbar gegenwärtig. Der für alles Lernen durch Zeichen problematische Übergang vom Zeichen zum Bezeichneten ist hier immer schon vollzogen; genauer gesagt, es ist gar kein Übergang zu etwas anderem gewesen. Denn hier ist das Wort selbst ein Fall dessen, was es bezeichnet. Die anfängliche Frage nach der Lehrbarkeit der Wahrheit durch Sprache ist allerdings keinen Schritt weitergekommen[61]. Aufgrund ihrer konstitutiven Voraussetzungen kann die Sprachtheorie diese Frage gar nicht in den Blick bekommen. Vielmehr muß ein mögliches Wahrheitskriterium für das, was durch Sprache mitgeteilt wird, gänzlich außerhalb der Sprache gesucht werden.

Das negative Ergebnis der sprachtheoretischen Untersuchungen hat aber auch eine positive Kehrseite. Es zeigt nämlich, daß von ihr kein Aufschluß darüber zu erwarten ist, ob wir durch Sprache etwas über nichtsprachliche Gegenstände wahrhaft lernen und andere darüber wahrhaft belehren können, ob Sprache also das leisten kann, was anfangs als ihr Zweck bestimmt wurde. Hier deutet sich die Grenze der Macht der Wörter bereits an. Bevor Augustin diese selbst zum Gegenstand der Untersuchung macht, nähert er sich ihr noch von einer anderen Seite. Er reflektiert die Bedingtheit aller Sprachtheorie oder die Bedingtheit der Reflexivität der Wörter. Dabei erweist er sich auch als ein tiefsinniger Sprachtheoretiker, der die Beobachtungen seiner Vorgänger so zusammenfaßt, daß dabei unvorhergesehene philosophische Konsequenzen sichtbar werden.

Von Anfang an war für die antike Sprachbetrachtung die Mehrdeutigkeit der Wörter und Sätze ein zentrales Problem (ὁμωνυμία/aequivocatio bzw. ἀμφιβολία/ambiguitas). Oft scheint sie sogar der Auslöser einer Reflexion auf Sprache gewesen zu sein. Das Spiel mit Mehrdeutigkeiten wurde ein wichtiges Mittel der sophistischen Rhetorik, wie umgekehrt die Ausschaltung von Mehrdeutigkeit ein wichtiges Anliegen der aristotelischen Wissenschaft. Nachdem man anfangs wohl nur hier und da auf einen Fall von Äquivokation gestoßen war, zeigte sich bald, daß man nirgendwo in der Rede vor ihr sicher sein konnte. Und so wird berichtet, daß schon Chrysipp gelehrt habe, jedes Wort sei von Natur aus zweideutig[62)]. Auch Augustin beginnt den Abschnitt über die Mehrdeutigkeit in 'De dialectica' mit der Feststellung: Itaque rectissime a dialecticis dictum est ambiguum esse omne verbum[63)]. Anschließend erörtert er die verschiedenen Arten und Gründe dieser Erscheinung. In 'De magistro' beschränkt er sich auf die kunstvolle Vorführung einer besonderen Art der Doppeldeutigkeit, die genau den zuvor thematisierten Unterschied zwischen reflexivem und nicht-reflexivem Gebrauch der Wörter betrifft. Sein Beispiel, das selbst eine lange Tradition hat[64)], verläuft nach folgendem Muster:

Das, was beim Reden aus deinem Munde kommt, sind Wörter.
Nun ist Löwe ein Wort.
Also kommt, wenn du Löwe sagst, ein Löwe aus deinem Munde gesprungen.

Durch dieses Sophisma will Augustin darauf hinweisen, daß man jedes Wort sowohl direkt auf den Gegenstand, den es bezeichnet, als auch indirekt auf das Wort selbst als Gegenstand beziehen kann. Das war längst bekannt. Doch Augustin geht einen Schritt weiter, indem er diese beiden Bedeutungsweisen nicht nur nennt, sondern ihr Verhältnis zueinander näher bestimmt. Dabei zeigt sich, daß beide Seiten ungleichgewichtig sind. Es ist zwar richtig, daß man im Prinzip jedes beliebige Wort in direkter oder indirekter Bedeutung gebrauchen kann. Aber eine in sich selbst sinnvolle sprachliche Äußerung ist nicht möglich, ohne daß sich der Geist bei einigen Wörtern von den Zeichen weg zu den Dingen, die durch sie bezeichnet werden, also zu den significabilia hinwendet[65]. Nur so wird die Rede als Rede von etwas anderem, und das heißt überhaupt als Rede erkennbar: sermocinari nos omnino non posse, nisi auditis uerbis ad ea feratur animus, quorum ista sunt signa[66].

Im Vorrang der nicht-reflexiven Bedeutung erkennt Augustin eine lex rationis, die er näher als regula loquendi bezeichnet. Diese Regel besagt, daß die nicht-reflexive Bedeutung der Wörter primär ist und aller wirklichen Rede zugrunde liegt, während die reflexive Bedeutung zwar für jedes einzelne Wort möglich ist, in der wirklichen Rede aber stets sekundär bleibt und nur eingebettet in eine nicht-reflexive Gesamtbedeutung realisiert werden kann. Es liegt in der Natur des Redens, daß sich, sobald irgendwelche Laute als Wörter wahrgenommen werden, die Aufmerksamkeit den durch sie bezeichneten Dingen zuwendet: ut auditis signis ad res significatas feratur intentio[67].

Was aber erfahren wir durch diese Einsicht in die Bedingtheit der Reflexivität der Bedeutung bezüglich der Frage nach der Macht der Wörter? Folgendes: Die zuvor gewonnene Einsicht, daß die Sprachtheorie als Teil der Zeichentheorie nichts über Gegenstände, die keine Zeichen sind, zu sagen vermag, weil sie ihren eigenen Gegenstand gerade durch das Absehen von diesen anderen Gegenständen gewinnt, diese Einsicht ist nur die halbe Wahrheit. Eine sprachtheoretische Unterscheidung der Wörter kann nicht nur kein Wissen von anderen Gegenständen vermitteln, vielmehr setzt sie selbst schon ein solches Wissen voraus. Das reflexive Reden über Wörter ist nur möglich, insofern es eingebettet ist in nicht-reflexives Reden über anderes.

Zwar ist bisher nur die erste der in der Disposition des Problems in Kap. 4, 7 gestellten drei Fragen erörtert worden, nämlich die Frage nach dem, was wir durch Zeichen über Zeichen lernen können. Indirekt wurde aber auch die dritte Frage schon berührt, die nämlich, was wir durch Zeichen über Dinge lernen können. Denn es ist kaum noch zu erwarten, daß wir durch Zeichen ursprünglich etwas über Dinge lernen können, wenn wir, um Zeichen als solche verstehen zu können, ein Wissen von anderen Dingen bereits haben müssen. Die anfängliche Überzeugung, man wolle nicht nur, sondern könne auch durch Zeichen etwas über Dinge lehren oder lernen, ist problematisch geworden.

V

Ganz offen wurde die These, daß wir durch Zeichen nichts über Dinge lernen können, von den Skeptikern vertreten, an deren Argumentation sich Augustin offenkundig und bis in die Wortwahl hinein eng anschließt[68]. Bei näherer Betrachtung zeigen sich jedoch auch entscheidende Unterschiede, sowohl in methodischer als auch in sachlicher Hinsicht. Sextus Empiricus, durch dessen Werke uns die skeptischen Argumente am ausführlichsten überliefert sind, fragt zunächst allgemeiner, ob überhaupt etwas gelehrt und durch Lehre gelernt werden könne[69]. Wie immer bei ihm beginnt die Erörterung der Frage mit der Aufstellung einer vollständigen Disjunktion von alternativen Antworten, die in einem zweiten Schritt der Reihe nach widerlegt werden sollen. Die Kunst des Skeptikers besteht darin, diese Antworten so aufzuteilen, daß ihre getrennte Widerlegung mühelos plausibel zu machen ist. Je künstlicher die Disjunktion ausfällt, desto äußerlicher bleibt die nachfolgende Widerlegung sowohl der Sache selbst als auch der Intention des zu widerlegenden Autors. Durch diese Äußerlichkeit der Argumentation unterscheidet sich das polemische Verfahren der Skeptiker entschieden von dem maieutischen Verfahren Augustins, auch wenn es beiden um die Destruktion dogmatischer Positionen geht.

Falls man etwas lernen könne, so behauptet Sextus, dann entweder durch sinnliche Gegebenheit (ἐναργείᾳ) oder durch Worte (λόγος). Beides aber sei unmöglich, denn[70]: (a) Was sinnlich gegeben ist, brauche nicht gelernt zu werden, es sei allen gleichermaßen offenbar. (b) Wenn man die Bedeutung der Wörter, d.h. die durch sie bezeichneten Gegenstände (τὰ καθ' ὧν αἱ λέξεις κεῖνται) kennt, werde man durch sie nur an etwas erinnert, das man schon vorher wußte (ὅπερ ᾔδεισαν ἀνανεούμενοι); wenn man sie nicht kennt, lerne man sie auch durch Wörter nicht kennen.

Weniger polemisch ausgedrückt heißt das: Was man nicht durch schon bekannte Worte erklären kann, das muß man zeigen - so als wäre die Bedeutung eines Wortes von der Art, daß man auf sie zeigen könnte.

Nicht in Zusammenhang mit dem Problem des Lernens durch Worte, sondern in Zusammenhang mit dem Problem des logischen Beweisens unterscheidet Sextus zwei Arten von Zeichen: die Anzeichen (σημεῖα ἐνδεικτικά), die das von Natur aus Verborgene erkennen lassen, und die Merkzeichen (σημεῖα ὑπομνηστικά), die auf das im Moment Verborgene verweisen[71]. Davon leugnet er die einen völlig, die anderen läßt er gelten, macht aber deutlich, daß durch sie nur an Bekanntes erinnert[72], niemals aber Unbekanntes gelehrt oder gelernt werden kann. Aus dieser Beschreibung läßt sich entnehmen, daß auch Worte (λόγος), wenn sie etwas bezeichnen (σημαίνει τι[73]), zu den Merkzeichen zu rechnen sind.

Was das Lernen durch Zeichen betrifft, scheint Augustin ganz ähnlich zu argumentieren: cum enim mihi signum datur, si nescientem me inuenit, cuius rei signum sit, docere me nihil potest; si uero scientem, quid disco per signum?[74]. Doch er folgert vorsichtiger: Was man nicht durch schon bekannte Worte erklären kann, kann man durch Worte überhaupt nicht erklären. Damit verbietet er sich den empiristischen Rückschluß auf die sinnliche Gegebenheit, der nur dann gültig wäre, wenn die vorausgesetzte Disjunktion möglicher Antworten auf die Frage nach den Arten des Lernens sachgerecht und vollständig wäre. Mit der Aufstellung dieser Disjunktion setzt Sextus, hierin selbst dogmatisch, eine empiristische Lerntheorie einfach voraus. Nur kraft einer solchen Voraussetzung kann er beweisen, daß wir keine Lehrer brauchen - das war das Argumentationsziel gegen die Anmaßungen der "Mathematiker" -, ohne behaupten zu müssen, daß wir keine Kenntnisse erwerben könnten - das wäre für den "Empiriker" ein unzulässiger Verstoß gegen "das Leben"[75]. Sinnliche Gegebenheit soll die Lücke schließen, indem sie uns auf natürliche Weise und unmittelbar Dinge, die wir nicht kennen, wahrnehmen läßt, ohne daß wir dabei belehrt werden[76]; sie "kommen von selbst in unser Wissen"[77].

Diese Argumentation erfüllt ihren polemischen Zweck jedoch nur um den Preis, daß sie das sachliche Problem verschleiert. Sinnliche Gegebenheit ist kein Wissen[78]. Es ist selbstverständlich, daß sie nicht gelehrt werden kann. Was den Sinnen gegeben ist, wird als solches nicht gewußt, was gewußt wird, ist als solches nicht gegeben. Falls man aus Gegebenem etwas lernen kann, dann nur dadurch, daß man durch es vielleicht veranlaßt wird, etwas zu erkennen, das von anderer Art ist als es selbst. Was gewußt wird, wovon also in Frage steht, ob es lehr- oder lernbar sei, kann aber nicht nur nicht durch sinnliche Eindrücke gegeben, sondern es kann überhaupt nicht hervorgebracht werden. Denn es ist, wie Sextus selbst weiß und als Lehre der Stoiker ausdrücklich referiert, etwas Unkörperliches, mithin weder wirk- noch leidensfähig - das λεκτόν[79].

Was gewußt wird, wenn man ein Wort spricht oder versteht, ist seine Bedeutung. Die Bedeutung ist die Macht eines Wortes, die in seinem Laut verborgen liegt - uim uerbi, id est significationem quae latet in sono[80]. Nur wenn ein Lautgebilde die Macht hat, etwas darzustellen, das seiner Natur nach nicht wahrnehmbar ist[81], kann es ein Wort genannt werden. So ist es Ausdruck seiner verborgen bleibenden Bedeutung. Und allein kraft seiner Bedeutung kann es Dinge bezeichnen. Damit aber unterscheidet sich das Wort wesentlich von allen natürlichen Zeichen, zu denen auch die Merkzeichen des Sextus zu rechnen sind, denn diese beruhen nur auf einer Relation von zwei wahrnehmbaren Dingen. Es unterscheidet sich ebenfalls wesentlich von den Anzeichen, deren Unmöglichkeit Sextus zu erweisen versucht. Diese sollen zwar auf etwas verweisen, das von Natur aus unseren Sinnen verborgen bleibt; aber erstens verweisen sie kraft ihrer eigenen Natur und Ausstattung (ἐκ τῆς ἰδίας φύσεως καὶ κατασκευῆς σημαίνει τὸ οὗ ἐστι σημεῖον[82]), während das Wort - für Sextus wie für Augustin - keine eigene natürliche Verweisungskraft besitzt; und zweitens ist das, worauf sie verweisen, selbst etwas Körperliches (σώματα νοητά[83]). Es bleibt im Fall der Anzeichen wie der Merkzeichen bei der unmittelbaren Relation zwischen Zeichen und Bezeichnetem ohne Vermittlung durch eine unkörperliche Bedeutung.

Das Wort selbst hat also zwei Seiten, sonus et significatio[84]. Zwischen ihnen besteht eine Mittel-Zweck-Relation, d.h., der Laut ist nur um seiner Bedeutung willen Wort. Damit besteht zwischen ihnen ein einseitiges Abhängigkeitsverhältnis. Der Laut empfängt die Macht des Wortes von der Bedeutung her, aus sich selbst ist er ohnmächtig. Dieses Verhältnis erklärt die Tatsache, daß man aus dem wahrgenommenen Laut die in ihm verborgene Bedeutung nicht lernen kann. Vielmehr muß man sie immer schon kennen, um im Laut das Wort verstehen zu können.

Doch was ist die Bedeutung, die im Laut verborgen liegt und diesen zum Wort erhebt? Sie kann nicht die Sache selbst sein, die durch das Wort bezeichnet wird. Andernfalls würde mit dem Wort 'Löwe' tatsächlich dem Munde ein Raubtier entspringen. Die Bedeutung eines Wortes ist das gleiche wie die Erkenntnis der durch es bezeichneten Sache - cognitio rei[85]; sie enthält das Wissen, was die Sache sei - z.B. quid sit ambulare. Die Bedeutung ist also das, was man wissen muß, bevor man eine Lautform als Wort verstehen und als Wort gebrauchen kann. Die Parallelen zum stoischen λεκτόν und zum dicibile von 'De dialectica', Kap. 5 sind unübersehbar.

Augustin spricht diese Gleichsetzung zwischen der Bedeutung eines Wortes und der Erkenntnis der durch es bezeichneten Sache in 'De magistro' noch nicht direkt aus[86]. Sie läßt sich aber aus seiner langen Erörterung möglicher Zweck-Mittel-Relationen zwischen den vier Begriffen nomen, res, cognitio nominis und cognitio rei entnehmen[87]. Diese Erörterung wird von Augustin unvermittelt begonnen, und ihr Grund bliebe schwer ersichtlich, wenn man in ihr nicht den Versuch sähe, jene Gleichsetzung vorzubereiten. Ihr Gewicht wird zudem dadurch unterstrichen, daß Augustin sie mit einer Behauptung eröffnet, die er aufgrund eines Einwands von Adeodat ausdrücklich widerrufen muß: Proinde intellegas uolo res, quae significantur pluris quam signa esse pendendas. (Es folgt der Einwand Adeodats, daraufhin Augustin:) Vigilantissime omnino. Itaque falsum est omnes res pluris quam earum signa esse pendendas[88].

Es besteht also keine Zweck-Mittel-Relation, kein Abhängigkeitsverhältnis zwischen dem Wort und der durch es bezeichneten Sache. Die Untersuchung der übrigen Relationen führt nur zu einem einzigen, für den Untersuchungszweck allerdings hinreichenden, positiven Ergebnis: Satis habeo quod effectum est, cognitionem rerum quae significantur ... signis esse potiorem[89]. Das gefundene Abhängigkeitsverhältnis zwischen signum und cognitio rei ist identisch mit dem zwischen sonus und significatio. Beide werden übrigens nur am Beispiel von Wörtern dargestellt - andere Beispiele sind auch nicht möglich, denn nicht-sprachliche Zeichen haben keine Bedeutung, sie bezeichnen unmittelbar. Daraus ergibt sich auch, daß die eine Frage, was ein Wort bedeute, und die andere Frage, was eine Sache sei, durchaus gleichwertig sind. Beide fragen nach dem totum quid sit res (vgl. VI) oder nach dem, was dem Geist gegenwärtig ist, wenn er eine Sache weiß oder ein Wort versteht.

Diese Gleichsetzung der Bedeutung eines Wortes mit der Erkenntnis einer Sache bildet den Angelpunkt der augustinischen Argumentation in 'De magistro'. Sie stellt das Problem des Lernens auf eine neue Grundlage, ohne jedoch sogleich einen Weg für seine Lösung aufzuzeigen. Das Mitteilen von Gedanken durch sprachliche Zeichen - docere im weiteren Sinne des Wortes - ist scharf unterschieden vom ursprünglichen Lehren und Lernen - docere im engeren Sinne des Wortes. Es setzt die cognitio rerum, bzw. die significatio uerborum als schon bekannt voraus. Das Problem des Lernens ist damit zunächst einmal von den Wörtern auf die Sachen verlagert. Augustin fragt daher weiter, ob und wie man durch nicht-sprachliche Zeichen, die unmittelbar auf die durch sie bezeichneten Sachen verweisen, oder durch die Sachen selbst ohne Zeichen lernen könne, quid sit res.

Eine erste und vorläufige Erörterung dieser beiden Fragen findet sich gleich zu Anfang des Dialogs[90]. Hier werden die nicht-sprachlichen Zeichen unterteilt in hinweisende und nachahmende Zeichen. Die Untersuchung der ersten Art führt rasch zu dem Ergebnis, daß nur wenige Dinge überhaupt in Frage kommen als Fälle für etwas, das durch hinweisende Zeichen gezeigt werden kann. Sehr viel später wird das Problem des Lernens durch solche Zeichen wieder aufgegriffen und dieses Mal durch eine einzige Bemerkung erledigt: Hinweisende Zeichen, der Fingerzeig ebenso wie das Wort ecce, sind nicht Zeichen für die Dinge, auf die durch sie hingewiesen wird, sondern Zeichen für das Zeigen selbst (ipsius demonstrationis signum[91]). Es ist selbstverständlich, daß man von vielen verschiedenen Dingen nicht durch ein und dasselbe Zeichen lernen kann, was sie sind. Auch das Problem des Lernens durch nachahmende Zeichen (z.B. Pantomime) wird in dem genannten frühen Abschnitt kurz berührt[92], dann aber rasch in das Problem des Lernens durch die Sachen selbst überführt. Wenn sich nämlich erweist, daß dieses unmöglich ist, ist zugleich jenes als unmöglich erwiesen, es bedarf also keiner eigenen Erörterung. Und tatsächlich zeigt schon die vorläufige Erörterung dieses Problems[93], daß zumindest sehr restriktive Bedingungen erfüllt sein müssen, bevor man überhaupt etwas findet, das vielleicht durch sich selbst und ohne Zeichen gelehrt oder gelernt werden kann.

Doch bedarf diese Frage - die dritte nach der Disposition von Kap. 4, 7 - noch einer eingehenden Untersuchung. Sie wird deshalb in Kap. 10 wieder aufgenommen und nun ausführlich diskutiert. Am Beispiel der Kunst des Vogelstellers[94] macht Augustin auf überraschende Weise deutlich, daß man durch das Vorführen der Sachen selbst (res agere) zwar vielerlei zeigen kann (monstrare), niemals aber das, was die Sache ist, d.h. die cognitio rei bzw. die significatio uerbi lehren oder lernen kann.

Als mögliches Beispiel für eine Sache, die, wenn einer fragt, was sie sei, durch sich selbst gezeigt werden kann, dient die Sache, die durch das Wort ambulare bezeichnet wird. Bei der ersten Erörterung dieses Falles[95] taucht die Schwierigkeit auf, die Intension der Bedeutung von ambulare durch das Tun der

Sache selbst so zu erklären, daß ambulare z.B. von festinare unterschieden werden kann. Es zeigt sich, daß die qualitative Bestimmung der Sache durch ihre Vorführung kaum deutlich abgegrenzt werden kann. Bei der zweiten Erörterung verweist Augustin auf das entsprechende quantitative Problem. Wie kann ich vermeiden, so fragt er, daß der, der mich nach der Bedeutung von ambulare fragt, nicht id tantum putet esse ambulare quantum ego ambulauero[96)]; wie sicherstellen, daß er versteht, daß es sich auch noch um ambulare handelt, wenn ein anderer plus minusue quam ego ambulauerit[97)]? Keine Vorführung der Sache kann die Extension ihrer Bedeutung, in Augustins Worten: das totum quid sit ambulare[98)] zeigen. Und das, so generalisiert Augustin, gilt nicht nur für ambulare, sondern transit in omnia, quae sine signo monstrari posse consenseram[99)].

Skeptischer als die Skeptiker, denen dieses Problembewußtsein einfach fehlt, sieht Augustin ein, daß wir die Bedeutung eines Wortes oder das Wissen, was etwas sei, weder durch Zeigen noch durch Vorführen der im Wort bezeichneten und im Wissen erkannten Sache selbst lehren oder lernen können, wenigstens nicht durch das Zeigen oder Vorführen der Sache allein. Und selbst wenn man es könnte, wäre für das Lehren und Lernen der vielen Sachen, die gar nicht gezeigt oder vorgeführt werden können, insbesondere für alle unkörperlichen Gegenstände, noch nicht viel gewonnen.

Zunächst hatte sich ergeben, daß man durch Wörter nichts als Wörter lernt, da man Wörter nur durch Wörter erklären kann - Uerbis igitur nisi uerba non discimus[100)]. Das führte zu der Einsicht, daß ursprüngliche Erkenntnis, und zwar letztlich auch die Erkenntnis von Wörtern selbst, durch Wörter allein nicht zu gewinnen ist. Nun aber zeigt sich - gegen den Optimismus der skeptischen Empiriker -, daß auch die Gegenwart sinnlicher Gegenstände allein niemals wahre Erkenntnis bewirken kann, sondern bestenfalls zu tierisch bewußtloser Erfahrung führt. Es scheint unbegreiflich bleiben zu müssen, wie wir etwas als etwas wahrhaft lehren oder lernen können.

VI

Die lange Diskussion über Wörter als Zeichen hat jedoch auch ein positives Ergebnis, das nicht verschwiegen werden soll. Was anfangs nur vorsichtig als ein möglicher Nebenzweck des Redens von Augustin eingebracht wurde, commemoratio, das Vergegenwärtigen und Mitteilen von Dingen, die wir bereits wissen, erweist sich als die eigentliche Leistung und der Hauptzweck des Redens. Das Wort, wie es hier in die Betrachtung aufgenommen wurde, ist eben ein Zeichen. Das Besondere dieses Zeichens besteht darin, daß es das, was es bezeichnet, nicht unmittelbar, sondern nur kraft seiner Bedeutung zu zeigen vermag. Es hört aber damit nicht auf, ein Zeichen zu sein. Man kann und muß wissen, wofür es steht. Dann ist es ein nützliches Instrument, das seinen Zweck zu erfüllen in der Lage ist. Es trägt auf seine Weise dazu bei, die Ökonomie des menschlichen Zusammenlebens zu erleichtern, wie das andere Instrumente auf ihre Weise auch tun[101)]. Eine sprachtheoretische Analyse der verschiedenen Wortarten gründet sich auf das Wissen von der Bedeutung der einzelnen Wörter. Sie ist nichts anderes als die Analyse dieses Wissens. Folglich kann sie zwar niemals erklären, wie das Wissen entsteht. Sie kann aber beschreiben, nach welchen Regeln die äußere Darstellung und Mitteilung des Wissens geschieht. Wörter sind, nach dieser Sprachansicht, Gefäße für Bedeutungen oder Wissen[102)]. Zur Bildung ihres verborgenen Inhalts können und dürfen sie nichts beitragen, ihre Präsentation aber erinnert denjenigen, der sie versteht, an etwas, das er weiß.

Aber auch diese beiden Ergebnisse zusammengenommen, das positive und das negative, erschöpfen noch nicht den gesamten Ertrag der augustinischen Sprachtheorie, wie sie in 'De magistro' entwickelt wird. Zwar können Wörter nichts Unbekanntes lehren, aber sie können doch mehr, als nur an schon Bekanntes erinnern. Denn ein Zeichen als solches weist, auch wenn man nicht weiß, was es bedeutet, über sich selbst hinaus. Es hat, als Zeichen überhaupt, Aufforderungscharakter. Augustin verwendet dafür den Terminus admonitio, Ermahnung: Hactenus uerba ualuerunt, quibus ut plurimum tribuam, admonent tantum, ut quaeramus res, non exhibent, ut norimus[103]. Noch deutlicher alle bisherigen Überlegungen über die Macht der Wörter zusammenfassend, sagt er kurz darauf: Verissima quippe ratio est et uerissime dicitur, cum uerba proferuntur, aut scire nos quid significent aut nescire; si scimus, commemorari potius quam discere; si autem nescimus, nec commemorari quidem, sed fortasse ad quaerendum admoneri[104].

Obwohl die terminologische Unterscheidung zwischen commemorare und admonere hier mit aller wünschenswerten Deutlichkeit ausgesprochen wird, hat man sie gewöhnlich übersehen[105]. Diese Tatsache hat ein fundamentum in litteris - Augustin selbst hält sich nicht immer daran. Besonders in Texten, in denen er nur den einen oder den anderen Zweck der Rede im Blick hat, kommt es vor, daß er für erinnern und für ermahnen sowohl commemorare wie admonere verwendet[106]. Nach der hermeneutischen Regel jedoch, daß starke Stellen nicht von schwachen Stellen her zu interpretieren sind, können diese anderen Fälle die explizite Unterscheidung in 'De magistro' nicht zweifelhaft machen. Auch hat man versucht, mit Hilfe des fortasse im letzten Zitat die Selbständigkeit der admonitio hinwegzudeuten und zu folgern, daß für Augustin "jedes menschliche Reden im Prinzip entbehrlich" sei[107]. Doch läßt der Kontext dieser Stelle keinen Zweifel darüber, daß das fortasse keine allgemein abschwächende, sondern eine spezifisch einschränkende Bedeutung hat. Es bezieht sich nämlich zurück auf die zwei Sätze zuvor formulierte und ebenso wichtige Einsicht, daß erst Rebus cognitis uerborum quoque cognitio perficitur[108]. Denn wenn wir ein Wort hören, dessen Bedeutung wir nicht kennen, ist auch nicht gewährleistet, daß wir es überhaupt als Zeichen verstehen und nicht als bedeutungslosen Laut übergehen[109]. Und selbstverständlich enthält das unbekannte Wort nur unter der Voraussetzung, daß wir es als Zeichen verstehen, die Aufforderung, die durch es bezeichnete Sache zu suchen. Das gilt nach Augustin übrigens nicht nur für Wörter, sondern für Zeichen im allgemeinen; und in diesem Sinn können alle sinnlichen Dinge als Zeichen verstanden werden. Zumindest verweisen sie alle, wie Augustin an anderer Stelle sagt, auf Gott als ihren Schöpfer - für den, der sie als solche zu sehen bereit und in der Lage ist[110].

Wörter oder allgemein Zeichen sind also für das Lehren und Lernen keineswegs entbehrlich. Wenigstens nicht für uns. Für die gefallene Kreatur sind Zeichen vielmehr der einzig mögliche, wenn auch nur mittelbare und in sich selbst unzulängliche Weg zur Wahrheit. Die admonitio ueritatis - der Aufruf zur Wahrheit - geschieht notwendig, wie Augustin an anderer Stelle ausdrücklich betont, durch sinnliche Zeichen: necessitate per hos oculos et per has aures de ipsa Veritate admonemur[111].

VII

Doch das Problem des Lernens ist damit noch immer nicht gelöst. Nachdem zunächst festgestellt wurde, daß wir durch Zeichen nichts Unbekanntes lehren oder lernen können, wurde diese Feststellung bisher nur dahingehend präzisiert, daß Zeichen für uns zwar keine hinreichende, aber doch eine notwendige Bedingung für das Lernen darstellen. Zum Abschluß soll wenigstens noch angedeutet werden, wie Augustin das Problem des Lernens auf völlig neue Weise stellt. Es wird nach dem bisher Dargelegten kaum überraschen, daß er zu diesem Zweck die Grenzen der Sprachtheorie überschreiten muß.

Zur Erläuterung ist eine weitere geläufige Unterscheidung vorauszuschicken. Augustin teilt die Gesamtheit der Gegenstände (res) in Hinblick auf unser Wissen von ihnen ein in wahrnehmbare (sensibilia) und erkennbare (intellegibilia)[112]. Alle Bedeutungen als solche (λεκτά/ dicibilia) sind intellegibilia. Das ist Gemeingut, zumindest in der platonischen Tradition. Daraus folgt aber, daß, was die sinnlich wahrnehmbaren Gegenstände betrifft, das einzelne Ding (res sensibilis) und die allgemeine Bedeutung oder das, was im Wort gewußt wird, immer auseinanderfallen. Nicht nur ihr ontologischer Status ist verschieden - das Ding ist körperlich und veränderlich, die Bedeutung unkörperlich und unveränderlich -, sondern auch inhaltlich decken sie sich niemals. Denn die Bedeutung einer res sensibilis hat Extension, unter sie fällt eine unbestimmte Anzahl von verschiedenen sensibilia, die dadurch voneinander verschieden sind, daß sie jeweils reichere Bestimmungen enthalten als das Wort, durch das sie bezeichnet werden.

Um das Problem des Lehrens und Lernens von etwas als etwas neu zu formulieren, argumentiert Augustin mit Hilfe dieser Unterscheidung folgendermaßen: Beim Hören eines Wortes soll die Aufmerksamkeit des Geistes mittels der Sinne - des äußeren Auges der Seele - auf solche Dinge gelenkt werden, die unter dieses Wort fallen. Solche Dinge kann man zeigen, auch wenn einer das Wort, das sie bezeichnet, noch nicht versteht. Daß durch solches Zeigen allein nicht gelehrt werden kann, was die Sache sei, ist zuvor am Beispiel von ambulare überzeugend dargelegt worden. Nachdem das Problembewußtsein des Schülers bis zu diesem Punkt geschärft worden ist, fällt es dem Lehrer "leicht", die entscheidende Bedingung "hinzuzufügen", die, wenn sie erfüllt ist, die Kluft zwischen dem einzelnen Ding, das gezeigt werden kann, und der allgemeinen Bedeutung, die gelernt werden soll, zu schließen vermag: Facile est hac cura te exuere. Addo enim, si ille intellegens esset[113]. Wenn nur der, dem man etwas zeigt, "vernünftig" ist, dann kann er anhand einzelner Hinweise erkennen, was die Sache ist, und die Bedeutung ihres Namens verstehen. Es genügt schon, wie Adeodat sofort einsieht, eine sehr unvollkommene Darstellung, damit die Vernunft die "ganze Sache", die dargestellt wird, erkennen kann: si enim sit bene intellegens, paucis passibus ambulatione monstrata totum quid sit ambulare cognoscet[114]. Das Lernen kann also durch die sinnliche Gegenwart von Dingen zwar veranlaßt, muß aber durch die Vernunft, die sich diesen Dingen zuwendet, bewirkt werden.

Es ist sofort klar, daß diese Art zu lernen bei den intellegibilia nicht ohne weiteres möglich ist. Denn ihnen fehlt die sinnliche Gegenwart in den Dingen. Doch der Aufforderungscharakter der Wörter bleibt überall derselbe. Beim Hören eines Wortes für eine res intellegibilis soll die Aufmerksamkeit des Geistes - ohne weitere Einschaltung der Sinne, die hierzu nutzlos sind, vielmehr mittels des inneren Auges der Seele, wie Augustin sich gern ausdrückt - darauf gelenkt werden, den durch das Wort bezeichneten Gegenstand innerlich zu schauen. Diese innere Schau dessen, was etwas ist, oder der allgemeinen Natur des Gegenstandes ist nichts anderes als der Akt der intellegentia selbst, der sich für das Verstehen eines jeden Wortes als konstitutiv erwiesen hat[115]. Es fragt sich nur, was der Geist dort innen sieht. Weder können es Fälle einer res intellegibilis sein, denn sie hat keine Extension, noch diese res selbst, denn sie ist nicht im Geist[116]. Was er sieht, ist vielmehr, wie Augustin später präzisiert[117], ein inneres, unsinnliches, eben intelligibles 'Bild'. Von der Sache her betrachtet ist es als deren Begriff, vom Wort her betrachtet als dessen Bedeutung zu verstehen. Ein solches aller möglichen Verlautbarung in irgendeiner menschlichen Sprache vorhergehend gedachtes 'Bild' nennt Augustin nun in übertragenem Sinn uerbum - das eine innere Wort der Sache im Unterschied zu den vielen möglichen äußeren Wörtern für dieselbe Sache. Die offensichtliche Rangordnung innerhalb der Unterscheidung zwischen innerem Wort und äußeren Wörtern führt zu einer Umkehrung des ursprünglichen Übertragungsverhältnisses: Das innere Wort des Geistes, das keiner besonderen Sprache angehört und lautlos bleibt, erscheint als das eigentliche Wort, dem, wie es heißt, magis competit nomen uerbi[118)] als den in Laute gekleideten Wörtern der menschlichen Rede. Dieses innere Wort ist nicht mehr Zeichen, denn es ist weder sinnlich wahrnehmbar noch konventionell austauschbar, vielmehr ist es unmittelbares Abbild (imago und simillimum rei), das seinen Gegenstand auf natürliche Weise und vollständig darstellt; es ist aus dem Wissen geboren[119)].

Zum Verständnis des inneren Wortes bedarf es keines induktiven Sprungs wie zum Verständnis der äußeren Wörter. Insofern das Lernen gerade den problematischen Übergang vom Bekannten (dem Zeichen) zum Unbekannten (dem Bezeichneten) betraf, ist das Problem des Lernens hier also dadurch aufgehoben, daß die Trennung beider Seiten aufgehoben ist. Es stellt sich aber neu als die Frage nach einem Zugang zum intelligiblen Bild der Sache oder zum inneren Wort, das im 'Schatzhaus' der memoria verborgen liegt[120)] und nicht weniger der admonitio bedarf als die Erkenntnis der sinnlich wahrnehmbaren Dinge. Durch die Einführung des Begriffs des inneren Wortes ist der Weg angezeigt, auf welchem Augustin das neu formulierte Problem des Lehrens und Lernens, insbesondere der res intellegibiles, zu lösen versucht: Es findet eine Erklärung durch den Glauben an die göttliche Offenbarung des Wortes. Christus, die Wahrheit selbst, ist zugleich der Lehrer der Wahrheit, der im Inneren der

Seele zu uns spricht und jeden so viel wissen läßt, wie er zu fassen bereit und in der Lage ist[121].

In 'De magistro' wird diese Lehre als die Lösung der aufgezeigten Aporien des vorausgesetzten Sprachbegriffs knapp und ohne Diskussion vorgetragen. Gezeigt ist vorläufig nur, aber immerhin, daß die allgemein verbreitete Ansicht, man wolle nicht nur, sondern könne auch, sei es durch Zeichen oder durch die Sachen selbst, lehren oder lernen, was etwas sei, nicht mehr zu halten ist.

Anmerkungen

1) Z.B. J. Engels, La doctrine du signe chez saint Augustin, Studia Patristica VI (1959), Berlin 1962, 366-373; B. D. Jackson, The Theory of Signs in St. Augustine's 'De doctrina christiana', Revue des études Augustiniennes (=REA) 15, 1969, 9-49; R. Simone, Sémiologie augustinienne, Semiotica 6, 1972, 1-31.

2) Z.B. V. Warnach, Erleuchtung und Einsprechung bei Augustin, Augustinus Magister, Paris 1954, 429-450; A. Schindler, Wort und Analogie in Augustins Trinitätslehre, Tübingen 1965; W. Beierwaltes, Zu Augustins Metaphysik der Sprache, Augustinian Studies 2, 1971, 179-195.

3) Z.B. J. Pinborg, Das Sprachdenken der Stoa und Augustins Dialektik, Classica et Mediaevalia 23, 1962, 148-177; J. Pépin, Saint Augustin et la Dialectique, Villanova 1976; H. Ruef, Augustin über Semiotik und Sprache. Sprachtheoretische Analysen zu Augustins Schrift 'De Dialectica', Bern 1981.

4) Retract. I 12 (11); vgl. auch G. Madec, Bibliothèque Augustinienne (=BA) 6, 31.

5) Vgl. die Hinweise bei J. Morán, La teoría de la "admonición" en los Diálogos de san Agustin, Augustinus 13, 1968, 257-271, S. 258 Anm. 7; E. Coseriu, Die Geschichte der Sprachphilosophie von der Antike bis zur Gegenwart 1, 2. Aufl., 1975, 123 bestätigt diese Feststellung.

6) A. Mandouze, Quelques principes de "linguistique augustinienne" dans le 'De magistro', Forma Futuri, Torino 1975, 789-795, S. 789.

7) Vgl. R. A. Markus, St. Augustin on Signs, Phronesis 2, 1957, 60-83, S. 60. 69f.; ähnlich auch R. Haller, Untersuchungen zum Bedeutungsproblem in der antiken und mittelalterlichen Philosophie, Archiv für Begriffsgeschichte 7, 1962, 57-119, S. 89.

8) So nach K. Flasch, Augustin, Stuttgart 1980, 121.

9) Dieser Ausdruck nach M. Foucault, L'archéologie du savoir, Paris 1969, 195. Zur Kompositionskunst Augustins, die nur einem rhetorisch ungebildeten modernen Leser Schwierigkeiten bereitet, vgl. H. Marrou, Saint Augustin et la fin de la culture antique, Paris, 4. Aufl., 1958, retract. XIII, 665-672.

10) Vgl. G. Madec, Analyse du 'De magistro', REA 21, 1975, 63-71; Introduction (au texte du 'De magistro'), BA 6, 3. Aufl., 1976, 16-21.

11) BA 6, 539.

12) REA 21, 65 = BA 6, 20.

13) REA 21, 71; vgl. BA 6, 32f. In dieser Form der Argumentation ist 'De magistro' übrigens dem Platonischen 'Kratylos' sehr ähnlich.

14) De magistro (=mag.) 8, 21, Z 20, zit. nach Aurelii Augustini opera, Corpus Christianorum, series Latina (CCL) 29, 1970.

15) ebd.

16) Vgl. Confessiones V 3, 3.

17) mag. 1, 1, Z 3f.: Was, meinst du, wollen wir bewirken, wenn wir sprechen?

18) a.O., Z 5.

19) Bedenken dieser Art äußert auch G. Madec, BA 6, 539.

20) Auch inhaltlich zeigen sich also Ähnlichkeiten mit dem Platonischen 'Kratylos'.

21) Zur Mehrdeutigkeit von 'docere' vgl. Mandouze, a.O. (6) 793 mit Anm. 33; Madec, BA 6, 535f.

22) So Coseriu, a.O. (5) 140.

23) mag. 1, 1, Z 20-25.

24) mag. 14, 46, Z 40-43: uerumtamen huic orationi tuae, ... ob hoc habeo maxime gratiam, quod omnia, quae contradicere paratus eram, praeoccupauit atque dissoluit, nihilque omnino abs te derelictum est, quod me dubium faciebat ...

25) mag. 1, 1, Z 17.

26) mag. 1, 2, Z 57.

27) mag. 1, 2, Z 73.

28) Vgl. dazu und zum folgenden: Historisches Wörterbuch der Philosophie, hg. J. Ritter, 6, 1983, s.v. "Name I".

29) Vgl. Aristoteles, Soph. Elen. 1, 165a13f.; Met. IV 4, 1006a29 - 1007b18; dazu E. Coseriu: 'τὸ ἓν σημαίνειν'. Bedeutung und Bezeichnung bei Aristoteles, Zs. f. Phonetik, Sprachwiss. u. Kommunikationsforschung 32, 1979, 432-437.

30) Vgl. Platon, Kratylos, 389d bzw. 394c u.v.a.

31) Vgl. Aristoteles, Poetik 20, 1456b22.

32) Vgl. Platon, Kratylos, 424b-c; Aristoteles, Poetik 20, 1456b22. 34; beide mit ausdrücklichem Hinweis auf die Metrik.

33) nach Galen, vgl. SVF II, 45, Z 8. 11; zur stoischen Unterscheidung von λέξις und λόγος vgl. auch Haller, a.O. (7) 81f.

34) Vgl. Apollonios Dyskolos, De constructione A 2, hg. G. Uhlig, Grammatici Graeci II 2, Leipzig 1910, 2f.

35) Solche bedeutungslosen Wörter sind seit der Stoa geläufig (βλίτυρι, vgl. DL 7, 57; SVF II, 45, Z 12).

36) Scholia in Dionysii Thracis Artem Grammaticam, hg. A. Hilgard, Grammatici Graeci I 3, Leipzig 1901, 212, Z 8f.

37) mag. 2, 3, Z 21-48. Vgl. dazu U. Duchrow, Sprachverständnis und biblisches Hören bei Augustin, Tübingen 1965, 89ff., mit weiteren Verweisen S. 89 Anm. 1.

38) mag. 2, 3, Z 1: Es steht also für uns fest, daß die Wörter Zeichen sind.

39) a.O., Z 3f.: Kann ein Zeichen Zeichen sein, wenn es nichts bezeichnet (bedeutet)?

40) Markus, a.O. (7) 65: "At any rate, whatever the reasons, words are for Augustine, signs p a r e x c e l l e n c e, and his theory of signs is meant to be, from the start, a theory of language as well as of other types of sign." Auf diese Feststellung beziehen sich z.B. Simone, a.O. (1) 11 und Ruef, a.O. (3) 87f.; eher kritisch Duchrow, a.O. (37) 50f. 121f. und Jackson, a.O. (1) 48f.

41) Vor Markus bereits K. Kuypers, Der Zeichen- und Wortbegriff im Denken Augustins, Amsterdam 1934, 10-17.

42) Vgl. Jackson, a.O. (1) 31.

43) mag. 4, 7, Z 4f.

44) mag. 2, 3, Z 13.

45) Die vorläufige Erörterung dieser Schwierigkeiten erstreckt sich von Kap. 2, 3 bis 3, 6.

46) mag. 4, 7, Z 7-10. 12.

47) Zum Problem der Interpretation der Unterscheidung von signa naturalia und signa data im Blick auf ihre Vorgeschichte vgl. Engels, a.O. (1). Die beiden Termini finden sich erst in 'De doctrina christiana' II 1, 2, Z 12 (CCL 32). In 'De magistro' wird die Unterscheidung nicht thematisiert, da es hier nur um das Lehren von etwas durch signa data geht. Sie ist gleichwohl vorausgesetzt, insofern neben diesen Zeichen auch andere eingeräumt werden (z.B. mag. 4, 9, Z 122-128).

48) mag. 4, 8, Z 35f. Diese traditionsreiche Formulierung wird häufig wiederholt, vgl. 4, 10, Z 143f.; 5, 11, Z 23f.; 5, 12, Z 32f.; 7, 20, Z 60f.

49) Ausdrücklich hervorgehoben in 'De doctrina christiana' II 3, 4, Z 14-23 (CCL 32); vgl. mag. 4, 7, Z 14-27.

50) mag. 4, 8, Z 54.

51) Coseriu, a.O. (5) 126-134 weist nachdrücklich auf die Wichtigkeit dieser Unterscheidung hin, streicht in seiner Dar-

stellung aber eher das heraus, was aus moderner Sicht an ihr zu kritisieren ist.

52) Augustin vermeidet trockene Schematisierungen dieser Art. Was hier als erster, zweiter und dritter Schritt deutlich unterschieden wird, ergibt sich aus der Analyse der Abschnitte 4, 10 - 5, 11 und der entsprechenden Zusammenfassung in Abschnitt 7, 20, in denen die Beispiele animal, signum, uerbum und coniunctio gemeinsam auf ihre Reflexivität hin befragt werden.

53) Vgl. mag. 5, 12 - 5, 16.

54) Im Gegenteil; zuvor war eine andere Behauptung aufgestellt und akzeptiert worden: omnia nomina uerba <sunt>, non autem omnia uerba nomina <sunt> (mag. 4, 7, Z 109; vgl. 5, 11, Z 24f.). Die Schwierigkeit hängt mit der Doppeldeutigkeit von uerbum und von nomen zusammen: generaliter stehen beide für 'Wort', specialiter bezeichnen sie jeweils eine andere Wortart (vgl. mag. 6, 18, Z 39f.).

55) Vgl. mag. 5, 12.

56) Vgl. mag. 5, 13-16.

57) Vgl. mag. 6, 17-18; zit. aus der Zusammenfassung in 7, 20, Z 78f. (statt significare findet sich häufiger valere, daher die Übersetzung 'erfassen').

58) Vgl. mag. 6, 18, Z 44f.

59) mag. 7, 20, Z 79f.: Was die Wörter betrifft, die sich nur durch den Klang der Laute unterscheiden, so haben wir nomen und ὄνομα gefunden.- Der Artikel "Name I", a.O. (28), macht deutlich, auf welch komplexe Weise gerade diese beiden Termini aus der Sicht des Historikers zu differenzieren sind.

60) Vgl. mag. 4, 7 - 7, 20.

61) Wohl nicht zuletzt deshalb bittet Augustin seinen Sohn an dieser Stelle um Verzeihung für den scheinbar unnützen Gang durch die Grammatik, den er rückblickend nur noch als intellektuelle Gymnastik rechtfertigen zu können glaubt (mag. 8, 21, Z 19ff.).

62) nach A. Gellius, SVF II, 45, Z 29f.

63) 'De dialectica' 9, hg. B. D. Jackson, Dordrecht/Boston 1975, 106: Deshalb haben die Dialektiker völlig zurecht gesagt, daß jedes Wort doppeldeutig sei.

64) Vgl. SVF II, 46, Z 10ff.; dazu J. Pinborg, Classical Antiquity. Greece, Current Trends in Linguistics, hg. Th. A. Sebeok, 13, Den Haag 1975, 81.

65) Augustins Beispiel ist die Frage, *utrum homo homo sit* (mag. 8, 22, Z 27), die nur dann überhaupt als eine Frage verstanden werden kann, wenn fraglos angenommen wird, daß zumindest die Teile *utrum ... sit* in direkter Bedeutung gemeint sind.

66) mag. 8, 22, Z 72ff.: Ein Gespräch zwischen uns ist ganz unmöglich, wenn nicht der Geist, indem er die Wörter hört, zu den Dingen geführt wird, deren Zeichen die Wörter sind.

67) mag. 8, 24, Z 150. Die Erörterung dieses Problems füllt das ganze Kap. 8 (8, 22-24). Dieselbe Einsicht liegt der Unterscheidung zwischen der *prima* und der *secunda impositio* der Namen zugrunde, die, vermutlich stoischen Ursprungs und erstmals bei Porphyrios greifbar (In Arist. cat. comm., hg. A. Busse, Berlin 1887, 57), von Boethius (In cat. Arist., MPL 64, 159 C) dem lateinischen Mittelalter überliefert wird und in der scholastischen Logik besondere Bedeutung gewinnt (vgl. L. Hickman, Impositio prima/secunda, Histor. Wörterb. der Philos. 4, 1976, 269f.).

68) Zur Ähnlichkeit der Zeichenbegriffe Augustins und der Skeptiker vgl. Kuypers, a.O. (41) 11f.; Markus, a.O. (7) 62ff.; U. Duchrow, "Signum" und "superbia" beim jungen Augustin (386-390), REA 7, 1961, 369f.; ders., a.O. (37) 70f.; kritisch dagegen R. Lorenz, Die Wissenschaftslehre Augustins, Zs. f. Kirchengesch. 67, 1955/56, 229f.- Zur Darstellung der skeptischen Zeichenlehre im Zusammenhang mit der der Stoiker und der Epikureer vgl. Ph. De Lacy, The Logical Controversies of the Stoics, Epicureans, and Sceptics, in: Philodemos, On methods of inference, Napoli 1978, 206-230.

69) Sextus fragt, ob διδασκαλία bzw. μάθεσις möglich sei: vgl. Pyrron. hypotyp. III 253-269; adv. math. I 1-40.

70) Die Hauptargumente des Sextus verkürzt zusammengestellt nach math. I 36ff. und hyp. III 266ff.

71) Zur Lehre von den Zeichen vgl. hyp. II 97-133; adv. log. II 141-299; die beiden Zeichenarten unterschieden in hyp. II 99; log. II 151.

72) hyp. II 100: εἰς ὑπόμνησιν; log. II 143: πρὸς ἀνανέωσιν.

73) math. I 37; vgl. die Formulierungen hyp. II 101 und bes. log. II 154f., zit. unten (vor. Anm. 82).

74) mag. 10, 33, Z 115ff.: Wenn ich bei einem Zeichen, das mir gegeben wird, nicht weiß, wovon es ein Zeichen ist, kann es mich nichts lehren; weiß ich es aber, was lerne ich dann durch das Zeichen?

75) Vgl. log. II 157; hyp. II 102.

76) math. I 23: ... ἀλλ' ἔστι ταῦτα τῶν ἀδιδάκτων καὶ φυσικῶς ἡμῖν προσόντων.

77) hyp. II 97: τῶν πραγμάτων ... πρόδηλα μὲν εἶναι φασι τὰ ἐξ ἑαυτῶν εἰς γνῶσιν ἡμῖν ἐρχόμενα, οἷόν ἐστι τὸ ἡμέραν εἶναι; vgl. log. II 141: πρόδηλα μὲν τὰ αὐτόθεν ὑποπίπτοντα ...; vgl. a.O. 144. 316.

78) Die Argumentation bei Sextus gründet auf der Vernachlässigung dieses Unterschieds. Als Beispiele für Fälle von ἐναργείᾳ oder πράγματα πρόδηλα nennt er stets Sachverhalte, die als solche gerade nicht sinnlich gegeben sein können: ἡμέρα ἔστι; τοῦτ' ἄνθρωπός ἐστι; τὸ ἐμὲ διαλέγεσθαι. (hyp. II 97; log. II 144. 316).

79) math. I 19f.

80) mag. 10, 34, Z 155f.

81) Man muß betonen: seiner, nicht unserer Natur nach. Denn das skeptische φύσει ἄδηλον bezeichnet körperliche, mithin an sich wahrnehmbare Dinge, die nur zu klein oder zu fein sind, als daß unsere Wahrnehmungsorgane in der Lage wären, sie zu erfassen. Als Beispiele dienen gewöhnlich die in den Medizinerschulen umstrittenen νοητοὶ πόροι (vgl. hyp. II 97f.; log. II 145f.).

82) hyp. II 101; ganz ähnlich, aber noch schärfer log. II 154.

83) math. I 20. 24.

84) mag. 10, 34, Z 142. Das Verhältnis von sonus und significatio erörtert Augustin in Analogie zum Verhältnis zwischen Leib und Seele schon früher einmal in 'De quantitate animae' 32, 66ff.; dazu Kuypers, a.O. (41) 17.

85) In dem erwähnten Abschnitt von De quant. an. heißt es auch: notio ejus, quam cogitatione ante uocem tenes (33, 65).

86) Erst in 'De Trinitate' findet sich die ausgereifte Darstellung dieses Verhältnisses in der trinitarischen Analogie zwischen cognitio, uerbum und amor.

87) Diese Erörterung ist Gegenstand des 9. Kap. (mag. 9, 25-28).

88) mag. 9, 25, Z 1f. 14f.: Ferner möchte ich, daß du einsiehst, daß die bezeichneten Sachen höher einzuschätzen sind als die Zeichen ... Höchst aufmerksam! Demnach ist es falsch, daß alle Sachen höher einzuschätzen sind als ihre Zeichen.

89) mag. 9, 28, Z 112ff.: Es genügt mir, was herausgekommen ist, daß die Erkenntnis der bezeichneten Dinge mächtiger als die Zeichen ist. Vgl. mag. 9, 25, Z 31ff. und die Zusammenfassung der Ergebnisse 10, 31, Z 49-52.

90) 3. Kap. (mag. 3, 5-6). Die gemeinsame Behandlung dieser Fragen rechtfertigt sich daraus, daß das Vorführen der Sache (res agere) als Antwort auf die Frage quid sit res auch eher als ein hinweisendes Zeichen denn als die

Sache selbst angesehen werden muß. Augustin macht diesen Zusammenhang deutlich, indem er die möglichen Beispiele für solches Vorführen so sehr einschränkt, daß schließlich nur noch die locutio übrigbleibt, die selbst eine Weise des Zeichengebens ist (vgl. mag. 3, 6, Z 79-83 und 10, 30, Z 43-47).

91) mag. 10, 34, Z 149f.

92) mag. 3, 5, Z 29-35; vgl. den späteren Hinweis mag. 10, 32, Z 108 f.

93) mag. 3, 6.

94) mag. 10, 32, Z 81-90.

95) mag. 3, 6, Z 53-72.

96) mag. 10, 29, Z 12f.: nur so viel für gehen hält, wieviel ich gegangen sein werde.

97) Z 13f.: mehr oder weniger geht als ich.

98) mag. 10, 32, Z 99f.

99) mag. 10, 29, Z 15f.: gilt für alles, wovon ich zugab, daß man es ohne Zeichen zeigen könne.- Zwei zuvor erwogene mögliche Ausnahmen, docere und loqui , werden gesondert abgehandelt (mag. 10, 30); auch für sie gilt dasselbe wie für ambulare.

100) mag. 11, 36, Z 5; vgl. schon 3, 5, Z 3: non possumus respondere nisi uerbis.

101) Schon Aristoteles hatte im ersten Buch der 'Politik' den Zweck der menschlichen Rede in ähnlichem Sinn gedeutet: Die Sprache (λόγος) sei dazu bestimmt, nicht nur das Angenehme und Unangenehme wie bei den Tieren, sondern auch "das Nützliche und Schädliche deutlich kundzutun und so auch das Gerechte und Ungerechte ... Die Gemeinschaftlichkeit solcher Vorstellungen aber ruft das Haus (οἶκος) und den Staat (πόλις) ins Leben" (1253a14ff.).

102) Vgl. z.B. 'Confessiones' I 16, 26; V 6, 10.

103) mag. 11, 36, Z 1ff.: Das Höchste, was ich den Wörtern zuschreiben kann, ist folgendes: Sie fordern uns nur auf, die Sachen zu suchen, präsentieren sie aber nicht so, daß wir sie erkennen.

104) mag. 11, 36, Z 14-18: Die folgende Überlegung ist völlig wahr, und man sagt durchaus richtig: Wenn Wörter geäußert werden, wissen wir entweder, was sie bedeuten, oder wir wissen es nicht. Sofern wir es wissen, beruht das eher auf Erinnerung als auf Belehrung. Sofern wir es aber nicht wissen, fehlt jedenfalls eine Erinnerung, aber vielleicht fühlen wir uns aufgefordert, nach ihrer Bedeutung zu suchen.

105) Vgl. z.B. Kuypers, a.O. (41) 33; Lorenz, a.O. (69) 235; zumeist werden diese beiden Begriffe aber gar nicht in Zusammenhang gebracht. Morán, a.O. (5), der in der "admonición" einen Zentralbegriff des Augustinischen Denkens sieht, spannt das Problem so weit, daß für ihn eine ganze "serie de términos usados por san Agustín para expresar el contenido de esto concepto" (S. 258) darin zusammenfließt. Eine solche Perspektive ist geeignet, die große Bedeutung dieses Gedankens für Augustin aufzuzeigen, terminologische Abgrenzungen innerhalb des Problems aber nivelliert sie eher.

106) Den vielfältig nuancierten Wortgebrauch Augustins im Umfeld dieser beiden Begriffe hat Morán, a.O., sorgfältig registriert.

107) Flasch, a.O. (8) 125.

108) mag. 11, 36, Z 8f.: die Erkenntnis der Sachen auch die Erkenntnis der Wörter vollendet.

109) Z 9f.: uerbis uero auditis nec uerba discuntur; vgl. noch deutlicher 'De Trinitate' X 1, 2.

110) Die Dinge der Schöpfung sind natürliche Zeichen Gottes; dazu vgl. Lorenz, a.O. (68) 230ff. mit Stellenangaben in den Anm. 156-160.

111) De Gen. c. Man. II 20, 30: Notwendigerweise werden wir durch diese Augen und durch diese Ohren von der Wahrheit selbst aufgerufen. Vgl. Conf. X 10, 17; De lib. arb. III 10, 30.

112) Diese Unterscheidung ist nicht zu verwechseln mit der von Sextus referierten Unterscheidung zwischen σώματα αἰσθητά u. σ. νοητά ; stoischerseits entspricht ihr eher das Paar σώματα/ἀσώματα (vgl. a.O. Anm. 81).

113) mag. 10, 32, Z 94f.: Es ist leicht, dir diese Sorge zu nehmen; ich füge nämlich hinzu: vorausgesetzt, daß jener vernünftig ist.

114) Z 98ff.: Wenn er nämlich vernünftig ist, dann wird er, wenn ihm mit wenigen Schritten das Gehen gezeigt worden ist, auch erkennen, was das Gehen im ganzen ist.

115) Vgl. De quant. an. 32, 65: Dic ergo, utrum posses gnarus latinae linguae nominare in loquendo solem, si non intellectus solis praecederet sonum.- Nullo modo possem.

116) Das gilt trotz der gegenteiligen Ausführungen in Conf. X 10, 17. Denn hier ist die Lehre vom inneren Wort und damit die Möglichkeit, Bild und Gegenstand zu unterscheiden, noch nicht entwickelt.

117) Vgl. 'De Trinitate' XV 10, 17 - 16, 26.

118) Trin. XV 11, 20.

119) Trin. XV 12, 22: uerbum simillimum rei notae, de qua gignitur et imago ejus, ... nihil de suo habens, sed totum de illa scientia de qua nascitur.

120) ebd.; vgl. Conf. X 10, 17.

121) Genausoweit gehen die Ausführungen von 'De magistro': De universis autem, quae intellegimus, non loquentem, qui personat foris, sed intus ipsi menti praesidentem consulimus ueritatem, uerbis fortasse ut consulamus admoniti. Ille autem, qui consulitur, docet, qui in interiore homine habitare dictus est Christus, id est incommutabilis dei uirtus atque sempiterna sapientia, quam quidem omnis rationalis anima consulit, sed tantum cuique panditur, quantum capere propter propriam siue malam siue bonam uoluntatem potest (mag. 11, 38, Z 44-51). Vgl. auch 14, 45, Z 8f.: interiorem scilicet illam ueritatem pro uiribus intuentes.

GERHARD ENDRESS

GRAMMATIK UND LOGIK

ARABISCHE PHILOLOGIE UND GRIECHISCHE PHILOSOPHIE IM WIDERSTREIT *

---

* Das Thema des vorliegenden Beitrages habe ich zuerst in meiner Frankfurter Antrittsvorlesung am 12. Mai 1972 behandelt. Eine arabische Fassung erschien unter dem Titel *al-Munāẓara bain al-manṭiq al-falsafī wan-naḥw al-ᶜarabī fī ᶜuṣūr al-ḫulafāᵓ* im Journal for the History of Arabic Science (Maǧallat Tārīḫ al-ᶜUlūm al-ᶜArabīya), Aleppo, Bd 1, 1977. Ich danke dem Herausgeber des vorliegenden Bandes für die Aufnahme der vor einigen Jahren entstandenen, erweiterten Ausarbeitung. Hinzugekommen ist ein Textanhang, der die Debatte zwischen Abū Saᶜīd as-Sīrāfī und Abū Bišr Mattā und die Abhandlung von Yaḥyā ibn ᶜAdī über die Differenz zwischen Grammatik und Logik erstmals in deutscher Übersetzung mit einem Kommentar vorstellt. Ich habe versucht, die bis zum Sommer 1983 publizierte Literatur zu berücksichtigen. (Mehrfach und abgekürzt zitierte Titel gibt die Bibliographie am Ende.)

DIE Kultur des klassischen Islams ist eine Kultur arabischer Sprache. So wie die Religion des Islams durch die Offenbarung des arabischen Korans an seinen Propheten begründet wurde, so wurde die arabische Sprache als das Werkzeug, durch welches Gott seine Offenbarung an die Menschen erneuerte und vollendete, die Sprache des Islams. Während aus vorislamischer Zeit nur spärliche Schriftzeugnisse des Arabischen erhalten sind, erblüht mit dem Erscheinen und der raschen Ausbreitung der neuen Religion eine Literatur von außerordentlichem Umfang und Reichtum. Das Idiom wandernder Hirten der arabischen Halbinsel, durch den Islam aus dem geographischen und sozialen Rahmen seiner Heimat weit hinausgetragen, erweist seine vitale Kraft als Ausdrucksmittel einer städtischen Hochkultur; und das letztlich religiös gegründete Bewußtsein vom Wert und Vorrang der arabischen Sprache, das Streben auch nach Reinheit und Vollkommenheit der ʿArabiya ist ein bis heute fortwirkender Wesenszug dieser Kultur. Auf der anderen Seite aber ist ihr Wachstum eingebettet in die alte Zivilisation der eroberten Reiche: In der Begegnung mit Christentum, Judentum und den Religionen des sasanidischen Iran wird die islamische Theologie formuliert; das islamische Staatswesen wird durch die politischen und sozialen Strukturen Vorderasiens mitgeformt; und mit der sprachlichen und geistigen Aneignung der hellenistischen Philosophie und Wissenschaft entsteht nach dem Wort Werner Jaegers "die erste große internationale Wissenschaftsepoche, die die Welt gesehen hat".[1] An einem Beispiel: an der Auseinandersetzung zwischen den Lehrern der arabischen

1. W. Jaeger: Die Antike und das Problem der Internationalität der Geisteswissenschaften, in: Inter Nationes. 1. Berlin 1931, col. 93b; zit. in Jörg Kraemer: Das Problem der islamischen Kulturgeschichte. Tübingen 1959, S. 33.

Grammatik und den Verfechtern der aristotelischen Logik soll gezeigt werden, wie sich antikes Erbe und indigene Tradition aneinander abarbeiten, zwar nicht zu einer Einigung oder gar Synthese gelangen, aber ihre Positionen abstecken und neu formulieren und neue Einsicht gewinnen.

1

Der Islam wird in das geistige Milieu des ausgehenden Hellenismus hineingeboren. Nicht von außen, in einen isolierten islamisch-arabischen Bereich wird das antike Erbe hineingetragen, sondern das neue Reich wächst auf dem Boden alter Kultur; und sobald die kriegerische Auseinandersetzung zu Ende gegangen war, setzte die geistige Auseinandersetzung ein. Recht und Staatsverfassung des byzantinischen - wie auch des sasanidischen - Staates mußten als Ausgangspunkt für neue Ordnungen dienen; Medizin, Astronomie und die anderen Naturwissenschaften der Griechen erwiesen ihren praktischen Wert für die Erfordernisse des Alltags; und das apologetisch-polemische Gespräch mit dem hellenisierten Christentum zwang zur Anpassung an einen dialektisch weit überlegenen Gegner. Wir müssen mit einem regen Austausch schon in einer Zeit rechnen, als dieser noch nicht durch arabische Übersetzungen literarisch bezeugt ist. Schon im Laufe des zweiten islamischen Jahrhunderts werden die Gegenstände und Begriffe der hellenistischen Wissenschaften bei den Arabern heimisch, und mit ihnen öffnet der Rationalismus der Griechen neue Tore der wissenschaftlichen Betrachtung. Auch die Methoden, Begriffe und Terminologie der entstehenden islamischen Disziplinen werden durch die Auseinandersetzung mit der hellenisierten Umwelt beeinflußt. In der Jurisprudenz (arab. *fiqh*) bürgerten sich Verfahren der syllogistischen Dialektik zur Auslegung der Rechtsquellen ein. Im Strandgut der peripatetischen, neuplatonischen und anderen Strömungen der alten Metaphysik fanden die islamischen Theologen, wie vor ihnen die Väter der christlichen Kirche, neue Lösungen für die immanenten Aporien ihrer Theologie. Einer rationalistischen Dogmatik - man nannte sie *kalām*, 'Rede, λόγος', wegen ihrer dialektischen Methode - gelang es, den gefährlichsten geistigen Gegner des Islams, den Dualismus zarathustrischer und manichäischer Provenienz, zurückzuweisen und das islamische Dogma, im Bunde mit der kalifalen Theokratie, gegenüber den heterodoxen Bewegungen im Innern abzusichern. Die spekulativen und rationalistischen Elemente des Kalām dürfen nicht vergessen machen, daß er die fundamentalen Quellen des islamischen Glaubens, die Authentizität ihrer Überlieferung und ihre absolute Geltung nie in Frage gestellt hat. Der Zugang zur letzten Wahrheit führt allein über die Offenbarung; die logische Analyse kann allenfalls ihr rechtes Verständnis erschließen, und sie wird rechtfertigt aus der Pflicht, die Gottesgabe des Verstandes im Dienst des Islams einzusetzen.

Bei aller Beeinflussung und Begriffsprägung schließlich durch das hellenistische Milieu sind die islamischen Disziplinen keine direkte Fortsetzung griechischer - philosophischer, theologischer, kanonischer oder wie immer orientierter - Lehrüberlieferung. Nein: Sobald eine solche, vermittelt durch Übersetzungen, in arabischer Sprache aufkommt, tritt sie jenen als eine fremde und konkurrierende gegenüber.

2

Auch die arabische Grammatik kann den fortwirkenden Einfluß hellenistischer Bildung in den städtischen Zentren nicht verleugnen. Aber während die Hermeneutik und Logik der arabisch-islamischen Philosophie ihre Fragestellung, ihre Theoreme und Methoden in sehr hohem Maße den antiken Quellen verdankt, kommen die Anstöße zur Begründung der arabischen Sprachwissenschaft von innen, und sie folgt ihrem eigenen Gesetz. Die islamischen Eroberungen hatten in einigen Jahrzehnten das koranische Bekenntnis von der arabischen Halbinsel bis zum Atlantik, bis zum Indus getragen; aber es mußte durch die Verbreitung des arabischen Korans Inhalt und Bestand erhalten. Zwar setzte sich die Sprache der Eroberer nur allmählich gegen das Griechische, das Koptische, die aramäischen Dialekte Syriens und Mesopotamiens und das Persische des Sasanidenreiches durch, und das 'klassische' Arabisch zeigt deutliche Spuren dieser Auseinandersetzung.[2] Aber mit der fortschreitenden Islamisierung geht die Arabisierung der Verwaltung Hand in Hand: Das Arabische wird Reichssprache, und es wird die Sprache all derer, die mit der Annahme der neuen Religion Bürgerrecht in der islamischen Gemeinschaft suchen. Nicht nur die Notwendigkeit, die unterworfenen Völker in der Sprache des Islams zu unterweisen; auch ihr Aufstieg von Sklaven und Klienten zu Trägern des Staatsapparates, endlich zu Teilhabern an der Ausübung der Macht führte zu einer Bemühung um die Regeln der ᶜArabīya,

2. Siehe Johann Fück: ᶜArabīya. Untersuchungen zur arabischen Sprach- und Stilgeschichte. Berlin 1950 (Abh. d. Sächsischen Akademie d. Wissenschaften. Phil.-hist. Kl. Bd. 45, H. 1), S. 29.

an der Araber und Nichtaraber gleichermaßen teilhatten.[3] Nach der abbasidischen Revolution des Jahres 750 sind es vor allem Perser, welche im Iraq, dem neuen Zentrum der Regierung (der Kalif al-Manṣūr gründet 763 die Hauptstadt Baġdād), dem Zentrum nun auch der Juristen, der Theologen, der Dichter und Literaten, am Aufblühen der klassischen islamischen Kultur tätigen Anteil nehmen. Der Araber al-Ḫalīl ibn Aḥmad (gest. zw. 776 u. 791) und der Perser Sībawaih (gest. c. 796) schaffen in Baṣra nach den tastenden und fragmentarischen Versuchen einiger Vorgänger das erste umfassende System der arabischen Grammatik; und das Werk Sībawaihs bleibt allen Nachfolgern, den Philologenschulen von Basra, Kufa und Bagdad, *al-Kitāb*, "das Buch" schlechthin der grammatischen Wissenschaft.

Daß man bei der Elaboration der arabischen Grammatik bestehende Regel- und Begriffssysteme, wie sie von den Griechen entwickelt und schon von den Syrern übernommen worden waren, benutzt hätte, wäre einleuchtend; aber obwohl sich der Einfluß von Termini und Schemata der aristotelischen Logik, von deren spätantiken Anwendungen auf die Grammatik und von Konventionen der grammatischen Propädeutik bei den Arabern nachweisen läßt, ist er zunächst auffallend gering. Nicht nur die Sprache der Araber war anderer Art als das Griechische; auch die Auffassungen der Araber von den Wurzeln ihrer Sprache und von den Normen des sprachlichen Ausdrucks fußten auf anderen Voraussetzungen - Voraussetzungen, die in einer vor dem Islam begründeten und weiterhin blühenden poetischen und rhetorischen Tradition manifest waren und blieben. Gerade die Auseinandersetzung mit den Logikern, den direkten Erben der

3. Vgl. Fück: ʿArabiya, S. 29.

griechischen Tradition, wird zeigen, wie lebhaft man sich auf beiden Seiten dieser Andersheit bewußt war.

Die Belege und Argumente für den Einfluß fremder, insbesondere griechischer Quellen auf die Schöpfer der arabischen Grammatik sollen hier nicht wieder ausgebreitet werden. Über terminologische Parallelen gehen die meisten der behaupteten Entlehnungen nicht hinaus. Sie wurden zuerst von Adalbert Merx[4] zusammengestellt, in jüngerer Zeit wieder von Henri Fleisch[5], Helmut Gätje[6] und - mit einigen neuen Konjekturen - von Frithiof Rundgren[7] kritisch referiert und zuletzt durch C. H. M. Versteegh[8] im Rahmen einer umfassenden Untersuchung über griechische Elemente im 'linguistischen Denken' der Araber diskutiert und um neue Aspekte ergänzt. Zu den naheliegendsten Zeugnissen griechischen Einflusses gehören die Lehnübersetzungen von Termini und Beispielen aus der griechischen Grammatik (freilich nicht aus einer arabischen Übersetzung des Dionysios Thrax, sondern durch den Kontakt mit Griechisch und vor allem Aramäisch sprechenden Schülern den arabischen Lehrmeistern vermittelt): Hier wie dort steht der Ausdruck für den korrekten Gebrauch des Griechischen im einen, des Arabischen im andern Falle zugleich für dessen sinnfälliges Zeichen: die Flexion durch Kasusendungen - hier *iʿrāb*, dort ἑλληνισμός.

4. Adalbert Merx: Historia artis grammaticae aput Syros. Leipzig 1889, S. 137-53.

5. Henri Fleisch: Traité de philologie arabe. Vol. 1. Beyrouth 1961, S. 23-6.

6. Helmut Gätje: Die Gliederung der sprachlichen Zeichen nach al-Fārābī, in: Der Islam. Berlin. 47. 1971, S. 1-24 (bes. S. 1-9).

7. Frithiof Rundgren: Über den griechischen Einfluss auf die arabische Nationalgrammatik. Uppsala 1976 (Acta Universitatis Upsaliensis. Nova series. 2:5, S. 119-44), rez. v. C.H.M. Versteegh in: Bibliotheca Orientalis 36. 1979, S. 235-6.

8. Cornelis H. M. Versteegh: Greek elements in Arabic linguistic thinking. Leiden 1977 (Studies in Semitic Languages and Linguistics. 7).

Hier wie dort heißt Flexion 'Neigung', 'Wendung' (κλῖσις ∿ *ṣarf*), ist ein transitives Verb eines, das 'hinübergeht' (μεταβατικός ∿ *mutaᶜaddī*), bezeichnen die Begriffe 'Gesundheit' und 'Krankheit' die Kategorien phonetischer Konstanz und Variabilität, werden sogar die Wortarten mit denselben Standardbeispielen veranschaulicht.[9] - Als Exempel aristotelischer Prägung hat man seit Merx die Dreiteilung der Wortklassen angeführt, mit der Sībawaih sein Buch einleitet[10]: "Name" (*ism*), "Tätigkeit" (*fiᶜl*) und "Buchstabe (*ḥarf*) [eig. 'Extremität' sc. des graphischen Syntagmas], der etwas bezeichnet, das weder Name noch Tätigkeit ist". Aber weit geht die Parallele zwischen der arabischen Einteilung der Wortarten und der griechischen der Satzteile nicht: Die dritte Klasse umfaßt Partikeln der verschiedensten Art und läßt sich schwerlich mit dem aristotelischen σύνδεσμος (Poet. 1456b38) in Verbindung bringen, eher noch mit dem στοιχεῖον der Grammatiker, das ebenfalls sowohl 'Buchstabe' wie 'Partikel' bezeichnet.[11] Die Disjunktion zwischen *ism* und *fiᶜl* wiederholt jene zwischen ὄνομα und ῥῆμα, Nomen und Verbum, die den Griechen seit Platon (Soph. 262a)[12] und Aristoteles (De int. 16a-b) ge-

9. Versteegh: Greek elements [Anm. 8], bes. S. 19-89, zusammengefasst in Versteegh: Hellenistic education and the origin of Arabic grammar, in: Studies in the History of Linguistics. 20 = Amsterdam Studies in the Theory and History of Linguistic Science. 3: Progress in Linguistic Historiography. Amsterdam 1980, S. 333-44. Kritische Anmerkungen zu Versteeghs Thesen von Gérard Troupeau: Našʾat an-naḥw al-ᶜArabī fī ḍauʾ Kitāb Sībawaih, in: Maǧallat Maǧmaᶜ al-Luġa al-ᶜArabīya al-Urdunnī. ᶜAmmān. 1,1. 1398/1978, S. 125-38.

10. Sībawaih: al-Kitāb, ed. ᶜAbdassalām Hārūn. Kairo 1385/1966-1397/1977. 5, S. 12.

11. Versteegh: Greek elements [Anm. 8], S. 47 f.

12. Vgl. Heymann Steinthal: Geschichte der Sprachwissenschaft bei den Griechen und Römern mit besonderer Rücksicht auf die Logik. Berlin ²1890. T. 1, S. 141 ff.

läufig war; allerdings beschränkt sich die Analogie in Begriff und Terminus auf *ism* ∿ ὄνομα; und war nicht die Einteilung der beiden Hauptklassen, waren nicht auch deren Bezeichnungen in der Sache selbst gegeben?[13] Wenn Ibn as-Sarrāǧ (gest. 928), az-Zaǧǧāǧī (gest. 949) und ar-Rummānī (gest. 994), nach ihnen spätere Handbücher der Grammatik wie das des Zamaḫšarī (gest. 1144), Definitionen von *ism* und *fiᶜl* geben, die deutlich an De int. 16a19, 16b6 gemahnen[14], so nach Generationen der Rezeption hellenistischer Wissenschaft im Islam (s.u.S.201ff.) - für die Genese des Systems ist damit nichts ausgemacht. Der Generation Sībawaihs war allenfalls die aus persischen Quellen geflossene *Organon*-Paraphrase des Iraners Ibn al-Muqaffaᶜ zugänglich; aber dessen Terminologie ist toto coelo verschieden.[15] (Auch die späteren arabischen Logiker haben - im Anschluß an die Übersetzungen der griechischen Quellen - die aristotelische Einteilung in ganz anderer Terminologie wiedergegeben: Hier ist ὄνομα ∿ *ism*, aber ῥῆμα ∿ *kalima*, σύνδεσμος ∿ *ribāṭ*, *rābiṭa*.[16])

Auf einer anderen Ebene liegt die Gegenüberstellung von *lafẓ* 'Sprachlaut, Ausdruck' und *maᶜnā* 'Gemeintes, Bedeutung, Begriff'.

13. Vgl. Josef Weiss: Die arabische Nationalgrammatik und die Lateiner, in: Zeitschrift der Deutschen Morgenländischen Gesellschaft. Wiesbaden. 64. 1910, S. 349-90, hierzu S. 380.

14. Über den Einfluss der hellenistischen Logik bei den Grammatikern des 10. Jahrhunderts s.u.S.201ff. Einiges bleibt Allgemeingut späterer Handbücher, s. z.B. az-Zamaḫšarī: al-Mufaṣṣal fī n-naḥw, ed. J.P. Broch. Christianiae 1859, S. 4_{19} (*ism*), 108_{6} (*fiᶜl*), 130_{20} (*ḥarf*).

15. Darüber Gérard Troupeau: La logique d'Ibn al-Muqaffaᶜ et les origines de la grammaire arabe, in: Arabica. Leiden. 28. 1981, S. 242-50.

16. Siehe H. Gätje: Die Gliederung der sprachlichen Zeichen nach al-Fārābī [s.o. Anm. 6]; Zimmermann: al-Farabi's Commentary, S. cxxxvi; vgl. auch Abū l-Faraǧ Ibn aṭ-Ṭaiyib: Tafsīr kitāb al-Qāṭīġūriyās, MS Kairo: Dār al-Kutub, ḥikma 1 M, fol. 18a pu.

Nicht nur die Grammatiker trennen z.B. zwischen den im Laut- bzw. Schriftbild manifesten regentia (*ʿāmil lafẓī*) und den dem Sinne nach zu ergänzenden, subintelligierten (*ʿāmil maʿnawī*)[17]; auch in der arabischen Poetik diskutiert man das Verhältnis von *lafẓ* und *maʿnā*, von Ausdruck und Gedanke, Form und Inhalt.[18] Da die arabischen Logiker dasselbe Begriffspaar unter denselben Termini behandeln, stellt sich die Frage nach Priorität oder gemeinsamen Quellen (s.u. S. 208). Hervorgehoben sei hier nur, dass Sībawaih dem Verhältnis zwischen *lafẓ* und *maʿnā* einen der Einleitungsparagraphen seiner Grammatik widmet (Kitāb, ed. Hārūn 1.24), in dem er zwischen Heteronymie (*iḫtilāf al-lafẓain li-ḫtilāf al-maʿnayain*), Synonymie (*iḫtilāf al-lafẓain wal-maʿnā wāḥid*) und Homonymie (*ittifāq al-lafẓain wa-ḫtilāf al-maʿnayain*) unterscheidet. Obgleich die Einteilung der Logiker etwas anders aussieht[19], drängt sich der Eindruck auf, dass sie hier Pate stand. Der kurze Abschnitt in Sībawaihs Buch ist isoliert und - soweit ich sehe - ohne Parallele bei anderen Autoren der klassischen Grammatik; aber auch die Juristen handeln von Homonymie (*ištirāk al-lafẓ*) in den Rechtsquellen.[20]

Sībawaih und andere frühe Grammatiker mögen einige Grundbegriffe der logischen Sprachtheorie kennengelernt und benutzt haben[21]; doch tiefere Einsichten in die Vermittlung logischer Strukturen durch die Sprache haben sie aus ihren Quellen nicht gewonnen. Man unterscheidet Nominalsatz und Verbalsatz und bestimmt die Verhältnisse zwischen 'Eingangswort' (*mubtadaʾ*) und 'Aussage' (*ḫabar*) im einen, zwischen 'Täter' (*fāʿil*) und 'Tätigkeit' (*fiʿl*) im anderen Falle, doch es fehlt

17. G. Weil: ʿĀmil, in: EI² s.v.

18. Vgl. Wolfhart Heinrichs: Arabische Dichtung und griechische Poetik. Ḥāzim al-Qarṭaǧannīs Grundlegung der Poetik mit Hilfe aristotelischer Begriffe. Beirut, Wiesbaden 1969, S. 69ff.

19. Aristoteles erläutert Cat. 1a1-15 Synonymie, Homonymie und Paronymie; die Kommentatoren fügen Heteronymie und Polyonymie hinzu. Cf. Porphyrius: In Cat., ed. Busse, S. 60; Ammonius: In Cat., ed. Busse, S. 16; auf arabischer Seite die Anmerkungen von al-Ḥasan ibn Suwār, in: Khalil Georr: Les Catégories d'Aristote dans leurs versions syro-arabes. Beyrouth 1948, S. 365f.; Miskawaih: al-Hawāmil waš-šawāmil, edd. Amīn & Ṣaqr. Kairo 1370/1951, S. 7; Ibn aṭ-Ṭaiyib: Tafsīr k. al-Qāṭīġūriyās [Anm. 16], fol. 23bff.

20. Siehe B. G. Weiss: Language in orthodox Muslim thought [s.u. Anm. 48], S. 49, 73, 84-8, danach U. Haarmann: Religiöses Recht und Grammatik [s.u. Anm. 31], S. 154, 156.

21. Fleisch: Traité [Anm. 5]. 1, S. 25.

eine allgemeine Theorie vom Satz, es fehlt die Abstraktion der Oberbegriffe 'Subjekt' und 'Prädikat'.[22] Werturteile über das 'Niveau' der arabischen Nationalgrammatik sind indessen fehl am Platze.[23] Ihre Beschreibung der sprachlichen Phänomene ist von bewunderungswürdiger Akribie und systematischer Strenge. Das Kohärenzprinzip der Grammatiker - die 'Implikation' (*taqdīr*) grammatischer Erscheinungen in Paradigmen der gleichen Verteilung[24] - ist leistungsfähiger als logische Kategorisierung; und der Angelpunkt ihres Systems[25], die Lehre von der grammatischen Rektion (*ᶜamal*), ist ganz ohne Vorbild in der griechischen Grammatik.[26]

Daß die Philologie der Araber, ihre Grammatik und zugleich ihre bedeutende Lexikographie[27], aus innerer Konsequenz ihre Methode findet und der eigenen Struktur ihrer Sprache nachgeht, liegt nun aber auch daran, daß die Anstöße zu ihrer Entstehung nicht nur von außen kamen, sondern vor allem aus inneren Erfordernis-

22. Fleisch, ibid., S. 24f.

23. S. etwa Fleisch, ibid., S. 24: "Ils ont travaillé sans prendre de hauteur, restant au niveau des faits, travail qui devait rester superficiel." Ansätze einer neuen Evaluation etwa in Georgine Ayoub & Georges Bohas: Les grammairiens arabes, la phrase nominale et le bon sens, in: Historiographia Linguistica. Amsterdam. 8. 1981, S. 267-84.

24. Beispiele bei Fleisch, ibid., S. 7 (vgl. unten, Anm. 32).

25. Siehe J. Weiss, in: EI[1] s.v. iᶜrāb.

26. Die Stoiker, die für die Ausbildung der griechischen Sprachwissenschaft massgeblich waren, kennen nur den Begriff der Fügung (σύνταξις); s. Steinthal: Geschichte der Sprachwissenschaft [Anm. 12]. 1, S. 305. Ein Versuch, arab. *ᶜāmil* mit lat. *regens* in Verbindung zu bringen, wurde von J. Weiss zurückgewiesen (op. cit. [Anm. 13], S. 382ff.).

27. Auch in der Lexikographie gibt es Anregungen durch ältere Tradition (vgl. Stefan Wild: Das Kitāb al-ᶜAin und die arabische Lexikographie. Wiesbaden 1965, S. 5-8, bes. auch S. 37-40 über die indischen Vorbilder der phonetischen Anordnung im Wörterbuch des Ḫalīl ibn Aḥmad), auch hier die schöpferische Fortentwicklung und systematische Eigenständigkeit.

sen der jungen islamischen Kultur. Nicht das Erbe einer gelehrten Tradition (und auch nicht erst akademisches Konservierungsstreben einer Spätzeit), sondern der Aufstieg des Arabischen als der Sprache des Islams und des islamischen Reiches hat diese Wissenschaft ins Leben gerufen, hat ihren geistigen Habitus und ihre methodische Orientierung bestimmt. Ältere didaktisch-missionarische Tendenzen unter den Arabern[28] verbinden sich mit der Ambition ihrer islamisierten Klienten (v.a. der persischen *mawālī*) in der Bemühung, das Gotteswort, den Koran, unverfälscht zu überliefern, eindeutig zu interpretieren und die arabische Sprache insgesamt an diesem ihrem Vorbild rein zu erhalten. Die rasche Expansion nach außen, die Verpflanzung und Vermischung von Arabern aller Herkunft hatten dafür zunächst ungünstige Bedingungen geschaffen. Zwar hatten es bereits die vorislamischen Dichter vermocht, die innerhalb Arabiens bestehenden Dialektvarianten zu überbrücken, aber die Ideale, von denen sie sprachen, waren unter dem Islam ungültig oder suspekt geworden, und die geistigen und sozialen Voraussetzungen ihres Wirkens waren im Übergang von der beduinischen zur seßhaften Gesellschaft ins Wanken geraten. Und vor allem in den städtischen Zentren der Provinzen führte die Symbiose von Arabern und Nichtarabern zur Entwicklung neuer Mundarten, die sich durch Vereinfachung des Laut- und Formbestandes vom Arabischen der Beduinen und des Korans fortentwickelte. Um seinen theokratischen Anspruch auf Universalität und auf Einheit nicht nur nach außen, sondern auch gegen die bald aufbrechenden partikulären Tendenzen nach innen zu wahren,

28. Die beiden von Fleisch: Traité [Anm. 5]. 1, S. 22f. zitierten Traditionen illustrieren diese Tendenzen in anekdotischer Verdinglichung.

mußte indessen der Islam in allen Lebensbereichen neue Normen setzen, und er mußte vor allem sein eigenes Fundament, das offenbarte Wort, unantastbar und seine Auslegung von Willkür frei erhalten. So wie die Theologen und Rechtsgelehrten die verbürgten Aussprüche und Weisungen des Propheten Muḥammad sammelten, um alle Probleme des wachsenden Gemeinwesens nach unbestreitbaren und einhelligen 'Beweisen' (*adilla*) klären zu können, so suchte man auch nach Zeugnissen reiner Sprache und ihres rechten Verständnisses. Man fand sie in der vorislamischen Dichtung, die im Gedächtnis bewahrt, nun aber durch die Philologen aufgezeichnet, gesammelt und kommentiert wurde; daneben orientierte man sich am Sprachgebrauch der beduinischen Araber, der natürlichen Kenner der reinen ᶜArabīya. Die arabische Grammatik - und mit ihr die Lexikographie und Stilistik - gleicht daher in vieler Hinsicht jenen anderen, spezifisch islamischen Wissenschaften: Wie die Pflichtenlehre der Scharia sucht sie Normen, 'Sunna', des Gebotenen und Verbotenen, Empfohlenen und Mißbilligten und schlicht Erlaubten festzustellen und abzuleiten; wie jene vom Koran und den ihn begleitenden Traditionen, geht sie von Textzeugnissen eines mythischen Sprachkonsensus aus. Die Grammatiker zeigen nicht so sehr, wie die Sprache *ist* in ihrer Vielfalt, Individualität und stetigen Entwicklung, sondern vor allem, wie sie sein soll; der *kalām al-ᶜArab*, die ursprüngliche Praxis der reinen Araber, ist ihr Gegenstand. Ihr System ist streng, mitunter starr, nach formalen Kriterien - Rektion und Flexion[29] - aufgebaut und sucht auch Ausnahme und Freiheit unter Regeln

29. Arab. *iᶜrāb*, eig. '(korrekte) Aussprache der Araber', im engeren Sinne: die Vokalisierung am Wortauslaut unter der Wirkung des Regens (vgl. oben S. 169), ist mit 'Flexion' nur unzureichend wiedergegeben; s. H. Fleisch: Iᶜrāb, in EI² s.v.

zu subsumieren. Wie die islamische Rechtswissenschaft auch benutzt sie den Analogieschluß (*qiyās*) als wichtigstes heuristisches Prinzip, und wie die Grundsätze des Glaubens und des Rechts sind auch ihre Gegenstände einer anderen als formalen Betrachtung entzogen.[30] Da sie auf der anderen Seite das Fundament, den Koran selbst, dem rechten Verständnis erschließt, ist die Grammatik die Grundwissenschaft des Islams.

Auf die Zusammenhänge zwischen den methodischen Prinzipien der arabischen Grammatik und der Prinzipienlehre der islamischen Jurisprudenz (*uṣūl al-fiqh*) ist schon verschiedentlich hingewiesen worden.[31] Beide Disziplinen gehen aus von einem Fundus garantierter Sätze, den *uṣūl* ('Wurzeln', sg. *aṣl*), auch *adilla* ('Beweise', sg. *dalīl*): im Recht die durch den Koran, den Propheten oder eine andere unumstrittene Autorität gefällten Entscheidungen, in der Grammatik die ausnahmslos verwendbaren Grundformen der Sprache. Beide auch gewinnen aus diesen Wurzeln ein kohärentes System abgeleiteter Sätze, *furūᶜ* ('Zweige', sg. *farᶜ*), indem sie im *aṣl* eine Norm (*ᶜilla*, ratio legis) ermitteln, welche per analogiam auf das fragliche Einzelproblem - den zu entscheidenden Rechtsfall, das Rektionsverhältnis des vorliegenden Ausdrucks - appliziert werden kann.[32] Dieses Verfahren

---

30. Vgl. die Bemerkungen von Hamilton A. R. Gibb: Studies on the civilization of Islam. London 1962, S. 15-17, über den Charakter der islamischen Theologie; dazu auch Gustav E. von Grunebaum: Studien zum Kulturbild und Selbstverständnis des Islams. Zürich u. Stuttgart 1969, S. 163f. Siehe auch Lothar Kopf: Religious influences on medieval Arabic philology, in: Studia islamica. Paris. 5. 1956, S. 33-59 = Kopf: Studies in Arabic and Hebrew lexicography. Jerusalem 1976, S. 19-45.

31. Über die prägende Bedeutung der arabisch-islamischen Jurisprudenz (und gegen die 'griechische These') s. Michael J. Carter: Les origines de la grammaire arabe, in: Revue des études islamiques. Paris. 40. 1972, S. 69-97; über den weiteren Entwicklungszusammenhang Ulrich Haarmann: Religiöses Recht und Grammatik im klassischen Islam, in: XVIII. Deutscher Orientalistentag. Vorträge. Wiesbaden 1974 (ZDMG Suppl. 2), S. 149-69.

32. Vgl. Robert Brunschvig: Logic and law in classical Islam, in: Logic in Classical Islamic Culture. (First Giorgio Levi Della Vida Biennial Conference.) Wiesbaden 1970, S. 9-20; zur Methode der Grammatiker: Gotthold Weil: Abu'l-Barakāt ibn al-Anbārī. Die grammatischen Streitfragen der Basrer und Kufer. Leiden 1913, Einl. S. 7-47; Wolfgang Reuschel: Al-Ḫalīl ibn-Aḥmad, der Lehrer Sībawaihs, als Grammatiker. Berlin 1959, S. 15-17; Fleisch: Traité [Anm. 5]. 1, S. 1-11, 27f.; Fleisch: ᶜIlla, in: EI². - Bei der Anwendung des *qiyās* auf die Grammatik

(*qiyās*, das Massnehmen an einem 'Richtmass') ist also mehr als eine lose Entsprechung , welche Wahrscheinlichkeit begründet; es erhält bei den islamischen Gelehrten den strengen Charakter einer logischen Figur: die *ᶜilla* ist der terminus medius (cf. αἴτιον, An. post. 90a6) eines (hypothetischen) Syllogismus. (Auch der Syllogismus der Logiker heisst dann *qiyās*.) Es gibt Gründe für die Annahme, dass die logische Methode der islamischen Dogmatik und Jurisprudenz von der hellenistischen Logik stoischer Provenienz beeinflusst wurde[33], freilich nicht vermittelt durch die peripatetische Schulphilosophie (etwa die alexandrinischen Aristoteles-Kommentatoren, deren Schriften erst im 10. Jahrhundert in arabischer Übersetzung zugänglich werden), sondern eher durch die Kontakte der Muslime mit den Vertretern spätantiker Bildung, mit ihrer Rhetorik und Dialektik.[34] Auch auf die Quellen der arabischen Grammatik werfen diese Zusammenhänge neues Licht.

3

Auf der einen Seite führt nun der Anspruch des Abbasidenkalifates auf Verwirklichung islamischer Gerechtigkeit, im Wettstreit mit dem Anspruch der Traditionslehrer auf authentische Auslegung der Scharia, zu einem Prozeß der Islamisierung (und sei es durch Rechtfertigung des Bestehenden mittels legitimierender Überlieferung), der alle Bereiche der Gesellschaft und des geistigen Lebens unter die Satzungen von Koran und kodifizierter Sunna stellt, der nun auch in der Sprache des Korans Instrument und Abzeichen der Herrschaft, in der Grammatik die Wirklichkeitskriterien islamischen Denkens proklamiert. Zwar hatte das polemisch-apologetische Gespräch, hatten die vielfältigen

entwickeln die Systematiker von Basra den *taqdīr* als charakteristisches Verfahren: das 'Ermessen' eines virtuellen Sinnes in einem gegebenen Ausdruck, insbesondere die restitutio ad integrum mit Hilfe eines virtuellen Regens, zur Subsumption des *farᶜ* unter einen *aṣl* (cf. Fleisch: Traité. 1, S. 7).

33. Siehe Josef van Ess: The logical structure of Islamic theology, in: Logic in Classical Islamic Culture [s.o. Anm. 32], S. 21-50.

34. Dazu Versteegh: Greek elements, Kap. 1-3; ders.: The origin of the term 'qiyās' in Arabic grammar, in: Zeitschrift für Arabische Linguistik. Wiesbaden. 4. 1980, S. 7-30.

Kontakte mit den Erben der alten Religionen und Kulturen, hatte die Dienstbarmachung ihrer Kenntnisse und Wissenschaften einen konkurrierenden Prozeß der Hellenisierung auch in den islamisch-religiösen Wissenschaften von Beginn an zur Folge; dieser ergreift nun auch die Grammatik und äußert sich schon bei den Autoren des 9. Jahrhunderts in der Methode des Einteilens und Argumentierens, dann - wir werden darauf zurückkommen - auch in Begriffsbestimmung und Terminologie. Ungeachtet aber aller griechischen 'Elemente' der verschiedensten Provenienz und Funktion in der arabischen Grammatik - entscheidend für ihr Verhältnis zur philosophischen Logik wird, daß die Lehrer der Grammatik gegenüber den Fortsetzern der hellenistischen Tradition in Philosophie und Wissenschaft eine selbständige Lehrüberlieferung begründet hatten und daß sie ihren als Auslegung und Bewahrung sanktionierten Anspruch vom universaleren Anspruch der Logik nicht schmälern zu lassen bereit waren.

Auf der anderen Seite werden die Werke der griechischen Denker in arabischer Übersetzung zur Quelle einer islamisch-arabischen Philosophie. Die Übersetzungstätigkeit kommt erst mit der zunehmenden Arabisierung Vorderasiens in Gang; sie beginnt unter den letzten Umaiyaden, und sie erreicht ihren ersten Höhepunkt im Anfang des 9. Jahrhunderts unter dem Abbasidenkalifat, unter Hārūn ar-Rašīd (786-809) und seinem Sohne al-Maʾmūn (813-33). Zwar wird diese Tätigkeit vor allem durch syrische Christen - Ärzte, Mathematiker, Astronomen - getragen, die aus dem Griechischen und aus vorhandenen syrischen Versionen ins Arabische übersetzten, aber unter ihren Auftraggebern und Schülern war - nach den Kalifen und ihren Wesiren - eine wachsende Zahl von Muslimen. Zunächst überwiegen Naturwissenschaften und Medizin; aber die Momente rationalistischen Denkens in der dogmatischen Spekulation schufen eine gesteigerte Rezeptivität für Prinzipienlehre und Kosmologie der Antike. Die arabische Philosophie (*falsafa*) übernimmt die Lehrtradition der Schulen von Athen und Alexandria von ihren letzten - christlichen - Vertretern[35], und sie knüpft an die charakteristischen Tendenzen der spätantiken Scholastik an, an deren Harmonisierung des neuplatonischen Monismus mit der aristotelischen Ontologie, insbesondere auch an deren logische Propädeutik.[36]

Hier nun tritt die Logik (arab. *manṭiq*) auf als Grundwissenschaft, als *Organon* eines Denkens, das außerhalb des offenbarten und überlieferten Weges der Religion Quellen der Wahrheits- und auch der Gotteserkenntnis findet. Auch wenn die muslimischen Philosophen in ihren Untersuchungen die eine Wahrheit der offenbarten Religion, ihres symbolischen Gewandes entkleidet, wiederfinden, einer 'doppelten Wahrheit' nie explizit das Wort reden, so haben doch einige der bedeutendsten unter ihnen ihre Philosophie als die universale Wahrheit über die individuellen Zeichen der

35. Max Meyerhof: Von Alexandrien nach Bagdad. Ein Beitrag zur Geschichte des philosophischen und medizinischen Unterrichts bei den Arabern. Berlin 1930 (SB d. Preuss. Akad. d. Wiss.; Phil.-hist. Kl. 1930, 23) hat die Kontinuität dieser Tradition zuerst dargestellt. Über die Rezeptionsgeschichte der griechischen Philosophie bei den Arabern s. Richard Walzer: Greek into Arabic. Essays on Islamic philosophy. Oxford 1962; ders.: L'éveil de la philosophie islamique, in: Revue des études islamiques. Paris. 38. 1970, S. 7-42, 207-42; Francis Edward Peters: Aristotle and the Arabs. The Aristotelian tradition in Islam. New York 1968 (New York University Studies in Near Eastern Civilization. 10).

36. Zur Einführung s. Ibrahim Madkour: L'Organon d'Aristote dans le monde arabe. Paris 1934; Richard Walzer: New light on the Arabic translations of Aristotle, in: Walzer: Greek into Arabic, S. 60-113; Nicholas Rescher: The development of Arabic logic. Pittsburgh 1964; Zimmermann: Al-Farabi's Commentary [s. folg. Anm.].

einzelnen Religionen, auch des Islams gestellt. Ihr Instrument ist eine Logik, welche die universalen Gesetze alles richtigen Denkens, intelligible Wirklichkeit über jeglicher Sprache aufzeigen soll.

In den Einleitungsschriften der Logik, in Aristoteles' *Categoriae* und *De interpretatione*[37], fanden sie eine Theorie vom Verhältnis der Sprache zur Wirklichkeit, die der Sprache lediglich die Rolle eines konventionellen Zeichens zuwies: Die Worte der Sprache sind Zeichen der Gedanken; die Elemente des Gedankens bilden die Elemente der Wirklichkeit ab (De int. 16a 3-8). Die Vermittlung der Gedanken, der 'Vorgänge in der Seele', durch die Laute der Sprache setzt eine Übereinkunft voraus (συνθήκη, De int. 16a19, 27, 17a2, arab. *tawāṭuʾ*, *muwāṭaʾa*, *iṣṭilāḥ*), welche über die Einsetzung der Laute als Zeichen der Vorstellungen befindet: "Jede Aussage bezeichnet etwas, jedoch nicht in der Weise eines (natürlichen) Organs, sondern, wie gesagt, auf Grund einer Übereinkunft" (ibid. 17a1-2). Gerade weil die Wörter nur Zeichen sind, ist eine eindeutige Verständigung möglich.

Mit den Worten eines arabischen Interpreten zu De int. 17a 1-2: "Die Zusammensetzung der Aussagen folgt der Zusammensetzung der Sachverhalte; durch jene werden die zusammengesetzten Sachverhalte nachgeahmt. … Wir setzen die Aussagen zusammen aus Sprachlauten, welche die Teile des zusammengesetzten Sachverhalts bezeichnen, den die Aussage (als ganze) bezeichnet. Aristoteles ist der Ansicht, dass dies alles auf Grund von Übereinkunft und Konvention geschieht. Die Zusammensetzung der Aussagen ist nicht von der Art der Zusammensetzung der Sachen; es besteht nur eine Konvention darüber, dass die und die Zusammensetzung eine bestimmte Zusammensetzung in der Sache bezeichnet. Gäbe man der Aussage eine andere Zusammensetzung mit der Übereinkunft, dass sie eben diesen Sachverhalt bezeichnen solle, so bezeichne-

---

37. Die Überlieferungsgeschichte der Schrift *De interpretatione* bei den Arabern wird einleitend zum Kommentar des Fārābī dargestellt von F. W. Zimmermann: Al-Farabi's Commentary and Short Treatise on Aristotle's De Interpretatione. London 1981, S. xlviii-cv.

te sie ihn ebensowohl wie die erstere. Die Nachahmung der Zusammensetzung in den Bedeutungen durch die Zusammensetzung des Sprachlauts ist es, worüber Übereinkunft besteht; es besteht sozusagen Übereinkunft darüber, dass er sie nachahmt, nicht weil es in der Natur der Sache wäre, dass ihre Zusammensetzung der Zusammensetzung des Sprachlauts von Natur gleiche, sondern auf Grund der Übereinkunft. Die gegenseitige Nachahmung von Sachen, die einander gleichen, ist Nachahmung von Natur, die Nachahmung durch Zusammensetzung im Sprachlaut von dessen Referenz in der Bedeutung gilt durch Übereinkunft." (al-Fārābī: Šarḥ k. al-ᶜIbāra, edd. Kutsch & Marrow, S. 50_{17}-51_{3}.)

Die Zeichen des sprachlichen Ausdrucks sind nicht bei allen Menschen gleich (De int. 16a5); nur vom Gebrauch der Zeichen ist auf das Denken zu schließen. Hinter den Sätzen der Sprache steht die geistige 'Darstellung' - wahr oder falsch - der Wirklichkeit; es ist Sache der Logik, das Wahre vom Falschen zu sondern. Sowohl die philosophische Beurteilung der Grammatik als auch die traditionistische, am normativen Ideal der grammatischen Wissenschaft orientierte Kritik der philosophischen Logik setzt an diesen Postulaten an.

4

Zunächst wurde unter den islamischen Theologen, welche den Rationalismus der Griechen aufnahmen, die Konventionalität der sprachlichen Zeichen - Zeichen, derer sich doch Gott selbst in der Offenbarung bedient hatte - ein Gegenstand der Diskussion. Wir müssen einen Blick auf diese Entwicklung werfen, weil sie die Anschauungen der islamischen Philologen vom Wesen und Ursprung der Sprache bestimmt hat. Streitpunkte waren die Attribute (*ṣifāt*) Gottes im Koran, strittig die Frage, ob der Anthropomorphismus dieser Attribute der Transzendenz des göttlichen Wortes kommensurabel sei. Ausgangspunkt der Debatte war das Dogma der absoluten Einheit Gottes (*tauḥīd*); konsequente Abstraktion des Einheitsbegriffes führte die Begründer der spekulativen Dogmatik im Islam, die Muᶜtazila, dazu, jede Ähnlichkeit zwischen Gott und seiner Schöpfung zu bestreiten, den koranischen Anthropomorphismus allegorisch zu deuten und jeden Versuch, die 'Namen' Gottes als 'ewige' Momente seines Wesens zu hypostasieren, als eine Art von Polytheismus (*širk*) zurückzuweisen. Das präexistente 'Wort' Gottes ist den Menschen im Koran offenbart, aber in der Beschränkung menschlicher Sprache, daher nicht mit dem Koran identisch; auch der Koran ist nicht unerschaffen, sondern Teil der Schöpfung.

Die Frage der Erschaffenheit des Korans wird zum Schibboleth des Streites zwischen den Vertretern traditionsgebundener Frömmigkeit und den *mutakallimūn* der Muᶜtazila. Der Kalif al-Maʾmūn und seine beiden Nachfolger suchen das Dogma der Erschaffenheit mit inquisitorischen Massnahmen durchzusetzen, doch diese Zeit der 'Prüfung', arab. *miḥna* (833-47), endet mit der Rechtfertigung der Gegner unter al-Mutawakkil; die Unerschaffenheit wird Dogma der Orthodoxie. In der Miḥna geht es um das Verhältnis von apodiktischer Tradition und rationalistischer Auslegung; es geht dabei auch um die Grundlagen der Theokratie: Gegen den Versuch des Kalifen, die Auslegung des offenbarten Gesetzes unter den Spruch der Obrigkeit zu zwingen, unterstellen die Gelehrten auch den Kalifen der kodifizierten Sunna.

Gott offenbart sich in der Sprache seiner Kreatur; aber läßt sich seine Transzendenz in der Sprache abbilden, ohne dem Maß und der Beschränkung menschlicher Vorstellungen unterworfen zu werden? Die Antinomie zwischen Offenbarung und Transzendenz kristallisiert sich für die islamische Theologie in dieser Frage.[38] Die dogmatische Auseinandersetzung des neunten Jahrhunderts sieht eine Reihe von Versuchen, zwischen der gläubigen Hinnahme der koranischen Theologumena 'ohne

38. Siehe Michel Allard: Le problème des attributs divins dans la doctrine d'al-Ašᶜarī et de ses premiers grands disciples. Beyrouth 1965, S. 14-19, über die Bedeutung des Problems in der islamischen Theologie.

Wie' (*bi-lā kaifa*)[39] und den Skrupeln des kritischen Verstandes zu vermitteln. Diese Versuche münden in der Formulierung des islamischen Credo durch al-Ašᶜarī (gest. c. 935), der Rechtfertigung und Verteidigung des Standpunktes der frommen Tradition - seit der Mitte des neunten Jahrhunderts "orthodoxes" Dogma des Kalifats - mit den dialektischen Mitteln des Kalām.

Bedeutsam für unser Thema ist diese Entwicklung deshalb, weil sich zwischen der Attributenlehre der Theologen und der Sprachtheorie der Grammatiker, insbesondere der Schule von Baṣra, eine gewisse Konvergenz beobachten läßt. Die Bemühungen der Dogmatiker, die Beziehung der transzendenten Realität des göttlichen Wesens zum gesprochenen und geschriebenen Wort der Offenbarung zu bestimmen, führten auf die Frage nach der Kohärenz der Sprache als Mittel der Offenbarung auf der einen, als Mittel menschlichen Ausdrucks auf der anderen Seite. Die Grammatiker - von denen einige der Muᶜtazila nahestanden - kamen dieser Fragestellung entgegen: Sie zeigten, daß die arabische Sprache in allen ihren Erscheinungen einheitlichen und rationalen Normen untersteht, und sie suchten mit der Methode des *qiyās* auch schwierige und seltene Erscheinungen in die Harmonie des Systems zu integrieren. Unter den Muᶜtazila findet Abū ᶜAlī al-Ǧubbāʾī (gest. 916) im *qiyās* der Philologen eine Handhabe, die Gott beigelegten Attribute den Ausdrücken der Alltagssprache zuzuordnen, und er belegt damit seine Anschauung, daß der im Attribut enthaltene Begriff der menschlichen Vorstellungswelt verhaftet ist, dem Wesen Gottes nicht angehört; er reduziert das Attribut auf die Attribution, den Namen (*ism*) auf das Benennen (*tasmiya*):

39. *Bi-lā kaifa* 'ohne Wie' ist die Formel des angesehenen Führers der traditionistischen Opposition gegen die Muᶜtazila, Aḥmad ibn Ḥanbal (gest. 855).

auf einen Akt des Geistes.[40] Andererseits scheint er einen Weg beschritten zu haben, der wiederum dem *taqdīr*, der restitutio ad integrum bei den Grammatikern (s.o. S. 173), analog ist: Die Namen Gottes repräsentieren einen virtuellen 'Sinn' (*maᶜnā*), eine 'Idee', welche - aus der konventionellen Wortbedeutung extrapoliert - der göttlichen Transzendenz adäquat ist. Die hohe Rationalisierung der Grammatik unterwarf die Fakten der Sprache dem linguistischen Ideal und zeigte damit dem Rationalismus des Theologen einen Weg, "de rendre le langage, utilisé pour parler de Dieu, de moins au moins indigne de sa transcendance, en se conformant aux règles du langage codifiées par les grammairiens"[41]. Auch al-Ašᶜarī scheint hier anzuknüpfen, obwohl er sich von der 'negativen' Theologie seines Lehrers al-Ǧubbāʾī abkehrt.

Allerdings war seine Lösung des Attributenproblems auch von anderer Seite vorbereitet. Bereits ᶜAbdallāh ibn Kullāb, ein Zeitgenosse von Aḥmad ibn Ḥanbal, nähert sich dessen Standpunkt, ohne sich mit einem blossen *bi-lā kaifa* zu bescheiden.[42] Er macht einen Unterschied zwischen dem Wort Gottes und seiner materiellen Manifestation: Die Buchstaben des Korans und die Laute der Rezitation sind eine 'Spur' (*rasm*), aus der wir die Existenz des göttlichen Worts erschliessen; der Koran ist erschaffen, ist nur 'Ausdruck' (*ᶜibāra*) für die unerschaffene Rede Gottes (*kalām Allāh*). Der 'Sinn' (*maᶜnā*) des sprachlichen Ausdrucks der Offenbarung ist jedoch eine geistige Realität: Gottes schöpferischer Gedanke, der in ihm subsistiert. Gottes Wesensattribute - seine Rede gehört dazu - sind zwar nicht mit Gott identisch; aber sie sind auch nicht verschieden von ihm (al-Ašᶜarī, Maqālāt al-islāmīyīn, ed. Ritter, S. 169_{12-13}: *lā hiya Allāh wa-lā hiya ġairuh*). Der 'orthodoxe Kalām', als dessen Begründer al-Ašᶜarī gilt, führt diese Argumentation weiter.

Al-Ašᶜarī insistiert auf der Transzendenz Gottes, lehnt indessen eine allegorische Deutung der Attribute

40. Ich folge den Ausführungen von Allard: Le problème [Anm. 38], S. 120 f.

41. Allard: Le problème, S. 129-32.

42. Zum Folgenden s. Allard: Le problème, S. 147-52; J. van Ess: Ibn Kullāb und die Miḥna, in: Oriens. Leiden. 18-19. 1967, S. 92-142.

ab: Gott ist seiner Schöpfung nicht ähnlich; aber er manifestiert sich in seiner Schöpfung. Der ontologischen Beziehung zwischen Gott und seinem Werk entspricht eine logische Beziehung zwischen der transzendenten Einheit der realen Attribute (*ṣifāt*) in seinem Wesen und der Vielfalt der Namen in der Sprachform der Offenbarung. Gott selbst hat sich durch das Medium der arabischen Sprache, der Sprache seiner Kreatur, zu erkennen gegeben - der Koran selbst insistiert auf diesem Faktum der Heilsgeschichte; es muß daher zwischen der transzendenten, unerschaffenen 'Rede' Gottes und der erschaffenen Sprache der Menschen eine eindeutige Beziehung geben - sonst bliebe die Aussage der Offenbarung dunkel und der Akt der Offenbarung sinnlos. Al-Ašᶜarī demonstriert diese Beziehung, indem er zur Interpretation des Korans - nach dem Vorgang der Philologen - wiederum auf die Normen der arabischen Sprache rekurriert.[43] Freilich ist es nicht so, daß das Gotteswort selbst diesen Normen unterworfen wäre: Der Koran setzt solche Normen selbst und muß daher höchste Autorität der Philologen sein.[44] Mehr noch: Die Beziehung zwischen dem Wort der Offenbarung und der ihr korrespondierenden, transzendenten Realität ist anderer Art als diejenige zwischen Wort und 'Sinn' in der Sprache der Menschen; die archetypische 'Rede' Gottes ist sein - aller Schöpfung inhärentes - Schöp-

43. Allard: Le problème, S. 274ff.

44. Diese Anschauung begründet das Dogma des *iᶜǧāz*: Kein Mensch ist imstande, die Sprache des Korans in ihrer Vollkommenheit nachzuahmen (vgl. Allard: Le problème, S. 277). Ein Schüler des Ašᶜarī, al-Bāqillānī (gest. 1013, vgl. unten), verfasste eine der ersten systematischen Behandlungen des Gegenstandes (s. G.E. von Grunebaum: A tenth-century document of Arabic literary theory and criticism. Chicago 1950). Eine Einführung in die Entwicklung des Dogmas und seine Bedeutung für die Literaturtheorie der arabischen Philologen gibt Angelika Neuwirth: Das islamische Dogma der 'Unnachahmlichkeit des Korans' in literaturwissenschaftlicher Sicht, in: Der Islam. Berlin. 60. 1983, S. 166-83.

ferwort, der 'Sinn' (*maᶜnā*) des Korans also selbst höchste Realität.

Al-Bāqillānī (gest. 1013), der bedeutende Ašᶜarit des zehnten Jahrhunderts, gibt dieser Anschauung eine prägnante Formulierung: Der Name (*ism*) ist das Benannte selbst, wohl zu unterscheiden vom 'Benennen' (*tasmiya*) der Realität durch einen gegebenen Namen.[45] Es mag sein, daß eine schon bei Sībawaih zu beobachtende Tendenz der Grammatiker, Name und Realität zu identifizieren, 'Name' (*ism*) für die Sache selbst zu setzen, die gleichen theologischen Voraussetzungen hat.[46] Jedenfalls aber begründet die 'orthodoxe' Theologie mit ihrer Lehre von den göttlichen Attributen und vom Wort Gottes eine Anschauung vom Wesen und Ursprung der Sprache, die auch von den Philologen aufgenommen wird. Für die Muᶜtazila war der Koran erschaffen, hatten die 'Namen' keine separate Realität, war die Sprache durch Konvention (*iṣṭilāḥ, tawāṭuʾ*) entstanden.[47] Ist nun aber der Koran die sprachliche Realisation der unerschaffenen 'Rede' Gottes, so hat Gott selbst in diesem seinem Wort die Wirklichkeit benannt und eo ipso - denn Gottes 'Rede' ist sein schaffender Geist - konstituiert. Die Beziehung zwischen 'Name' und (transzendenter) Realität ist damit vorgegeben. Weil aber das Faktum der Offenbarung, die Verständigung zwischen Gott und Mensch in der Sprache der Menschen, die Kohärenz der Sprache voraussetzt, gilt dies für die Sprache insgesamt: Sie ist das Ergebnis einer göttlichen 'Festsetzung' (*tauqīf*). Die Namen sind Teil der Schöpfung, welche sie bezeichnen;

45. Allard: Le problème, S. 281-4; über al-Bāqillānī S. 304.
46. Allard: Le problème, S. 284f.
47. Auch hier bildet sich im Laufe der Auseinandersetzung eine Reihe vermittelnder Standpunkte heraus. Vgl. Muhsin Mahdi: Language and logic in classical Islam, in: Logic in Classical Islamic Culture. Wiesbaden 1970, S. 52f.

Gott - so nach dem Koran - "lehrte Adam die Namen alle" (Sūra ii.31), dem Menschen bleibt allein das Nennen (*tasmiya*) der erschaffenen Wirklichkeit mit Hilfe dieser Namen.

Der Philologe Aḥmad ibn Fāris (gest. 1004), dem wir eine sehr klare Exposition dieser Lehre vom *tauqīf* verdanken, interpretiert auch die Entwicklung der Sprache als Vorgang der Heilsgeschichte[48]: Nicht auf einmal wird die Sprache den Menschen zuteil, sondern in dem Umfang, wie es nach dem Fortschritt der Offenbarung erforderlich ist. Die lange Reihe der Propheten beschließt Muḥammad, der Prophet des Islams; der unnachahmliche Koran, Inbegriff sprachlicher Vollkommenheit, ist die Vollendung der Offenbarung. Ein Kompromiß zwischen den gegensätzlichen Auffassungen wird sichtbar. Die ašᶜaritische Unterscheidung zwischen göttlicher Rede (als Attribut des göttlichen Geistes) und menschlicher Zunge bot hier einen Ausweg; und anscheinend war es der Ašᶜarit al-Bāqillānī, der die

48. Ibn Fāris: aṣ-Ṣāḥibī fī fiqh al-luġa, ed. Muṣṭafā aš-Šuwaimī. Beirut 1382/1963, S. 31-3. Eine Diskussion der gegensätzlichen Standpunkte - *iṣṭilāḥ* vs. *tauqīf* - vom Ursprung der Sprache gibt Ibn Ǧinnī (gest. 1002), einer der grossen Systematiker des philologischen *qiyās*, in seinen Ḫaṣāʾiṣ fī l-luġa, ed. M. ᶜAlī an-Naǧǧār. Kairo 1371/1952-1376/1956. 1, S. 40-7; eingehender noch as-Suyūṭī (gest. 1505): al-Muzhir fī ᶜulūm al-luġa, ed. A. Ǧādalmaulā [u.a.]. Kairo 1949. 1, S. 8-35. Eine Zusammenstellung der wichtigsten Texte in französischer Übersetzung präsentiert Henri Loucel: L'origine du langage d'après les grammairiens arabes, in: Arabica. Leiden. 10. 1963, S. 188-208, 253-81, 11. 1964, S. 57-72, 151-87. Vgl. auch Fleisch: Traité [Anm. 5]. 1, S. 17 n. 1; Allard: Le problème [Anm. 38], S. 277, 305; Kopf: Religious influences [Anm. 30], S. 55-9/41-5; Roger Arnaldez: Grammaire et théologie chez Ibn Ḥazm de Cordue. Paris 1956, S. 37; Bernard George Weiss: Language in orthodox Muslim thought: a study of 'waḍᶜ al-lughah' and its development. Phil. Diss. Princeton, N.J., 1966; ders.: Medieval Muslim discussions of the origin of language, in: Zeitschrift der Deutschen Morgenländischen Gesellschaft. Wiesbaden. 124. 1974, S. 33-41; Versteegh: Greek elements, S. 162-77.

Aporie der Frage als erster formulierte[49]: Letztlich mußte die Entscheidung zwischen *iṣṭilāḥ* und *tauqīf*, Konvention und Setzung der Sprache offenbleiben.

5

Die Debatte der islamischen Theologen scheint von unserem Thema, von der Begegnung des Islams mit der griechischen Logik, fortzuführen. Freilich dürfen wir nicht vergessen, daß die Dogmatiker, welche den Anstoß zu dieser Diskussion gaben, bereits vom Rationalismus der Griechen geprägt waren. Vor allem aber war der geistige Hintergrund dieser Begegnung zu skizzieren; es war zu zeigen, daß die *falāsifa* einem Bewußtsein vom Wert der Sprache und vom Rang der grammatischen Wissenschaft gegenüberstanden, das der hellenistischen Tradition fremd war.

Im Werk des ersten islamischen Philosophen von Rang, al-Kindī (gest. c. 865) - noch Zeitgenosse der älteren Übersetzer und Mitschöpfer der philosophischen Terminologie in arabischer Sprache - tritt diese Differenz noch nicht zutage. Seine 'negative' Theologie ist vom monotheistischen Eifer der Muᶜtazila ebenso beeinflußt wie vom Monismus der neuplatonischen Metaphysik. Wie die Theologie des Kalām sucht er zu zeigen, daß auch seine Philosophie ganz im Dienst des islamischen Bekenntnisses steht. Der Philosoph mag sich bemühen, die 'verborgenen, wesentlichen' Dinge zu erkennen, sein Wissen und seinen Fleiß daransetzen - es wird ihm nicht gelingen, eine Antwort "so konzis und klar, so direkt und erschöpfend" zu finden, wie sie

49. Nach Saifaddīn al-Āmidī (gest. 1233): Iḥkām al-ḥukkām fī uṣūl al-aḥkām. Kairo ²1347/1928. 1, S. 39; s. Haarmann: Religiöses Recht und Grammatik [Anm. 31], S. 154 Anm. 25; Weiss: Medieval Muslim discussions [Anm. 48], S. 40-1.

der Prophet in der Schrift gegeben hat.[50] Das Suchen und Fragen des Philosophen mündet in die Annahme der Offenbarung.

Wir erkennen die Absicht, das Tun der Philosophie, der rationalen Wissenschaften überhaupt - al-Kindī hat sie alle mit enzyklopädischem Eifer behandelt - als gottwohlgefälligen Dienst am offenbarten Gesetz zu rechtfertigen. Der Vergleich zwischen den hermeneutischen Grundlagen der religiösen und der philosophischen Disziplinen lag nicht fern: Schon ein Schüler des Kindī, as-Saraḫsī, schrieb eine Abhandlung mit dem Titel 'Der Unterschied zwischen der Grammatik der Araber und der Logik'[51]. Sie ist verloren, aber wir dürfen vermuten, daß es as-Saraḫsī nicht um die Gegenüberstellung formaler Methoden ging, sondern um die Abgrenzung der Gegenstände und der Ziele - um den Rang der Logik als einer universalen 'Grammatik' des Denkens, welche die Grenzen der arabischen Sprache überschreitet. So erfahren wir aus einer anderen Quelle, daß er ein universales Alphabet mit vierzig Zeichen schuf, das allen Sprachen genügen sollte.[52] Wir werden betrachten, wie die Fortsetzer dieser Tradition argumentierten.

Schon den Übersetzern musste bewusst werden, dass die Grammatik der Araber der Vielfalt der Sprachen nicht genügte, und es

---

50. al-Kindī: Risāla fī Kammīyat kutub Arisṭūṭālīs, edd. M. Guidi, R. Walzer: Studi su al-Kindī. Roma 1940, § 6_{14-17}, = ed. M. ᶜAbdalhādī Abū Rīda: Rasāʾil al-Kindī al-falsafīya. 1. Miṣr 1369/1950, S. 373_{12-15}; dazu R. Walzer: Greek into Arabic, S. 181, vgl. S. 181-7 zu al-Kindīs Auffassung vom Koran und seiner Interpretation der koranischen Anthropomorphismen im Sinne der zeitgenössischen Muᶜtazila. Freilich war al-Kindī nicht Schultheologe - er spricht eine andere Sprache; s. Alfred L. Ivry: al-Kindī's Metaphysics. Albany 1974, S. 22ff.

51. Ibn Abī Uṣaibiᶜa: ᶜUyūn, ed. Müller. 1, S. 215_{19}; vgl. F. Rosenthal: Aḥmad b. aṭ-Ṭayyib as-Saraḫsî. New Haven 1943, S. 56.

52. Ḥamza al-Iṣfahānī: at-Tanbīh ᶜalā ḥudūṯ at-taṣḥīf, ed. M. Asᶜad Ṭalas. Damaskus 1388/1968, S. 35f. Vgl. schon Paul Kraus: Jābir ibn Ḥayyān. Le Caire 1942-3. 2, S. 251 Anm. 2.

dürften ihnen andere, griechische und syrische, Lehren von Bau und Ordnung der Sprache zugänglich gewesen sein. So hat einer ihrer grössten, der Nestorianer Ḥunain ibn Isḥāq (gest. 873), eine Abhandlung über 'Die Regeln der Flexion nach der Lehre der Griechen' (*Aḥkām al-iᶜrāb ᶜalā maḏāhib al-Yūnānīyīn*) verfasst; mehr als ihren Titel kennen wir leider nicht (Ibn an-Nadīm: al-Fihrist, ed. Flügel, S. 294_{21}; s.a. Walzer: Greek into Arabic, S. 73).

As-Saraḫsī stirbt 899 im Gefängnis, wegen Ketzerei verurteilt[53], und schon sein Lehrer al-Kindī bekam in seinen letzten Jahren die Intransigenz der frommen Reaktion zu spüren, die seit der Mitte des 9. Jahrhunderts politischen Einfluß gewann.[54] Gegen rationalistische Spekulation über das Dogma, gegen freies Räsonnement im Recht stellte sie die kodifizierte Sunna: Nächst der Heiligen Schrift des Korans sollte allein die als authentisch erachtete Tradition über Wort und Weisung des Propheten gelten. Der Vorwurf der Ketzerei ist gegen jeden Andersdenkenden schnell bei der Hand. Nicht nur die neuen Wissenschaften wie Astrologie und Alchimie werden mit Mißtrauen betrachtet, sondern auch die Philosophie und die von ihr beeinflußte Dogmatik werden verdammt und verfolgt. Hatte der große Ǧāḥiẓ (gest. 868) noch ein Ideal literarischer Bildung verkündet, in dem Meisterschaft der arabischen Sprache mit dem Reichtum des griechischen Wissenschaftserbes einherging, Tradition mit skeptischem Rationalismus, so formuliert sein jüngerer Antipode Ibn Qutaiba (gest. 889) den Bildungskanon der traditionistischen Orthodoxie, beschränkt auf die Philologie der ᶜArabīya, das technische Wissen der Verwaltungspraxis, die Historie als Exempel der Heilsgeschichte und Spiegel

53. Siehe F. Rosenthal: as-Saraḫsî [Anm. 51], S. 25-38, über die Umstände und Gründe seiner Verurteilung.

54. Ibn Abī Uṣaibiᶜa: ᶜUyūn, ed. Müller. 1, S. 207 infra. Siehe auch unten, S. 267 ff. m. Anm. 1 (Polemik des Sīrāfī gegen al-Kindī).

der Staatskunst - darüber hinaus bleiben vom Erbe Irans und Griechenlands nur noch die Allgemeinplätze sentenziöser Ethik. In der programmatischen Einleitung seines Buches über 'Die Bildung des Sekretärs' (*Adab al-kātib*)[55] ergeht sich Ibn Qutaiba im Spott über die *kuttāb*, die sich in der Kennerschaft von dogmatischer Spekulation (*kalām*) und philosophischer Naturlehre, Logik und Spruchweisheit gefallen und darüber Koran, Ḥadīṯ und Grammatik vernachlässigen. Einer von ihnen, der in Philosophie dilettierte und dem Kindī nahestand, hatte sich um die Erklärung eines klassischen Apophthegmas bemüht[56] und gerät darob ins Schußfeld vehementer Kritik: "Was ist der Nutzen dieses Problems? Gibt es denn jemanden, der das nicht weiß, so daß er Bedarf hätte an solch schauderhafter Wortklauberei? Und so ist es mit allem, was dieses Buch enthält. Wenn der Verfasser der Logik [*ṣāḥib al-manṭiq*: Aristoteles] bis auf unsere Zeit lebte und die subtilen Diskurse in Glaubenslehre, Jurisprudenz, Erbteilung und Grammatik hören könnte, so müßte er sich

55. Gewidmet dem Wesir des Kalifen al-Mutawakkil (847-61) - des Kalifen, der die 'traditionistische Restauration' besiegelte - Abū l-Ḥasan ᶜUbaidallāh b. Yaḥyā Ibn Ḫāqān (s. Dominique Sourdel: Le vizirat ᶜabbāside. Damas 1959-60. 1, S. 274-85, 305-9). Hrsg. v. Max Grünert: Ibn Kutaiba's Adab al-Kâtib. Leiden 1900; siehe auch Gérard Lecomte: L'introduction du «Kitāb Adab al-kātib» d'Ibn Qutayba, in: Mélanges Louis Massignon. Damas 1957. 3, S. 45-64.

56. Es ist Muḥammad b. al-Ǧahm al-Barmakī, Adressat einer Epistel des Kindī (s. al-Ǧawālīqī: Šarḥ Adab al-kātib, ed. Muṣṭafā Ṣādiq ar-Rāfiᶜī. Kairo 1350, S. 42_3; vgl. Richard McCarthy: at-Taṣānīf al-mansūba ilā failasūf al-ᶜArab. Baġdād 1962, S. 48 Nr. 291), Günstling des Kalifen al-Maʾmūn, auch von al-Ǧāḥiẓ als Anhänger der Philosophie genannt (s. Lecomte: L'introduction [Anm. 55], S. 56). Über das von ihm behandelte Apophthegma s. S. M. Stern: «The First in Thought is the Last in Action»: the history of a saying attributed to Aristotle, in: Journal of Semitic Studies. Manchester. 7. 1962, S. 234-52 (zur Stelle in Adab al-kātib S. 238-42, über M. b. al-Ǧahm S. 239, Anm. 1). Das folgende Zitat: Adab al-kātib ed. Grünert, S. 5-6.

sprachlos dünken, und hätte er die Worte des Gesandten Gottes und seiner Gefährten gehört, so wäre er gewahr, daß «den Arabern die Weisheit [*ḥikma*, auch 'Philosophie'!] gehört und die klärende Rede» [Koran xxxviii. 20]!"

Indessen gerät schon gegen Ende des neunten Jahrhunderts die Macht der Abbasiden ins Wanken. Nicht nur ferne Provinzen beginnen, sich von der Zentralregierung zu lösen, sondern auch das Kernland des Kalifats, der Iraq, wird zum Kampfplatz innerer - religiöser und sozialer - Auseinandersetzungen und äußerer Angriffe; die Kalifen selbst liefern sich der Willkür ihrer türkischen Prätorianer aus und müssen sich endlich unter der Tutel einer neuen Macht, der iranischen Būyiden (seit 945), zu Marionetten erniedrigen lassen. Die partikularistischen und zentrifugalen Tendenzen, denen Ibn Qutaiba auf der geistigen Ebene entgegentrat, verstärken sich. Es beginnt eine Zeit des Umbruchs - zugleich jedoch eine Zeit erneuter geistiger Auseinandersetzung und kultureller Blüte. Man hat das zehnte Jahrhundert die 'Renaissance des Islams'[57] genannt; das Jahrhundert, in dem sich das wiederbelebte altarabische Erbe mit iranischer und hellenistischer Überlieferung zu einer nie gesehenen und im islamischen Mittelalter nie wiedergefundenen Vielfalt geistigen Lebens verbindet.

Mit großer Offenheit und Schärfe beginnt nun auch das Streitgespräch zwischen Philosophie und Religion. Gewiß hat es dabei auf der Seite der Philosophen auch Skepsis und Freidenkertum gegeben. Unter denen, die

57. Das gleichnamige Buch von Adam Mez (Heidelberg 1922) gibt eine anschauliche Schilderung des geistigen und sozialen Lebens der Zeit. Den politischen Hintergrund behandelt Heribert Busse: Chalif und Grosskönig. Die Būyiden im Iraq. Beirut, Wiesbaden 1969.

sich zu unserem Thema äußerten, ist an erster Stelle der große Arzt Abū Bakr ar-Rāzī (Rhazes) zu nennen, der bis zu seinem Tode im Jahre 925 im persischen Raiy und in Bagdad wirkte. Seine gnostischen, neupythagoreischen und manichäischen Neigungen, ein Buch gar über 'die Schwindeleien der Propheten' haben ihm nicht zu Unrecht den Ruf eines 'Ketzers' eingetragen, der sich weiter als irgend ein anderer islamischer Denker vom islamischen Glauben entfernt hat.[58] Die Suche nach Erkenntnis kann für ihn auch vor der Offenbarung nicht stillstehen; Wissenschaft, Philosophie, ist ein Prozeß fortschreitender Annäherung, der keine letzten Autoritäten kennt. In den Diskussionen (*munāẓarāt*) zwischen Abū Bakr ar-Rāzī und dem ismāʿīlitischen Theologen Abū Ḥātim ar-Rāzī kommt der Konflikt zwischen der 'asymptotischen' Wahrheit dieser Wissenschaft und der absoluten Offenbarungswahrheit zum Austrag.[59] Gegen den Autoritätsglauben seines Gesprächspartners fordert Abū Bakr, daß jeder einzelne sich auf die Suche nach Erkenntnis machen müsse: "Wer sich um Einsicht bemüht und danach forscht, begibt sich auf den Weg zur Wahrheit. Denn die Seele wird nicht rein von der Trübe dieser Welt und läutert sich nicht für die andere Welt, es sei denn durch das Studium der Philosophie. Wenn einer sich um philosophische Einsicht bemüht und einiges davon - und sei es noch so wenig - begreift, so wird seine Seele rein von dieser Trübe und geläutert."[60] Die Regeln der Sprache sind ihm Konvention,

58. Literatur über Muḥammad b. Zakarīyāʾ ar-Rāzī s. in M. Ullmann: Die Medizin im Islam. Leiden, Köln 1970, S. 128 Anm. 4; ferner Mahdī Muḥaqqiq: Failasūf-i Raiy. Tehrān 1352/1974; über sein *K. Maḫārīq al-anbiyāʾ* Muḥaqqiq, S. 125 Nr. 174 (cf. Ibn Abī Uṣaibiʿa: ʿUyūn, ed. Müller. 1, S. 320_{16-21}; al-Muṭahhar b. Ṭāhir al-Maqdisī: al-Badʾ wat-tārīḫ, ed. Huart. 3, S. 110_{5-6}).

59. Vgl. G. E. von Grunebaum: Studien [Anm. 30], S. 356f.

60. ar-Rāzī: Rasāʾil falsafīya (Opera philosophica), ed. P. Kraus. Kairo 1939, S. 302_{9-14}.

keiner erforschbaren Notwendigkeit unterworfen. Und so hat auch die Grammatik nur einen bescheidenen Rang. "Manche Leute", so sagt er an anderer Stelle, "meinen ob ihrer Unwissenheit und Ahnungslosigkeit, daß Wissenschaft und Weisheit (*al-ʿilm wal-ḥikma*) nur in Grammatik und Dichtung und Sprachreinheit (*faṣāḥa*) und Wortkunst (*balāġa*) bestehen. Sie wissen nicht, daß die Weisen (*al-ḥukamāʾ*, bes. die antiken Philosophen) auch nicht eines davon zur Weisheit zählen oder einen, der darin bewandert ist, weise nennen. Weise ist für sie einer, der die Modalitäten und Regeln des Beweises kennt und der sich um Mathematik, Naturwissenschaft und Metaphysik bemüht und davon so viel erfaßt, wie einem Menschen möglich ist."[61] Nicht gegen die Beschäftigung mit der Grammatik richtet sich seine Kritik, aber gegen jene ihrer Vertreter, "die außer ihr keine Wissenschaft gelten lassen und keinen gelehrt nennen, es sei denn durch sie."[62] Wie einmal ein solcher Grammaticus sich vor ihm brüstet - "das, bei Gott, ist die Wissenschaft, und außer ihr nichts als Wind" - und wie ihn seine Unwissenheit dem Spott preisgibt, schildert Rāzī zur Warnung vor solchem Dünkel[63]: Der naiv-gläubige Vertreter der Tradition unterliegt vor der Rationalität der reinen Wissenschaft.

6

Bald nach Rāzīs Tode, im Jahre 938, findet in Bagdad ein anderes Streitgespräch zwischen einem Grammatiker und einem Philosophen statt; aber diesmal ist es der Verfechter der Logik, der den kürzeren zieht, der die Antwort schuldig bleibt und schließlich verstummt. Freilich ist es kein Rāzī, der hier auftritt. Wohl

61. ar-Rāzī: aṭ-Ṭibb ar-rūḥānī, ibid., S. 43_{4-8}.
62. Ibid., S. 44_{14-15}.
63. Ibid., S. 43f.

brachte die 'Renaissance' des zehnten Jahrhunderts eine neue Blüte der Philosophie und der hellenistischen Wissenschaften. Die Krise des Kalifats schwächte die politische Macht der 'orthodoxen' Institutionen; und die Reichsfürsten der Provinzen wetteiferten mit dem Kalifen, Schiiten mit Sunniten um großzügige Förderung von Literatur und Wissenschaft. Bagdad bleibt das Zentrum der Übersetzungstätigkeit aus dem Griechischen; nach Bagdad brachten syrische Christen die Lehrtradition der Schule von Alexandria, die zuvor noch in Antiochia und Ḥarrān fortbestanden hatte. Aber während die christlichen Theologenschulen des Späthellenismus nur noch die Elemente der Logik vermittelt hatten, setzt sich der Nestorianer Abū Bišr Mattā (Matthäus, gest. 940)[64] die Aufgabe, nach syrischen Versionen des 8. und 9. Jahrhunderts das gesamte *Organon* und die Aristoteleskommentare des Themistius, des Alexander von Aphrodisias und der Ammonius-Schule zur Logik, Physik und Metaphysik in arabischer Sprache verfügbar zu machen. Ohne seine und seiner Fortsetzer Übersetzungen und Kommentare sind die Werke eines Avicenna und eines Averroes nicht denkbar. Auch die erste arabische Übersetzung der *Analytica posteriora*, die den Alexandrinern als Hauptstück der Logik galten, ist das Werk Mattās[65], und er und seine Schüler sind sich mit Stolz bewußt, die Lehre des 'Meisters der Logik' authentischer und vollständiger als zuvor darbieten zu können. Mehr als zuvor auch ist damit die Logik in den Mittelpunkt des philosophischen Unterrichts gerückt.

64. Über das Werk Mattās und die Tradition, die er aufnimmt, siehe Max Meyerhof: Von Alexandrien nach Bagdad. Berlin 1930 (Sitzungsberichte der Preuss. Akad. d. Wiss., Phil.-hist. Kl. 23. S. 389-429), S. 27 (413) ff., bes. S. 28 (414); Walzer: Greek into Arabic, S. 66; Zimmermann: Al-Farabi's Commentary, S. cv; zusammenfassend G. Endress in EI² s.n. Mattā b. Yūnus.

65. Vgl. unten S. 260 mit Anm. 2 zu § 12.

Mattā, der Scholarch der Logiker seiner Zeit, ist der eine Gesprächspartner in unserer Diskussion; der andere, Abū Saᶜīd as-Sīrāfī[66], ist der angesehenste arabische Philologe seiner Zeit. Es ist der Wesir des Kalifen, der die Debatte leitet; Zuhörer sind einige der bedeutendsten Gelehrten Bagdads, Politiker und Staatssekretäre, Diplomaten aus Ost und West - vor allem aber Theologen[67]: kein Zweifel also, wo die Sympathien liegen.

Der Wesir Ibn al-Furāt formuliert die Herausforderung [s. Text im ANHANG, S. 235-270][68]: Der Philosoph behauptet, "es gebe keinen Weg, das Richtige vom Falschen, die Wahrheit von der Lüge, das Gute vom Schlechten, den Beweis vom Trugschluß, das Zweifelhafte vom Sicheren zu unterscheiden außer unserer Logik".[69] Mattā beginnt, indem er Gegenstand und Aufgabe der Logik angibt: Logik ist ein Instrument - ὄργανον -, vermittels dessen richtige Rede von falscher, gültige Aussagen von ungültigen unterschieden werden können;

66. C. Brockelmann: Geschichte der arabischen Litteratur. Leiden ²1943-9, 1, S. 115; Suppl.-Bd 1. 1937, S. 174. Ein grosser Kommentar zur Grammatik des Sībawaih ist sein bekanntestes Werk.

67. Darunter der grosse Ašᶜarī (s.o. S. 183) und etliche Vertreter der Muᶜtazila; die Staatskanzlei repräsentiert Qudāma ibn Ǧaᶜfar, Autorität des *adab al-kātib* im Sinne Ibn Qutaibas (s.o. S. 190) und einer der Begründer der arabischen Poetologie (es ist nicht ohne Ironie, dass er dem Übersetzer der aristotelischen *Ars poetica* gegenübersitzt), und Gesandte des Sāmāniden von Chorasan und des Iḫšīd von Ägypten vertreten die Provinzen des Ostens und des Westens. Weiteres s.u.S.240f., Anm. 2-16 zu § 2.

68. Ich zitiere im folgenden nach Seiten und Zeilen des Textes in Abū Ḥayyān at-Tauḥīdī: al-Imtāᶜ wal-muʾānasa. Kairo 1939 bis 1944. Bd 1, S. 108-28 [abgek. *Imtāᶜ*], unten in meiner Übersetzung am Rande angegeben; dort S. 235ff. einleitend weiteres zu Überlieferung und Tendenz des Berichts sowie Literaturangaben über frühere Bearbeitungen. - Eine systematische Interpretation des Textes gibt Wilfried Kühn im folgenden Beitrag des vorliegenden Bandes (s.u. S. 301ff.).

69. Imtāᶜ 1.108$_{10-12}$ (s.u. S. 238f.).

sie ist wie eine Waage, die Echtes vom Falschen trennt.[70] As-Sīrāfī entgegnet, indem er die universale Geltung von Mattās Logik anficht: "Begründet hat doch die Logik ein Mann von den Griechen in ihrer Sprache nach ihrer Konvention und Übereinkunft über deren Regeln und Zeichen - wieso müssen denn Türken und Inder und Perser und Araber die Logik beachten?"[71] Und geschickt unterstellt er dem Logiker die Behauptung, daß es "keine Autorität gebe außer der Vernunft der Griechen, keinen Beweis außer von ihrer Hand, keine Wahrheit außer nach ihrem Vorgang."[72] Der Grammatiker postuliert, daß die Logik als griechische Logik der Beschränkung der Sprache selbst unterliege, in der Sprachform arabischer Übersetzung hingegen und aus dem Munde eines des Griechischen unkundigen Mannes unverbindlich und fragwürdig sei. Er vindiziert den logisch strukturierten Sinn der grammatisch geformten Wörter für die Grammatik selbst. Mattā entgegnet mit den Formeln seiner Schulweisheit: Die Grammatik als Grammatik habe es nur mit dem Lautbild (*lafẓ*) zu tun, das die Bedeutung (*maᶜnā*), die Begriffe und ihre Verknüpfungen, vermittelt; die Logik gehe auf die Bedeutungen selbst zurück, gleich unter welchen sprachlichen Zeichen sie erscheinen, und sie stehe daher über der Kontingenz und Konventionalität der Sprache.[73] Doch Sīrāfī leugnet die Möglichkeit sprachfreier Erkenntnis: "Wenn zu diesen Gegenständen des Verstandes und Begriffen der Erkenntnis nur mittels einer Sprache aus Nomina, Verba und Partikeln zu gelangen ist - bedarf es dann nicht notwendig der Kenntnis der Sprache?"[74]

70. Imtāᶜ 1.109$_{11-13}$ (s.u. S.241f. m. Anm. 1).
71. Imtāᶜ 1.110$_{11-14}$ (s.u. S. 243).
72. Imtāᶜ 1.112$_{5-6}$ (s.u. S. 245).
73. Imtāᶜ 1.111$_{1-3}$, 114$_{6-9}$ (s.u. S. 243, 248f.).
74. Imtāᶜ 1.111$_{8-9}$ (s.u. S. 244).

Er zeigt zunächst, daß Mattā von der arabischen Sprache und ihrer Grammatik, über die er sich ein Urteil anmaßt, nichts versteht. Er hält ihm darauf vor, daß richtiges Denken mit richtigem Sprechen unauflöslich verbunden ist, und er treibt ihn in die Enge, indem er ihn - nicht ohne List - dazu bringt, einen widersprüchlichen, unlogischen Satz gutzuheißen.[75] Also bloßgestellt, muß Mattā sich sagen lassen, daß der Jargon seiner Terminologie, die Leerformeln seiner Syllogismen nichts als Schall und Rauch sind.[76]

Sīrāfī bestreitet nicht, daß es intelligible Begriffe gibt, die unabhängig von den Zeichen einer bestimmten Sprache universal, für alle Menschen unwandelbar und gleich und dem Verstande zugänglich sind. Er bestreitet aber, daß die Logik der Griechen solche universalen, verbindlichen Begriffe und Denkgesetze enthalte; daß gerade sie die Grenzen der Sprache überschreiten könne. Logik sei vielmehr die immanente Form und Gesetzmäßigkeit der Sprache - eben dies bedeutet das arabische Wort für Logik, *manṭiq*, ursprünglich -, sie sei also nichts anderes als die höchste Stufe der Grammatik: Ein arabischer Logiker müsse von der arabischen Grammatik ausgehen. "Die Grammatik - aber aus der Hülle der ʿArabīya geschält - ist Logik; und die Logik - aber vernommen durch die Sprache - ist Grammatik. Der Unterschied zwischen Sprachlaut und Bedeutung ist der, daß der Sprachlaut der Natur angehört, die Bedeutung dem Verstande. Daher ist der Sprachlaut vergänglich mit der Zeit, weil die Zeit die Spur [*aṯar*] der Natur durch eine andere Spur der Natur tilgt; und daher ist die Bedeutung beständig über die Zeit, denn es ist ein Verstand, welcher die Bedeutung registriert,

75. Imtāʿ 1.118$_{15}$-119$_{5}$ (s.u. S. 255).
76. Imtāʿ 1.122 infra, 123$_{7}$-124$_{1}$ (s.u. S. 260, 261).

und der Verstand ist göttlich. Hingegen ist der Stoff des Sprachlauts materiell, und alles Materielle ist hinfällig."[77] Von den dogmatischen Anschauungen des Sīrāfī wissen wir wenig; es heißt, daß er der Muᶜtazila, und zwar der Richtung des Ǧubbāʾī (s.o. S. 183 f.), anhing[78], und dazu stimmt, daß er die Sprache als Konvention bezeichnet. Auch sein Insistieren auf der Bindung aller Aussage an das vergängliche Material der Sprache mag von daher beeinflußt sein. Wort und Idee sind inkommensurabel: "Der zusammengesetzte Laut der Sprache umfaßt nicht den einfachen Begriff des Verstandes. Die Bedeutungen sind Gegenstände des Verstandes von fester Kohärenz und vollkommener Simplizität; kein Laut welcher Sprache auch immer hat die Kraft, dieses Einfache in Besitz zu nehmen und zu umgreifen und einen Wall davor zu setzen, nichts von innen hinauszulassen und nichts von außen hereinzulassen."[79] In seiner Grammatik sieht er ein Werkzeug rationaler Durchdringung, das die innere Logik und Kohärenz der Sprache demonstriert - Werkzeug einer Rationalität aber, welche die Grenzen der Ratio nennt, indem sie ihr den Schritt vom erschaffenen Zeichen - sei es auch in der Offenbarung gegeben - zur ewigen, intelligiblen Idee verwehrt[80]; und er sieht in der Wissenschaft der Theologen (*ᶜulamāʾ*) und Rechtsgelehrten (*fuqahāʾ*), der

77. Imtāᶜ 1.115$_{1-5}$ (s.u. S. 249).

78. al-Ḫaṭīb al-Baġdādī: Tārīḫ Baġdād. 7, S. 342$_{7-8}$. Nach Ibn an-Nadīm: al-Fihrist, ed. Flügel, S. 62$_{15}$, war sein Lehrer im Kalām der Muᶜtazilit und Ǧubbāʾī-Schüler aṣ-Ṣaimarī (gest. 315/927; s. Ibn al-Murtaḍā: Ṭabaqāt al-Muᶜtazila, ed. S. Diwald-Wilzer, S. 96); nach az-Zubaidī: Ṭabaqāt an-naḥwīyīn, ed. M. Abū l-Faḍl Ibrāhīm, S. 119 ult., war Sīrāfī Anhänger des Ǧubbāʾī.

79. Imtāᶜ 1.126$_{13-16}$ (s.u. S. 266).

80. Mahdi: Language and logic [wie Anm. 47], S. 59, erinnert zu Imtāᶜ 1.115$_{1-5}$ an die vermittelnde Position von Ibn Kullāb (s.o. S. 184). Indessen ist Sīrāfīs Nähe zur Lehre des Ǧubbāʾī, von den Quellen bezeugt, auch in den theologischen Implikationen der oben zitierten Äusserung weit einsichtiger.

Interpreten der Offenbarung, den allein zulässigen Weg, über die transzendente, der Begrenzung des Ausdrucks nicht unterworfene Wahrheit nachzudenken.[81] Einen anderen Weg gibt es nicht; der Logiker folgt nur der "Fußspur der Natur", entschlüsselt nicht die intelligible Wirklichkeit hinter den Zeichen der Schöpfung - sein Syllogismus ist leeres, törichtes Gedankenspiel.

7

Wenn wir unserem Berichterstatter glauben dürfen, hat es Mattā, dem Logiker, die Sprache verschlagen; jedenfalls scheint er die Antwort auf diese Einwände, und damit auf die Frage nach der Aufgabe und dem Wert seiner Logik und nach ihrem Verhältnis zur Grammatik schuldig geblieben zu sein. Gar zu schlecht war er gerüstet, dem Gegner in dessen Domäne zu begegnen. Nicht so der Sīrāfī, der sich mit Fleiß "der Wissenschaft vom Almagest, dem Euklid und der Logik gewidmet" hatte[82], der mit brillianter Bosheit Terminologie und Methode der Logiker vor seinen Zuhörern ausbreiten und als unfähiges Gestammel verhöhnen kann; der überdies - Schüler des subtilen Rationalisten al-Ǧubbāʾī[83] - die Argumente von der Konventionalität der Sprachzeichen und der Transzendenz ewiger Ideen den Logikern aus der Hand schlagen und für den Machtanspruch seiner eigenen Wissenschaft vindizieren kann. Hatte Rāzī gegen die Grammatiker gewettert, die nichts gelten lassen außer Grammatik, so denunziert er den Dünkel der Logiker, die meinen, "die Bedeutungen [hinter den Sprachzeichen] seien nur durch ihre Methode und Betrachtungsweise und Bemühung zu erkennen und zu er-

81. Imtāᶜ I.127$_{1-5}$ (s.u. S. 266f.).
82. az-Zubaidī: Ṭabaqāt an-naḥwīyīn [wie Anm. 78], S. 119$_{12-13}$.
83. S. oben Anm. 78; vgl. auch Allard: Attributs, S. 123-33.

hellen"[84].

Auf der anderen Seite fanden die Logiker auch interessierte und geneigte Gesprächspartner; nicht nur unter den Dogmatikern der Muᶜtazila, sondern auch unter den Philologen gab es solche, die den Philosophen auf halbem Wege entgegenkamen, definitorische Schemata und die Terminologie der hellenistischen Tradition in die Prinzipienlehre der Grammatik (*uṣūl an-naḥw*) einbrachten.[85] Ibn as-Sarrāǧ (gest. 928) - Lehrer auch des Sīrāfī -, von dem es heißt, daß er die Grammatik, bis dato "von Sinnen" (*maǧnūn*), mit seinen 'Prinzipien' vernünftig machte[86], stand nach einer allerdings späten Quelle mit dem Philosophen al-Fārābī (von ihm wird sogleich zu reden sein) in regem Austausch: "Er unterwies al-Fārābī in der Grammatik, während er bei ihm die Logik studierte"[87], und in seinen *Uṣūl* habe er den Stoff des Sībawaih nach der Terminologie der Logiker gegliedert. In der Tat zeigen seine Definitionen der Wortarten, daß diese Begegnung nicht spurlos geblieben ist.[88] Sein jüngerer Zeitgenosse az-Zaǧǧāǧī (gest. 949) diskutiert nicht nur die Logikerdefinitionen der Wortarten, sondern stellt diesen zur Einführung die aristotelische Begriffsbestimmung der Definition und die aus den alexandrinischen Prolegomena vertrauten Definitionen der Philosophie voran - nicht ohne die Unterschiede der Begriffssysteme zu betonen:

84. at-Tauḥīdī: Imtāᶜ 1.121$_{8-9}$, s.u. S. 258.
85. Im Überblick dargestellt von Versteegh: Greek elements, S. 113ff.
86. as-Suyūṭī: Buġyat al-wuᶜāh, ed. M. Abū l-Faḍl Ibrāhīm. Kairo 1964-5. 1, S. 109.
87. Ibn Abī Uṣaibiᶜa: ᶜUyūn, ed. Müller. 2, S. 136.
88. Ibn as-Sarrāǧ: K. al-Uṣūl fī n-naḥw, ed. ᶜAbdalḥusain al-Fatlī. an-Naǧaf, Baġdād 1973. 1, S. 38f.; s. Gérard Troupeau: Les 'partes orationis' dans le Kitāb al-ʾUṣūl d'Ibn al-Sarrāj, in: Historiographia Linguistica. Amsterdam. 8. 1981, S. 379-88; F.W. Zimmermann: Al-Farabi's Commentary, S. cxviii-cxxii.

"Ihre Intention ist eine andere, und ihre Absicht ist nicht die unsere."[89] Auch Ibn as-Sarrāǧs Schüler ar-Rummānī (gest. 994) - auf ihn geht der Bericht über die Debatte mit Mattā zurück - zeigt in prägnanten Bestimmungen von Ziel und Methode der ars grammatica (*ṣināᶜat an-naḥw:* τέχνη γραμματική!), daß er der Methode der Logiker nacheifert, und seine Sammlung von Definitionen grammatikalischer Termini - schon als Genre neu in seiner Disziplin - zeugt von Abstraktionsgabe und 'logischem' Geist, ohne doch spezifische Begriffe der aristotelischen Logik aufzuweisen.[90] Von Interesse in unserem Zusammenhang sind auch die Aristoteleszitate über das Wesen der Schrift im *Tanbīh ᶜalā ḥudūṯ at-taṣḥīf* des Ḥamza al-Iṣfahānī (gest. gegen 970).[91]

Freilich zogen sich solche Adepten der Logik teils Spott, teils Ressentiment von beiden Seiten zu. Von Ibn as-Sarrāǧ erzählt die Anekdote, daß er in einer Fachdiskussion versagte und reuig gelobte, künftig von Logik und Musik (Musiktheorie, wie sie auch al-Fārābī betrieb?) abzulassen[92]; und dem Rummānī machte sein Kollege Abū ᶜAlī al-Fārisī den Vorwurf, er vermische

89. az-Zaǧǧāǧī: al-Īḍāḥ fī ᶜilal an-naḥw, ed. Māzin al-Mubārak. Bairūt ^{4}1982, S. 46-8; s. Versteegh: Greek elements, S. 128f. Die alexandrinische Definitionsroutine (Definition der Definition, Definitionen der Philosophie) findet sich in den Prolegomena zu Porphyrs Isagoge, in arabischer Fassung bei Abū l-Faraǧ ibn aṭ-Ṭaiyib: Tafsīr K. Īsāġūǧī, ed. Gyekye, S. 15-18 §§ 19-28; zu den Vorläufern vgl. L.G. Westerink: Anonymous Prolegomena to Platonic philosophy. Amsterdam 1962, S. xxviii.

90. So urteilt schon Abū Ḥayyān at-Tauḥīdī: al-Imtāᶜ wal-muʾānasa. 1, S. 133_{14}: *lam yasluk ṭarīq wāḍiᶜ al-manṭiq*; siehe auch Māzin al-Mubarāk: ar-Rummānī an-naḥwī fī ḍauʾ šarḥihī li-Kitāb Sībawaih. Dimašq 1383/1963, S. 249 [Definitionen der Grammatik], S. 227-39 [über die Frage der logischen Elemente]; seine -Ḥudūd fī n-naḥw, hrsg. von Muṣṭafā Ǧawād und Yūsuf Yaᶜqūb Maskūnī, in: Rasāʾil fī n-naḥw wal-luġa. Baġdād 1388/1969, S.37-50; al-Qifṭī: Inbāh ar-ruwāh ed. M. Abū l-Faḍl Ibrāhīm 2.388_{6-14}.

91. Ed. Asᶜad Ṭalas [s.o. Anm. 52], S. 27_{7-10}, 43_{8}.

92. Ibn an-Nadīm: al-Fihrist, ed. Flügel, S. 62.

Grammatik und Logik in einer Weise, die weder von den Grammatikern noch von den Logikern ernst genommen werden könne.[93] Allerdings scheinen die Angriffe auf ar-Rummānī auch von persönlicher Animosität unter den Hellenophilen getönt gewesen zu sein; sein Kritiker al-Badīhī war Bewunderer des christlichen Philosophen Yaḥyā ibn ʿAdī und nahm dem Rummānī seine Kritik an dessen Trinitätslehre übel.[94] Immerhin mag die Unterwanderung der Grammatik durch die Denkungsart der Logik die wütende Polemik des Sīrāfī gerade gegen ihre Terminologie veranlaßt haben[95]: Der Autoritätsanspruch der philologischen Tradition im eigenen Lager stand auf dem Spiel.

Ein Schüler des Ibn as-Sarrāǧ, Abū ʿAlī al-Qālī, brachte die Lehrtradition der Bagdader Grammatiker im Jahre 942 nach Cordoba (s. R. Sellheim in EI² s.n. Ḳālī). In Spanien finden wir mit einiger Verspätung auch einen bedeutenden Advokaten der hellenistischen Philosophie in Ibn Bāǧǧa (gest. 1139), einem andalusischen Jünger des Fārābī; dieser legte dem - übrigens mit neuplatonischer Metaphysik sympathisierenden - Philologen Abū Muḥammad ʿAbdallāh Ibn as-Sīd al-Baṭalyausī (1052-1123) Fragen zur grammatikalischen Satzanalyse vor. Freilich erntete er mit seiner kategorialen Interpretation des Nominalsatzes (*al-mubtadaʾ wal-ḫabar ∿ al-mauḍūʿ wal-maḥmūl*) nur höfliche Zurückweisung: "Die Kunst der Logik mag zur Kunst der Grammatik eine gewisse Beziehung haben, aber die Intention der beiden Künste ist nicht dieselbe." (Edition und Übersetzung des Textes aus Baṭalyausīs *K. al-Masāʾil wal-aǧwiba fī n-naḥw* von A. J. Elamrani-Jamal: Les rapports de la logique et de la grammaire d'après le Kitāb al-Masāʾil d'al-Baṭalyūsī, in: Arabica. Leiden. 26. 1979, S. 76-89; der zitierte Satz am Ende, S. 83 u.)

---

93. al-Anbārī: Nuzha, ed. Amer, S. 189_{15-18}; Yāqūt: Iršād, ed. Margoliouth. 5, S. 281_{10-12}. Freilich hat der ehrgeizige Fārisī auch den Zaǧǧāǧī abgekanzelt (Nuzha, S. 183_{12}: "Hörte er unser Wort in der Grammatik, so würde er sich schämen, darüber zu reden") und dem Sīrāfī seine glänzende Rolle in jener Debatte geneidet (s.u. S. 270).

94. Abū Ḥayyān at-Tauḥīdī: al-Baṣāʾir wad-daḫāʾir, ed. Kailānī. 1, S. 171_3-172_3; s.a. al-Qifṭī: Inbāh ar-ruwāh, ed. M. Abū l-Faḍl Ibrāhīm. 2, S. 95_{20}; cf. al-Mubārak: ar-Rummānī [s.o. Anm. 90], S. 61.

95. at-Tauḥīdī: Imtāʿ 1.122f. (Übers. unten S. 260f.).

8

Zwei Schüler Mattās sind es vor allen, die seine Überlieferung fortgeführt, seine Lehre entwickelt und verteidigt haben: der Muslim al-Fārābī (gest. 950), der eigentliche Begründer der islamischen Philosophie, und der jakobitische Christ Yaḥyā ibn ᶜAdī (gest. 974), wohl der bedeutendste christliche Theologe und Apologet arabischer Sprache. Beide haben das Verhältnis von Sprache und Denken in der Differenz zwischen Grammatik und Logik eingehend behandelt; und beide zeigen in ihren Schriften, daß sie sich mit dem System der islamischen Wissenschaften und mit den Grundbegriffen der arabischen Grammatik auseinandergesetzt - daß sie die Herausforderung des Sīrāfī angenommen haben.

Wir beginnen mit dem jüngeren Ibn ᶜAdī[96], denn er gilt als Mattās direkter Nachfolger auf dem Bagdader 'Lehrstuhl' der Logik. Wie er hat er sich als Übersetzer und Erklärer des Aristoteles und seiner griechischen Kommentatoren betätigt; aber anders als er suchte er den islamischen Theologen in ihrem Revier zu begegnen, Fragen des Kalām mit den Mitteln der Logik zu

96. G. Endress: The works of Yaḥyā ibn ᶜAdī. An analytical inventory. Wiesbaden 1977. - Sein Schüler ᶜĪsā ibn Zurᶜa (gest. 1008, s. ibid. S. 8), der auch an der arabischen Übersetzung des Organon mitgewirkt hat, schrieb eine Apologie der Logik vom christlichen Standpunkt: Die Logik sondere das Mögliche vom Unmöglichen; sie erlaube daher, das authentische Wunder - Grundlage der Religion - vom scheinbaren, echte von falschen Propheten zu unterscheiden. Siehe Nicholas Rescher: A tenth-century Arab-Christian apologia for logic, in: Islamic Studies. Karachi. 2. 1963, S. 1-16.

erledigen.[97] Ihm auch verdanken wir die eingehendste Darlegung unseres Problems. In seiner Abhandlung 'Über die Differenz zwischen der philosophischen Logik und der arabischen Grammatik' [s. Text im ANHANG, S. 272 bis 296][98] trennt er die Gegenstände der Grammatik und der Logik nach denselben Kriterien wie Mattā: Die Grammatik hat es mit den Zeichen der sprachlichen Äußerung zu tun, die Logik mit intelligiblen Bedeutungen. Er gibt jedoch eine systematische Begründung dieser Einteilung: Grammatik und Logik fallen unter den Oberbegriff, das Genus, der 'Kunst' (τέχνη, arab. *ṣināᶜa*).[99] Nun ist jede Kunst zu definieren nach dem Gegenstand (*mauḍūᶜ*: ὑποκείμενον), an dem sie wirkt (wie das Holz in der Schreinerei, der menschliche Körper in der Medizin) und nach dem Ziel (*ġaraḍ*: τέλος), das sie durch ihr Wirken an diesem Objekt zu erreichen sucht (also etwa die Herstellung eines Möbelstücks bzw. der Gesundheit). Nach diesen beiden Kriterien ist somit auch die spezifische Differenz zwischen den beiden Künsten zu ermitteln. Gegenstand der arabischen Grammatik sind die Sprachlaute (*alfāẓ*), gleich ob sie eine Bedeutung tragen oder nicht; ihr Ziel ist deren Flexion (*iᶜrāb*) und Zusammenfügung nach den Konventio-

97. In seinen Traktaten über die göttliche Einheit (*tauḥīd*), über den ontologischen Status der contingentia, über die Theorie der Akquisition (*iktisāb*) im menschlichen Willensakt, das Unendliche und das Atomon behandelt er Themen des Kalām mit den Methoden der peripatetischen Schulphilosophie (s. Endress: The works of Yaḥyā ibn ᶜAdī, §§ 4.2, 4.3, 5.3).

98. Maqāla fī Tabyīn al-faṣl baina ṣināᶜatai al-manṭiq al-falsafī wan-naḥw al-ᶜarabī; s. meine Edition nach dem Tehraner Unicum in Maǧallat Tārīḫ al-ᶜulūm al-ᶜarabīya. Ḥalab. 2. 1978.

99. Die hierzu gegebene Definition der τέχνη geht zurück auf Aristoteles, Eth. Nic. 1140a10 (ἕξις μετὰ λόγου ἀληθοῦς ποιητική). Dass die Grammatik τέχνη, nicht bloss ἐμπειρία sei, betonen schon die antiken Grammatiker; cf. Steinthal: Geschichte der Sprachwissenschaft [s.o. Anm. 12]. 2, S. 162 ff.; Versteegh: Greek elements, S. 129. Weitere Belege für die Definition der τέχνη aus ὑποκείμενον und τέλος s.u. zum Text, S. 275 f.

nen der Araber. Die Bedeutungen (*maᶜānī*) selbst sind vorgegeben, sind weder ihr Gegenstand noch ihr Ziel; der Grammatiker kann sie weder schaffen noch verändern. Er mag sinnvolle, eindeutige Sätze intendieren, aber eine solche Intention ist nur Akzidens seines Tuns. Sein Ziel ist erreicht, wenn eine Äußerung, ein Satz, die formalen Regeln der Grammatik erfüllt. Aber auch ein korrekt gebildeter Satz kann, etwa durch Homonymie, mehrdeutig sein, während auch ein ungrammatischer Satz einen klaren und eindeutigen Sinn ergeben kann. - Die Logik auf der anderen Seite behandelt nur sinntragende Sprachzeichen; nicht alle indessen, sondern diejenigen, welche das Allgemeine - *al-umūr al-kullīya*: τὰ καθόλου, die Universalia - bezeichnen, und deren Verknüpfung im Urteil der Ort der Wahrheit ist; ihr Ziel ist die Deduktion der Wahrheit - der Übereinstimmung des Urteils mit der Realität - im gültigen Beweis. Die Beziehung des einzelnen Wortes zur Sache selbst ist die einer durch Konvention (*tawāṭuʾ*: συνθήκη) geregelten Repräsentation, ist daher bloß akzidental.[100] Yaḥyā ibn ᶜAdī begegnet damit dem Vorwurf des Grammatikers, auch die Logik sei an das Material der Sprache gebunden: Nur in der Verknüpfung der universalen, intelligiblen Begriffe wird logische Wahrheit sichtbar.

Aristoteles' Theorie der sprachlichen Zeichen, die auch hier zugrundeliegt, wurde bereits erwähnt (De Int. 1:16a3-18): Das geschriebene Wort ist Zeichen des

100. S.a. oben, S. 180. Ein jüngerer Zeitgenosse, der Historiker und Philosoph Abū ᶜAlī Miskawaih (gest. 1030), erläutert den Ursprung der sprachlichen Konvention (hier: *iṣṭilāḥ*) aus der 'politischen Natur' des Menschen (cf. Arist., Polit. 1253a): *al-insān madanī biṭ-ṭabᶜ* (al-Hawāmil waš-šawāmil [s.o. Anm. 19], S. 12); vgl. Mohammed Arkoun: Contribution à l'étude de l'humanisme arabe au IVe/Xe siècle: Miskawayh (320/325-421=932/936-1030), philosophe et historien. Paris ^{2}1982 (Études musulmanes. 12), S. 326.

gesprochenen, die Sprachlaute (τὰ ἐν τῇ φωνῇ) sind Symbole von geistigen Vorgängen (τὰ ἐν τῇ ψυχῇ παθήματα 'Einwirkungen in der Seele'), und diese - die Gedanken, d.h. Denkakte (νοήματα) - sind Abbilder (ὁμοιώματα) der wirklichen Dinge (πράγματα). In der arabischen Terminologie entspricht *lafẓ* ∿ φωνή, *alfāẓ dālla* ∿ φωναὶ σημαντικαί, *maᶜnā* ∿ πρᾶγμα (so schon in der arabischen Hermeneutik-Übersetzung von Isḥāq ibn Ḥunain).

Arabisch *maᶜnā* (eig. 'Ort der Betroffenheit', 'Intention') heisst jedoch in einem engeren Sinne als griechisch πρᾶγμα 'Sache, die Inhalt des Denkens ist', 'Begriff', 'Idee', auch allgemein 'Moment' der vom Denken erfassten Wirklichkeit; dann 'Sache, von der die Rede ist': Extension (Referenz, Referenzklasse) des Sprachzeichens, daher 'Signifikat', 'Sinn': Intension des Sprachzeichens. Man hat wiederholt auf die Möglichkeit einer Begriffsprägung durch gr. πρᾶγμα im Sinne der stoischen 'Dialektik' verwiesen[101]: 'Sache' *qua* objektiver Inhalt des Denkens wie auch - insoweit und sobald davon die Rede ist - des signifikanten Diskurses. Als solche definiert die Stoa das 'Ausgesagte', λεκτόν, das Signifikat (σημαινόμενον) des Sprachzeichens (σημαῖνον): dies ist nicht der Gegenstand (τὸ τυγχάνον) der aussersprachlichen Wirklichkeit (τὸ ἐκτὸς ὑποκείμενον) sondern die unkörperliche "Sache selbst, welche von dem Sprachlaut aufgezeigt wird (αὐτὸ τὸ πρᾶγμα τὸ ὑπ' αὐτῆς [τῆς φωνῆς] δηλούμενον) und welche wir begreifen als etwas, das neben unserem Denken steht (τῇ ἡμετέρα παρυφιστάμενον διανοίᾳ)", auch nicht der Gedanke (νόησις) - nach stoischer Auffassung die durch die Wahrnehmung vermittelte 'rationale Vorstellung' (λογικὴ φαντασία) -, sondern der objektive Inhalt des Denkens (τὸ νοούμενον πρᾶγμα), der durch die Sprache vermittelt und von anderen aufge-

---

101. So Simon van den Bergh: Die Epitome der Metaphysik des Averroes. Leiden 1924, S. 155 (zum Wahrheitsbegriff, S. 7 der Übersetzung); ders.: Averroes' Tahafut al-Tahafut. London 1954. Vol. 2, S. 4; 188; Helmut Gätje: Die inneren Sinne bei Averroes, in: Zeitschrift der Deutschen Morgenländischen Gesellschaft. Wiesbaden. 115. 1965, S. 255-93 (bes. S. 280f.); Josef van Ess: The logical structure of Islamic theology, in: Logic in Classical Islamic Culture (First Giorgio Levi Della Vida Biennial Conference). Wiesbaden 1970, S. 21-50 (bes. S. 33); Hans Daiber: Das philosophisch-theologische System des Muᶜammar ibn ᶜAbbād as-Sulamī. Beirut, Wiesbaden 1975 (Beiruter Texte und Studien. Bd 19), S. 211-12; Versteegh: Greek elements, S. 178-90 ('The Stoic component in the theory of meaning').

fasst werden kann: der Ort von Wahr und Falsch.[102]

Nun finden wir bereits in der frühen arabischen Grammatik die Opposition *lafẓ* × *maᶜnā*, *maᶜnā* auch hier i.S.v. 'Begriff', 'Moment' verschiedener Ausdrücke gleicher Extension, 'Intention' der Rede, 'Signifikat' des Sprachzeichens (*al-madlūl ᶜalaihi*).[103] Eine Begriffsprägung durch griechische Terminologie müsste bereits vorausgegangen sein; freilich ist ein Traditionszusammenhang mit dem differenzierten Gebrauch von πρᾶγμα/λεκτόν im Sinne des stoischen Modells nicht nachweisbar. Auch die Terminologie anderer islamischer Disziplinen ist im Auge zu behalten: Der Gebrauch von *maᶜnā* im älteren Kalām i.S.v. 'Wesensgrund', 'Wesensmoment', 'Eidos'[104] wie auch im Fiqh (*maᶜnā l-ḥukm* wie *ᶜillat al-ḥukm* 'ratio legis') lässt an das Bedeutungsspektrum von gr. λόγος und αἰτία denken (zu letzterem s. Lampe: Patr. Gr. Lex. 54a s.v., Abs. 3, vgl. auch syr. *ᶜelltā*); H. A. Wolfson wies auf Analogien zum Terminus πρᾶγμα der patristischen Trinitätslehre und Christologie hin.[105] Wiederum bei

---

102. Sextus Empiricus: Adv. math., ed. Mutschmann. Vol. 2, VIII 11-12 = Stoicc.vett.fragm., ed. Arnim 2, S. 48 § 166. - Über die stoische Bedeutungslehre, bes. über den Begriff λεκτόν: Carl Prantl: Geschichte der Logik im Abendlande. Leipzig 1855-70. 1, S. 414-17; Ed. Zeller: Die Philosophie der Griechen in ihrer geschichtlichen Entwicklung. T. 3. Abt. 1,1. Leipzig [5]1923, S. 88-90; Steinthal: Geschichte der Sprachwissenschaft [s.o. Anm. 12]. 1, S. 288-97; Max Pohlenz: Die Stoa. Göttingen [3]1964, S. 39; Benson Mates: Stoic logic. Berkeley, Los Angeles [2]1961, S. 11-26; A. C. Lloyd: Grammar and metaphysics in the Stoa, in: Problems in Stoicism, ed. by A.A. Long. London 1971, S. 58-74 (bes. S. 64ff.); A.A. Long: Language and thought in Stoicism, ibid. S. 74-113 (bes. S. 75-84).

103. Eine eingehende Analyse von Texten des 8. bis 10. Jahrhunderts gibt Richard M. Frank: Meanings are spoken of in many ways: the Arab grammarians, in: Le Muséon. Louvain. 94. 1981, S. 259-319.

104. Siehe Harry Austryn Wolfson: The Muslim attributes and the Christian Trinity, in: Harvard Theological Review 49. 1956, S. 1-18 (bes. S. 4f.) = Wolfson: The philosophy of the Kalam. Cambridge, Mass. 1976, S. 112-32 (115f.); Richard M. Frank: Muᶜammar's theory of maᶜnā, in: Arabic and Islamic Studies in honor of H.A.R. Gibb. Leiden 1965, S. 673-88 (bes. S. 684); ders.: Al-Maᶜnà: some reflections on the technical meanings of the term in the kalâm and its use in the physics of Muᶜammar, in: Journal of the American Oriental Society. New Haven. 87. 1967, S. 248-88 (bes. S. 252); ders.: Beings and their attributes: the teaching of the Basrian school of the Muᶜtazila in the Classical period. Albany 1978, S. 112 n. 3; H. Daiber: Das philos.-theol. System des Muᶜammar [s.o. Anm. 101], S. 78-90 über *maᶜnā* i.S.v. εἶδος bei Muᶜammar.

105. Wolfson: The Muslim attributes [s.o. Anm. 104], S. 4f. (115f.).

den Philologen finden wir in der seit Mitte des 9. Jahrhunderts sich entwickelnden arabischen Poetologie den Gegensatz von *maᶜnā* und *lafẓ* in der Diskussion über das Verhältnis von dichterischem 'Gedanken', gedanklichem 'Gegenstand' und sprachlichem Ausdruck[106]; ähnlich kennt die griechische Rhetorik die Opposition διάνοια, ἔννοια 'Sinn', 'Gedanke' vs. λέξις 'Ausdruck'.[107] - Eine 'stoische Komponente' ist allenfalls im Moment der Intentionalität auszumachen; doch es fehlt die stoische Unterscheidung zwischen νόησις und λεκτόν.

Die Terminologie der Falāsifa beruht auf dem Wortgebrauch der Übersetzer; auch dieser spiegelt die oben skizzierte Bedeutungsentwicklung: Wir finden *maᶜnā* bei einigen älteren Übersetzern für νόημα (so Arist., De int. 16a14 ≃ fragm. ar., ed. Hoffmann 56_2, De an. 407a7, 430a28 ≃ tr. vetus, ed. Badawī 16_2, 75_{15}) sowie διάνοια, ἔννοια, λόγος, θεώρημα - auch dort, wo das Verhältnis von Gedanke und sprachlichem Ausdruck nicht in Rede steht -, für διάνοια auch im speziellen Gebrauch der Rhetorik (s. Arist., Rhet. [arab.], ed. Lyons, gloss. 2.249 s.v.); dann - in den Übersetzungen von Isḥāq ibn Ḥunain und seinen Nachfolgern - für πρᾶγμα, v.a. in Texten der aristotelischen Philosophie (z.B. De int. 16a7 ≃ ar. [Isḥāq], ed. Pollak 1_{10}, Top. 108a21 [dist. ὄνομα] ≃ ar. [Abū ᶜUṯmān ad-Dimašqī], ed. Badawī 499_{12}, Soph. El. 167a24 [dist. ὄνομα] ≃ ar. [ᶜĪsā b. Zurᶜa], ed. Badawī 729_7, prägnant τὸ τί ἦν εἶναι τοῦ πράγματος Porph. Isag. 12_{3-4} ≃ ar. [Abū ᶜUṯmān] 1048_3, ed. Badawī), ferner für σημαινόμενον (z.B. Porph., Isag. 1_{20} ≃ ar. [Abū ᶜUṯmān ad-Dimašqī] 1022_7).

Die Logiker des 10. Jahrhunderts lasen also *maᶜnā* (× *ism*, *lafẓ*) für griech. πρᾶγμα (× ὄνομα, φωνή) und unterschieden ebensowenig wie Aristoteles zwischen dem Sinn des Sprachzeichens und dessen Referenzobjekt (zwischen λεκτόν und τυγχάνον der Stoiker). So sagt Yaḥyā ibn ᶜAdī (§ 12 unseres Textes), daß die *maᶜānī*, wären sie Zweck der Grammatik, aus ihrer Tätigkeit hervorgehen müßten, "so daß also Zaid selbst und ᶜAmr selbst aus dem Wirken des Grammatikers entstünden." Er trennt nicht zwischen dem intentionalen Gegenstand (*maᶜnā*) und der Sache selbst (*ḏāt aš-šaiʾ* ∿ αὐτὸ τὸ πρᾶγμα, entspr. *al-maᶜnā nafsuhū* in der arabischen

106. Zum Inhalt-Form-Dualismus der arabischen Literaturtheorie s. Wolfhart Heinrichs: Arabische Dichtung und griechische Poetik. Beirut, Wiesbaden 1969, S. 69-82.

107. Belege bei Heinrich Lausberg: Handbuch der literarischen Rhetorik. München 1960. 1, S. 309, 322, 442; 2, S. 853a, 857.

Version von Top. 108a21!).[108] Die Identität der vom Denken erfaßten Wirklichkeit (die Universalien sind die konstituierenden *maᶜānī* der Logik, § 21) mit dem Signifikat des rationalen Diskurses ist die Grundlage seiner Semantik.

Kehren wir noch einmal zu Sīrāfīs refutatio der Logik zurück: Die 'Bedeutung' - *maᶜnā* - des Wortes, so hieß es dort, ist geistige Realität; der 'einfache', intelligible Begriff läßt sich jedoch in der Zusammensetzung der materiellen Laute nicht vollständig und adäquat abbilden. Die apriorische Gültigkeit der griechischen Logik, die sich ja auch sprachlicher Mittel bedienen muß, wurde daher in Frage gestellt: Denken gewinnt erst durch die Sprache Form[109]; 'logisches' Sprechen beruhe auf einer anderen Wissenschaft, der Grammatik, welche die Beziehung zwischen Zeichen und Wirklichkeit in je einer Sprache ermittelt. Der Grammatiker - es liegt in der Natur seiner Wissenschaft - bekennt sich als Nominalist.[110] Dagegen sieht der Philosoph zwischen Sprachzeichen und Ding das Verhältnis einer eindeutigen Repräsentation: Die einfache und - durch Konvention - eindeutige Repräsentation einer geistigen Vorstellung der Sache selbst (des πρᾶγμα -

108. Vgl. auch al-Fārābī: Šarḥ kitāb al-ᶜIbāra, ed. Kutsch/Marrow, S. 28_{3-4}: "«Die Dinge, welche die stimmlichen Äusserungen erstlich bezeichnen, nämlich die Eindrücke der Seele» [De int. 16a6]: er meint damit die Intelligiblia, welche die Sprachlaute erstlich, ohne Vermittelndes bezeichnen", mit Ammonius: In De int., S. 17_{24-28}, Kritik an der stoischen Bedeutungslehre (das λεκτόν als μέσον τοῦ τε νοήματος καὶ τοῦ πράγματος). - Miskawaih [s.o. Anm. 100] betont die Unabhängigkeit des *maᶜnā* ≈ πρᾶγμα von der Intentionalität des Sprechakts; s. al-Hawāmil waš-šawāmil, S. 14_{1-2}: "Die Bedeutung (*al-maᶜnā*) ist eine Sache, die für sich selbständig subsistiert; ein 'Gemeintes' (*murād*) wird sie nur im nachhinein per accidens, aber eine Bedeutung kann bestehen, ohne 'Gemeintes' zu sein."

109. Hier steht der Sīrāfī in der Tat dem Nominalismus der Stoiker nahe; vgl. Pohlenz: Die Stoa [s.o. Anm. 102]. 1, S. 39.

110. Vgl. Frank: Meanings [s.o. Anm. 103], S. 318.

maʿnā - des Logikers) im Sprachzeichen. Eine objektive Beziehung zwischen der Sprache und der Wirklichkeit außer der Sprache besteht nicht[111]; zwar läßt sich vom *Gebrauch* des Zeichens auf das Denken schließen - dies zu regeln ist Sache der Grammatik; aber nur die Verbindung der Vorstellungen im Urteil - ein Akt des Denkens - ist wahr oder falsch, steht in Übereinstimmung oder im Gegensatz zur Wirklichkeit[112] - dabei hat der Grammatiker nichts zu schaffen.

*

Auch die Bestimmung von Gegenstand und Funktion der Logik, ihre Abgrenzung von der Grammatik und die Begründung von Nutzen und Rang der Disziplin finden wir bereits in den griechischen Prolegomena zu den Einleitungsschriften der Logik (Aristoteles' *Categoriae* und *De interpretatione* sowie Porphyrs *Isagoge*). Schon hier auch begegnet Yaḥyās Definition der Grammatik nach Gegenstand und Ziel: πᾶς ὁρισμὸς ... ἐκ τοῦ ὑποκειμένου ἢ ἐκ τοῦ τέλους ἢ ἐκ τοῦ συναμφοτέρου. ... τῇ γραμματικῇ ὑπόκεινται πᾶσαι αἱ Ἑλληνίδες φωναί, τέλος δε αὐτῆς μηδέποτε ἁμαρτάνειν περὶ αὐτάς (Elias, In Isag., ed. Busse, S. 5_{27-28}; cf. Simplicius: In Cat., ed. Kalbfleisch, S. 9_{19-22}). Sinnvolle und sinnlose Wörter behandelt die Grammatik ohne Unterschied (Elias: In Isag. 35_{19-21}). Die Logik dagegen befaßt sich mit sinntragenden Sprachlauten, φωναὶ σημαντικαί, und zwar jenen, welche nicht Particularia, sondern Universalia, die Genera der seienden Dinge bezeichnen: ὁ σκοπὸς οἰκεῖος τῇ λογικῇ πραγματείᾳ περὶ τῶν ἁπλῶν καὶ πρώτων

111. Hier hatte Aristoteles mit Plato gebrochen; cf. De int. 17a1: λόγος πᾶς σημαντικός, οὐχ ὡς ὄργανον δ'ἀλλὰ κατὰ συνθήκην (gegen Crat. 388B-C etc.).

112. Aristoteles: De int. 16a12; Metaph. E 4; Θ 10; cf. Elias: In Cat. 184_{18-20}: οὐδε ὁ λόγος ἀληθεύει καὶ ψεύδεται ἅμα οὐδὲ τὸ πρᾶγμα μόνον, ἀλλ' ἡ συμπλοκὴ τῶν δύο ποιεῖ τἀληθές, ἡ δὲ ἀσυμφωνία τὸ ψεῦδος. Vgl. S. 291f. m. Anm. 4, 295f. m. Anm. 2.

καὶ γενικῶν φωνῶν, καθὸ σημαντικαὶ τῶν ὄντων εἰσίν (Simplicius: In Cat. 13_{11-14}, cf. Elias: In Isag. 35_{26}-36_{3}). Zeugnisse der wortgetreuen Rezeption dieser Kommentartradition sind uns in den Noten eines Schülers von Ibn ᶜAdī, al-Ḥasan ibn Suwār (942-nach 1017), zu den Categoriae[113] und in den von Abū l-Farağ ibn aṭ-Ṭaiyib († 1043) überlieferten Bearbeitungen alexandrinischer Isagoge- und Kategorienkommentare[114] erhalten.

Es ist Sache des Philologen - so heisst es auch bei al-Ḥasan ibn Suwār - über referenzlose Ausdrücke, über das Unbestimmte (*muhmal*) wie über das Bestimmte zu handeln (ed. Georr: Catégories, S. 361_{18-19}); die Grammatiker befassen sich mit den Sprachlauten als solchen, nicht insofern sie etwas bezeichnen, ihr Ziel ist, zwischen korrektem und defektem Ausdruck (*ṣiḥḥat al-qaul wa-saqamihī*) zu unterscheiden. Dagegen sprechen die Logiker über die Sprachlaute, insofern als sie bezeichnen, denn ihr Ziel ist die Unterscheidung zwischen Wahr und Falsch (362_{2-6}). Ibn aṭ-Ṭaiyibs Versionen der Prolegomena zur Isagoge und zur Kategorienschrift bestimmen wie Yaḥyā ibn ᶜAdī als Gegenstand des Logikers die Universalien (*al-umūr al-kullīya*) im Medium sinntragender Ausdrücke (Tafsīr k. Īsāġūǧī, ed. Gyekye, S. 34_{17}, 35_{5}, 36_{10}; Tafsīr k. al-Qāṭīġūriyās, MS Kairo: Dār al-Kutub, 1 M, foll. 9b-10a), als sein Ziel die Unterscheidung von Wahr und Falsch im Beweis (Isag. 36_{5}); und auch hier wird der Unterschied zur Grammatik im Sinne der oben genannten griechischen Quellen definiert: "Sowohl der Grammatiker als auch der Logiker befasst sich mit den Sachen (*umūr*) und den Sprachlauten (*alfāẓ*); aber der Logiker betrachtet nur die bezeichnenden Sprachlaute (*al-alfāẓ ad-dālla*), dagegen der Grammatiker die sinnbezeichnenden und die sinnlosen - er flektiert die sinnlosen nicht weniger als die sinnvollen. Was die Sachen angeht, so betrachtet sie der Logiker, um den Unterschied zwischen den sie bezeichnenden Sprachlauten zu ermitteln, der Grammatiker zwecks der Flexion der Sprachlaute, denn er flektiert den das Agens

---

113. Ed. Khalil Georr: Les Catégories d'Aristote dans leurs versions syro-arabes. Beyrouth 1948, S. 361-86. Vgl. Walzer: Greek into Arabic, S. 66, 69f., 74-6.

114. Ibn al-Ṭayyib's Commentary on Porphyry's *Eisagoge* (Tafsīr kitāb Īsāġūǧī). Arabic text ed. by Kwame Gyekye. Beyrouth 1975 (Recherches publ. sous la dir. de l'Institut de lettres orientales. N.S. B 2), dazu Bespr. von Christel Hein in Zeitschrift der Deutschen Morgenländischen Gesellschaft 130. 1980, S. 105-8; Tafsīr kitāb al-Qāṭīġūriyās, MS Kairo: Dār al-Kutub, ḥikma 1 M[uṣṭafā Fāḍil].

bezeichnenden Sprachlaut anders als den das affizierte (Objekt) bezeichnenden" (In Cat., fol. 13b).

Eine noch ältere Schicht der syrisch-arabischen Prolegomena begegnet - wie Dimitri Gutas jüngst gezeigt hat - im *K. Tartīb as-saᶜādāt wa-manāzil al-ᶜulūm* des Miskawaih.[115] Der zweite Teil der Abhandlung enthält eine Systematik der aristotelischen Schriften, "wie sie Paulos in seinen Schriften für Anūšīrwān dargestellt hat". Es handelt sich um Paul 'den Perser', der für den Sasaniden Ḫosrau Anōšarwān (531-78) u.a. eine (syrisch erhaltene) Einleitung in die Logik verfaßte; und so wie diese auf das traditionelle Vorwort zu den *Analytica* zurückgeht, so der von Miskawaih benutzte Text auf die Praefatio zur Kategorienschrift (griechisch wiederum im Kommentar des Elias repräsentiert).[116] Ausführlicher als in unseren griechischen Zeugnissen heißt es dort über das Verhältnis der Logik zur Grammatik: "Als die Künste, welche der Logik aufs engste gleichen, sehe ich Prosodie und Grammatik; jede der beiden entspricht der Logik in einer Hinsicht. ... [Nach der Prosodie:] Die Grammatik wiederum entspricht der Logik in einer anderen Hinsicht: Die Kunst der

115. Ed. ᶜAlī aṭ-Ṭūbağī as-Suyūṭī u.d.T.: as-Saᶜāda li-Ibn Miskawaih fī falsafat al-aḫlāq. Kairo [2]1346/1928 ([1]1335/1917) nach MS Kairo: Dār al-Kutub, falsafa 6 M[uṣṭafā Fāḍil], foll. 210a8-217b. Siehe Dimitri Gutas: Paul the Persian on the classification of the parts of Aristotle's philosophy: a milestone between Alexandria and Baġdâd, in: Der Islam. Berlin. 60. 1983, S. 231-67. Der Text wurde zuerst herangezogen von S. Pines: Ahmad Miskawayh and Paul the Persian, in: Iran-Shinasi. Tehran. 2,2. 1971, S. 121-9.

116. Gegenüber Pines, der nur die ersten Sätze mit Paulus Persa in Verbindung bringt, hat Gutas wahrscheinlich gemacht, dass der gesamte systematische Abschnitt auf Paulus zurückgeht, mag auch Miskawaih sonst ebenso wie dieser auf alexandrinischen Quellen fussen. - Zum Aufbau der Prolegomena, insbes. zu der in den Einleitungen der Kategorien-Kommentare enthaltenen Systematik der aristotelischen Schriften, s. Leendert Gerrit Westerink: Anonymous Prolegomena to Platonic philosophy. Amsterdam 1962, S. XXV-XXXII (bes. S. XXVI).

Grammatik verhält sich zu den Sprachlauten (*alfāẓ*) wie die Kunst der Logik zu den Bedeutungen (*maᶜānī*). Wie die Grammatik die Zunge nach Richtigkeit der Rede lenkt und die Regeln (*qawānīn*) angibt, nach welchen die Flexion (*iᶜrāb*) bestimmt wird, so lenkt die Logik den Sinn auf Richtigkeit der Bedeutungen und gibt die Regeln an, nach welchen die Wahrheit bestimmt wird. Und so wie der Grammatiker, obschon sein Ziel die Korrektur (*iṣlāḥ*) der Sprachlaute ist, auch die Bedeutungen betrachtet, um danach die Flexion richtigzustellen, so betrachtet der Logiker, obschon sein Ziel die Ausrichtung der Bedeutungen ist, auch die Sprachlaute, um danach die Bedeutungen zu korrigieren. Der Grammatiker behandelt die Sprachlaute dem Wesen (seiner Kunst) nach und in erster Linie, die Bedeutungen akzidental und in zweiter Linie; der Logiker betrachtet die Bedeutungen dem Wesen (seiner Kunst) nach und in erster Linie, die Sprachlaute akzidental und in zweiter Linie."[117]

Al-Fārābī, Mattās bedeutendster muslimischer Schüler[118], hat dieselbe Quelle wie Miskawaih benutzt. In seinem 'Katalog der Wissenschaften' (*Iḥṣāᵓ al-ᶜulūm*)[119] gibt er dem oben zitierten Abschnitt eine prägnante Formulierung: "Die Kunst der Logik verhält sich zum Verstande und den Verstandesdingen wie die Kunst der Grammatik zur Zunge (*lisān*, arab. auch 'Sprache') und

117. Ed. Kairo 1928, S. 51_9-52_3 (ergänzt nach MS Kairo, fol. 215a13-b1).

118. Wenn man den wenig jüngeren Zeitgenossen so nennen will; er selbst hat in seiner *Maqāla fī Ẓuhūr al-falsafa* ('Abhandlung über das Erscheinen der Philosophie') dargestellt, inwieweit er ihm und anderen als Vermittlern der alexandrinischen Lehrüberlieferung verpflichtet war; s. Max Meyerhof: Von Alexandrien nach Bagdad. Berlin 1930, S. 19. Eine aufschlussreiche Analyse der logischen Tradition, die al-Fārābī fortführt, gibt die Monographie von F. W. Zimmermann: Al-Farabi's Commentary [wie Anm. 37], bes. S. ciii ff.

119. Ed. ᶜUṯmān Amīn. Kairo ²1948, ³1968.

den Sprachlauten (*alfāẓ*). Alles, was uns die Grammatik an Gesetzen über die Sprachlaute gibt, das gibt uns die Wissenschaft der Logik entsprechend über die Verstandesdinge" (ed. Amīn $^{2}54_{2-5}$ = $^{3}68_{4-7}$).[120]

Auch al-Fārābīs darauffolgende Charakteristik der Logik greift auf traditionelle Topoi zurück; ebenso hatte in jener Debatte Mattā den Nutzen seiner Wissenschaft skizziert: "Die logischen Gesetze (*qawānīn*)[121] sind Instrumente, mit denen man die Verstandesdinge prüft, wo nicht sichergestellt ist, daß der Verstand nicht irrt oder in der Erkenntnis der Wahrheit fehlt; sie gleichen den Waagen und Hohlmaßen, den Instrumenten, mit welchen man bei vielen von den Körpern prüft, wo die Wahrnehmung vor Irrtum oder Fehler in der Erkenntnis des Maßes nicht sicher ist", und weiter, wie das Lineal die Geradheit der Linie und der Zirkel die Rundung des Kreises gewährleistet ($^{2}54_{9-15}$=$^{3}68_{10}$-69_{1}).

Für die griechischen Vorläufer kann wieder der Kategorienkommentar des Elias stehen: "Denn wie das Richtscheit dem Tischler dienlich ist, die geraden Linien von den krummen zu unterscheiden, und die Richtschnur dem Baumeister, um senkrechte von schiefen Kanten zu unterscheiden, so scheidet auch die Logik als ein Werkzeug der Philosophie das Wahre und das Falsche, das Gute und das Schlechte, auf dass wir nicht Falsches meinen und nicht Schlechtes tun" (In Cat. 117_{9-14}, cf. 119_{16-19}; ähnlich schon Simplicius: In Cat. 20_{10-12}). Die Logik unterscheidet Wahr und Falsch im Denken, Gut und Böse im Tun; so auch Elias: In An. pr., ed. Westerink, in: Mnemosyne iv, 14. 1961, S. 134_{22} (in einem Referat der stoischen Anschauung, dass die Logik - die Dialektik im stoischen [und platonischen] Sinne - Teil, nicht bloss Werkzeug der Philosophie sei); vgl. al-Fārābī: Risāla

---

120. Ähnlich auch al-Fārābī: K. al-Alfāẓ al-mustaᶜmala fī l-manṭiq, ed. Muḥsin Mahdī. Beirut 1968, S. 107; at-Tanbīh ᶜalā sabīl as-saᶜāda. Ḥaidarābād 1346/1927, S. 23; Al-Fārābī's Introductory 'Risālah' on Logic, ed. D.M. Dunlop, in: Islamic Quarterly 3. 1956. S. 224-35, hier 225_{3-10}, 228_{4-10}.

121. Arab. *qawānīn*, wie in dem oben nach Miskawaih gegebenen Text: Pl. von *qānūn* < gr. κάνων 'Richtscheit, Zunge der Waage > Regel'; cf. Simplicius: In Cat. 20_{10}; Ammonius: In Cat. 10_{21}; Joh. Philoponus: In Cat. 20_{21}, In An. pr. 46_{29} u.ö.; siehe auch unten, S. 242 f.

ṣuddira bihā l-kitāb (ed. D.M. Dunlop: Al-Fārābī's introductory 'Risālah' on logic, in: Islamic Quarterly. London. 3. 1956, S. 224-35), S. 228_2. So hatte schon der Wesir Ibn al-Furāt zur Einleitung der Debatte mit Mattā den Anspruch der Logik gekennzeichnet (s.u.S.238f., Imtāᶜ 1.108_{10}), ebenso die alexandrinische Quelle des Ibn aṭ-Ṭaiyib (Tafsīr k. al-Qāṭīġūriyās [s.o. Anm. 114], fol. 6b, 14b) und der Ibn-ᶜAdī-Schüler Abū Sulaimān as-Siǧistānī (s.u. S. 226). Vgl. Zimmermann: Al-Farabi's Commentary, S. cxxiii ff.; s. auch unten S. 242f., Anm. 1 und 3.

Eine Generation nach Mattā, im Jahre 975, hat noch einmal ein Philosoph mit dem schon greisen Sīrāfī diskutiert und ihm, wie es heißt, einen ungleich schwereren Stand bereitet, Abū l-Ḥasan al-ᶜĀmirī aus Neschapur (gest. 992).[122] Der muslimische Philosoph schrieb eine 'Belehrung über die Vorzüge des Islams' (*al-Iᶜlām bi-manāqib al-Islām*), zugleich eine Rechtfertigung der rationalen Wissenschaften, welche die Vernunftgründe für die wahre Religion zu erklären imstande sind. Auch hier finden wir eine Verteidigung der Logik, gerichtet an die Gelehrten des Ḥadīṯ und des Kalām, mit den Argumenten seiner Tradition: "Die Logik ist ein intellektuelles Instrument, das es der rationalen Seele erst richtig ermöglicht, zwischen Wahrheit und Unwahrheit bei spekulativen Problemen und zwischen Gut und Böse in praktischen Fragen zu unterscheiden. Man kann den Gebrauch dieses Instruments ungefähr dem eines Eichmaßes vergleichen, mit dem man die Wissensgegenstände mißt. Die Logik kontrolliert Frage und Antwort wie auch Widerspruch, Gegensatz und Trugschluß. Sie verhilft dazu, Zweifel zu lösen, irreführende Behauptungen aufzudecken und andere Ideen, die zur Verifizierung von erhobenen Ansprüchen dienen können, zu erhalten."[123]

122. Diese Diskussion wird mit einigen Einzelheiten im Anschluss an die Debatte mit Mattā erwähnt von Yāqūt: Iršād, ed. Margoliouth. 3, S. 124-5. - Über al-ᶜĀmirī s. Evrard K. Rowson, EI² Suppl. s.n.

123. al-ᶜĀmirī: al-Iᶜlām bi-manāqib al-Islām, ed. Aḥmad ᶜAbd-

9

Die Argumente der Logiker sind also nicht neu und lassen sich weitgehend aus griechischen Quellen belegen - auch wenn das in der Polemik geschärfte Verständnis für die arabische Grammatik auf der Seite der arabischen Logiker zu genauerer Beobachtung sprachlicher Zusammenhänge führt. Aber während bei den griechischen Kommentatoren die Elimination der Grammatik aus der Logik en passant erledigt wird, hat al-Fārābī in umfänglichen Abhandlungen über die 'Sprachlaute' (*alfāẓ*) der Logik[124] und die 'Wörter' (*ḥurūf*) der Philosophie[125] die hermeneutische Grundlage der arabischen Wissenschaft definiert, ist für Yaḥyā ibn ᶜAdī

alḥamīd Ġurāb. Kairo 1967, S. 95; unser Zitat nach dem deutschen Auszug in Franz Rosenthal: Das Fortleben der Antike im Islam. Zürich und Stuttgart 1965, S. 99.

124. al-Fārābī: Kitāb al-Alfāẓ al-mustaᶜmala fī l-manṭiq (Alfarabi's Utterances employed in logic), ed. Muḥsin Mahdī. Bairūt 1968: Prolegomena zum Studium der Logik und der wissenschaftlichen Methodik, wie sie traditionell den Kommentaren zur Isagoge und zu den Categoriae vorangestellt wurden, und zur philosophischen Sprachlehre im Anschluss an die Eingangskapitel von De interpretatione, doch in Stoff und Anlage durchaus selbständig. Über diese Schrift siehe Lawrence V. Berman, in: Oriens 23-24. 1970/71 (1974), S. 509-14; Georges Vajda: Langage, philosophie, politique et religion d'après un traité récemment publié d'Abū Naṣr al-Fārābī, in: Journal Asiatique 258. 1970, S. 247-60; Jacques Langhade: Grammaire, logique, études linguistiques chez al-Fārābī, in: Historiographia Linguistica. Amsterdam. 8. 1981, S. 365-77.

125. al-Fārābī: Kitāb al-Ḥurūf (Alfarabi's Book of Letters. Commentary on Aristotle's Metaphysics), ed. Muḥsin Mahdī. Bairūt 1969: ein 'Kommentar zu Aristoteles' Metaphysica' freilich nur im Sinne einer Einleitung in die Grundbegriffe, wie sie im Buch Delta des aristotelischen Werks gegeben wird. Das Werk bringt eine systematische Exposition der Kategorien und weiterer Prinzipien der Logik und Ontologie; darüber hinaus gibt es im Mittelteil (S. 131-61) die Grundlegung der philosophischen Hermeneutik (philosophische Wahrheit versus religiöse Symbolik, Konventionalität der einzelsprachlichen Zeichen, Struktur der philosophischen Terminologie und deren Transposition von einer Sprachgemeinschaft zur anderen).

die Scheidung zwischen Grammatik und Logik eine monographische Behandlung wert. Da es in der Grammatik um das philologische Fundament der islamischen Disziplinen, in der Logik um das Organon der Philosophie geht, illustrieren diese Bemühungen zugleich den Fortgang der Auseinandersetzung zwischen Religion und Philosophie. Sowohl den Christen Mattā und Ibn ᶜAdī als auch ihren muslimischen Schülern ging es darum, den Rang rationalistischen Denkens im Kontext der islamischen Kultur zu propagieren. Aber die christliche, seit Jahrhunderten hellenisierte Theologie hatte schon lange die Paradigmata des philosophischen Diskurses zu Waffen der - wie auch immer verstandenen - Rechtgläubigkeit geschmiedet; auch als Apologet des Christentums setzte Yaḥyā ibn ᶜAdī sie aufs neue ein. Für den Muslim, der seinen Glauben so ernst nahm wie seine Philosophie, stand mehr auf dem Spiel: Gegen eine wachsende Macht von Juristen-Theologen, welche Orthodoxie mit der unbedingten Annahme des Wortes von Koran und Sunna identifizierten, jede rationalistische Ausdeutung verwarfen, mußte er zeigen, daß auch die Philosophie im Dienst des wahren Glaubens stand, ja daß gerade sie die universale Wahrheit in der Offenbarung des arabischen Propheten sichtbar machen konnte.

Der es als erster unternahm, war al-Fārābī: Wir begegneten ihm schon als Fortsetzer und Kommentator der philosophischen Schultradition; aber er war es auch, der das erste enzyklopädisch umfassende System der Philosophie in arabischer Sprache entwickelte - ein System, das als Grundlage eines islamischen, theokratischen Staatswesens sollte dienen können. Ohne den Inhalt des Glaubens und des religiösen Gesetzes anzutasten, ohne auch die Institutionen der Theokratie in Frage zu stellen, suchte er der *falsafa* ein Hausrecht in der islamischen Gemeinschaft zu gewinnen.[126]

Al-Fārābī stellt die universale, absolute Wahrheit über die Glaubens- und Rechtsnormen, die an die einzelnen Religionsgemeinschaften gebunden und durch Tradition vermittelt sind. Der *processus* der Ersten und Einen Ursache in der Welt des Geistes, aus der in ewiger Schöpfung die Vielfalt der Formen hervorgeht, wird nur der Deduktion des forschenden Verstandes sichtbar; doch die Vorstellungskraft des Propheten vermag es, im Kontakt mit dem Aktiven Intellekt der untersten Geistsphäre eine symbolische Anschauung der transzendenten Wirklichkeit zu bilden. So erhält die Rolle des platonischen νομοθέτης in seinem Idealstaat auch der Prophet, dem solche Wahrheitserkenntnis in ihrer reinsten Form zuteil wird und der sie zugleich im Symbol jedermann faßlich macht.[127] Theoretische und praktische Philosophie enthalten die Grundlagen des rechten Denkens und tugendhaften Handelns; doch das religiöse Symbol und das religiöse Gebot, welche dieselbe Wahrheit vermitteln, weisen allen Menschen - gleich welchen Grad von Einsicht sie besitzen - den Weg zum wahren Glück. Und während die Philosophie das ideale Staatswesen konstituiert, garantieren die Dogmatiker und Rechtslehrer der Religion (*šarīʿa*) die Überlieferung, Bewahrung und rechte Anwendung der Weisungen des

126. Zur Einführung in die Philosophie des Fārābī s. Richard Walzer: Early Islamic philosophy, in: The Cambridge History of Later Greek and Early Medieval Philosophy. Cambridge 1967, S. 652-66; ders.: L'éveil de la philosophie islamique [s.o. Anm. 35], S. 226-42.

127. Siehe Richard Walzer: Al-Fārābī's theory of prophecy and divination, in: Walzer: Greek into Arabic [s.o. Anm. 35], S. 206 bis 219; ders.: Aristotle's Active Intellect νοῦς ποιητικός in Greek and early Islamic philosophy, in: Plotino e il Neoplatonismo in Oriente e in Occidente. Roma 1974 (Accademia Nazionale dei Lincei. Anno 371. Quaderno n. 198), S. 423-36.

ersten Gesetzgebers unter seinen Nachfolgern.[128]

Ähnlich wie Metaphysik und Kalām (spekulative Dogmatik), Ethik und Fiqh (praktische Pflichtenlehre) werden nun auch Logik und Grammatik in ein analoges Verhältnis gebracht: Beide haben es mit sprachlichen Äußerungen zu tun; aber während die Logik die gemeinsamen Regeln der Sprachen aller Völker angibt, regelt die Grammatik die Zusammensetzung und den Gebrauch der Laute und Wörter, der Zeichen *einer* Sprache; denn während die Grammatik die Äußerungen in Schrift und Laut nur als Zeichen, nicht deren intelligiblen Sinngehalt behandelt, untersucht die Logik die intelligiblen Begriffe, die dahinter stehen, die Sprachform nur insofern als sie universale Begriffe bezeichnet.[129] Die Unterordnung der Grammatik - wie der religiösen Wissenschaften insgesamt - unter die philosophisch-rationalen Disziplinen ist unübersehbar. Aber al-Fārābī legt offenbar Wert darauf, die Philologie nicht aus der Philosophie auszuschließen, sondern ihre spezifische Bedeutung hervorzuheben.[130] In seinem 'Katalog der Wissenschaften' sind die Wissenschaften von der Sprache - Grammatik und Lexikographie - Gegenstand des

128. Der Staat der rechtmässigen Nachfolger - gemeint sind die 'orthodoxen' (*rāšidūn*) ersten Kalifen - ist die Herrschaft der *sunna*, gestützt auf *fiqh* - praktische Pflichtenlehre, Jurisprudenz - und *kalām* - spekulative Theologie. Auch in der Terminologie zeigt al-Fārābī, dass die Institutionen der islamischen Theokratie Substrat seiner ἀρίστη πολιτεία sind. Siehe al-Fārābī: Kitāb al-Milla, ed. Muḥsin Mahdī. Bairūt 1968, S. 50_{16}-52_{9}; Iḥṣāʾ al-ʿulūm, ed. ʿUṯmān Amīn [s.o. Anm. 119], $^{2}102$-13 = $^{3}124$-38 = ed. Mahdī, in: K. al-Milla, S. 69-76; G. Endress in Zeitschrift der Deutschen Morgenländischen Gesellschaft 122. 1972, S. 343-9.

129. al-Fārābī: Iḥṣāʾ al-ʿulūm [s.o. Anm. 119] $^{2}59_{9-11}$; 60_{14-16}, 62_{7-10} = $^{3}74_{10-12}$; 77_{2-4}; 77_{12-15}; Risāla ṣuddira bihā l-kitāb [s.o. S. 216], S. 228_{4-10}; K. al-Alfāẓ al-mustaʿmala fī l-manṭiq [s.o. Anm. 124], S. 107_{7-13}.

130. Vgl. auch al-Fārābī: at-Tanbīh ʿalā sabīl as-saʿāda, zit. in: Muḥsin Mahdī [Hrsg.]: al-Fārābī. al-Alfāẓ [Anm. 124], muqaddima S. 26f.

ersten Kapitels (die Logik folgt im zweiten). Daß das Verhältnis des Muslims zur Sprache des Korans diese Haltung mitbestimmt, erkennt man daraus, daß er die Kenntnis der Sprache des Gesetzgebers, ihrer Besonderheiten und Tropen, unter die Pflichten des *faqīh* rechnet[131], auch daraus, daß er, ebenso wie für die Dogmatik und für das kanonische Recht, Überlieferung und Bewahrung unter den ersten Aufgaben der Sprachwissenschaften anführt.[132] So wie die Glaubenssymbole und die Pflichtenlehre der einzelnen Religionsgemeinschaft (*milla*) nicht der spekulativen Philosophie gegeben sind, sondern allein durch Offenbarung an den Gesetzgeber-Philosophen manifest werden, so ist das positive Recht Sache der Jurisprudenz (*fiqh*), welche durch praktische Einsicht (*taᶜaqqul*: φρόνησις) die Intention des Gesetzgebers interpretiert[133], so ist auch die Grammatik in ihrer Domäne souverän, wo sie dasselbe auf der Ebene der sprachlichen Hermeneutik leistet.

Al-Fārābī bleibt jedoch nicht bei einer formalen Einteilung stehen. Nicht umsonst heißt er bei Zeitgenossen und Späteren der 'zweite Lehrer' der Philosophie nach Aristoteles. Er entwickelt seine Logik und seine Ontologie auf dem Fundament einer Hermeneutik, welche nicht nur griechische Begriffe und Termini reproduziert, sondern die sprachlichen Voraussetzungen

131. al-Fārābī: K. al-Milla [s.o. Anm. 128], S. 51_{6-15}.

132. al-Fārābī: Iḥṣāᵓ al-ᶜulūm [s.o. Anm. 119] $^{2}45_{9-12}$ = $^{3}57_{9-12}$. Auf der anderen Seite belegte er den Nutzen der Logik mit Aussprüchen des Propheten; das Schriftenverzeichnis bei Ibn Abī Uṣaibiᶜa: ᶜUyūn al-anbāᵓ fī ṭabaqāt al-aṭibbāᵓ, ed. A. Müller. 2, S. 139_{15}, enthält einen Kalām ǧamaᶜahū min aqāwīl an-nabīy yušīr fīhi ilā ṣināᶜat al-manṭiq.

133. al-Fārābī: K. al-Milla [s.o. Anm. 128], § 9 S. 50, § 14d S. 58-9, § 18 S. 60. Vgl. auch Richard M. Frank: Reason and revealed law: a sample of parallels and divergences in kalâm and falsafa, in: Recherches d'islamologie. Recueil d'articles offert à Georges C. Anawati et Louis Gardet. Louvain 1977, S. 123-38 (bes. S. 133).

und Mittel der Philosophie als einer arabischen Philosophie ausbreitet und ihre Terminologie in geschlossener Systematik definiert. Al-Fārābī macht sich die Forderung jenes Grammatikers zu eigen: Er pocht nicht wie Mattā in schlichtem Dünkel auf die Unfehlbarkeit der Griechen, deren Theoreme und Argumente sich auch in seiner Philosophie auf Schritt und Tritt wiederfinden - Elemente der peripatetischen, platonischen und neuplatonischen Philosophie -, sondern er zeigt, daß sich die Sprache der Araber nach den Begriffen der Griechen gliedern läßt[134]; sodann, daß die Grundbegriffe und Grundfragen des philosophischen Denkens universal sind, gleich in welchem Gewande sie erscheinen: Die griechischen Denker haben sie zuerst gefunden, aber sie lassen sich ebensowohl in der arabischen Sprachform entwickeln und in den Dienst ein und desselben hohen Zieles stellen: die universalen Wahrheiten der Philosophie in den Gleichnissen der Religion aufzuzeigen und aus dieser Einsicht die Glaubens- (zugleich Sprach-) Gemeinschaft (*milla*) zur Läuterung und Erhaltung der wahren Religion zu erziehen.[135] Dabei ist er sich der Unterschiede zwischen den Sprachen und der Schwierigkeit, die Begriffe der griechischen Philosophie in arabischen Termini wiederzugeben, lebhaft bewußt. Anders als den griechischen Lehrmeistern ist

134. Das *Kitab al-Alfāẓ al-mustaᶜmala fī l-manṭiq* [s.o. Anm. 124] enthält den Versuch einer Einteilung der Wortklassen, in der neben dem Einfluss des Aristoteles auch der späterer griechischer Grammatiker zur Geltung kommt; dazu s. Helmut Gätje: Die Gliederung der sprachlichen Zeichen nach al-Fārābī, in: Der Islam 47. 1971, S. 1-24; Versteegh: Greek elements, S. 121f.

135. al-Fārābī: K. al-Ḥurūf [s.o. Anm. 125], S. 159$_1$: "Die Philosophie, welche heute bei den Arabern existiert, wurde zu ihnen von den Griechen überliefert"; §§ 148-57 S. 154-7 über die Stellung dieser überlieferten Philosophie in der sie aufnehmenden Religionsgemeinschaft. Vgl. Muhsin Mahdi: Alfarabi on philosophy and religion, in: The Philosophical Forum. Boston. 4. 1972, S. 5-25 (bes. S. 16ff.).

ihm - nach Jahrhunderten wechselvoller Geschichte des Vorderen Orients unter römischer, iranischer und muslimischer Herrschaft, nach einem persönlichen Lebensweg, der ihn aus seiner transoxanischen Heimat nach Iran, Mesopotamien und Byzanz führte - die Vielfalt der Staats-, Religions- und Sprachgemeinschaften eine Grunderfahrung, der die Philosophie Rechnung tragen muß[136]; und anders als seine Nachfolger ist er den Bemühungen der Übersetzer um Klarheit und Konsistenz der arabischen Terminologie noch unmittelbar verbunden.
Der Geschichte und Problematik der sprachlichen Transposition philosophischer Begriffe widmet er eine Reihe meisterhafter Skizzen; gerade die 'abstruse' Terminologie der Philosophen, mit denen sie der arabischen Sprache Gewalt antun, hatte ja as-Sīrāfī lächerlich gemacht; auch darauf gibt al-Fārābī eine Antwort.[137]
Kein anderer islamischer Philosoph vor oder nach al-Fārābī hat wie er aus der Sprache heraus philosophiert; und indem er Sprachlehre und Logik miteinander als Grundsteine seines Systems, zugleich als Fundamente einer *islamischen* Philosophie einsetzt, hat er nicht nur die Rezeption der antiken Quellen zu einem vorläufigen Abschluß gebracht, sondern auch die schöp-

136. Vgl. R. Walzer: Aspects of Islamic political thought, in: Oriens 16. 1963, S. 40-60, bes. S. 53-4.

137. al-Fārābī: K. al-Ḥurūf, S. 134-42 über die Sprachentstehung durch Konvention; S. 157-61 über den Transfer philosophischer Begriffe und die Schwierigkeiten und Verfahren bei der Prägung entsprechender Termini in der übernehmenden Sprachgemeinschaft; S. 112-28 über die Entwicklung der arabischen Terminologie des Existenzbegriffs (112_{1-2} "Es gibt in der arabischen Sprache ursprünglich kein Wort, das dem persischen *hast* und dem griechischen *estin* und den analogen Wörtern anderer Sprachen entspricht"). Siehe auch R. Walzer: L'éveil [s.o. Anm. 35], S. 40f.; Roger Arnaldez: Pensée et langage dans la philosophie de Fārābī <à propos du *Kitāb al-Ḥurūf*>, in: Studia islamica. Paris. 45. 1977, S. 57-65.

ferische Fortbildung einer bereits erstarrenden Schultradition eingeleitet.

10

Al-Fārābī verließ Bagdad im Jahre 942 und wirkte bis zu seinem Tode (950) am Hamdanidenhofe in Aleppo. Nach ihm schieden sich die Geister. In Bagdad wird er kaum einmal erwähnt von den Männern, die seine Zeitgenossen und Schüler waren. Wenige wagten, und wenige achteten - auch nach Fārābīs großartigem Entwurf - eine philosophische Interpretation der islamischen Theokratie. al-Fārābī hatte im System der rationalen Wissenschaften die Philosophie der Religion zugeordnet, doch übergeordnet. Seine Äußerungen über die Antinomie zwischen wahrer Philosophie und falscher Religion, zwischen der reinen Philosophie und einer Theologie, welche die intelligible Wahrheit hinter den Symbolen der Religion unwissend verleugnet[138], ließen, wenn auch verhüllt, eine unbarmherzige Kritik an der Theologie seiner Zeit erkennen. Auch die folgende Generation der Falāsifa, nach dem Christen Yaḥyā ibn ᶜAdī auch die Muslime Miskawaih (gest. 1030) und Abū Sulaimān as-Siǧistānī (gest. c. 980), suchte in der Philosophie eine universale Wahrheit und eine universale Moral, welche die Beschränkungen der Scharia hinter sich ließen, und hielten fest an dem philosophischen Glauben, daß vollkommenes Wissen, und damit der Weg zur eigenen Glückseligkeit, erreichbar sei durch die moralische Läuterung der Seele (den *tahḏīb al-aḫlāq*).[139] Aber deutlicher als zuvor ziehen einige

138. al-Fārābī: K. al-Ḥurūf [s.o. Anm. 125], S. 155f.

139. Unter diesem Titel schrieben sowohl Yaḥyā ibn ᶜAdī als auch Miskawaih Kompendien der hellenistischen Ethik; s. G. Endress: The works of Yaḥyā ibn ᶜAdī [s.o. Anm. 96], S. 82-5; M. Arkoun: Miskawayh [s.o. Anm. 100], S. 115-20, 142ff.; R. Walzer: Some aspects of Miskawaih's Tahdhīb al-akhlāq, in: Walzer:

Verteidiger der Philosophie im Islam die Grenzen zwischen Vernunft und Offenbarung, weisen religiöser und philosophischer Erkenntnis abgesonderte Bereiche zu, in denen sie unangefochten voreinander Geltung haben.

Die vehementeste Stellungnahme wird uns aus dem Munde Abū Sulaimāns berichtet, die entschiedenste Zurückweisung des Anspruchs der Philosophie auf absolute Wahrheit, die von einem muslimischen Philosophen vor al-Ġazālī ausgesprochen wurde. Er war Yaḥyā ibn ᶜAdīs wichtigster muslimischer Schüler, einer der einflußreichsten Köpfe des Bagdader Philosophenkreises in der zweiten Hälfte des 10. Jahrhunderts.[140] Der vielseitige Literat Abū Ḥayyān at-Tauḥīdī - derselbe, dem wir auch den Bericht über die Debatte zwischen Mattā und as-Sīrāfī verdanken - hat uns die Diskussionen im Kolleg seines verehrten Lehrers Abū Sulaimān aufgezeichnet. Einerseits ist auch hier die Apotheose der Ratio allgegenwärtig: Die Vernunft ist Stellvertreter (*ḫalīfa*, Kalife!) Gottes in dieser Welt.[141] Auch hier kommt die Differenz zwischen Grammatik und Logik wieder zur Sprache, und nur die kunstvolle Stilisierung des Tauḥīdī unterscheidet seine Antwort von der seiner Vorläufer: "Die Grammatik ist arabische Logik, und die Logik ist intellektuale Grammatik (*an-naḥw manṭiq ᶜarabī wal-manṭiq naḥw ᶜaqlī*). ... Die Grammatik untersucht die Rede der Araber zur Ermittlung dessen, was

Greek into Arabic, S. 220-35.

140. Über Abū Sulaimān s. Joel L. Kraemer: Abū Sulaymān as-Sijistānī, a Muslim philosopher of the tenth century. Phil. Diss. New Haven, Yale Univ. 1967; D. M. Dunlop: Philosophical discussions in Sijistan in the tenth century A.D., in: Akten des 7. Kongr. f. Arabistik u. Islamwissenschaft 1974. Göttingen 1976, S. 108-14; zum folgenden G. Endress: The limits to reason, ibid. S. 120-5.

141. Abū Ḥayyān at-Tauḥīdī: al-Muqābasāt, ed. M. Taufīq Ḥusain, § 20 S. 119 (nach al-ᶜĀmirī, s.o. S. 216), vgl. § 106 S. 467 (nach Abū l-Faḍl an-Nūšǧānī).

ihnen vertraut und gewohnt ist, auch was sie kennen, doch selten gebrauchen, oder zwar kennen, doch verwerfen und ablehnen und vermeiden, um sich mit anderem zu begnügen. ... Die Logik ist ein Instrument, womit die Differenz und die Unterscheidung zu etablieren ist zwischen dem, was richtig und was falsch heißt im Meinen, und zwischen dem, was als gut und als schlecht gilt im Tun, zwischen Wahrheit und Lüge im Urteil der Zunge und zwischen Schön und Schimpflich im Handeln. ... Du mußt wissen, daß die Lehrsätze der Grammatik in erster Linie auf den Gebrauch der Araber beschränkt sind und sich erst in zweiter Linie auf den Brauch anderer beziehen; die Logik dagegen ist bezogen auf den Brauch aller verstandesbegabten Menschen, gleich welches Stammes, gleich mit welcher Sprache sie sich ausdrücken. ... Die Grammatik verifiziert die Bedeutung (*maᶜnā*) durch den Wortlaut (*lafẓ*); die Logik verifiziert die Bedeutung durch den Verstand. Der Sprachlaut mag einem andern weichen, während die Bedeutung dieselbe bleibt, nicht weicht noch wechselt. Wenn hingegen für die Bedeutung eine andere eintritt, so ändert sich der Gedanke (*maᶜqūl*) und bezieht sich auf eine andere Sache als die, welche wir zuerst im Sinne hatten. Die Grammatik findet Eingang in die Logik, doch nur zu deren Schmuck; die Logik geht in die Grammatik ein, um sie zu verifizieren. Manch eine Bemerkung, wenngleich sie der Grammatik bar ist, wird verstanden, aber nichts davon ist verständlich, wenn sie der Vernunft bar ist."[142]

142. Abū Ḥayyān at-Tauḥīdī: al-Muqābasāt, § 22 S. 121_4, 123_1 bis 123_7, 123_{9-11}, 124_{10-15}. at-Tauḥīdī selbst gibt in seiner Schrift über die Einteilung der Wissenschaften (Risāla fī l-ᶜulūm) eine Definition der Grammatik, welche den gleichen Linien folgt; s. Marc Bergé: Épître sur les sciences d'Abū Ḥayyān at-Tawḥīdī, in: Bulletin d'Études orientales. Damas. 18. 1963-4, S. 241-300 (Text S. 263, Übers. S. 293f.).

Das klingt vermittelnd, auch wenn der Primat der Logik unangetastet bleibt; nicht nur die Topoi der philosophischen Tradition[143], sondern auch Formulierungen des Sīrāfī über die Kriterien der Grammatizität[144] klingen an. Die Grammatik dient der Logik, doch ohne Logik ist keine Grammatik, keine Verständigung durch die Sprache möglich. - Aber es gibt auch Grenzen der Vernunft: Höchste Weisheit wird von Gott durch einen Akt der Gnade gewährt; und ebensowohl kann Gott dem Menschen das Licht der Erkenntnis versagen, kann sogar Irrtum über ihn verhängen: Niemand hat teil an seinem Geheimnis (*lā šarīka lahū fī gaibih*).[145]

Mit großer Schärfe nun wendet sich der Muslim Abū Sulaimān gegen den Versuch, das religiöse Gesetz (die Scharia) für die Philosophie zu annektieren. Ziel seines Angriffs ist eine Gruppe von Autoren in Basra, die ihre Philosophie als Lehre der 'Brüder der Lauterkeit' (Iḫwān aṣ-Ṣafāʾ), der Brüder im reinen Glauben, ausgaben - gelehrte Anhänger der Ismāʿīlīya, einer vielerorts militanten und bedrohlichen Richtung des schiitischen Islams; ihre Episteln stellen eine systematisch angelegte philosophisch-theologische Enzyklopädie dar, die als Unterweisung des verborgenen Oberhaupts (Imāms) an seine Nachfolger zu verstehen ist.[146] Die ismailitische Lehre hatte im Emanationismus und Gnostizismus

143. Insbesondere die oben S.213ff.nach al-Fārābī und Miskawaih zitierten Definitionen.

144. Vgl. im Text unten S. 258f.(Imtāʿ 1.121); freilich ist dieser wie jener Text von at-Tauḥīdī formuliert.

145. Abū Ḥayyān at-Tauḥīdī: al-Muqābasāt, § 25 S. 133f. (vgl. § 50 S. 209ff. über die Prophetie), § 2 S. 77_9, 78f.

146. Siehe S. M. Stern: New information about the authors of the 'Epistles of the Sincere Brethren', in: Islamic Studies. Karachi. 3. 1964, S. 405-28 (bes. S. 420f.); zur Kontroverse über die Iḫwān in der neueren Forschung (Y. Marquet) s.a. M. Plessner: Beiträge zur islamischen Literaturgeschichte IV, in: Israel Oriental Studies 2. 1972, S. 353-61. Zum Programm der Bruderschaft der wahren Gläubigen s. Susanne Diewald: Arabische Philosophie und Wissenschaft in der Enzyklopädie. Wiesbaden 1975, S. 16-21.

neuplatonischer Prägung, in den Konzepten der kosmischen Sympathie und der Ordnung sieben beseelter Himmelssphären eine philosophische Rechtfertigung ihrer Lehre vom erleuchteten Siebten Imām gefunden[147]; und mit ihrer Verschmelzung von griechischer Philosophie und arabischer Scharia maßten sich die Iḫwān die Vervollkommnung der islamischen Offenbarung an. Um den Preis einer Abwertung seiner eigenen Wissenschaft weist Abū Sulaimān diese Anmaßung zurück[148]: Die Vernunft genügt allein nicht; wenn doch, wäre die Offenbarung sinnlos. Zwar kann die Philosophie zu allgemeingültigen Wahrheiten kommen, aber wenn sie sich auf das Gebiet der Religion vorwagt, gerät sie auf den schwankenden Boden umstrittener Meinung und zweifelhafter Hypothese; der Glaube dagegen ist auf den festen Boden der Offenbarung gegründet, und die Offenbarung transzendiert die Grenzen rationaler Deduktion. Nicht die Logik der Griechen, sondern die Offenbarung hat apodeiktischen Rang (*al-faḍīla al-burhānīya*)[149]. Wiederum wird die Logik auf die Schranken sprachlicher Fügung verwiesen: Nicht nur die Wissenschaften der Mathematiker, Astrologen und Naturphilosophen haben in der Religion (Scharia) keinen Platz, "auch nicht die Untersuchungen des Logikers über die Klassen der Wörter und die Relationen der Nomina und Partikeln und Verba und ihre Verknüpfungen miteinander nach den Axiomen eines Mannes von den Griechen, mit dem Anspruch, die Geltung

147. Siehe Yves Marquet: Ikhwān al-Ṣafāʾ, in: EI² s.n.; ders.: Sabéens et Iḫwān al-Ṣafāʾ, in: Studia islamica. Paris. 24. 1966, S. 35-80, 25. 1966, S. 77-109, über die Herkunft der astrologischen und 'hermetischen' Elemente in ihren Schriften.

148. Abū Ḥayyān at-Tauḥīdī: al-Imtāʿ wal-muʾānasa. 2, S. 3-23. Vgl. auch M. Arkoun: Miskawayh [s.o. Anm. 100], S. 181-4.

149. Abū Ḥayyān at-Tauḥīdī: al-Imtāʿ. 2, S. 10_{1-6}, 12_{15-16}, 18_{8-10}, 21_{7-8}.

der Wahrheit zu behaupten und das Falsche abzuweisen."[150]

Nicht nur die ismailitischen 'Brüder', auch al-ᶜĀmirī und - wie es nach einer ohne Namensnennung zitierten Äusserung scheint - auch al-Fārābī werden unter dieses Verdikt einbezogen (dass al-Fārābī in den 'Episteln' mit einem langen Zitat über die Qualitäten des idealen Herrschers zu Worte kommt, war Beifall von der falschen Seite!).[151]

Tauḥīdī weist in einer Schlußbemerkung auf den inneren Widerspruch hin, den diese Position enthält: Abū Sulaimān mußte wissen, daß auch seine Philosophie dem Islam Bedenken und Anstöße bieten mußte, die sich durch die säuberliche Trennung der Bereiche nicht ausräumen ließen.[152] Offenbar entsprang seine Kritik dezidierten Befürchtungen hinsichtlich der religiösen, moralischen und politischen Implikationen einer Philosophie, die geeignet war, Staat und Gesellschaft von Grund auf zu erschüttern. Angesichts des Mißbrauchs der Philosophie für die Zwecke politisch-religiöser Ideologie proklamierte er den Rückzug vom Wettstreit um geistige Führung. Die Autoritätskrise in der islamischen Gemeinde ist der Hintergrund dieser Wendung: Weder die Kalifen von Bagdad noch die iranischen, bald darauf die türkischen Usurpatoren konnten die Einheit der Gemeinde garantieren; nicht rationale Ausdeutung - als Quelle des Schismas in Verruf geraten -, sondern allein die getreue Überlieferung der Sunna des Propheten durch die Lehrer der Scharia konnte das Heil der Gläubigen sichern.

150. Ibid. S. 8_{1-3}.
151. Ibid. S. 15_{4} (gegen Abū Zaid al-Balḫī), 15_{13} (gegen al-ᶜĀmirī); 10_{9}, vgl. mit al-Fārābī: al-Ǧamᶜ baina raʾyai al-ḥakīmain, ed. Nādir, S. 103_{24}-104_{1}; zur Verwendung Fārābīs durch die Iḫwān vgl. Rasāʾil Iḫwān aṣ-Ṣafāʾ, ed. Ziriklī. 4, S. 182-3 mit al-Fārābī: Mabādiʾ ārāʾ ahl al-madīna al-fāḍila, ed. Dieterici, S. 59-60.
152. Ibid. S. 23.

11

Die großen Systematiker der islamischen Philosophie nach al-Fārābī, ein Avicenna und ein Averroes, haben in den Kleinstaaten Irans und des Andalus sein Werk fortgesetzt, ohne es doch vollenden zu können. In den klassischen Zentren des Islams führten die politischen und sozialen Umwälzungen im 11. Jahrhundert zum Erstarken einer Orthodoxie, die nicht bereit war, die Autorität der islamischen Tradition von dem universaleren Anspruch der Philosophen schmälern zu lassen: Für die Hüter einer Jurisprudenz, welche im Kampf um die Macht nicht einmal die Exegeten des Kalām als rechtgläubige Konkurrenten akzeptierten, mußte dieser Anspruch Anathema sein. Nach dem Triumph des traditionistischen Islams ḥanbalitischer Prägung - manifest im Edikt des Kalifen al-Qādir von 1017 - bestimmen Polemik und Verdammung das Verhältnis der islamischen Institutionen zu den hellenistischen Wissenschaften insgesamt, zur Philosophie, auch zur Logik als ihrem Instrument.[153]

Doch beide Seiten gehen aus der Begegnung gewandelt hervor. Außerstande, die Weisheit der Griechen als praefiguratio des Islams zu rehabilitieren[154], sucht Avicenna aus der Verschmelzung griechischer Geistmetaphysik mit der Theosophie der islamischen Mystik die Philosophie als rechtmäßige Interpretation der Offen-

153. Siehe z.B. Ignaz Goldziher: Stellung der alten islamischen Orthodoxie zu den antiken Wissenschaften, in: Goldziher: Gesammelte Schriften. Hildesheim 1967-73. 5, S. 357-400; Angelika Hartmann: an-Nāṣir li-Dīn Allāh <1180-1225>. Berlin 1975, S. 255-262; Lutz Richter-Bernburg: Ibn al-Māristānīya; the career of Ḥanbalite intellectual in sixth/twelfth century Baghdad, in: Journal of the American Oriental Society 102. 1982, S. 265-83.

154. G.E. von Grunebaum: Studien [s.o. Anm. 30], S. 80.

barung zu rechtfertigen, insistiert er wie weiland der Sīrāfī, daß es ohne die Wissenschaft von der Sprache auch keinen philosophischen Diskurs, ja kein philosophisches Denken geben könne[155]: "Die Untersuchung der Sprachlaute ist eine Angelegenheit, welche die Notwendigkeit gebietet. Der Logiker als Logiker hat nicht in erster Linie mit den Sprachlauten zu tun, sondern nur im Hinblick auf Mitteilung und Unterredung. Ließe sich die Logik durch bloßes Denken erlernen, worin allein die Begriffe (*maᶜānī*) betrachtet würden, so wäre dies (für sich) genügend; und könnte man den Gesprächspartner durch ein anderes Mittel (als Rede) davon unterrichten, was man im Sinne hat, so käme man ohne Sprachlaute aus. Aber nun gebietet die Notwendigkeit den Gebrauch der Sprachlaute - zumal es auch schwierig für das Denken ist, die Begriffe zu ordnen[156], ohne mit ihnen deren Sprachlaute vorzustellen, vielmehr ist das Denken geradezu ein Selbstgespräch des Menschen mit seinem Sinn durch vorgestellte Sprachlaute[157]; also gilt, daß wegen der unterschiedlichen Verhältnisse der Sprachlaute sich dementsprechend die Begriffe in der Seele unterscheiden: es bilden sich Urteile in der Seele, die sich ohne die Sprachlaute nicht einstellten. Es ist daher notwendig, einen Teil der logischen Kunst auf die Untersuchung der Verhältnisse der

155. Dies im Anschluss an eine traditionelle Bestimmung der Korrelation zwischen Grammatik und Logik: Die Logik verhält sich zur Vernunft (*an-nuṭq ad-dāḫilī*) wie die Grammatik zur sprachlichen Äusserung (*an-nuṭq al-ḫāriǧī*), auch wie die Prosodie zur Dichtung; Ibn Sīnā: aš-Šifāᵓ. [I:] al-Manṭiq. 1: al-Madḫal. Ed. Anawātī, Ḫuḍairī, Ahwānī. Kairo 1371/1952, S. 20_{14-16} - in ähnlicher Formulierung wie schon al-Fārābī und seine Quelle (s.o. Anm. 120, bes. Introductory 'Risālah', S. 228_{4-10}). Vgl. auch Ibn Sīnā: Aqsām al-ᶜulūm. In: Ibn Sīnā: Tisᶜ rasāᵓil. Kairo 1328/1910, S. 221-22.

156. D.h. im Syllogismus, vgl. al-Fārābī: al-Alfāẓ al-mustaᶜmala fī l-manṭiq, ed. Mahdī, S. 100.

157. Cf. Plato: Soph. 263E3-5, 264A9.

Sprachlaute zu verwenden."[158]

Auf der anderen Seite hatten die Denkformen der aristotelischen Logik zu tiefe Wurzeln im Islam geschlagen, um nicht auch in den Wissenschaften der Religion hinfort ihren Platz zu behaupten. Der große Theologe des 11. Jahrhunderts, al-Ġazālī - selbst schärfster Kritiker der Philosophen -, konzediert, daß kein Weg zur Erkenntnis führt, es sei denn durch Logik.[159] Die Logik ist ein Instrument der Erkenntnis, das nicht auf den Dienst an Lehren und Schulen der Philosophen beschränkt ist, und "nichts davon hat mit der Religion zu schaffen, weder als Ablehnung noch als Bestätigung"[160], vielmehr kennen die Theologen dieselbe Grundlage richtigen Denkens unter anderem Namen.[161] In seinem Traktat *al-Qisṭās al-mustaqīm* zeigte al-Ġazālī die Geltung der 'rechten Waage' (Koran XVII 35, XXVI 182) des Syllogismus - auch die Philosophen pflegten ja die Logik als Waage (*mīzān*) des Denkens anzupreisen - aus der Offenbarung. Im *Tahāfut al-falāsifa* dient sie ihm zum Erweis der 'Inkohärenz' der

158. Ibn Sīnā: aš-Šifāʾ. [I,1:] al-Madḫal [wie Anm. 155], S. 22_{13}-23_{2}. (Vgl. die viel striktere Trennung zwischen begrifflicher Deduktion und sprachlicher Fügung bei al-Fārābī: al-Alfāẓ al-mustaᶜmala fī l-manṭiq, ed. Mahdī, § 56 S. 100-102.) Die folgende Polemik Avicennas gegen die traditionelle Bestimmung des Gegenstandes der Logik (*an-naẓar fī l-alfāẓ min ḥaiṯ tadull ᶜalā l-maᶜānī* ≃ αἱ φωναὶ καθὸ σημαντικαί, s.o. S. 211 f.) liegt auf der Linie seiner Angriffe gegen die Bagdader Philosophen, insbesondere gegen Abū l-Faraǧ ibn aṭ-Ṭaiyib (zur Sache s. dessen Tafsīr kitāb Qāṭīġūriyās [s.o. 212], fol. 9b-10a); s. auch S. Pines: La 'philosophie orientale' d'Avicenne et sa polémique contre les Bagdadiens, in: Archives d'histoire doctrinale et littéraire du Moyen Âge. Paris. Ann. 27, t. 19. 1952. S. 5-37, bes. S. 16ff., 35-37.

159. al-Ġazālī: Maqāṣid al-falāsifa, ed. Dunyā, S. 37_{6-10}; cf. Goldziher: Stellung [wie Anm. 153], S. 384ff.

160. al-Ġazālī: al-Munqiḏ min aḍ-ḍalāl, ed. Ǧamīl Ṣalībā, Kāmil ᶜAyyād. Beirut [7]1967, S. 81_{14}.

161. al-Ġazālī: Tahāfut al-falāsifa, ed. M. Bouyges. Beirut 1927, S. 15f.

Philosophie: zu ihrer Widerlegung. Zugleich schmiedet er sie zum Werkzeug der scholastischen Theologie des Spätmittelalters.[162] Noch in der Zurückweisung der hellenistischen Philosophie haben er und seine Nachfolger die Sprache der islamischen Theologie hellenisiert. Gegen fortdauernde Angriffe, vor allem aus der ḥanbalitischen Schule, weist im 14. Jahrhundert ein Rechtsgutachten des Taqīyaddīn as-Subkī (wie al-Ġazālī schafiitischer Jurist) auf die Ambivalenz der Logik als reiner Verstandeswissenschaft: "Sie ist wie ein Schwert, daß jemand zum Heiligen Krieg oder zum Straßenraub benutzen kann."[163] Eine Vielzahl von Lehrbüchern, beginnend mit dem *Miḥaqq an-naẓar* und dem *Miᶜyār al-ᶜilm* des Ġazālī selbst, bezeugt die feste Verankerung der Logik im juristischen Unterricht der Madrasa; die philosophisch-theologische Enzyklopädie seit Faḫraddīn ar-Rāzī (gest. 606/1209) vereinigt das Erbe Avicennas und Algazalis, aristotelische Prinzipienlehre und die Theologie des Kalām.

Dort, wo man im islamischen Mittelalter die Wissenschaften einteilt, bleiben 'einheimisch' und 'fremd' oberste Ordnungsklassen: Ein Fremdling ist auch die Philosophie mit ihrer Logik, trotz ernster, ja leidenschaftlicher Bemühung, bei ihren arabischen Erben geblieben. Aber in der Begegnung mit ihr wurde die Kultur des Islams unauslöschlich geprägt.

162. Über al-Ġazālīs Haltung zur Logik und deren historischen und systematischen Stellenwert siehe Robert Brunschvig: Pour ou contre la logique grecque chez les théologiens-juristes de l' Islam: Ibn Ḥazm, al-Ghazālī, Ibn Taimiyya, in: Oriente e Occidente nel Medioevo, filosofia e scienze. Roma 1971, S. 185-209 = Brunschvig: Études d'islamologie. Paris 1976, S. 303-27; Michael E. Marmura: Ghazali's attitude to the secular sciences and logic, in: Essays on Islamic philosophy and science, ed. G. F. Hourani. Albany, N.Y. 1975, S. 100-11.

163. Zitiert in F. Rosenthal: Das Fortleben der Antike im Islam. Zürich u. Stuttgart 1965, S. 115-17.

I. DAS STREITGESPRÄCH ZWISCHEN ABŪ SAᶜĪD AS-SĪRĀFĪ UND ABŪ BIŠR MATTĀ

Quelle: Abū Ḥayyān at-Tauḥīdī: Kitāb al-Imtāᶜ wal-muʾānasa. [Hrsg.:] Aḥmad Amīn, Aḥmad az-Zain. Kairo 1939-44. Bd 1, S. 107 bis 129; danach im Gelehrtenlexikon des Yāqūt: Iršād al-arīb ilā maᶜrifat al-adīb. Dictionary of Learned Men of Yáqút, ed. by D. S. Margoliouth. London, Kairo 1923-31. Vol. 3, S. 105-24, auch abgedruckt in Ḥasan as-Sandūbī [Hrsg.]: al-Muqābasāt li-Abī Ḥayyān at-Tauḥīdī. Kairo 1929, S. 68-87. Nach Yāqūts Text zuerst herausgegeben und ins Englische übersetzt von D. S. Margoliouth: The discussion between Abū Bishr Mattā and Abū Saᶜīd al-Sīrāfī on the merits of logic and grammar, in: Journal of the Royal Asiatic Society. London 1905, S. 79-110; in Auszügen und kommentierender Darstellung von Muhsin Mahdi: Language and logic in classical Islam, in: Logic in Classical Islamic Culture (First Giorgio Levi Della Vida Biennial Conference). Wiesbaden 1970, S. 51-83. - Auf Varianten der Textüberlieferung (Imtāᶜ vs. Iršād) gehe ich in den Anmerkungen ein, wenn sie für die Übersetzung von Belang sind.

Wir verdanken unseren Bericht dem gelehrten Literaten Abū Ḥayyān at-Tauḥīdī (geb. zwischen 922 und 932, gest. 1023?). Bewandert in den arabisch-islamischen wie in den hellenistischen Wissenschaften seiner Zeit, schildert er in seinen Schriften das intellektuelle Milieu und die geistigen Auseinandersetzungen des 10. Jahrhunderts in lebendiger Anschaulichkeit.[1] In seinem *Kitāb al-Imtāᶜ wal-muʾānasa* ('Buch der Ergötzung und der geselligen Unterhaltung') protokollierte er für seinen Gönner, den Astronomen und Mathematiker Abū l-Wafāʾ al-Būzaǧānī - dieser wird in unserem Text eingangs angeredet - seine Abendunterhaltungen mit Ibn Saᶜdān, Wesir des Būyiden Ṣamṣāmaddaula von 373/983 bis zu seiner Verhaftung und Hinrichtung 374/985.[2]

1. Die umfassendste Darstellung gibt Marc Bergé: Pour un humanisme vécu: Abū Ḥayyān al-Tawḥīdī. Damas 1979.

2. Siehe Heribert Busse: Chalif und Grosskönig. Die Buyiden im Iraq. Beirut, Wiesbaden 1969, S. 65.

Der Philosophie galt Tauḥīdīs besonderes Interesse; man nannte ihn "den Philosophen unter den Literaten, den Literaten unter den Philosophen". Mit Abū Bišr Mattā, dem Advokaten der Logik in der Debatte des Jahres 937, verband ihn direkte Schultradition: Mattās bedeutendster Nachfolger, der Jakobit Yaḥyā ibn ᶜAdī († 974, s.o. S. 204), war unter seinen Lehrern, und vor allem Ibn ᶜAdīs muslimischer Schüler Abū Sulaimān as-Siǧistānī (gest. c. 375/985, s.o. S. 225) kommt in seinen Schriften als Meister der Philosophie besonders häufig zu Wort.

Den Bericht über das Streitgespräch übernahm der Tauḥīdī aus zweiter Hand, von dem Philologen ar-Rummānī (s.o. S. 202 m. Anm. 90); freilich verrät die kunstvolle Stilisierung, das Schwelgen in Synonymen und Parallelismen, die geschliffene Feder des Tauḥīdī. Um so überraschender ist der parteiische Tenor seiner Darstellung; wenn er ihn von seinem Gewährsmann übernahm, so hat er ihn offensichtlich goutiert, während er sonst auf der Seite der Philosphen und ihrer Kritik der religiösen Wissenschaften steht. Einen Hinweis auf die Gründe gibt die Einleitung des achten 'Nachtgesprächs', die zu unserem Text hinführt: Ausgangspunkt ist eine Kritik des jüdischen Philosophen Wahb ibn Yaᶜīš aus Raqqa an der Mentalität derjenigen Philosophen, die "Barrieren vor den Weg setzen und Dornen darauf werfen und die Verbreitung der Philosophie als ein Fangnetz für schnellen Gewinn verwenden", "Logik und Geometrie und dergleichen zum Lebensunterhalt und Erwerb von Essen und Trinken benutzen" (Imtāᶜ 1.107$_{11}$-107$_{12}$, 104$_{15}$); und als Beispiel für die Berechtigung dieses Vorwurfs wird kein anderer als Mattā genannt, der "für ein Honorar von einem Muqtadirī-Dirham [Silbermünze] pro Seite diktierte, dabei vor Trunkenheit von Sinnen war und zynisch lachte, weil er meinte, ein gutes Geschäft zu machen - dabei gehörte er zu denen, «die im Hinblick auf ihre Werke am meisten verlieren» [Koran xviii.103] und im Hinblick auf ihre Lage am tiefsten gesunken sind" (Imtāᶜ 1.107$_{13-14}$). Dagegen erfahren wir von den Biographen des Sīrāfī, daß er davon lebte, gegen Bezahlung Bücher abzuschreiben - als frommer Mann nahm er für seinen Unterricht und sein Kadiamt kein Geld; ebenso, als Buch- und Papierhändler und Kopisten (*warrāq*), verdienten Tauḥīdīs Lehrer Yaḥyā ibn ᶜAdī und Abū Sulaimān ihren Lebensunterhalt, so auch Tauḥīdī selbst, der das harte Brot der *wirāqa* als "Zunft der Schande" beklagte.[3] Um so unerbittlicher war das Urteil über die moralische Persönlichkeit hinter dem Anspruch philosophischer Weisheit; Mattā hat diesem Anspruch, bei allem Respekt, nicht genügt.[4]

Eine systematische Interpretation des Textes bringt Wilfried Kühn im folgenden Beitrag des Bandes (s.u. S. 301 ff.). Für seine klärenden Fragen und Hinweise und seine Verbesserungsvorschläge zu meiner Übersetzung gilt ihm mein besonderer Dank.

3. Vgl. Rudolf Sellheim: Gelehrte und Gelehrsamkeit im Reiche der Kalifen, in: Festgabe für Paul Kirn. Berlin 1961, S. 54-79, hier S. 59; G. Endress in: Grundriss der Arabischen Philologie. 1. Wiesbaden 1982, S. 272.

4. Vgl. Muhsin Mahdi: Language and logic in classical Islam [s.o. S. 186 Anm. 47], S. 55-8.

• Die Zahlen am Rande geben die Seiten und Zeilen der oben genannten Textausgabe von Abū Ḥayyān at-Tauḥīdīs Imtāᶜ, Bd 1.

1. ⊣107$_{15}$⊢ Darauf, mein Meister - Gott lasse dich leben für die Gelehrten und lasse leben durch dich die Studenten der Gelehrsamkeit! -, berichtete ich dem Wesir von einem Streitgespräch, welches in der Runde des Wesirs Abū l-Fatḥ al-Faḍl ibn Ǧa'far Ibn al-Furāt[1] zwischen Abū Sa'īd as-Sīrāfī und Abū Bišr Mattā stattfand. Nachdem ich ihm ein kurzgefaßtes Referat ge-
108⊢ geben hatte, sagte er zu mir: Schreibe diese | Debatte vollständig auf! Denn es wurden in jener berühmten Runde zwischen den beiden Meistern vor Männern von Rang Worte gewechselt, deren Überlieferung bewahrt werden muß, deren Nutzen zu erhalten und von denen nichts gering zu achten ist. Also schrieb ich:

Abū Sa'īd hat mir Einzelheiten von dieser Geschichte berichtet und 'Alī ibn 'Īsā[2], der treffliche Meister, hat sie mit Erklärungen überliefert.

1. Der hier präsidierende Ibn al-Furāt Ibn Ḥinzāba war der vierte in der Familie der Banū l-Furāt, der das Wesirsamt des Abbasidenkalifats innehatte, zunächst für wenige Monate im Jahre 320/932 unter dem Kalifat des Muqtadir (bis zu dessen Tode im selben Jahre), dann unter ar-Rāḍī von 325/937 bis 326/938; er starb kurz darauf im Jahre 327/938 (s. EI[2] s.n.).

2. 'Alī ibn 'Īsā ar-Rummānī war Schüler des Ibn as-Sarrāǧ und wie er einer der Grammatiker, die sich für Logik interessierten (s.o. S. 201-3).

2. ⊣108$_{5}$⊢ Als die Runde im Jahre 326[1] zusammentrat, wandte sich der Wesir Ibn al-Furāt an die Anwesenden; darunter waren al-Ḫālidī[2], Ibn al-Aḫšād[3], al-Kutubī[4], Ibn Abī Bišr[5], Ibn Rabāḥ[6], Ibn Ka'b[7], Abū 'Amr Qudāma ibn Ǧa'far[8], az-Zuhrī[9], 'Alī ibn 'Īsā al-Ǧarrāḥ[10], Ibn Firās[11], Ibn Rašīd[12], Ibn 'Abdal'azīz al-Hāšimī[13], Ibn Yaḥyā al-'Alawī[14], ein Gesandter des Ibn Ṭuǧǧ aus Ägypten[15] und al-Marzubānī, Vertreter der Sāmāniden[16].

Der Wesir sprach: "Will nicht einer von euch sich bereitfin-
10⊢ den, | mit Mattā[17] über das Thema der Logik zu diskutieren? Er behauptet: Es gibt keinen Weg, das Richtige vom Falschen, die Wahrheit von der Lüge, das Gute vom Schlechten,

den Beweis vom Trugschluß, das Zweifelhafte vom Sicheren zu unterscheiden außer unserer Logik[18]; wir sind ihrer mächtig, wir beherrschen ihre Anwendung, wir haben sie von ihrem Begründer übernommen nach ihrer Einteilung und ihren Definitionen und haben nach der Autorität seines Namens rechte Kenntnis ihrer Lehren erworben!" Alle schwiegen verlegen, und Ibn al-Furāt sagte: "Bei Gott, unter euch sind doch Meister der Diskussion und des Streitgesprächs, die jeden Einwand zerbre-
15⊢ chen, | ich kenne euch als Meer der Wissenschaft, Advokaten der Religion und ihrer Anhänger, Leuchten der Wahrheit und der Wahrheitssucher! Was sollen diese verstohlenen Winke und Gesten, sind sie nicht unter eurer Würde?" Da erhob Abū Saʿīd as-Sīrāfī das Haupt und sprach: "Entschuldige uns, Wesir! Das Wissen in der Brust zu bewahren, ist etwas anderes, als
109⊢ das Wissen in dieser | Runde darzubieten: vor wachen Ohren und aufmerksamen Augen, vor scharfem Verstand und kritischem Sinn. Denn das führt zu Furcht, und Furcht macht wanken, und es bringt Scham, und Scham läßt unterliegen. Auf einem privaten Kampfplatz hervorzutreten, ist etwas anderes, als sich auf öffentlichem Felde zu schlagen." Darauf erwiderte Ibn al-Furāt: "Du bist dafür der rechte Mann, Abū Saʿīd! Hast
5⊢ du andere entschuldigt, mußt du | für dich den Sieg suchen; und wenn du obsiegst, gilt dein Verdienst für alle." Abū Saʿīd sagte: "Die Weisung des Wesirs zu verweigern, wäre Schimpf, seinen Rat abzulehnen, wäre nicht weit von Pflichtvergessenheit. So sei Gott unsere Zuflucht! Er lasse unseren Fuß nicht straucheln und gebe uns den rechten Beistand in Krieg und Frieden."

1. Im Jahre 326 nach der Hiǧra, d.i. 937-938 n.Chr. Yāqūt gibt hier (*Iršād* 3.106_2) und an anderer Stelle (3.125_{18}) das Jahr 320 H., und at-Tauḥīdīs Berichterstatter sagt weiter unten (*Imtāʿ* 1.129_1), daß as-Sīrāfī, geb. 280, damals vierzig Jahre alt gewesen sei. Indessen ist dies letztere nicht wörtlich zu nehmen - die Vierzig galt im islamischen Mittelalter wie in der Antike als das Alter der Akmê, der höchsten Lebensblüte -, und es heißt, daß Abū Bišr Mattā erst im Kalifat des Rāḍī, also nach 322/934, nach Bagdad kam

(al-Qifṭī: *Tāriḫ al-ḥukamā'* ed. Müller & Lippert, S. 323_{4}); auch konnte "ein Gesandter des Ibn Ṭuġǧ" (s.u. Anm. 15) erst nach dessen Regierungsantritt 323/935 anwesend sein.

2. Der hiernach genannte Theologe Ibn al-Iḫšīd schrieb eine 'Kritik des Ḫālidī' (*Naqḍ al-Ḫālidī fī l-Irǧā'*, s. Ibn an-Nadīm: *al-Fihrist*, S. 173_{9}), wohl des hier anwesenden Ḫālidī; vgl. auch aš-Šahrastānī: *al-Milal wan-niḥal* ed. Cureton, S. 104_{6}. – Mit dem Ṣūfī Ǧa'far al-Ḫuldī hat er nichts zu tun (gegen Flügel in *Fihrist* 2.64 Anm. 5 zu S. 173).

3. Ibn al-Aḫšād, sonst meist Ibn al-Iḫšīd (aṣ-Ṣafadī: *al-Wāfī* 7.216 Ibn al-Aḫšyād; *iḫšīd* ist sogdischer Herrschertitel, die Nebenformen sind aus der Etymologie erklärlich, vgl. neupers. *šāh*; s. C.E. Bosworth in EI² s.v.), vielleicht Sohn des gleichnamigen Gouverneurs von Tarsus (aṭ-Ṭabarī: *Tārīḫ* III 2184, 2193: von 285/898 bis zu seinem Tode 287/900). Über den hier genannten mu'tazilitischen Theologen Abū Bakr Aḥmad ibn 'Alī (gest. 326/938) s. Ibn an-Nadīm: *al-Fihrist*, S. 173; al-Ḫaṭīb al-Baġdādī: *Tārīḫ Baġdād* 4.309; Ibn al-Murtaḍā: *Ṭabaqāt al-Mu'tazila* ed. S. Diwald-Wilzer. Wiesbaden 1961, S. 100.

4. al-Kutubī ist sonst nicht nachweisbar. Yāqūt (3.106_{3}) hat *al-Kindī*, ein offenbarer Anachronismus. Ein bekannter mu'tazilitischer Mutakallim der Zeit war al-Ka'bī (Abū l-Qāsim 'Abdallāh ibn Aḥmad al-Balḫī, gest. 319/931), s. Ibn al-Murtaḍā: *Ṭabaqāt* (wie Anm. 3), S. 88-89; aṣ-Safadī: *al-Wāfī* 17.25-27 mit weiteren Quellenangaben; vielleicht ist so zu lesen.

5. Abū l-Ḥasan 'Alī ibn Ismā'īl ibn Abī Bišr al-Aš'arī, berühmter Gründer der aš'aritischen Schule des 'orthodoxen' Kalām, die zwischen der spekulativen Dogmatik der Mu'tazila und dem Traditionismus der ḥanbalitischen Juristen vermittelte (s. auch oben, S. 183-86). Sein Todesdatum wird von einigen mit 324 H. angegeben, von anderen aber um 330 angesetzt (vgl. Ibn an-Nadīm: *al-Fihrist*, S. 181, mit der *šuhra* Ibn Abī Bišr; al-Ḫaṭīb al-Baġdādī: *Tārīḫ Baġdād* 11. 346-47; Ibn Ḫallikān: *Wafayāt* ed. 'Abbās 3.284-85); letzteres würde durch seine Präsenz bei unserer *munāẓara* bestätigt.

6. Ibn Rabāḥ, Abū 'Imrān Mūsā: Mutakallim nach der Lehre des Abū 'Alī al-Ǧubbā'ī, Schüler des Ibn al-Iḫšīd (s.o. Anm. 3); s. Ibn an-Nadīm: *al-Fihrist*, S. 173_{26}.

7. Abū l-Ḥasan 'Alī ibn Ka'b al-Anṣārī, Literat, in der Theologie Anhänger des Ibn al-Iḫšīd (s.o. Anm. 3), im Ḥadīṯ des Zuhrī (s.u. Anm. 9), von Tauḥīdī in seinen Werken häufig zitiert (s. *Aḫlāq al-wazīrain*. Ed. M. Tāwīt aṭ-Ṭanǧī. Damaskus 1965, S. 203 mit Anm. 3).

8. Abū 'Amr Qudāma ibn Ǧa'far, hoher Beamter des abbasidischen Dīwān, Verf. eines Handbuchs der Administration (*Kitāb al-Ḫarāǧ wa-ṣinā'at al-kitāba*) und Begründer der Theorie der poetischen Figuren (s. EI² s.n., GAL² 1.262, S 1.406; gest. 337/948).

9. az-Zuhrī, wohl der Traditionarier Abū l-Faḍl ʿUbaidallāh ibn ʿAbdarraḥmān ibn Muḥammad (290/903-381/991), einer der angesehensten seiner Zeit; s. al-Ḫaṭīb al-Baġdādī: *Tārīḫ Baġdād* 10.368-69.

10. ʿAlī ibn ʿĪsā al-Ǧarrāḥ (gest. 334/946), bedeutender Politiker, als Wesir und in anderen Staatsämtern tätig, war als Theologe Schüler des oben genannten Ibn al-Iḫšīd (Ibn an-Nadīm: *al-Fihrist,* S. 173); s. H. Bowen: *The life and times of ʿAlī ibn ʿĪsā.* Cambridge 1928; EI^2 s.n.

11. Ibn Firās und
12. Ibn Rašīd waren sonst nicht zu ermitteln.

13. Ibn ʿAbdalʿazīz al-Hāšimī wird von Miskawaih als Opfer einer Konfiskation in den Wirren vor der Ankunft der Būyiden in Bagdad erwähnt (*Taǧārib al-umam* ed. Amedroz 2.84 s.a. 334 H.).

14. Ibn Yaḥyā al-ʿAlawī, vielleicht ein Sohn des Zaiditenimāms Yaḥyā ibn al-Ḥusain (GAL S 1.315).

15. Muḥammad ibn Ṭuġǧ (Ṭuġč) al-Iḫšīd, Gouverneur Ägyptens von 323/935 bis 334/940.

16. Vater des Philologen Muḥammad ibn ʿImrān al-Marzubānī (296/908-384/994), s. al-Qifṭī: *Inbāh ar-ruwāh* ed. M. Abū l-Faḍl Ibrāhīm 3.180: "aus edlem Fürstenhause, sein Vater war Vertreter (*nā'ib*) des Herrn von Chorasan bei Hofe in Bagdad" (s. dort S. 180 Anm. weitere Quellen zur Biographie); vgl. auch Ibn al-Aṯīr: *al-Kāmil fī t-tārīḫ* ed. Tornberg 7.166 = Beirut 7.502; R. Sellheim (Hrsg.): *Die Gelehrtenbiographien des Abū ʿUbaidallāh al-Marzubānī.* T. 1. Wiesbaden 1964.

17. as-Sīrāfī wird stets respektvoll mit seiner *kunya* Abū Saʿīd genannt, Mattā nur zweimal Abū Bišr (in direkter Anrede, *Imtāʿ* 118_{14}, 121_{11}).

18. Zu dieser Charakteristik der Logik vgl. oben, S. 215f.

3. ⊣109_8⊢ Darauf wandte er sich an Mattā: "Sag an, was verstehst du unter Logik? Wenn wir begreifen, was du damit meinst, können wir mit dir diskutieren - das Richtige annehmen 10⊢ und das Falsche zurückweisen - nach löblicher Regel | und anerkannter Methode."

Mattā antwortete: "Ich verstehe sie als ein Werkzeug der Rede, durch welches richtige ('gesunde') Rede von falscher ('kranker'), hinfällige Bedeutung von gültiger geschieden wird, so wie ich mit der Waage das Überschießende vom Mangelhaften, das Übersteigende vom Minderen unterscheide."[1]

Abū Saʿīd entgegnete: "Du irrst; denn richtige Rede wird von falscher geschieden durch die übliche Syntax und die anerkannte Flexion, so wir arabisch sprechen, und hinfällige Bedeutung von gültiger durch den Verstand, wenn wir mit dem Verstande forschen. Nimm an, du hättest das Überschießende vom Mangelhaften durch Wägen geschieden: Wer gibt dir Kenntnis des Gewogenen, ob es Eisen ist oder Gold oder Messing oder Blei? Auch nach Kenntnis des Gewichts kennst du ja noch keineswegs die Substanz des Gewogenen und seinen Wert und andere seiner Eigenschaften, deren Aufzählung lang dauern würde. Also nützt dir das Gewicht, auf das du dich konzentrierst und um dessen richtige Feststellung du dich bemühst, nur ein wenig und nur für einen Aspekt, während andere Aspekte noch zu klären bleiben. So hat es schon einmal ein Dichter gesagt: «Ein wenig hast du gemerkt, doch so mancherlei blieb dir verborgen!»[2]

Ja, und noch etwas ist dir entgangen: Nicht alle Dinge in der Welt werden gewogen; manche werden gewogen, andere mit dem Hohlmaß gemessen, andere der Länge nach, wieder andere nach der Fläche, und manche werden abgeschätzt. Und wenn es so ist bei den sichtbaren Körpern, so verhält es sich entsprechend bei den Gegenständen, die der Verstand feststellt; denn die Sinneswahrnehmungen sind Schatten der Verstandesdinge, welche diese mehr oder weniger genau nachahmen und dabei Ähnlichkeit bewahren und Übereinstimmung aufweisen.[3]

1. Zur Logik als 'Instrument' der Philosophie vgl. die unten S. 274 zu Yaḥyā ibn ʿAdīs Traktat (§ 2 Anm. 6) gegebenen Belege aus der griechischen Tradition. Aus der arabischen Tradition vgl. al-Fārābī: *Introductory 'Risālah' on logic,* ed. D. M. Dunlop, in: Islamic Quarterly 3. 1956. S. 224-35, hier 227_{23}; A.-M. Goichon: *Lexique de la langue philosophique d' Ibn Sīnā*. Paris 1938, S. 395 § 704. – Zum Bild der Waage siehe die oben S. 215f. (mit Anm. 121 zu *κάνων*) aus Elias: *In Cat.* und al-Fārābī: *Iḥṣā' al-ʿulūm* zitierten Stellen, so Simplicius: *In Cat.* 20_{10-12} "Die Logik insgesamt ist der instrumentale Teil (*τὸ ὀργανικὸν μέρος*) der Philosophie, wie die Richtscheite (*κανόνες*, auch: Zunge der Waage), wie die Richtschnüre der Tischler und Baumeister." Auch unser Referent Abū Ḥayyān at-Tauḥīdī bezeichnet - wie sein Lehrer Abū Su-

laimān al-Manṭiqī (s.o. S. 216) - die Logik als Waage des Denkens in seiner *Risāla fī l-ʿulūm* über die Klassifikation der Wissenschaften und ihre Gegenstände, s. Marc Bergé: *Épître sur les Sciences d'Abū Ḥayyān at-Tawḥīdī*, in: Bulletin d'Études orientales 18. 1963-64. S. 241-300; 21. 1968. S. 313-46, hier S. 265 (franz.), 291_{10} (arab.).

2. Aus einem Gedicht von Abū Nuwās (gest. 814 oder 815), gerichtet gegen an-Naẓẓām, einen bedeutenden Vertreter der spekulativen Dogmatik (Kalām); voraus geht im ersten Halbvers: "Sprich zu dem, der in der Wissenschaft ein Philosoph sich dünkt: – " (*Dīwān*. Kairo 1898, S. 320).

3. Eine bemerkenswerte Parallele zur Differenzierung der Waagen-Metapher durch den Sīrāfī, auch zur vorangegangenen Charakterisierung der Logik durch den Wesir (s. § 1 mit Anm. 18), bietet das *Kitāb Iḫwān aṣ-Ṣafā'* (im Kapitel über die Klassen der Wissenschaften, Abschnitt über die Disziplinen der Logik): "Seine größte Aufmerksamkeit widmete er (Aristoteles) dem Beweis (*burhān*). Denn der Beweis ist die Waage (*mīzān*) der Philosophen (*ḥukamā'*); sie kennen durch ihn die Wahrheit von der Lüge in den Worten, das Gute vom Schlechten in den Taten. So wie die Leute gemeinhin mit Waagen und Hohlmaßen und Ellen das Maß nach Gewicht, Inhalt und Länge gemessenen Dinge bestimmen, wenn sie über deren Einschätzung (*ḥazr*) und Veranschlagung (*taḫmīn*) uneins sind, so kennen auch die Gelehrten, welche in der Kunst des Beweises kundig sind, durch diese die wahre Bewandtnis (*ḥaqā'iq*) der Dinge, wenn bei deren Einschätzung und Veranschlagung durch den Verstand Meinungsverschiedenheiten bestehen." (*Rasā'il Iḫwān aṣ-Ṣafā'*. Beirut 1376/1957. 1, S. 268_{14-19}.) Über das Werk der Iḫwān aṣ-Ṣafā' und deren Zurückweisung durch Abū Sulaimān (nach at-Tauḥīdī: *Imtāʿ* 2.5-23) s.o. S. 227-29.

4. ⊣110_{11}⊢ (Abū Saʿīd:) Aber lassen wir das. Begründet hat doch die Logik ein Mann von den Griechen auf Grund ihrer Sprache und ihrer Konvention darin und ihrer durch Übereinkunft anerkannten Regeln und Formen[1] – wieso müssen denn Türken und Inder und Perser und Araber die Logik beachten, deren Urteil und Schiedsspruch annehmen, akzeptieren, was sie verbürgt, und ablehnen, was sie zurückweist?"

111⊢ Mattā sagte: "Das gilt doch deswegen, weil die Logik die intelligiblen Gegenstände und die der Erkenntnis zugänglichen Bedeutungen untersucht, weil sie die im Innern aufsteigenden Gedanken und die geistigen Regungen prüft. In den Verstandesbegriffen sind alle Menschen gleich – vier und vier ist doch bei allen Völkern acht, und ebenso bei dergleichen."[2]

Darauf Abū Saʿīd: "Wenn alles, was mit dem Verstande studiert und mit Worten gesagt wird, in | all den verschiedenen Zweigen und mancherlei Disziplinen, auf die Stufe der Klarheit von 'vier und vier ist acht' zu reduzieren wäre, gäbe es keinen Streit mehr, und Eintracht kehrte ein. Aber so verhält es sich nicht; vielmehr hast du mit diesem Beispiel geschwindelt, und solcher Schwindel ist euch Gewohnheit. Wenn aber zu diesen Gegenständen des Verstandes und Begriffen der Erkenntnis nur mittels einer Sprache aus Nomina, Verba und Partikeln[3] zu gelangen ist – bedarf es dann nicht notwendig der Kenntnis der Sprache?"

"Ja", sagte Mattā.

"Falsch! In diesem Falle mußt du 'doch' sagen."

"Also: doch – auf diesem Gebiet richte ich mich nach dir."

"Du rufst uns also nicht zur Wissenschaft der Logik, vielmehr rufst du uns auf, die griechische Sprache zu erlernen, obwohl du selbst die Sprache der Griechen nicht kennst. Wie kommst du denn dazu, uns eine Sprache zu empfehlen, die du nicht beherrschst? Auch ist sie seit langer Zeit erloschen, und die Menschen, die sie sprachen, sind dahin, untergegangen sind die Leute, die in ihr miteinander verkehrten und durch ihre Wendungen sich verständigten.[4] Vielmehr übersetzest du aus dem Syrischen, und was sagst du denn | zu Begriffen, die verwandelt wurden durch Übertragung aus der Sprache der Griechen in eine andere Sprache, die syrische, dann aus dieser in eine dritte, die arabische?"

Darauf Mattā: "Auch wenn die Griechen mit ihrer Sprache dahingegangen sind, hat doch die Übersetzung die Intentionen bewahrt, die Begriffe vermittelt und den wahren Sinn rein erhalten."

1. Arab. *rusūm* 'Bestimmungen', *ṣifāt* 'Qualifikationen'. – as-Sīrāfī bekennt sich also – hierin mit dem Philosophen übereinstimmend – zur Konventionalität der Sprachzeichen (hier: *iṣṭilāḥ*, sonst meist: *tawāṭu'*, s.o. S. 180 und unten bei Ibn ʿAdī § 20 mit Anm. 6, S. 293).

2. Über die Universalia als Gegenstand der Logik und ihren universalen Geltungsbereich handeln ausführlich Mattās Schüler al-Fārābī und Yaḥyā ibn ʿAdī; s.o. S. 206, 220ff. (im Text Ibn ʿAdīs unten S. 291ff., §§ 19, 21).

3. Die Wortarten nach der kanonisch gewordenen Einteilung von Sībawaih: *ism* 'Name', *fiʿl* 'Tätigkeit', *ḥarf ǧā'a li-maʿnā laisa bi-sm wa-lā fiʿl* 'Buchstabe (eig. 'Extremität' sc. des graphischen Syntagmas), der etwas bezeichnet, das weder Name noch Tätigkeit ist'. Vgl. Versteegh: *Greek elements*, S. 38–48.

4. Die Sprache der alten Griechen (*yūnānī*, eig. 'ionisch', *luġat Yūnān* 'die Sprache Yūnāns') wird also unterschieden von der Sprache der zeitgenössischen Byzantiner (arab. *rūmī* von *Rūm* 'Ostrom, Byzanz').

5. ⊣112⊢ Wieder entgegnete Abū Saʿīd: " Akzeptieren wir einmal, daß die Übersetzung wahr ist und nicht lügt, richtig ist und nicht falsch, genau und nicht ungefähr, daß sie weder verworren ist noch ungetreu, weder zu wenig noch zu viel gibt, weder voranstellt (was hinten) noch hintanstellt (was vorn ist) und den Bedeutungen, den besonderen und allgemeinen wie den speziellsten und generellsten, stets gerecht wird – nehmen wir dies einmal an, obwohl es solche Übersetzung nicht gibt, da 5⊢ weder | die Natur der Sprachen noch der Umfang der Bedeutungen es zulassen – : Dann willst du also behaupten, daß es keine Autorität gebe außer der Vernunft der Griechen, keinen Beweis außer von ihrer Hand, keine Wahrheit außer nach ihrem Vorgang!"

"Nein", sagte Mattā, "aber sie waren es vor allen Völkern, welche nach der (philosophischen) Weisheit strebten, nach der äußeren Erscheinung und nach dem inneren Wesen dieser Welt forschten und nach allem, was mit ihr zusammenhängt und was von ihr getrennt ist; und dank ihrem Streben erschienen, verbreiteten sich, wurden bekannt und wuchsen all die Arten der Wissenschaft und die Zweige der Künste, die es nun gibt – und dies gilt von keinem anderen Volk."

"Du irrst", sagte Abū Saʿīd, "du bist voreingenommen und läßt dich von deiner Parteilichkeit leiten. Denn Wissen und Wissenschaft sind verbreitet in der Welt unter allen Bewohnern

der Welt; also sagt der Dichter: «Die Wissenschaft ist in der
ganzen Welt / Und jeder Kluge ist dazu bestellt.» Und ebenso
sind die Künste verteilt bei allen, die auf dem Erdboden wan-
15⊢ deln. Daher | überwiegt auch an dem einen Ort eine Wis-
senschaft gegenüber anderen, und es ist anderswo eine Kunst
stärker als andere vertreten – das ist klar, und es ist überflüssig, mehr darüber zu sagen.[1]

Indessen wäre deine Behauptung nur dann richtig und dein
Anspruch nur dann gültig, wenn die Griechen vor allen Völkern
ausgezeichnet wären durch die volle Unfehlbarkeit, die deut-
lichste Einsicht und die ungewöhnlichste Konstitution – so |
113⊢ daß sie nicht irren könnten, ob sie es schon wollten, und
selbst wenn sie zu lügen beabsichtigten, es nicht vermöchten –,
wenn der Geist[2] auf sie herabgekommen wäre, wenn die
Wahrheit für sie sich verbürgt und der Irrtum sich von ihnen
losgesagt hätte, wenn die Tugenden ihnen anhingen an Stamm
und Zweigen und die Laster ihnen fern blieben von Mark und
Adern – aber es wäre doch Ignoranz, solches von ihnen zu meinen, und Engstirnigkeit, ihnen solches anzumaßen. Nein, sie
5⊢ sind wie andere Völker auch: Sie treffen das Rechte | in
einigen Fällen und irren in anderen, sie wissen manches und
anderes nicht, sie sprechen wahr in manchen Dingen und un-
wahr in anderen, sie verhalten sich einmal gut und ein ander-
mal schlecht.

Auch haben nicht die Griechen insgesamt die Logik begründet, sondern nur ein Mann von ihnen, und er hat nach Vorgän-
gern überliefert, so wie nachher andere von ihm übernommen
haben; er ist keine Autorität für diese Menschen alle und in
jedem Falle, sondern er hat auch Gegner, bei ihnen (den Griechen) und bei anderen: Der Widerstreit in Urteil, Spekula-
10⊢ tion und Untersuchung[3], der Disput in Frage | und Ant-
wort ist doch verwurzelt in der Natur – womit sollte es einem
Manne gegeben sein, diesen Streit aufzuheben, in Bewegung zu
setzen oder prägend zu beeinflussen? Nimmermehr, es ist unmöglich, und die Welt ist seit seiner Logik nicht anders als sie

vor seiner Logik war. Laß getrost ab von einem Ding der Unmöglichkeit, denn es ist verknüpft mit Anlage und Natur. Würdest du dein ganzes Suchen und Streben auf die Kenntnis der Sprache richten, in der wir miteinander reden und disputieren, die du zur Unterweisung deiner Gefährten gebrauchst nach dem
15⊢ Verständnis der Hörer | und mit der du die Bücher der Griechen erklärst nach dem Ausdruck der Sprecher - so würdest du erkennen, daß du die Ideen[4] der Griechen so wenig brauchst wie die Sprache der Griechen.

Hier eine Frage: Du meinst, daß die Intelligenz der Menschen verschieden ist und ihre Verstandesbegabung ungleich?"

"Ja", sagte er.

"Und sind diese Unterschiede und Abweichungen naturgegeben oder erworben?"

"Von Natur", antwortete Mattā.

"Und wie soll es angehen", fuhr Abū Sa'īd fort, "daß etwas
114⊢ eintritt, wodurch dieser natürliche Unterschied, | diese angeborene Abweichung aufgehoben wird?"

Mattā sagte: "Darüber hast du doch schon des langen und breiten gehandelt."

"Ja", sagte Abū Sa'īd, "aber hast du denn eine entscheidende Antwort gegeben oder eine schlüssige Erklärung?

1. Vgl. schon Ibn Qutaiba: *K. aš-Ši'r waš-šu'arā'*, in: M. Gaudefroy-Demombynes: *Ibn Qotaïba. Introduction au Livre de la poésie et des poètes.* Paris 1947, S. 4: "Gott hat weder Wissenschaft noch Poesie noch Eloquenz einer Zeit vorbehalten, einer andern vorenthalten, und er hat nicht ein Volk vor anderen damit ausgezeichnet. Vielmehr hat er dies unter seinen Dienern insgemein aufgeteilt zu allen Zeiten." Das klingt weltoffen und tolerant; doch in Wahrheit will der Autor Talent und Rang der Araber gegenüber den anderen Völkern in angemessenes Licht rücken, nicht für, sondern gegen die fremden, vorislamischen Kulturen plädieren (s.o. S. 190-92). Ganz anders Abū Bakr ar-Rāzī, der dem Mutakallim Abū Ḥātim (s.o. S. 193) die Frage vorlegt, wieso Gott in seiner Güte ein Volk vor den andern durch Entsendung eines Propheten ausgezeichnet haben solle und nicht alle in gleicher Weise begünstigt hätte (*Rasā'il falsafīya* ed. Kraus, S. 295f.).

2. *sakīna* (von hebr. *š^ekīnā*); s. Koran, Sura II 248, IX 26,

40, XLVIII 4, 18, 16; darüber Ignaz Goldziher: *Über den Ausdruck "Sakîna"*, in: Goldziher: *Abhandlungen zur arabischen Philologie.* 1. Leiden 1896, S. 177-204; B. Joel: *Sakīna,* in: EI[2] s.v.

3. *ra'y,* im Fiqh: Urteil nach dem Ermessen des Juristen; *an-naẓar wal-baḥṯ:* vgl. die Bezeichnung *ahl al-baḥṯ* für die Vertreter der spekulativen und dialektischen Dogmatik (Kalām), *ahl an-naẓar* auch allgemeiner für die 'Theoretiker', welche die rationalen Prinzipien der verschiedenen Wissenschaften behandeln. Vgl. Georges Vajda: *Pour le dossier de naẓar,* in: Recherches d'islamologie; recueil d'articles offert à G.C. Anawati et L. Gardet. Louvain 1977, S. 333-36.

4. *ma'ānī* 'Bedeutungen', vgl. oben S. 207-9.

6. ⊣114$_{2}$⊢ (Abū Sa'īd:) Aber laß dies. Ich will dich nach einem Buchstaben fragen, einem, der in der Rede der Araber geläufig ist und dessen Bedeutungen bei Verständigen unterschieden werden – gib du mir eine Ableitung seiner Bedeutungen nach der Logik des Aristoteles, auf die du so große Stücke hältst 5⊢ und um deren Hochschätzung du eiferst. Es geht um | das wāw[1]: Welchen Regeln unterliegt es? Wie wird es gesetzt? Hat es eine Funktion oder mehrere?"

Mattā war verblüfft und sagte: "Das ist Grammatik, und Grammatik habe ich nicht studiert, denn der Logiker bedarf ihrer nicht; doch der Grammatiker bedarf dringend der Logik. Denn die Logik untersucht die Bedeutung, die Grammatik untersucht die Sprachlaute. Wenn es der Logiker mit dem Sprachlaut zu tun hat, so nur als Begleitumstand, und wenn der Grammatiker auf die Bedeutung stößt, auch nur als Begleitumstand. Indessen ist die Bedeutung edler als der Sprachlaut, der Sprachlaut niedriger als die Bedeutung."[2] |

10⊢ "Du irrst", sagte Abū Sa'īd, "denn Rede und Logos[3], Sprache[4] und Laut, Wohlredenheit und Grammatizität[5], Erklärung und Nachricht, Bericht und Kunde[6], Vorschlag und Wunsch[7] und Aufforderung, Gebet und Ruf und Begehren, all dies gehört durch Übereinstimmung und Ähnlichkeit in ein Revier. Wenn zum Beispiel jemand sagte «Zaid hat die Wahrheit gesprochen, aber er hat nicht die Wahrheit gesagt» oder «Er

hat unzüchtig gesprochen, aber nicht unzüchtig geredet» oder
«Er hat sich klar ausgedrückt, aber nicht deutlich» oder «Er
15⊢ hat erklärt, was er meint, | aber nicht dargelegt» oder «Er
hat sein Anliegen artikuliert, aber nicht ausgesprochen» oder
«Er hat berichtet, aber nicht kundgetan», so würde er in
alldem faseln und sich widersprechen, er würde mit seiner Rede
gegen die Richtigkeit verstoßen und Sprachlaute gegen das |
115⊢ Zeugnis seines eigenen und anderer Menschen Verstandes
verwenden.

Grammatik, aus der Hülle der 'Arabīya geschält, ist Logik;
und Logik, doch durch die Sprache vernommen, ist Grammatik.
Der Unterschied zwischen Sprachlaut und Bedeutung ist der,
daß der Sprachlaut der Natur angehört, die Bedeutung dem
Verstande. Daher ist der Sprachlaut vergänglich mit der Zeit,
weil die Zeit die Spur[8] der Natur durch eine andere Spur der
Natur tilgt; und daher ist die Bedeutung beständig über die
5⊢ Zeit, denn es ist | ein Verstand, welcher die Bedeutung re-
gistriert[9], und der Verstand ist göttlich. Hingegen ist der Stoff
des Sprachlauts metariell, und alles Materielle ist hinfällig.

Du hättest ja noch nicht einmal einen Namen für deine Kunst, zu der du dich bekennst, für dein 'Werkzeug', mit dem du prahlst, wenn nicht entlehnt aus der arabischen Sprache und geliehen, wäre nicht ein Quantum davon dir gewährt. Ist schon ein weniges dieser Sprache dir unerläßlich für die Übersetzung – auch das Viele ist dir unabdinglich, damit du die Übersetzung richtigstellen, Zuverlässigkeit zuwege bringen und vor den drohenden Mängeln dich hüten kannst.

1. Die arabische Schrift bezeichnet kurze Vokale im allgemeinen nicht; es geht hier (und unten, § 8, *Imtā'* 118) sowohl um den 'Buchstaben' (*ḥarf*) w als um die 'Partikel' (*ḥarf*) – Konjunktion, Präposition – *wa* (s. auch oben § 4, Anm. 3).

2. Der Kardinalunterschied in den Gegenständen, breit dargelegt von Mattās Schüler Yaḥyā ibn 'Adī in seiner Abhandlung über die Differenz zwischen Grammatik und Logik (unten Text II), ähnlich schon von Paulus Persa bei Miskawaih (s.o. S. 213ff.).

3. Arab. *al-kalām wan-nuṭq* Imtā' : *al-manṭiq wan-naḥw* Iršād 111$_{11}$. – *Nuṭq* '(vernünftiges) Sprechen', von derselben Wurzel wie arab. *manṭiq* 'Logik'; vgl. arab. *ḥayawān nāṭiq* = *λογικὸν ζῷον*, *an-nafs an-nāṭiqa* = *ἡ λογικὴ ψυχή* usf.; s.a. unten § 13, Anm. 2 (S. 265).

4. *wal-luġa*: om. Iršād.

5. Arab. *i'rāb*, im engeren Gebrauch der Grammatik die Desinentialflexion der Nomina und Verba nach Maßgabe der Rektionsverhältnisse im Satz (eig. 'deutliches Sprechen', von derselben Wurzel wie der Name der Araber, *al-'Arab*).

6. *al-inbā'* ci. edd. : *al-istiḫbār* 'Erkundung' MS Imtā', Iršād 111$_{12}$; Iršād liest zuvor *inbā'* f. *ibāna* 'Erklärung'.

7. *at-tamannī* Iršād : *an-nahy* 'Verbot' Imtā'; die Hrsg. des *Imtā'* kombinieren: *at-tamannī wan-nahy*.

8. Arab. *rasm*; s.o. S. 199f.

9. Arab. *mustamlī*, eig. 'Schreiber, der ein Diktat aufnimmt'.

7. ⊣115$_{10}$⊢ Mattā sagte: "Mir genügen von dieser eurer Sprache Nomen und Verb und Partikel[1]; denn soviel langt mir zum Ausdruck von Ideen[2], welche mir die Griechen ausgearbeitet haben."

"Du irrst", entgegnete Abū Sa'īd, "denn hierfür, für Nomen und Verb und Partikel, bedarfst du noch der Kenntnis ihrer Eigenschaften und ihrer Konstruktion nach der Ordnung, welche aus der Natur ihrer Sprecher gilt; und ebenso mußt du auch die Bewegungen (Vokale) dieser Nomina und Verba und Partikeln beherrschen, denn Fehler und Verstöße in den |
15⊢ Bewegungen sind ebenso erheblich wie Fehler und Korruptel in den bewegten Konsonanten.[3] Das ist ein Kapitel, um das ihr, deine Kollegen und dein Verein, euch nicht kümmert. Aber es gibt hier ein Geheimnis, von dem du nichts ahnst und das deinem Verstand noch nicht gedämmert hat: Du weißt, daß keine Sprache mit einer anderen in jeder Hinsicht überein-
116⊢ stimmt – in den Bestimmungen | ihrer eigentümlichen Formen, in ihren Nomina, Verba und Partikeln, in ihrer Weise des Zusammenfügens, Voran- und Nachstellens, in ihrem Gebrauch der übertragenen und der eigentlichen Bedeutung[4], des Verstärkens und Abschwächens, in Weite und Enge (der Bedeu-

tung), in ihren Genres von Poesie, Prosa und Binnenreim[5], in Regelmaß und Abweichung, und in anderem mehr, dessen Aufzählung lang währen würde – ich glaube nicht, daß jemand diese Behauptung zurückweisen oder an ihrer Richtigkeit zweifeln würde, wenn er nur über einen klugen Verstand und 5⊦ ein billiges Urteil verfügt. Wie kommt es dann aber, | daß du dich auf etwas verlassen mußt, das unter diesen Voraussetzungen übertragen wurde? Nein, du hast es viel nötiger, die arabische Sprache zu lernen, als die griechischen Begriffe[6]; die Begriffe sind ja gar nicht ‘griechisch’ oder ‘indisch’ in der Weise, wie die Sprachen persisch und arabisch und türkisch sind. Du behauptest, daß die Begriffe durch den Verstand und durch Nachsinnen und Denken gewonnen werden; indessen bleibt nichts übrig als die Regeln der Sprache. Warum schmähst du also die arabische Sprache, wo du doch die Bücher des Aristoteles in ihr erklärst – obgleich du sie nicht richtig kennst? |

10⊦ Sag an, was machst du, wenn einer zu dir sagt: Mir geht es in der Erkenntnis der Wahrheit und im Suchen und Forschen danach wie denen, die vor dem Begründer der Logik lebten – ich denke wie sie, und ich überlege wie sie; denn die Sprache erfaßte ich von Geburt durch Erbschaft, und die Begriffe[7] erspürte ich durch Denken und Schauen, durch Sinnen und Trachten[8]. Was würdest du zu ihm sagen? Sagst du etwa, daß sein Urteil nicht gültig und seine Haltung nicht tauglich sei, weil er diese Dinge nicht nach derselben Methode wie | 15⊦ du erkennt? Ja, du würdest dich womöglich mehr freuen, wenn er dir nachfolgte – und sei es ihm Irrtum –, als wenn er auf eigenem Urteil beharrte – und sei es in der Wahrheit. Und das ist doch offenbare Torheit und schimpfliche Überheblichkeit.

1. Siehe oben S. 245, § 4 Anm. 3.
2. Arab. *aġrāḍ* ‘Intentionen’.
3. Die arabischen Grammatiker bezeichnen die Vokale als ‘Bewegung’ der (in der Schrift notierten) Konsonanten, vokal-

lose Konsonanten als 'ruhend'.

4. *taḥqīq* zu *ḥaqīqa* 'Wahrheit, Wirklichkeit' gegenüber *istiʿāra* 'Anleihe, Entlehnung' im Sinne von 'Metapher'.

5. *saǧʿ*, in Verbindung mit dem parallelismus membrorum seit dem 4./10. Jahrhundert vorherrschendes Stilmittel der arabischen Kanzlei- und Kunstprosa.

6. *maʿānī* 'Bedeutungen'.

7. *maʿānī* 'Bedeutungen'.

8. *naẓar* (s.o. S. 248 § 5, Anm. 2), *raʾy, iʿtiqād, iǧtihād*; *raʾy* 'Meinung' und *iǧtihād* 'Bemühung, Raisonnement' sind auch Termini der Jurisprudenz für die persönliche, nicht auf die überlieferte Sunna des Propheten gestützte Rechtsfindung.

8. ⊣116_{17}⊢ (Abū Saʿīd:) Nun aber sprich mir vom *wāw*, welchen Regeln folgt es? Denn ich will demonstrieren, daß deine Wertschätzung der Logik dir mitnichten hilft: Du bist unwissend um
117⊢ einen Buchstaben der Sprache, in der du für die | Weisheit der Griechen wirbst – und wer einen Buchstaben nicht kennt, möchte wohl auch andere nicht kennen, und wer etliche Buchstaben nicht kennt, mag um die Sprache insgesamt unwissend sein; und wenn er zwar nicht in allem unwissend ist, aber doch einiges nicht weiß, so weiß er vielleicht gerade das nicht, was er braucht, und dann nützt ihm nicht die Kenntnis dessen, was er nicht braucht. Ein solcher aber steht im Range des gemeinen Volkes oder nur um ein weniges darüber im Range. Warum verwahrt er sich dagegen und erhebt sich darüber und
5⊢ bildet sich ein, er gehöre zur | Elite, ja zu den Spitzen der Elite, und meint, er kenne das Geheimnis des Wortes, die Tiefe der Weisheit, die verborgenen Rätsel der Schlußfolgerung und den gültigen Beweis?

Dabei habe ich dich nur nach den Bedeutungen einer einzigen Partikel gefragt – wie, wenn ich alle Partikeln vor dir ausbreitete und dich nach ihren Bedeutungen und Funktionen fragte, den eigentlichen und den ansonsten zulässigen! Ich habe euch sagen hören: «Die Grammatiker kennen nicht die Funktionen von *fī* ('in'), sie sagen bloß, es sei für das 'Gefäß',|
10⊢ und ebenso auch, *bi* ('bei', 'mit') stehe für das 'Anhängen'.

Vielmehr wird *fī* auf mehrere Arten gesetzt: Man sagt 'Die Sache ist in (*fī*) dem Gefäß', 'Das Gefäß ist im Raum', 'Der Regent ist in der Regierung' und 'Die Regierung ist in dem Regenten'.[1]» Meinst du denn, diese Aufgliederung sei dem Verstande der Griechen entsprungen und aus ihrer Sprache abgeleitet, und es sei ausgeschlossen, daß Inder, Türken und Araber dies mit ihrem Verstande erfassen? Ignoranz zeigt jeder, der das behaup-
15⊦ tet, und Geschwätz | ist die Rede, in der er sich verbreitet. Wenn der Grammatiker sagt, daß *fī* für das Gefäß ist, so klärt er summarisch die richtige Bedeutung und impliziert zugleich die einzelnen Momente, die durch die Dihärese aufscheinen. Dergleichen gibt es vieles, aber dies eine Beispiel ist schlagend[2] genug."

Ibn al-Furāt unterbrach: "Begnadeter Meister, gib ihm doch eine klärende Antwort auf die Frage nach den Funktionen des
118⊦ *wāw*, | um ihm gründlich den Mund zu stopfen, gib vor allen Anwesenden die richtige Lehre, an der es ihm gebricht – zumal er sie auch noch schmäht[3]!"

Darauf führte Abū Saʿīd folgendes aus: "Der Buchstabe *wāw* hat eine Reihe von Bedeutungen und Funktionen. Eine davon ist die Verknüpfung, z.B. in 'Ich ehrte Zaid und (*wa-*) 'Amr'. Ferner dient es als Schwurpartikel, z.B. in 'Bei (*wa-* c.gen.) Gott,
5⊦ es ist so und so gewesen'. Es | regiert die Voranstellung (des Subjekts im nominalen Umstandssatz), z.B. in 'Ich ging hinaus, während (*wa-*) Zaid (stehen) blieb', denn der darauffolgende Satz besteht aus Satzeingang (nominales Subjekt) und Prädikat. Sodann hat es die Bedeutung 'manch einer' zur Bezeichnung der geringen Zahl, z.B. in dem Vers «Manch (*wa-* c.gen.) dunkler Abgrund, leere Ödenei»[4]. Außerdem ist es Wurzelkonsonant im Nomen, z.B. in *wāṣil, wāqid, wāfid,* und ebenso im Verbum, z.B. in *waǧila* (mit dem Imperfekt) *yawǧalu.*[5] Auch wird es arbiträr eingefügt, wie z.B. in Gottes Wort «Als die beiden (Abraham und sein Sohn) sich (in Gottes Willen) ergeben hatten und er (Abraham) ihn auf die Stirn niedergeworfen hatte (zur Opferung) – und (*wa-*) wir riefen ihn an»[6], d.h. «(da) rie-

fen wir ihn an», und so auch in den Worten des Dichters
10⊢ «Und als wir durchqueret den Hofplatz (zwischen den Zelten) des Stammes, und (*wa-*) es erschien / uns einer Niederung Tiefe mit Dünen gewundenen Sandes»[7], d.h. «(da) erschien uns». Ferner bezeichnet es den Zustandsausdruck, z.B. in Gottes Wort «Und er (Jesus) wird zu den Menschen sprechen in der Wiege und (*wa-*) erwachsen»[8], d.h. er wird zu den Menschen sprechen (schon in der Wiege) im Zustand seines Erwachsenseins. Schließlich hat es die Bedeutung einer Partikel, die (als Präposition) den Genetiv regiert, z.B. in 'Das Wasser hat Gleichstand und (*wa-*) das Holz', d.h. *mit* dem Holz.[9]"

"Nun, Abū Bišr", sagte Ibn al-Furāt, "steht das in deiner Grammatik[10]?"

1. Die Bedeutungen von 'in' werden von Aristoteles *Phys.* IV 3: 210a14-24, von den Kommentatoren auch im Anschluß an *Cat.* 1a14 ἐν ὑποκειμένῳ behandelt. Porphyrius unterscheidet neun Bedeutungen (*In Cat.* 77_{21}), die Späteren elf, z.B. Simplicius: *In Cat.* 46_5, *In Phys.* 553; Elias: *In Cat.* 149_{16}; in der arabischen Überlieferung Abū l-Faraǧ ibn aṭ-Ṭaiyib: *In Cat.*, fol. 28b-29a, und al-Ḥasan ibn Suwār: *Scholia in Cat.*, S. 375. - Die in unserem Text gegebenen Beispiele illustrieren die Bedeutungen: 1. ἐν τόπῳ (unbewegt), 2. ἐν ἀγγείῳ (beweglich), 3. τὸ ὑποκείμενον ἐν τῷ συμβεβηκότι (?), cf. Joh. Philoponus: *In Phys.* 528_{20} nach Alex. Aphrod., 4. ἐν ποιητικῷ, cf. *Phys.* 210a21 ὡς ἐν βασιλεῖ τὰ τῶν Ἑλλήνων, d.h. in der Wirkursache: Joh. Philop.: *In Phys.* 529_8 = arab. ed. Badawī: *Arisṭūṭālis. aṭ-Ṭabī'a.* Kairo 1965-66, S. 299_{10}.

2. *at-takniya* Edd. 'als (stellvertretender) Hinweis' : *at-tabkīt* MS Imtā' 'zum Schweigen zu bringen' : *as-sakt* Iršād 'zum Schweigen'.

3. *mušanni'* Edd. : *mutašayyi'* MS Imtā', Iršād 'although he makes it especially his subject' (Margoliouth).

4. Ein Vers des Dichters Ru'ba ibn al-'Aǧǧāǧ im Raǧaz-Metrum, in der klassischen Grammatik des Sībawaih als Beleg angeführt (ed. Hārūn 4.210), vgl. Ibn Abī Sa'īd as-Sīrāfī: *Šarḥ abyāt Sībawaih.* Ed. M. 'Alī Sulṭānī. Damaskus 1396/1976. 2, S. 353.

5. Im Arabischen - wie in den anderen semitischen Sprachen - sind weitaus die meisten semantischen Einheiten an dreikonsonantige 'Wurzeln' gebunden. In den genannten Beispielen ist *w* der erste Wurzelkonsonant ('Radikal') des Nomens bzw. Verbs. Abū Sa'īd spricht also an dieser Stelle von *wāw* als Buchstaben, während im übrigen die Funktionen der Par-

tikel *wa* abgehandelt werden.

6. Koran, Sūra XXXVII 103-4; vgl. zur Interpretation as-Suyūṭī: *al-Itqān fī ʿulūm al-Qurʾān*. Ed. M. Abū l-Faḍl Ibrāhīm. Kairo 1974-75. 2, S. 306 (der Nachsatz der Temporalphrase wird in der Regel nicht mit *wa-* eingeleitet, wenn er mit dem Verbum beginnt).

7. Ein Vers des vorislamischen Dichters Imraʾalqais aus seiner *Muʿallaqa*, einer der sieben 'Goldenen Oden' der altarabischen Poesie; s. W. Ahlwardt: *The Divans of the six ancient Arabic poets*. London 1870, S. 147 V. 27; S. Gandz: *Die Muʿallaqa des Imrulqais*. Wien 1913, S. 49-50. Der zweite Halbvers hier nicht im Text des *Imtāʿ*, sondern nur bei Yāqūt.

8. Koran, Sūra III 46. Die Interpretation ist ungewöhnlich; die arabischen Kommentatoren erklären sonst *wa* als koordinierende Konjunktion, vgl. auch die Übersetzuung von R. Paret: "Und er wird (schon als Kind) in der Wiege zu den Leuten sprechen, *und* (auch später) als Erwachsener."

9. Ein Beispielsatz aus der Grammatik Sībawaihs (ed. Hārūn 1.298); zur Erklärung s. G. Jahn: *Sībawaihi's Buch über die Grammatik*. Berlin 1894-1900. Bd 1, S. 194-95 Anm. 4 zu § 58; Ibn Yaʿīš: *Šarḥ al-Mufaṣṣal* ed. Jahn, S. 222$_{6}$ (das Wasser steigt mit dem auf seiner Oberfläche schwimmenden Holz).

10. Zu erwarten wäre "in deiner *Logik*".

9. ⊣118$_{15}$⊢ Darauf sagte Abū Saʿīd: "Laß dies; ich habe eine Frage, die mehr mit der rationalen Bedeutung zu tun hat als mit der Lautgestalt: Was sagst du zu dem Satz 'Zaid ist der beste der Brüder'? |

119⊢ Mattā antwortete: "Er ist korrekt."

"Und was sagst du zu dem Satz 'Zaid ist der beste seiner Brüder'?"

"Er ist korrekt."

"Und was ist der Unterschied zwischen den beiden Sätzen, wenn sie beide korrekt sind?"

Mattā war unfähig zu antworten, senkte den Kopf und würgte an seinem Speichel.

Abū Saʿīd fuhr fort: "Du hast ohne Verständnis und Einsicht geurteilt. Deine Antwort auf die erste Frage war richtig, auch wenn dir nicht bewußt ist, warum sie richtig war; aber deine
5⊢ Antwort auf die zweite Frage war nicht | richtig, obschon du auch hier den Grund nicht ahnst."

"So erkläre mir diesen Vorwurf", sagte Mattā.

"Nein", sagte Abū Saʿīd, "wenn du mein Kolleg[1] besuchst, magst du lernen; aber dies ist nicht der Ort zur Unterweisung. Das Gespräch in dieser Runde soll dem Trug ein Ende machen gegenüber einem, der Fälschung und Täuschung pflegt. Die hier Anwesenden wissen alle, daß du irrst. Wie kannst du behaupten, daß der Grammatiker nur den Sprachlaut ohne Ansehung 10⊦ der Bedeutung betrachtet, der Logiker aber | die Bedeutung und nicht den Sprachlaut? Das wäre richtig, wenn der Logiker schwiege und nur sein Denken um die Bedeutungen kreisen ließe, wenn er seine Ideen konstruierte insofern sie in der Vorstellung auftauchen, im Sinne sich bieten und in der Eingebung sich zeigen. Wenn er hingegen das, was er als gültig erkennt, kundtun[2] will durch Darlegung und Untersuchung zur Belehrung des Schülers und zur Diskussion mit dem Partner, so kommt er nicht ohne den Sprachlaut aus, der umfaßt, was er meint, seiner Intention entspricht und seiner Absicht angemessen ist."

Da sagte Ibn al-Furāt zu Abū Saʿīd: "Vollende uns doch deine Erläuterung jener Frage, um die Teilnehmer dieser Runde deutlich zu belehren und um Abū Bišr wirkungsvoll zum Schweigen zu bringen."

120⊦ "Ich hätte nichts dagegen, die Antwort auf jene Frage zu klären", sagte Abū Saʿīd, "wenn ich nicht fürchtete, den Wesir zu langweilen; denn wer zu lange redet, bereitet Langeweile."

"Ich wünschte nicht, deine Rede zu hören", erwiderte der Wesir, "wenn ich nur eine Spur von Langeweile empfände, und alle hier sind offensichtlich begierig darauf." |

5⊦ Also begann Abū Saʿīd: "Der Satz 'Zaid ist der beste seiner Brüder' ist nicht zulässig, dagegen ist der Satz 'Zaid ist der beste der Brüder' zulässig. Der Unterschied zwischen den beiden Sätzen beruht darauf, daß 'Zaids Brüder' nicht Zaid selbst einschließen, daß Zaid also aus der Menge seiner Brüder herausfällt. Denn – so der Beweis – auf die Frage 'Wer sind

Zaids Brüder?' ist die Antwort 'Zaid und 'Amr und Bakr und Ḫālid' nicht zulässig, sondern nur 'Bakr und 'Amr und Ḫālid', da Zaid ihrer Menge nicht angehört. Und weil Zaid aus der Menge 'seiner Brüder' herausfällt, ist er nicht einer von ihnen, und es ist also nicht zulässig, | zu sagen: 'Er ist der beste seiner Brüder', so wie es unzulässig ist, zu sagen: 'Dein Esel ist das munterste[3] der Maultiere', denn der Esel ist kein Maultier, ebensowenig wie Zaid einer seiner Brüder ist. Aber der Satz 'Zaid ist der beste der Brüder' ist zulässig, denn er ist einer von 'den Brüdern': diese Bezeichnung gilt für ihn und andere, da er Bruder ist. Wenn du gefragt wirst: 'Wer sind die Brüder?', kannst du ihn ja dazu rechnen und antworten: 'Zaid und 'Amr und Bakr und Ḫālid', ebenso wie du sagen kannst: 'Dein Esel ist der munterste der Esel', denn diese Bezeichnung gilt für ihn wie für die anderen Esel.[4] Da dem so ist, kann man einen Superlativ mit dem indeterminierten Singular einer Gattungsbezeichnung verbinden, z.B. 'Zaid ist der beste Mann' und 'Dein Esel ist der munterste Esel'; hier bezeichnet (der Singular) 'Mann' die Gattung ebenso wie 'die Männer', wie auch in 'zwanzig Dirham'[5] und 'hundert Dirham'."

"Dieser Erklärung ist nichts hinzuzufügen", sagte Ibn al-Furāt, "und hoch ist in meinen Augen die Wissenschaft der Grammatik gestiegen durch diese lichtvolle[6] Darlegung."

1. *ḥalqa* Edd. 'Zirkel', 'Schülerkreis, der das Diktatkolleg des Scheich besucht': *muḫtalifa* MS Imtā', Iršād.

2. *yubriz* Iršād, cf. Muṣṭafā Ǧawād in *Imtā'*. Bd 3, Anhang : *yazin* MS Imtā' : *yubarrir* Edd.

3. *afrah* Imtā' : *afḍal* Iršād 'das beste'.

4. Belege für die Behandlung dieses Topos bei den arabischen Gramatikern gibt Versteegh: *Greek elements,* S. 123, Anm 55 (bes. Ibn Ǧinnī: *al-Ḫaṣā'iṣ* 3.338_8ff. zu *Zaid afḍal iḫwatihī*).

5. Gewichts- und Münzeinheit (aus griech. δράχμη).

6. *isfār* 'Erleuchtung' : v.l. *intiqād* 'kritische Analyse' Iršād.

10. ⊣121⊢ Abū Saʿīd fuhr fort: "Die Bedeutungen werden in der Grammatik nach folgenden Kategorien erfaßt[1]: Der Gebrauch von Bewegung (Vokalen) und Ruhe (Vokallosigkeit)[2] der Sprachlaute, die Setzung der Buchstaben an der erforderlichen Stelle[3], die Komposition der Rede durch Vor- und Nachstellung und das Bestreben, hierin Richtigkeit herzustellen und Fehler zu vermeiden. Wenn etwas von dieser Norm abweicht, so ist es entweder zulässig auf Grund seltenen Gebrauchs oder entlegener Interpretation[4], oder aber zu verwerfen, | weil es die Gewohnheit der Menschen, die ihnen von Natur geläufig ist, verläßt. Was die Unterschiede in den Mundarten der Stämme angeht[5], so sind diese bei ihnen akzeptiert und werden als deren Sprachgebrauch übernommen. All dies ist festgelegt durch Weitergabe, Tradition und Überlieferung sowie durch Analogie, welche (das Ungewöhnliche) auf eine anerkannte Grundform ohne Verdrehung zurückführt.[6] Der Dünkel kam deshalb über die Logiker, weil sie meinen, die Bedeutungen seien nur durch ihre Methode und Betrachtungsweise und Bemühung zu erkennen und zu erhellen! Sie übersetzen aus einer Sprache, die sie schwach und unvollkommen beherrschen, in eine andere, in der sie ebenso schwach und unvollkommen sind, und erheben solche Übersetzung | zu einer Kunst, und dann behaupten sie, daß die Grammatiker nur mit dem Sprachlaut und nicht mit der Bedeutung zu tun hätten."

Darauf wandte er sich an Mattā: "Weißt du denn nicht, Abū Bišr, daß das Wort 'Rede' eine Reihe von Dingen bezeichnet, die stufenweise zueinander gefügt sind? Wenn du zum Beipiel dies hier als 'Kleid' benennst, bezeichnet 'Kleid' eine Reihe von Dingen, durch welche dies ein Kleid geworden ist: Es wurde gewebt, nachdem es gesponnen war, und die Kette des Gewebes genügt nicht ohne den Einschlag, wie auch der Einschlag nicht taugt ohne die Kette; und so entspricht die Komposition der Rede dem Gewebe des Kleides, ihre Eloquenz | dem Walken des Tuches, ein feiner Faden feiner Aussprache, ein grobes Gespinst derben Lauten. All das zusammen gibt erst ein Kleid, aber zuvor muß alles erforderliche geleistet werden."

1. Wörtl. 'Die Bedeutungen der Grammatik sind aufgeteilt zwischen ...'.

2. Vgl. oben § 7, Anm. 3.

3. D.h. Setzung der Buchstaben der Konsonantenschrift zur Derivation und Flexion der Nominal- und Verbalmorpheme nach bestimmten Paradigmata (*auzān*).

4. D.h. auf Grund einer Analogie zu einem regelmäßigen Schema (*aṣl*); s. weiter unten (Anm. 6).

5. Die Beduinen der Arabischen Halbinsel gelten als Sprecher des reinen Arabisch; dagegen werden die jüngeren Seßhaftendialekte der von den Muslimen eroberten und arabisierten Provinzen – die Vorläufer der heutigen arabischen Mundarten – als Ergebnisse eines Korruptionsvorgangs (*fasād*) betrachtet.

6. *al-qiyās al-muṭṭarad ʿalā l-aṣl al-maʿrūf*, das heuristische Prinzip der *uṣūl an-naḥw*; s.o. S. 176f.

11. ⊣121$_{17}$⊢ "Abū Saʿīd", unterbrach ihn Ibn al-Furāt, "stelle ihm noch eine andere Frage, denn mit jedem Male tritt aufs 122⊢ neue | seine Unfähigkeit zutage, und er muß hinabsteigen von der Höhe seines Stolzes auf die Logik, die er verteidigt, und auf die Wahrheit, die er doch nicht erkennt."

"Sag an", sprach Abū Saʿīd, "wie erklärst du die Sätze 'Ich schulde diesem einen Dirham minus einen Qīrāṭ[1] (*ġair*^{a} *qīrāṭ*^{in})' und 'Ich schulde diesem einen Dirham, nicht einen Qīrāṭ (*ġair*^{u} *qīrāṭ*^{in})'?"

"Ich verstehe nichts von dieser Materie", antwortete Mattā.

"Ich lasse nicht | von dir", fuhr Abū Saʿīd fort, "bis alle Anwesenden überzeugt sind, daß du ein Aufschneider und Betrüger bist. Hier ist etwas, das noch einfacher ist: Ein Mann sagt zum andern: 'Was kosten die zwei gefärbten Kleider?', ein anderer sagt: 'Was kosten zwei gefärbte Kleider?', und noch ein anderer: 'Was kosten zwei Kleider, gefärbt?' Erkläre mir die Bedeutung, welche der Wortlaut jedes dieser Ausdrücke enthält!"

Mattā erwiderte: "Wenn ich dich meinerseits mit Problemen der Logik überschüttete, ginge es | dir ebenso wie mir."

"Du irrst", sagte Abū Saʿīd, "denn wenn du mir eine Frage vorlegst, werde ich sie prüfen; und wenn sich eine Bedeutung damit verbindet und der Wortlaut den geläufigen Regeln des Sprachgebrauchs folgt, so werde ich sie beantworten, ohne mich um Übereinstimmung oder Widerspruch (gegenüber den Regeln der Logik) zu kümmern. Wenn sich aber keine Bedeutung damit verbindet, werde ich sie zurückweisen; und wenn es um den Wortlaut geht, aber von der Art der verderbten Kunstwörter, mit denen ihr eure Bücher füllt, so werde ich sie ebenfalls 15⊢ zurückweisen. | Es geht nicht an, eine neue Sprache zu schaffen innerhalb einer Sprache, die etabliert ist bei ihren Sprechern.

Übrigens findet man bei euch auch nur das, was ihr aus der Sprache der Araber entlehnt habt, Wörter wie 'Ursache' und 'Werkzeug', 'Verneinung' und Bejahung', 'Gegenstand' und 'Aussage', 'Werden' und 'Vergehen', 'unbestimmt' und 'bestimmt'[2], und Beispiele, die aber nichts taugen und keinem nützen, nicht weit von Sprachlosigkeit, ohnmächtiges Gestammel!

1. Gewichts- und Münzeinheit: 1 Qīrāṭ = 1/24 Dirham.

2. *sabab* = *αἴτιον*, *āla* = *ὄργανον*, *salb* = *ἀπόφασις*, *īǧāb* = *κατάφασις*, *mauḍūʿ* = *ὑποκείμενον*, *maḥmūl* = *κατηγορούμενον*, *al-kaun wal-fasād* = *γένεσις καὶ φθορά* (der Titel der aristotelischen Schrift), *muhmal* = *ἀ(προσ)διόριστος* vs. *maḥṣūr* = *ὡρισμένος* (d.i. unbestimmtes vs. quantifiziertes Urteil).

12. ⊣123⊢ Ferner ist offenkundig, daß euch in eurer Logik so manches mangelt. Ihr habt kein angemessenes Verständnis eurer Bücher, und sie sind nicht kommentiert. Ihr wollt etwas von Poetik verstehen und habt keine Ahnung von Poesie; ihr redet von Rhetorik und seid himmelweit entfernt von ihrem Verständnis.[1] Ich habe einen von euch sagen hören: Das 'Buch des Beweises'[2] ist unerläßlich. Wenn dem so ist, warum hat man die Zeit mit den ihm vorausgehenden Büchern verbracht, und wenn 5⊢ also | auch diese unerläßlich sind, dann wohl auch die ihm folgenden – wenn aber nicht, warum hat man Bücher verfaßt, die unnötig und entbehrlich sind? Das alles ist Lug und Trug,

Einschüchterung, Schall und Rauch.[3]

Ja, ihr wünscht nur den Unwissenden zu beschäftigen und den Mächtigen zu demütigen; eure Absicht ist, die Leute einzuschüchtern mit Genus, Species, Proprium, Differentia, Akzidens und Individuum[4], und mit Wörtern zu foppen wie Existentialität, Ubiquität, Quiddität, Qualität, Quantität, Essentialität, Akzidentalität, Substantialität, Materialität, | Formalität, Entität, Nonentität und Ipseität![5] Und dann tut ihr groß: 'Seht unsere Zauberei: Kein B ist A; einiges B ist C; also ist einiges C nicht A; und: Nicht alle B sind A; alle B sind C; also nicht alle C sind A – dieses ist durch das Unmögliche erwiesen, jenes durch Supposition.'[6] Das sind lauter Lügenmärchen und Hirngespinste, Fallen und Fangnetze. Wer einen gesunden Verstand besitzt, ein treffendes Urteil, feine Spekulation, durchdringende Einsicht und eine erleuchtete Seele, kann auf dies alles verzichten – mit Gottes Hilfe und durch seine Gnade: denn gesunder Verstand, treffendes Urteil, feine Spekulation, durchdringende Einsicht und Erleuchtung der Seele sind Gottes köstliche Wohltaten und seine herrlichen Gaben, und Er zeichnet damit aus wen Er will von seinen Dienern. | Dagegen sehe ich für euren Stolz auf die Logik keinen Grund.

Hat doch schon Abū l-'Abbās an-Nāšī'[7] euch widerlegt, sich eure Methode vorgenommen, eure Fehler aufgezeigt und eure Unfähigkeit offenbar gemacht; und ihr konntet bis zum heutigen Tage nicht eines seiner Worte widerlegen. «Er hat unsere Intention nicht erkannt und nicht begriffen, was wir meinen, und er war in einem Vorurteil befangen» – mehr habt ihr nicht sagen können, und das sind Ausflüchte und Rückzugsgefechte und Bescheidung in Schwäche und Ohnmacht.

Auch alles, was ihr über das Seiende gesagt habt, ist anfechtbar. So habt ihr | in euren Darlegungen über 'Tätigkeit' und 'Leiden'[8] weder deren Ordnungen und Funktionen erklärt noch ihre Unterteilungen erfaßt; ihr habt euch damit begnügt, daß 'Tätigkeit' das Ausüben einer Wirkung und 'Leiden' das Empfangen einer Wirkung sei, aber darüber hinaus gibt es

Horizonte, die euch verborgen geblieben, und Kenntnisse, die euch entgangen sind. Ebenso geht es euch mit der Relation[9]. Und was gar das Permutativ[10] und seine Arten angeht, das determinierte Nomen mit seinen Teilen und das indeterminierte mit
15⊢ seinen Ordnungen und anderes mehr, | das zu nennen lang währen würde, so habt ihr davon weder Kunde noch Kenntnis.

1. Der Sarkasmus gegenüber dem arabischen Übersetzer von Aristoteles' *Poetica* ist unüberhörbar. In der Tat enthält seine Version dieses Werkes, dessen kultureller Hintergrund den Syrern und Arabern nicht mehr zugänglich war, eine Fülle grotesker Mißverständnisse. Poetik und Rhetorik galten seit spätalexandrinischer Zeit als Teile des *Organon* und dienten dem Studium gewisser Probleme 'logischer' Hermeneutik und Argumentation; die meisten literarischen Formen der Antike waren schon im Späthellenismus vergessen. (Vgl. R. Walzer: *Zur Traditionsgeschichte der aristotelischen Poetik*, in: Walzer: *Greek into Arabic.* Oxford 1962, S. 129–36.)

2. Aristoteles' *Analytica posteriora*, durch Mattās Übersetzung der arabischen Philosophie zugänglich gemacht. al-Fārābī spricht mit Nachdruck davon, daß seine Lehrer dies Werk wieder in den philosophischen Unterricht einführten (s. M. Meyerhof: *Von Alexandrien nach Bagdad.* Berlin 1930, S. 8, 19; Zimmermann: *Al-Fārābī's Commentary,* S. cviii). Die Alexandriner betrachteten es als Hauptstück der Logik (cf. Elias: *In Cat.* 116 unten), so auch nach einer dem Fārābī zugeschriebenen Einleitung in die Philosophie (ed. Dieterici: *Philosophische Abhandlungen,* S. 51 u. = dt. S. 86) und der von Abū l-Farağ ibn aṭ-Ṭaiyib bearbeiteten arabischen Version der alexandrinischen Einleitung in Porphyrs *Isagoge* (*In Isag.* ed. Gyekye, S. 31_{10}).

3. 'Donner und Blitz'.

4. Die quinque voces aus Porphyrs *Isagoge*.

5. Arabische Abstraktbildungen auf *-īya* aus *hal* 'ob', *aina* 'wo' (lies *annīya* 'Existenz'?), *mā* 'was', *kaifa* 'wie', *kam* 'wieviel', *ḏāt* 'Wesen', *ʿaraḍ* 'Akzidens', *ğauhar* 'Substanz', *hayūlā* (< ὕλη) 'Materie', *ṣūra 'Form', aisa* 'ist' (vs. 'ist nicht', Neubildung nach syr. *īt* vs. *lait*), *laisa* 'ist nicht', *nafs* 'Seele', 'Selbst'. Ihre gehäufte Verwendung ist charakteristisch für die Adaption der griechischen Terminologie in der älteren Übersetzungsliteratur und bei den von ihr abhängigen Autoren, so v.a. al-Kindī.

6. *bi-ṭarīq al-ẖalf* = διὰ τοῦ ἀδυνάτου, *bi-ṭarīq al-iftirāḍ* (Emendationsvorschlag f. *al-iẖtiṣāṣ*) = τῇ ἐκθέσει, cf. *An. pr.* 28a23, b14. Die Überlieferung der Syllogismen ist verderbt; für eine sinnvolle Übersetzung bedurfte es einer Reihe von Eingriffen und Ergänzungen.

7. Abū l-ʿAbbās ʿAbdallāh ibn Muḥammad an-Nāšiʾ al-Akbar (gest. 293/906), muʿtazilitischer Theologe. Seine uns erhaltenen häresiographischen Schriften geben interessante Beispiele antihellenistischer Polemik im 3./9. Jahrhundert; allerdings richtet sich hier das Interesse mehr auf Physik, Naturlehre und Medizin (s. J. van Ess: *Frühe muʿtazilitische Häresiographie: zwei Werke des Nāšiʾ al-Akbar*. Beirut, Wiesbaden 1971, bes. S. 3-4, 102-5, 150). "Schriften, in denen er die Logik kritisiert" nennt al-Ḫaṭīb al-Baġdādī: *Tārīḫ Baġdād* 10.92. Vgl. auch unten, § 17, Anm. 1.

8. Im Arabischen Verbalformen: *yafʿal* = ποιεῖ, *yanfaʿil* = (Medio-Passiv der VII. Form) = πάσχει; i.S.v. ʿAktivʾ vs. ʿPassivʾ in der Grammatik, s. Sībawaih: *Kitāb* ed. Hārūn 1.205.

9. Arab. *iḍāfa*, in der Grammatik ʿAnnexionʾ (eines Attributs, Permutativs, Genetivs, usw.).

10. Arab. *badal* ʿPermutativʾ (wie *ʿUmar*^{u} *aḫūka* ʿOmar dein Bruderʾ, zu den Arten s. W. Wright: *Arabic grammar* II § 136), unterschieden von *ʿaṭf al-bayān*, der erläuternden Apposition (*aḫūka ʿUmar*^{u} ʿdein Bruder Omarʾ).

13. ⊣124$_{16}$⊢ Wenn du zu einem Menschen sagst: ʿSei Logikerʾ, so meinst du nur: ʿSei vernünftigʾ oder ʿverständigʾ oder ʿErfasse mit dem Verstande, was du sagstʾ[1], da deine Genossen behaupten, der Logos[2] sei der Verstand. Aber das ist dummes Gerede, denn der Logos hat Aspekte, von denen ihr nichts ahnt. |
125⊢ Wenn andererseits jemand zu dir sagt: ʿSei Grammatiker, Sprachgelehrter und um Wohlredenheit bemühtʾ, so meint er: Verstehe bei dir, was du sagst, alsdann sei bestrebt, dich anderen verständlich zu machen. Richte den Sprachlaut nach der Bedeutung – sage nicht mehr als du meinst; und richte die Bedeutung nach dem Sprachlaut – meine nicht weniger, als du sagst. So, wenn du die Dinge ausdrückst, wie sie in Wirklich-
5⊢ keit sind. Suchst du aber die Bedeutung auszubreiten | und das Gemeinte auseinanderzusetzen, so magst du den Sprachlaut durch erhellende Zusätze erläutern, durch Synonyme näherbringen und durch Gleichnisse schmackhaft machen, und magst die Bedeutungen durch Wortkunst auslegen, ich meine, manches aufblitzen lassen in einer Weise, daß der Sinn nur durch aufmerksames Interesse zu treffen ist – denn wenn er sich dergestalt erschließt, gewinnt er an Glanz und Süße, an Würde und

Höhe; und du magst auch manches erklären, damit niemand grübeln und sich mühen muß zum Verständnis der Worte oder sich abwendet, weil sie dunkel bleiben. Dieser Stil umfaßt die eigentliche Bedeutung der Gleichnisse | und die Gleichnisse für das Eigentliche. Aber wenn ich dieses Thema erschöpfend behandeln wollte, würde ich den Rahmen unserer Sitzung sprengen, und dabei weiß ich nicht einmal, ob meine Rede auf dich Eindruck macht oder nicht."

1. Im Arabischen hier drei Ableitungen von *'aql* 'Verstand, Ratio': *'aqlī, 'āqil, a'qil.*

2. Arab. *nuṭq* 'λόγος, (vernünftiges) Sprechen', davon *manṭiq* 'Logik'. – Vgl. die spöttische Frage des Theologen Abū Hāšim al-Ǧubbā'ī (gest. 321/933) an Abū Bišr Mattā, zitiert von at-Tauḥīdī: *al-Hawāmil waš-šawāmil.* Ed. A. Amīn, as-Saiyid A. Ṣaqr. Kairo 1370/1951, S. 265_{15-16} "Ist denn die Logik (*al-manṭiq*) etwas anderes als die (Ableitung der) Form *maf'ūl* von *nuṭq* (hier: 'Gerede, Geschwätz')?" – al-Fārābī unterschied a) *nuṭq* 'Logos, Vernunft', b) *an-nuṭq ad-dāḫil* 'Intelligibilia', Denkinhalt', c) *an-nuṭq al-ḫāriǧ* 'Ausdruck, sprachliche Äußerung', s. D. M. Dunlop (Hrsg.): *Al-Fārābī's Introductory 'Risālah' on Logic,* in: Islamic Quarterly 3. 1956. S. 224-35, hier 228_{1-4}; zu *an-nuṭq ad-dāḫil / al-ḫāriǧ* bei Avicenna s. A.-M. Goichon: *Lexique de la langue philosophique d'Ibn Sīnā.* Paris 1938, S. 395 § 704 (vgl. oben, S. 231 Anm. 155).

14. ⊣125_{12}⊢ Weiter sagte er: "Sag an, hast du jemals mit der Logik zwischen zwei Streitenden entschieden oder den Streit zwischen ihnen hinfällig gemacht? Und hältst du durch die Kraft und den Beweis der Logik deinen Glauben für erwiesen, daß Gott der dritte von dreien, daß der Eine mehr als einer sei, daß mehreres eines sei, und daß | dies das Glaubensgesetz sei, was du vertrittst, und die Wahrheit, was du behauptest?[1] Nimmermehr – es gibt Dinge, die über der Arroganz und dem Geschwätz von deinesgleichen stehen und feiner sind als der Verstand eurer Köpfe.

Aber laß das; hier ist eine Frage, die Streit veranlaßt hat: Löse den Streit auf durch deine Logik! Jemand sagt: 'Das Eigentum von N.N. geht von dieser Mauer zu dieser Mauer'. Wie ist

dieser Satz zu beurteilen? Wie ist danach das Eigentum von N.N. bemessen? Die einen sagen: Ihm gehören die beiden Mauern
126⊢ und was dazwischen liegt; andere sagen: | Ihm gehört von beiden Mauern die Hälfte; wieder andere: Ihm gehört eine der Mauern. Wohlan, zeige deine herrlichen Zeichen und mächtigen Wunder! Woher sollen sie dir kommen? Ist doch die Frage längst gelöst, ohne daß du und deinesgleichen darüber nachdenken.

1. Die Trinitätslehre hat den Christen schon im Koran den Vorwurf der Vielgötterei eingetragen: "Ungläubig sind diejenigen, die sagen: Gott ist einer von dreien" (Sure V 73) – in der Polemik zwischen Muslimen und Christen oft wiederholt.

15. ⊣126_4⊢ Aber laß auch dies und nimm das folgende. Jemand hat gesagt: «Rede ist teils sinnvoll und schön (grammatisch), teils | absurd, ‹teils sinnvoll und lügenhaft,› teils sinnvoll und häßlich (ungrammatisch), teils absurd und lügenhaft, und teils aus Versehen fehlerhaft.»[1] Erkläre diesen Satz! Und gesetzt, daß ein anderer Gelehrter einen Einwand erhebe, so richte zwischen dem Autor und dem Kritiker, und zeige uns die Kraft deiner Kunst, mit der du zwischen falsch und richtig, zwischen Wahrheit und Irrtum scheiden willst. Und wenn du erwiderst: Wie soll ich zwischen zwei Kontrahenten entscheiden, wenn ich nur die Aussage des einen zu hören bekomme und von dem Einwand des andern keine Kenntnis erhalte? – so mußt du dir sagen lassen: Ermittle selbst durch Nachdenken den Einwand, wenn | jene Aussage einen Einwand zuläßt, und dann erläutere, wo die Wahrheit liegt. Denn die Grundthese hast du gehört und zur Kenntnis genommen; was für ihre Gültigkeit und was dagegen spricht, mußt du dir selbst klarmachen. Und schütze nicht vor, daß dies zu schwierig sei – es ist sonst keiner in dieser Versammlung, dem die Sache verborgen wäre.

1. Ein Zitat aus der Grammatik des Sībawaih, in meiner Übersetzung nach dessen Text emendiert; *Kitāb Sībawaih* ed. Hārūn 1.25_{10-12}: *Bāb al-istiqāma min al-kalām wal-iḥāla: fa-minhu mustaqīm ḥasan, wa-muḥāl* (unser Text hier: *mustaqīm muḥāl* Imtā', om. Iršād), *wa-mustaqīm kaḏib* (om. Imtā'),

wa-mustaqīm qabīḥ (om. Iršād), *wa-mā huwa muḥāl kaḏib* (om. Iršād); hier durch Beispiele erläutert: 'sinnvoll' (*mustaqīm*) und 'grammatikalisch korrekt' (*ḥasan*, eig. '*schön*') wie in 'Ich kam gestern zu dir und werde morgen zu dir kommen'; 'absurd, sinnlos' (*muḥāl*) wie in 'Ich kam morgen zu dir und werde gestern zu dir kommen'; 'sinnvoll' und 'lügenhaft' (*kaḏib*) wie in 'Ich trug den Berg', 'Ich trank das Meer aus'; 'sinnvoll' und 'unkorrekt' (*qabīḥ*, eig. 'häßlich') mit Beispielen für falsche Wortstellung und Kasusendung bei erkennbarem Sinn; 'absurd' und 'lügenhaft' wie in 'Ich werde gestern das Meer austrinken'. In einem Kommentar zur Stelle (zitiert ibid., S. 26 Anm. 1) erläutert der Sībawaih-Schüler al-Aḫfaš al-Ausaṭ auch den letzten Fall unserer Reihe, 'Versehen' (*ḫaṭa'*), d.h. unabsichtlicher Lapsus: "Dazu kommt das Versehen, d.i. was nicht beabsichtigt ist, wie in 'Zaid schlug mich', wenn 'Ich schlug Zaid' gemeint ist", und er fügt hinzu: "Absurd (*muḥāl*) ist das, was keine Bedeutung ergibt; es läßt sich auch nicht als wahr oder falsch bezeichnen, weil es eben keine Bedeutung hat. So hat doch der Satz 'Ich kam morgen zu dir' keine Bedeutung, welche man als wahr oder falsch bezeichnen könnte."

16. ⊣126$_{13}$⊢ Indessen ist klar geworden, daß der zusammengesetzte Laut den einfachen (Begriff) des Verstandes nicht umfaßt. Die Begriffe (Bedeutungen) sind Gegenstände des Verstandes[1] von fester Kohärenz und vollkommener Simplizität; 15⊢ kein Laut welcher Sprache auch immer hat die Kraft, | dieses Einfache in Besitz zu nehmen und zu umgreifen und einen Wall davor zu setzen, nichts von innen hinauszulassen und nichts von außen hereinzulassen. Wer es versucht, muß fürchten, (das Einfache mit dem Zusammengesetzten) zu vermengen und damit jenes zu korrumpieren, ich meine, daß solches Tun die Wahrheit mit dem Irrtum vermischt und den Irrtum für Wahrheit ausgibt. Die rechte Einsicht in dieser Sache war schon vor der Begründung der Logik erstlich aufgekommen, und sie hat sich wiederum eingestellt nach der Logik. |

127⊢ Wüßtest du, wie unsere Religions- und Rechtsgelehrten mit ihren Problemen umgehen, kenntest du ihre tief bohrende Untersuchung und ihre profunde Deduktion, wie trefflich sie auslegen, was ihnen präsentiert wird, wie umfassend sie die gangbaren Interpretationen, die sinngebenden Andeutungen, die näher und die ferner liegenden Momente zergliedern – dann würdest du dich selbst verachten, würdest du deine Genossen schmähen und wäre ihre Lehre und Schule | in deinen Augen geringer als Suhā[2] vor dem Monde, als ein Kiesel vor dem Berg.

1. *maʿqūl* 'intelligibel'.

2. Name des mittleren Schwanzsterns des Großen Bären, des dt. 'Reitersterns' (s. P. Kunitzsch: *Untersuchungen zur Sternnomenklatur der Araber*. Wiesbaden 1961, S. 106 Nr. 271), sprichwörtlich als einer der schwächsten noch sichtbaren Sterne.

17. ⊣127$_{5}$⊢ Wie war es doch mit al-Kindī[1], der bei deinesgleichen zu den Großen gehört? Nicht wahr, er gab auf eine Frage die Antwort: «Das gehört zu dem und dem[2] Gegenstand» und zählte die Arten der Lösung auf nach seiner Fähigkeit, nach Gutdünken und ohne Methode; und dann legten sie ihm weitere Fragen dieser Art vor und verstrickten ihn damit in Fehler und gaben vor, es seien Themen der innersten Philosophie; er aber merkte nicht, was mit ihm gespielt wurde, und glaubte darob, sein Verstand sei krank, seine Gesundheit[3] hinfällig, |
10⊢ seine Natur verdorben und sein Herz verstört.

Sie fragten ihn: «Gib uns Auskunft über das Aufeinanderschlagen der Körper und das Ineinanderpressen der Elemente: Gehört dies zu den Dingen, deren Möglichkeit notwendig ist, oder steht es jenseits allen Suchens, ja ist dem Denken verborgen?» Ferner: «Was ist das Verhältnis der natürlichen Bewegungen zu den materiellen Formen? Stehen sie im Zusammenhang mit der Natur nach Maßgabe von Einsicht und Evidenz, oder sind sie von ihr geschieden in striktester Trennung?» | Und
15⊢ weiter: «Wie wirkt das Fehlen der Wahrnehmung auf die Nicht-Möglichkeit, insofern als dem Notwendigen die Notwendigkeit verwehrt ist dort, wo offensichtlich keine Notwendigkeit besteht, weil es von der Möglichkeit seines Prinzips her absurd ist?»[4] Und trotzdem sind seine Antworten auf all dies erhalten, freilich sind sie äußerst blöde, schwachköpfig, wertlos, arm-
128⊢ selig | und albern; ich würde sie alle vortragen, wenn ich nicht fürchtete, zu weitläufig zu werden.

Folgendes begegnete mir in einem Text von seiner eigenen Hand: «Der Zufall im Zusammentreffen[5] der Dinge ist unfaßlich, denn es trifft sich die Verschiedenheit in den Prinzipien und die Übereinstimmung in den Einzelfällen; und in allem, was nach dieser Manier geht, stößt das Unbestimmte auf das Bestimmte, und das Bestimmte steht im Gegensatz zum Unbestimmten. Indessen gehören das Unbestimmte und das Bestimmte zu den Hüllen, | welche mit den Gewandungen der göttlichen Geheimnisse nichts zu tun haben, und mitnichten zu den Fällen, wo das Göttliche in den menschlichen Umständen wohnt.» Und es haben unsere Gefährten von den Sabiern[6] uns Dinge von ihm erzählt, die eine ihrer Kinder beraubte Mutter zum Lachen bringen würden. Das alles ist nun sein Erbteil von den Segnungen der Griechen und den Früchten von Philosophie und Logik.

Gott gebe uns Schutz und Beistand und führe uns so zu Worten, die ans Ziel bringen, und zu Taten, | die gelingen. Er hört und erhört!"

1. Über al-Kindī s. oben, S. 188f. Als der erste muslimische Araber, der griechische Wissenschaft und Philosophie in ihrer ganzen Vielfalt aufnahm und vermittelte, überdies Argumente der Philosophie an den islamischen Offenbarungsglauben herantrug, wird er hier zur Zielscheibe der Invektive gegen den Hellenismus überhaupt. Auf den Aristotelismus, insbesondere die Logik, Mattās und seiner Schule hat er keinen direkten Einfluß ausgeübt. – Auch der oben (§ 7) angeführte an-Nāšī' hat gegen ihn polemisiert: al-Kindī hatte zu beweisen gesucht, daß Yūnān, Stammvater der Griechen, ein Bruder Qaḥṭāns, des Ahnen der Südaraber, gewesen sei, und an-Nāšī' verspottete diese Propaganda in eigener Sache mit einer langen Qaṣīde (s. al-Mas'ūdī: *Murūǧ aḏ-ḏahab* 2. 244-45 = ^{2}2.6, dort 6_{13}: "Willst du Ketzerei mit der Religion Muḥammads verbinden?"). Vgl. J. van Ess: *Zwei Werke des Nāšī'* (s.o. S. 263 Anm. 7), S. 4.

2. *'dm* MS Imtā', *'dh* Iršād : lies *kaḏā*.

3. *mizāǧ* 'Mischung' der Körpersäfte im Sinne der Humoralphysiologie der alten Medizin.

4. Da die Fragen ausdrücklich als maliziöse Pseudoprobleme eingeführt werden, machen wir nicht den Versuch, ihnen durch systematische Einordnung einen Sinn abzugewinnen. Auch die Textüberlieferung ist daher recht unsicher.

5. *at-tafāwut fī talāšī l-ašyā'* Imtā' : leg. *al-ittifāq fī talāqī l-ašyā'* ? Cf. Aristoteles: *Phys.* II 5: 197a9-10: "Die Fügung (τύχη) scheint etwas Unbestimmbares und den Menschen Unerforschliches zu sein."

6. Die 'Sabier' (Ṣābi'ūn) von Ḥarrān waren Anhänger einer hellenistischen Gestirnsreligion; die Berufung auf die im Koran (II 62, V 69) genannten 'Sabier' gewährte ihnen das Schutzrecht der Schriftreligionen unter dem Islam. Eine Anzahl hervorragender Gelehrter, vor allem Ärzte, und hoher Staatsbeamter stammt aus ihren Reihen, darunter der bedeutende Mathematiker und Astronom Ṯābit ibn Qurra (gest. 288/901). Auf al-Kindī gehen übrigens interessante Nachrichten über ihre Lehre zurück; s. F. Rosenthal: *Aḥmad b. aṭ-Ṭayyib as-Saraḫsī*. New Haven 1943, S. 41-51 (nach Ibn an-Nadīm).

18. ⊣128_{11}⊢ Damit endet der Bericht, so wie ich ihn nach dem Diktat von 'Alī ibn 'Īsā ar-Rummānī, dem trefflichen Meister, niederschrieb. Auch Abū Sa'īd hat einige Einzelheiten von dieser Geschichte erzählt. Er sagte dazu, daß er selbst nicht alle seine Worte im Gedächtnis behalten habe; aber einige der Anwesenden, die Schreibtafeln und Tintenfässer dabei hatten, hätten mitgeschrieben, während ihm manches entfallen sei. |

15⊢ 'Alī ibn 'Īsā bemerkte abschließend: Als sich die Runde auflöste, waren alle voll Bewunderung für Abū Sa'īds beherztes Auftreten, seine gewandte Zunge, sein strahlendes Antlitz und den Fluß seiner Argumente. Und der Wesir Ibn al-Furāt sprach zu ihm: "Gottes Auge hat dich begnadet, Meister! Du hast manche Leber benetzt, manches Auge erquickt, manches Gesicht leuchten lassen; du hast einen Brokat gewoben, den die Zeitläufte nicht verschleißen werden und dem die Geschicke nichts anhaben können."

Ich fragte 'Alī ibn 'Īsā: Und wie alt war Abū Sa'īd damals? |
129⊢ Er sagte: Er war im Jahre 280 geboren, war also am Tage des Streitgesprächs ein Vierziger[1], schon ein wenig grau um das Kinn; ein Mann von Haltung und Würde, Frömmigkeit und Ernst - Zeichen von Adel und Rang, die wohl jedem, der sie aufweist und sich mit solcher Zierde schmückt, Ruhm bescheren in aller Augen, Achtung in den Seelen und Liebe in den Herzen,

5⊢ und es verbreiten die Zungen sein Lob. – | Ich fragte ʿAlī ibn ʿĪsā noch: War eigentlich der Grammatiker Abū ʿAlī al-Fasawī[2] in der Runde anwesend? – Nein, sagte er, er war nicht da, und als man ihm nachher von dem Ereignis berichtete, hegte er geheimen Neid gegen Abū Saʿīd: war doch durch diese berühmte Kunde sein Lob in aller Munde!

1. Zur Datierung s. oben S. 239f., § 2 Anm. 1.

2. Abū ʿAlī al-Fārisī, geb. 288/900 in Fasā (in der iranischen Provinz Fārs), gest. 377/987 in Bagdad, einer der angesehensten Grammatiker seiner Zeit, wirkte am Hofe des Būyiden ʿAḍudaddaula; s. GAL S 1.175; EI^2 s.n.

II. YAḤYĀ IBN ᶜADĪ
ÜBER DEN UNTERSCHIED ZWISCHEN LOGIK UND GRAMMATIK

Text: Der Text der einzigen Handschrift (Teheran: Maǧlis, Ṭabāṭabāʾī 1376) wurde herausgegeben von G. Endress in Maǧallat Tārīḫ al-ᶜUlūm al-ᶜArabīya (Journal for the History of Arabic Science), Aleppo, 2. 1978, [arab. Teil] S. 38-50. — Eine unkommentierte französische Übersetzung lieferte Abdelali Elamrani-Jamal in Arabica 29. 1982, S. 1-15.

Yaḥyā ibn ᶜAdī, der bedeutendste christliche Schüler Abū Bišr Mattās und sein Nachfolger als Schulhaupt der Bagdader Aristoteliker, lebte von 893 oder 894 bis 974. Er wird also von Mattās Debatte mit as-Sīrāfī im Jahre 938 direkte Kenntnis erhalten haben, und vielleicht ist seine kleine Abhandlung eine bewußte Antwort: ein Versuch des Logikers, die Scharte auszuwetzen; anders als sein Lehrer zeigt er sich mit Terminologie und Argumentation der Grammatiker wohl vertraut (siehe auch oben, S. 204ff.). Nicht nur hier, sondern auch in anderen Fragen hat sich Ibn ᶜAdī mit den Vertretern der islamischen Wissenschaften angelegt; stets versuchte er zu zeigen, daß strikte Begriffsbestimmung und Anwendung des Syllogismus diese Fragen lösen oder hinfällig machen kann. Der scholastisch-biedere Rekurs auf die griechischen Quellen, ihre Definitionen, ihre Schemata und ihre konventionellen Beispiele, geht bis zur Pedanterie. Auf die enge Abhängigkeit von der Tradition der Aristoteleskommentare wird daher in den Anmerkungen besonders hingewiesen. Erst Avicenna hat sich in der Isagoge seines *Šifāʾ* brüsk von den alten Schemata abgewandt (s.o. S. 231f.).

Abhandlung von Yaḥyā ibn ʿAdī ibn Ḥamīd ibn Zakarīyā über die Erklärung des Unterschieds zwischen den beiden Künsten der philosophischen Logik und der arabischen Grammatik

Yaḥyā ibn ʿAdī ibn Ḥamīd ibn Zakarīyā sagt[1]:

1. Ziel unserer folgenden Ausführungen ist es, den Unterschied (διαφορά) oder die Unterschiede zwischen den beiden Künsten (τέχναι) der arabischen Grammatik und der philosophischen Logik zu erklären. Der Weg zur Erkenntnis der Unterschiede, welche einen jeden durch (Art-) Unterschiede ausgezeichneten Gegenstand konstituieren[2], ist die Analyse seiner Definition - wenn seine Definition bereits vorliegt -, oder es müssen zunächst die Teile seiner Definition ermittelt werden, soweit deren Ermittlung nicht schon vorausgegangen ist. Jede richtige Definition muß ja das Genus des Definierten enthalten[3] oder was dessen Stellung einnimt.[4] Wenn dem so ist, dann ist klar, daß wir mit der Suche nach den Teilen der Definition jeder dieser beiden Künste beginnen müssen, da uns ihre Definitionen noch nicht zur Verfügung stehen.

1. Die Handschrift läßt nach der Titelei die islamische Eingangsformel 'Im Namen des barmherzigen und gütigen Gottes' folgen.

2. *al-fuṣūl al-muqawwima* = αἱ συστατικαὶ διαφοραί, cf. Porphyrius: *Isag.* 10_5 = arab. ed. Badawī 1041_5; Ammonius: *In Isag.* 35_{11-12}, 99_{6-10}; Elias: *In Isag.* 57_1.

3. Arist.: *Top.* I 8: 103b15 ὁ ὁρισμὸς ἐκ γένους καὶ διαφορῶν ἐστίν. Das Genus ist primärer Bestandteil der Definition, ibid. VI 1: 139a28-31; *Metaph.* B 3: 998b4-6; cf. Ammonius: *In Isag.* 35_{12}.

4. Arist.: *Top.* I 6: 103a1-4; Porphyrius: *Isag.* 7_{14}.

2. Wir behaupten nun: Wenn diese beiden Wissenschaften (ἐπιστῆμαι) Künste (τέχναι) genannt werden[1] - die Kunst ⊣40⊢ der arabischen Grammatik ist nämlich eine Kunst[2], und ebenso die Kunst der philosophischen Logik[3] -, und wenn ihnen diese Bezeichnung (λόγος) gebührt, insofern als sie (ihrem Wesen nach)

Künste sind[4], und wenn jedes, an dem zwei verschiedene Dinge nicht akzidental, sondern ihrem Wesen nach (ἐν τῷ τί ἐστι) teilhaben, von beiden ein Genus ist[5]: so muß notwendig der Begriff der Kunst ein Genus sowohl der Kunst der Grammatik als auch der Kunst der Logik sein.

Mit dem Namen 'Grammatik' will ich in meiner folgenden Darlegung nur die Grammatik der Araber bezeichnen - diese und keine andere soll darunter verstanden werden; ebenso ist unter dem Namen 'Logik' allein die Logik zu verstehen, welche Werkzeug (ὄργανον)[6] der Philosophie ist.

1. Der Autor unterscheidet hier nicht zwischen ἐπιστήμη und τέχνη; dagegen etwa Ammonius: *In Isag.* 7_{2-5} αἱ μὲν γὰρ ἐπιστῆμαι περὶ τὰ ὡσαύτως ἔχοντα καταγίνονται ..., αἱ δὲ τέχναι περὶ τὰ ὡς ἐπὶ τὸ πολὺ καὶ μεταβαλλόμενα nach Arist.: *Eth. Nic.* VI 3.4. Vgl. auch David: *In Isag.* 43_{19-31}, 44_{17}-45_9; Ps.-Elias: *In Isag.* § 16.14-19.

2. ἡ γραμματικὴ τέχνη: siehe Plato: *Crat.* 431e11; *Soph.* 253a10-12; dagegen ἡ γραμματικὴ ἐπιστήμη bei Arist., *Top.* 142b31. Dionysius Thrax definiert die Grammatik im Eingang seines Lehrbuchs als 'die empirische Erforschung des bei Poeten und Prosaikern vorherrschenden Sprachgebrauchs' (*Ars gramm.* § 1: 5_{2-3} ἐμπειρία τῶν παρὰ ποηταῖς τε καὶ συγγραφεῦσιν ὡσ ἐπὶ τὸ πολὺ λεγομένων), wohl noch ohne einen Gegensatz zwischen ἐμπειρία und τέχνη im Auge zu haben (vgl. H. Steinbach: *Geschichte der Sprachwissenschaft bei den Griechen und Römern.* Berlin 1890-91. 2, S. 171-4). Genauere Unterscheidung und terminologische Fixierung der beiden Begriffe (etwa seit dem 2. Jh. n.Chr.?, s. Steinthal, ibid. 170-71, 176-9) führte zur Kritik an dieser Definition und zur Ersetzung von ἐμπειρία durch τέχνη; s. Asclepiades Myrleanus bei Sextus Empiricus: *Adv. math.* I § 74: 20_{15}; Demetrius Chlorus, ibid. § 84: 23_1, und die Scholien zu Dionysius Thrax (*Gramm. gr.* III 6.28-34, 166-7, cf. Sextus Empiricus: *Adv. math.* I §§ 60-63).

3. Zwischen λογικαὶ τέχναι und πρακτικαὶ τέχναι unterscheidet Elias: *In Cat.* 155_{28} (nach Plato: *Gorg.* 450D), λογικαὶ vs. βάναυσαι τέχναι Ps.-Elias: *In Isag.* § 15_8; vgl. auch Ammonius: *In Isag.* 8_{24} αἱ λογικαὶ τέχναι καὶ ἐπιστῆμαι. - Logik als Bezeichnung der Disziplin - ἡ λογικὴ πραγματεία (zu ṣināʿa = πραγματεία s. *De int.* 16a9 = arab. ed. Pollak 2_1) - ist zuerst bei Cicero: *De fin.* I 7_{22} belegt (C. Prantl: *Geschichte der Logik im Abendlande.* Leipzig 1855-70. Bd. 1, S. 514), dann bei den peripatetischen Kommentatoren (Alexander Aphrod., s. Prantl 1.533 Anm. 7).- Siehe auch § 11^6.

4. *min ǧihat mā humā ṣināʿatān* = καθὸ τέχναι: insofern als

sie nicht nur dem Namen nach, sondern in Wirklichkeit Künste dem Genus nach sind. Vgl. zu Ausdruck und Bedeutung Porphyrius: *Isag.* 7_{26} = arab. ed. Badawī 1035_{8}, dazu Ibn aṭ-Ṭaiyib: *In Isag.* 111_{6-7} *yurīd anna hāḏihī l-ḫāṣṣa talzamuhum min qibal nauʿihim lā min qibal mā hum ašḫāṣ.* – *lazima* = ἀκολουθεῖν (hier § 2_{3} *lāzim*) (cf. *De int.* 20a20, 21b35, 22a14 = arab. ed. Pollak 20_{2-4}, 26_{1}, 26_{18}) im Sinne von κατηγορεῖσθαι (s. Bonitz: *Ind. Arist.* 26b1).

5. Arist.: *Top.* I 5: 102a31, 18: 108b23; *Metaph.* I 8: 1057b ult.; Porphyrius: *Isag.* 2_{15-16}, 17_{6-8}.

6. Die Logik ist nach einhelliger Ansicht der Peripatetiker Werkzeug (ὄργανον) der Philosophie. Die neuplatonischen Kommentatoren begründen dies gegen die Auffassung der Stoiker, die die Logik als Teil (μέρος) der Philosophie neben Physik und Ethik betrachteten (s. *Stoic. vet. fragm.* 2, S. 15-17 §§ 35-44, S. 19-20 §§ 49-49a), und "einiger Platoniker", welche "behaupteten, daß nach Plato die Logik der edelste Teil der Philosophie sei; sie führen dafür an, was im *Phaedrus* über die Dialektik gesagt wird, worin er sie preist, sowie im *Philebus* und anderswo, wonach sie die Seelen zum Guten hinführe und zur Erkenntnis des Grundes der Dinge" (Ammonius: *In De int.* 10_{20-24}, s. *Phaedr.* 259Eff., 277B, *Phileb.* 15Dff.). Freilich war in der Akademie die ontologische Ideen-Dialektik gemeint, wurde die Dialektik der Stoa auf die Wissenschaft vom menschlichen Denken und Sprechen beschränkt; s. H. J. Krämer: *Platonismus und hellenistische Philosophie.* Berlin 1971, S. 22f, 114. - Vgl. die Einleitungen zu den *Analytica priora*: Alex.: *In An. pr.* 1_{3}-4_{29}; Ammonius: *In An pr.* 8_{15}-11_{21}; Joh. Philop.: *In An. pr.* 6_{19}-9_{20}; Elias: *In An. pr.* (ed. L.G. Westerink, in: Mnemosyne iv.14. 1961. S. 126-39) 134_{4}-138_{13}; s. a. Olympiodorus: *In Cat.* 14_{18}-18_{12}; Elias: *In Isag.*, proleg. 26_{35}-27_{1}; Ibn aṭ-Ṭaiyib: *In Isag.* 26_{10}-27_{6}. Die Bezeichnung der aristotelischen Schriften, die sich mit der Handhabung des apodeiktischen Beweises als eines ὄργανον διαιρετικόν der Philosophie befassen, als ὀργανικά, und ihre Vereinigung zum ὄργανον mögen bereits auf Andronikos Rhodios zurückgehen (P. Moraux: *Der Aristotelismus bei den Griechen.* Berlin 1973ff. 1, S. 77-9)); s. hierzu Ammonius: *In Cat.* 4_{30}-5_{4}; Olympiodorus: *In Cat.* 7_{26-8}; Joh. Philop.: *In Cat.* 4_{27-36}; Elias: *In Cat.* 117_{9-13}; vgl. Ibn aṭ-Ṭaiyib: *In Isag.* 40_{1}. Siehe auch oben S. 242, Anm. 1.

3. 'Kunst' wird definiert als eine Kraft (δύναμις), welche mittels richtiger Überlegung (μετὰ λόγου ἀληθοῦς) zu einem bestimmten Ziel (τέλος) an einem Gegenstande (ὑποκείμενον) wirkt.[1] Jede dieser beiden Künste muß also einen Gegenstand haben, an dem sie wirkt, sowie ein Ziel, nach dem sie strebt, nämlich ihren Effekt - oder, wenn man so will: ihre Wirkung, oder auch: ihren

Zweck. Diese beiden Dinge, der Gegenstand und das Ziel, konstituieren ihr Wesen.

1. Zur Definition von *τέχνη* vgl. Arist.: *Eth. Nic.* VI 4: 114a10, 20-21 *ἕξις μετὰ λόγου ἀληθοῦς ποιητική*.- Zu den Konstituenten *ὑποκείμενον* und *τέλος* s. Ammonius: *In Isag.* 1_{18}-2_1; Elias: *In Isag.*, proleg. 1_{18}-2_1; 87_{28}-88_6; Ps.-Elias: *In Isag.* § 43_{20-27}; David: *In Isag.* 195_{21-9}; Ibn aṭ-Ṭaiyib: *In Isag.* § 21: 16_{17-22}; Yaḥyā ibn ʿAdī: *al-Hidāya li-man tāha ilā sabīl an-naǧāt* (ed. M. Türker: *Yaḥyā ibn ʿAdī ve neşredilmemiş bir risalesi,* in: Ankara Üniversitesi Dil ve Tarih-Coğrafya Fakültesi Dergisi 14. 1956. S. 87-102) 98 ult.-99_1.

Von den Scholiasten der Grammatik des Dionysios Thrax wird die stoische Definition der *τέχνη* herangezogen; sie lautet in der Zeno zugeschriebenen Form: *τέχνη ἐστὶ σύστημα ἐκ καταλήψεων συγγεγυμνασμένων πρός τι τέλος εὔχρηστον τῶν ἐν τῷ βίῳ* (Olympiodorus: *In Plat. Gorg.* 53; 54 = *Stoic. vet. fragm.* I 21 § 73; cf. ibid. II 30-31 §§ 93-7; Quintilianus: *Inst. rhet.* II 17_{41}).- Sextus Empiricus führt anhand dieser Definition den Nachweis, daß die Rhetorik keine *τέχνη* sein kann (*Adv. math.* II 10ff., ähnlich, aber kürzer, in der Kritik an den Grammatikern, *Adv. math.* I 75). Urheber dieser Beweisführung dürfte schon der Peripatetiker Kritolaos (2. Jh. v. Chr.) gewesen sein (vgl. Ludwig Rademacher in *Philodemi volumina rhetorica* ed. S. Sudhaus. Suppl. Lipsiae 1895, S. ix-xxvi). Auf dieselbe Quelle lassen sich zwei weitere Sätze gegen die Rhetorik zurückführen, die durch ihre Widerlegungen bei Philodemus: *Rhet.* II 105; 123 und Quintilian: *Inst. rhet.* II 17_{15} bekannt sind und auch bei Sextus: *Adv. math.* II 48ff.; 60ff.; 88 begegnen: Der Rhetorik fehle die *ὕλη ἰδία*, und ihre Teile verfolgten kein gemeinsames *τέλος* (s. Rademacher, ibid. S. xviif.).

4. Wenn dem so ist, leuchtet ein, daß wir ihre Unterschiede aus eben diesen beiden Begriffen zu ermitteln haben; denn in einem von ihnen oder in beiden zusammen muß der Gegensatz der beiden Künste liegen. Es gibt unter den Künsten solche, die sich von anderen sowohl im Gegenstand als auch im Ziel unterscheiden; so unterscheidet sich z.B. die Philosophie von den anderen Künsten durch ihren besonderen Gegenstand - alle seienden Dinge außer ihr[1] - und ihr besonderes Ziel: sie sucht das wahre Wesen aller seienden Dinge als seiender zu erfassen; keine andere Kunst hat dieses Ziel.[2] Ferner gibt es Künste, welche miteinander den Gegenstand gemeinsam haben, sich aber im Ziel unterscheiden, z.B. die Kunst der Leibesübung und die

Kunst der Medizin: Beide haben dasselbe Objekt, nämlich den Körper des Menschen, aber ihre Ziele sind verschieden: ⊣41⊢ Die Leibesübung sucht dem Körper des Menschen die Bereitschaft (*ἐπιτηδειότης*) zu Ring- und Faustkampf zu verleihen, und Ziel der Medizin ist es, ihm Gesundheit zu bescheren.[3] Andererseits gibt es Künste, welche in den Zielen übereinstimmen, sich aber in den Gegenständen unterscheiden, wie Medizin und Tierheilkunde: Gegenstand der Tierheilkunde sind die Körper der unvernünftigen Lebewesen wie z.B. der Pferde, Gegenstand der Medizin sind die menschlichen Körper; aber beide haben dasselbe Ziel, nämlich die Herstellung der Gesundheit. - Zwei Künste, die sowohl im Gegenstand als auch im Ziel übereinstimmen, kann es nicht geben; denn es wären dann nicht zwei Künste, sondern ein und dieselbe Kunst.

1. Ammonius: *In Isag.* 2_{14-16} *μόνη δὲ ἡ φιλοσοφία περὶ πάντα τὰ ὄντα καταγίνεται, τέλος δὲ ἔχει οὐ ποιῆσαι ταῦτα ἀλλὰ γνῶναι αὐτά*; cf. Elias: *In Isag.* 6_{27-8}; David: *In Isag.* 20_{19-22}; al-Fārābī: *al-Ǧamʿ baina ra'yai al-ḥakīmain* ed. Nādir 80_{19-22}; Abū Ḥayyān at-Tauḥīdī & Miskawaih: *al-Hawāmil waš-šawāmil* edd. A. Amīn & A. Ṣaqr § 116: 268_{6}-269.

2. So nach der ersten der sechs konventionellen Definitionen der Philosophie (zum Topos s. Leendert Gerrit Westerink: *Anonymous Prolegomena to Platonic Philosophy*. Amsterdam 1962, S. xxvii, xxixf.): *φιλοσοφία ἐστὶ γνῶσις τῶν ὄντων ᾗ ὄντα εἰσίν* (cf. Arist.: *Metaph.* Γ 3: 1005b8-11); s. Ammonius: *In Isag.* 2_{22}; Elias: *In Isag.* 8_{8}, 10_{13}-11_{16}; Ps.-Elias: *In Isag.* § 11_{2-19}; David: *In Isag.* 20_{27}, 27_{2}-28_{21}; Ibn aṭ-Ṭaiyib: *In Isag.* 17_{12-13}, 19_{13-14}. Über die arabische Rezeption bei al-Kindī und Isḥāq al-Isrā'īlī s. A. Altmann & S.M. Stern: Isaac Israeli. Oxford 1958, S. 23-31.

3. Zur Erklärung des definitorischen Schemas am Beispiel der Medizin vgl. David: *In Isag.* 17_{33}-18_{6} (im Unterschied zur *γυμναστική*, 19_{35}); Ammonius: *In Isag.* 2_{1-9}, 6_{10-15}; Martin Plessner: *Al-Fārābī's Introduction to the study of medicine,* in: Islamic Philosophy and the Classical Tradition. Oxford 1972. S. 307-14, Text 310_{6-13}, 312_{3-12}.- Medizin und Gymnastik als Beispiele für *τέχναι* finden sich schon bei Platon: Vgl. zu *ἰατρική* und *γυμναστική Gorgias* 450A, 464B, 517E; als Mittel der *γυμναστική* werden *Leges* VII 795E1 *ὄρχησισ* und *πάλη* genannt (weiter unten 796A *πυγμή* neben *πάλη*, *Hippias mai.* 295C *δρόμος* und *πάλη*. Vgl. auch Arist.: *Eth. Nic.* I 6: 1096a5; *πάλη* in Verbindung mit *δρόμος* ibid. II 5: 1106b5, *De caelo* II 12: 292a26.

5. Da wir nun diese Begriffe abgehandelt haben, ist weiterhin zu untersuchen, ob die Kunst der Grammatik und die Kunst der Logik in einem dieser Momente übereinstimmen und im anderen sich unterscheiden, oder ob sie sich in beiden unterscheiden, oder ob sie in beiden übereinstimmen.

Wir gelangen zum Ergebnis, indem wir zunächst klären, was der Gegenstand der Grammatik ist und was ihr Ziel; <sodann, was der Gegenstand und was das Ziel der Logik ist.> Wenn wir das wissen, ergeben sich ihre Übereinstimmungen und Unterschiede, und wir erhalten ihre Wesen(sbestimmungen) (*λόγος τοῦ τί ἐστι*) nach der Bezeichnung ihrer Definitionen.[1]

1. Zur Definition als Wesensbestimmung s. Arist.: *Metaph.* Z 13: 1039a12 *ἐστὶν ὁ ὁρισμὸς ὁ τοῦ τί ἦν εἶναι* λόγος; cf. *Metaph.* Z 13: 1039a20; *Top.* I 5: 101b39; *An. post.* II 3: 91a1 ὁ *ὁρισμὸς τί ἐστι* δηλοῖ (arab. ed. Badawī 414_4 *mā huwa š-šai'*), ibid. 10: 98b29 (arab. 429_8 *qaul mā huwa*).

6. Gegenstand der Kunst der Grammatik, so behaupte ich, sind die Sprachlaute.[1] Dies wird einleuchten, wenn wir wissen, was der Gegenstand einer Kunst überhaupt ist: Gegenstand der Kunst ist, woran die Kunst ihre Wirkung, oder - wenn man so will - ihren Effekt ausübt. Gegenstand der Schreinerei (*τεκτονική*) z.B. ist das Holz, denn daran übt sie ihre Wirkung: sie verleiht ihm die Form des Stuhles[2] etwa oder der Tür oder was sonst die Schreinerei bewerkstelligt.[3] Entsprechend ist der Gegenstand der Feinschmiedekunst das Gold oder das Silber, denn daran ⊣42⊢ wirkt sie, indem sie ihnen die Form des Bechers oder der Kanne oder dergleichen verleiht. Entsprechend ist der Gegenstand der Baukunst (*οἰκοδομική*) das Holz oder der Ziegel, denn an ihnen vollzieht sie ihre Wirkung: sie fügt sie dergestalt zusammen, daß sich die Form des Hauses ergibt.[4]

1. Vgl. unten § 7.

2. Arab. *sarīr,* entspr. *θρόνος* in den griechischen Beispielen.

3. Dieselben konventionellen Beispiele gebrauchen Ammonius: *In Isag.* 2_3; David: *In Isag.* 19_{28}; Ps.-Elias: *In Isag.* § 10_8, § 43_{20}; Ibn aṭ-Ṭaiyib: *In Isag.* § 21: 16_{23}.

4. Arist.: *Metaph.* Λ 4:1070b33; als Beispiel bei Plato: *Gorg.* 514B, *Charm.* 170C; bei Arist.: *Eth. Nic.* I 7: 1097a20 u.ö.

7. Wenn also der Gegenstand einer Kunst dasjenige ist, woran sie ihre Wirkung ausübt, dann ist der Gegenstand der Kunst der Grammatik das, woran sie wirkt. Nun ist klar, daß ihre Wirkung darin besteht, die Sprachlaute mit den (Flexions-) Vokalen *ḍamm* <u> und *fatḥ* <a> und *kasr* <i> zu versehen[1] - kurz: sie durch Setzung oder Nichtsetzung der Vokale zu flektieren[2], so wie es die Araber tun[3]. Da also das Wirken der Grammatik im Setzen und Nichtsetzen von Vokalen besteht und da dies an den Sprachlauten geschieht, sind die Sprachlaute (*φωναί*) Gegenstand der Grammatik.[4]

1. D. h. mit den Flexionsvokalen der Desinentialflexion des arabischen Nomens und der Suffixkonjugation des Verbums.
2. Wörtl.: sie zu bewegen (vokalisieren) oder stillzulegen (ohne Vokal zu lassen).
3. Siehe unten § 9 zum *τέλος* der Grammatik.
4. Vgl. Elias: *In Isag.* 5_{27-8} *τῇ γραμματικῇ ὑπόκεινται πᾶσαι αἱ Ἑλληνίδες φωναί*; cf. ibid. 11_{7-9}.

8. Damit ist geklärt, was der Gegenstand der Kunst der Grammatik ist. Was nun ihr Ziel ist, wird sich erweisen, wenn wir wissen, was das Ziel einer Kunst überhaupt ist - oder, wenn man so will, ihre Wirkung oder ihr Effekt oder auch ihr Zweck: Das Ziel der Kunst ist das, wonach sie strebt, auch ihre Wirkung, nämlich dasjenige, was sie an ihrem Gegenstand hervorbringt, auch ihr Zweck: wenn sie ihn erreicht hat, stellt sie ihre Bewegung ein.[1] Ziel der Kunst der Medizin z.B. ist die Gesundheit[2], denn diese ist es, wonach sie strebt und was sie an ihrem Gegenstande, dem Körper des Menschen, hervorbringt, und wenn sie dies erreicht hat, stellt sie ihre Bewegung ein.

1. Vgl. David: *In Isag.* 16_{18-19}; Ibn aṭ-Ṭaiyib: *In Isag.* 27_{14-15}.
2. Siehe oben § 4 mit Anm. 3.

9. Da wir dies also bestimmt haben, wollen wir untersuchen, was die Kunst der Grammatik an den Sprachlauten - ihrem Gegenstand - bewirkt. Wir finden: Es ist deren Flexion durch die

Vokale *ḍamm* <u>, *fatḥ* <a> und *kasr* <i>, kurz: durch Setzung und Nichtsetzung der Vokale[1] nach der Weise der Araber.[2] Dies ist es, wonach sie strebt und was sie daran bewirkt, und wenn sie dieses erreicht hat, stellt sie ihre Bewegung ein. Beweis dafür ist der Unterschied zwischen den arabisierten und den nicht-arabisierten Sprachlauten: jene werden durch Setzung oder Nichtsetzung der Vokale nach der Weise der Araber flektiert, während die Flexion der anderen nicht mit der Setzung und Nichtsetzung der Vokale durch die Araber übereinstimmt.[3]

1. Vgl. oben § 7, Anm. 1 und 2 (S. 278).

2. Auch die arabischen Philologen der Zeit bestimmen die Aufgabe der Grammatik als korrekte Beobachtung des *iʿrāb* gemäß dem *kalām al-ʿArab*. Vgl. Abū Bakr Ibn as-Sarrāǧ (gest. 316/928, s.o. S. 201ff.): *K. al-Uṣūl fī n-naḥw*. Ed. ʿAbdalḥusain al-Fatlī. 1. an-Naǧaf 1393/1973, S. 37_{2-5}; dessen Schüler ar-Rummānī (gest. 384/994, s.o. S. 202f.): *Šarḥ Kitāb Sībawaih*, zitiert in Māzin Mubārak: *ar-Rummānī an-Naḥwī*. Damaskus 1383/1963, S. 249; Ibn Ǧinnī (gest. 392/1002): *al-H̱aṣāʾiṣ fī l-luġa*. Ed. M. ʿAlī an-Naǧǧār. Kairo 1371/1952--1376/1956. 1, S. 34_{1-5}. — Ähnliche normative Tendenzen verbanden sich in der griechischen Grammatik mit dem Begriff des *ἑλληνισμός*, der wiederum auch die korrekte Flektion bedeutet. Vgl. *Grammatici graeci*. 1,3: *Scholia in Dionysii Thracis Artem grammaticam* rec. A. Hilgard. Lipsiae 1901. S. 446_{6}, 446_{12-14} *τέλος δὲ τῆς γραμματικῆς ὁ ἑλληνισμός· ... ἔστι δὲ ἑλληνισμός λέξις ὑγιής καὶ ἀδιάστροφος λόγου μερῶν πλοκὴ κατάλληλος κατὰ τὴν παρ' ἑκάστοις ὑγιῆ καὶ γνησίαν διάλεκτον* (ibid. 446f. unterschieden von *σολοικισμός*, *βαρβαρισμός*); Diogenes Laertius ed. Long VII59: 322_{4}.- C.H.M. Versteegh: *Greek elements* 63f. betrachtet arab. *iʿrāb* geradezu als Lehnübersetzung (calque) von *ἑλληνισμός*.

3. Vgl. Ibn Ǧinnī: *H̱aṣāʾiṣ* (wie Anm. 2) 1.357.

10. ˧43˫ Laß dich aber nicht irreleiten durch die Tatsache, daß sich das Streben der Grammatiker auf diejenigen Sprachlaute bezieht, welche etwas bezeichnen[1], und daß sie nach Maßgabe der Sachen[2], welche jene bezeichnen, (ihre Flexion durch die Vokale) *fatḥ*, *ḍamm* oder *kasr* oder anders (durch) ihre Vokalisierung oder Vokallosigkeit vorschreiben.[3] So versehen sie diejenigen Sprachlaute, welche die Agentia bezeichnen, mit (dem Vokal) *ḍamm*, und sie setzen diejenigen, welche das affizierte

(Objekt) bezeichnen, in den Akkusativ (*naṣb*). Diese Auffassung könnte Zweifel aufbringen und zu der Mutmaßung verleiten, das Streben ihrer Kunst sei auf das Bezeichnen der Sachen gerichtet; und das könnte dich glauben machen, Ziel der Kunst der Grammatik seien die (bezeichneten) Sachen (selbst).[5]

1. *al-alfāẓ ad-dālla ('alā l-ma'ānī)* = αἱ σημαντικαὶ φωναί; Arist.: *De int.* 16a19, b 26, 17a23 φωνὴ σημαντική = arab. (Isḥāq b. Ḥunain) ed. Pollak 2_{13}, 6_6, 9_2 *lafẓ(a) dāll(a)*.

2. Arab. *ma'nā* 'Referenzobjekt', 'Bedeutung' des Sprachzeichens, πρᾶγμα; s. oben S. 207-10. Ibn 'Adī unterscheidet nicht zwischen dem intentionalen Gegenstand (*ma'nā*) und der Sache selbst (*ḏāt aš-šai'*); s. § 12 und oben S. 209f.

3. Vgl. auf der Seite der Grammatiker Äußerungen wie Ibn Ǧinnī: *al-Ḫaṣā'iṣ* (wie § 9 Anm. 2). 1, S. 35_{1-4} "Die Flexion (*i'rāb*) ist die Kennzeichnung der Bedeutung (*ma'ānī*, Referenzobjekte) durch Laute: Wenn man einen Satz wie *akrama Sa'īd^un abāhu* «Es ehrte Sa'īd seinen Vater» und *šakara Sa'īd^an abūhu* «Es dankte dem Sa'īd sein Vater» hört, kann man ja am Nominativ des einen und am Akkusativ des anderen (Nomens) das Subjekt im Unterschied zum Objekt erkennen; aber wenn die Wörter gleichförmig wären, so wäre ihre Beziehung unklar (*la-stabhama aḥaduhumā min ṣāḥibihī*)." Vgl. auch *Ḫaṣā'iṣ* 3.98; 3.264ff. (268_{4-5} *iḏā kānat al-alfāẓ adillat al-ma'ānī, ṯumma zīda fīhā šai', auǧabat al-qisma lahū ziyādat al-ma'nīy bihī*).

4. Durch die Flexionsendung a (*fatḥ*) bezeichnet.

5. Siehe unten § 12.

11. Wenn die Grammatik die (bezeichneten) Sachen[1] behandelte, müßten diese allerdings entweder Gegenstände ihrer Behandlung (θεωρία) sein, wie das Holz für die Tischlerei, oder aber deren Ziel, wie für die Tischlerei die Form des Stuhles. Nun ist es nicht möglich, daß sie die Sachen (selbst) als Gegenstände behandle; denn wären diese ihre Gegenstände, müßten sie ihrer Wirkung unterworfen sein[2] - das heißt, wie wir erläutert haben[3], der Setzung und Nichtsetzung von Flexionsvokalen.

Indessen ist klar, daß der Grammatiker, wenn er sagt *ḍaraba 'Amr^un Zaid^an* «Es schlug 'Amr den Zaid» und hierin *'Amr^un* in den Nominativ und *Zaid^an* in den Akkusativ setzt - darin besteht ja das Ziel seiner Kunst -, an den Sachen, welche diese

Sprachlaute bezeichnen, durch deren Flexion als Nominativ bzw. Akkusativ überhaupt keine Veränderung hervorbringt, obschon er den Zweck seiner Kunst erreicht hat. Wären die Sachen Gegenstand seiner Kunst, müßten sie sich aber gegenüber ihrem vorherigen Zustand verändern, wenn der Grammatiker daran bewerkstelligt, was ihm zukommt; die Grammatik gehört ja nicht nur zu den theoretischen Künsten, sondern sie ist auch eine praktische Kunst.[4] So verändert sich das Holz, Gegenstand der Tischlerei, wenn der Tischler daran die Form des Stuhles schafft, gegenüber seinem vorherigen Zustand; und ebenso verändern sich jene drei Wörter *ḍaraba ʿAmr*^un^ *Zaid*^an^, die wir als Beispiele brachten, gegenüber ihrem vorherigen Zustand, wenn der Grammatiker in der ihm zukommenden Weise das eine mit *fatḥ* <und das andere mit *ḍamm*> versieht und damit <in den Akkusativ bzw.> in den Nominativ setzt. Doch die (bezeichneten) Sachen bleiben fest in ihrem vorherigen Zustand, nachdem der Grammatiker bewirkt hat, was ihm als Grammatiker zukommt und damit seinen Zweck erreicht ⊣44⊢ hat; und darin liegt das erste Anzeichen dafür, daß nicht sie die Gegenstände der Kunst der Grammatik sind.[5] Es wurde ja bereits geklärt, daß der Gegenstand einer jeden praktischen Kunst[6] dasjenige ist, was ihrer Wirkung unterworfen ist; und es ist evident, daß sich der Gegenstand gegenüber seinem vorherigen Zustand verändert, wenn er diese Wirkung erfährt.

1. Vgl. § 11_6 *al-maʿānī llatī yadull ʿalaihā bi-hāḏihī l-alfāẓ* "die Sachen, welche er mit diesen Sprachlauten bezeichnet"; wie aus § 12 hervorgeht, ist die extensionale Bedeutung gemeint (vgl. oben § 10 Anm. 2).

2. Nach der oben § 6 gegebenen Definition des Gegenstandes der Kunst (*ὑποκείμενον* der *τέχνη*).

3. Siehe oben § 9.

4. Eines der Schulbeispiele der arabischen Grammatiker.

5. Mit der Änderung des Zeichens verändert sich zwar die Referenz, aber dies ist nicht Sache des Grammatikers; die 'Gleichung' (*mušābaha*, *ὁμοίωσις*) zwischen Zeichen und Signifikat ist durch die Konvention der Sprachgemeinschaft (*tawāṭu'*, *συνθήκη*, s.u. § 20) festgelegt. Der Autor bestreitet

nicht, daß der Sprecher - sei er Grammatiker oder nicht - "nach Maßgabe der Sachen, welche die Sprachlaute bezeichnen" (§ 10) die Flexion der Sprachlaute vornimmt; indessen ist deren Form durch die Konvention der Araber determiniert und der Vorschrift des Grammatikers nur insofern unterworfen, als er die Praxis der Araber angibt. Ebensowenig unterliegt das Signifikat eines gegebenen Zeichens, "die Sache selbst" (z.B. Zaid selbst, ʿAmr selbst, das Schlagen selbst - s. § 12 - oder, so könnten wir hinzufügen, der in der Realität ablaufende Vorgang «Zaid schlägt ʿAmr») der Willkür des Grammatikers. Vielmehr ist es die zwar akzidentale, aber durch Konvention geregelte Kohärenz zwischen der bezeichneten Sache, dem sie abbildenden Gedanken (*mā fī nafsihī*, § 13) und dem sprachlichen Zeichen, welche eine Verständigung zwischen Sprecher und Hörer ermöglicht.

6. Zur Opposition *ṣināʿa ʿilmīya, τέχνη θεωρητική* vs. *ṣināʿa fiʿlīya, τέχνη ποιητική, τέχνη πρακτική* (hier in ungewöhnlicher Terminologie, sonst: *naẓarī, ʿamalī*) siehe Philo: *Leg. alleg.* I § 17: ed. Wendland I 75_7= *Stoic. vet. fragm.* § 202: 3.49_{2-4}; ähnlich *τέχναι λογικαί* vs. *πρακτικαί* (s.o. § 2 Anm. 3). Zur Stelle vgl. besonders die Scholien zur *Ars grammatica* des Dionysios Thrax: Im Anschluß an die stoische Definition der *τέχνη* wird die Einteilung der *τέχναι* in *λογικαί* (bzw. *θεωρητικαί*) und *πρακτικαί* (bzw. *ποιητικαί* und *πρακτικαί*) sowie *μικταί* erörtert, wobei die Grammatik zumeist unter die gemischten, sowohl theoretischen als auch praktischen, Künste gerechnet wird; z.B. Dion. Thr.: *Ars gramm. suppl., Gramm. graec.* 1.117_{1-2}; *Proleg. Vossiana, Gramm. graec.* 3.3_5, 3_{11}. Die hier auch begegnende Vierteilung unterscheidet *ποιητικαί* und *πρακτικαί*: die *ποιητικαί* bearbeiten einen Stoff (*Scholia Vaticana, Gramm. graec.* 3.110_{17-20}, cf. *Proleg. Vossiana,* ibid. 3.1_{19}, der *τέχνη*-Definition Ibn ʿAdīs recht nahe), während die *πρακτικαί* andere Tätigkeiten umfassen; die Grammatik wird auch hier unter die 'gemischten' Künste gerechnet (wie die *ἰατρική*, s. ibid. 1.28-9).

12. Wenn die Grammatiker hingegen die (bezeichneten) Sachen als ihr Ziel, ihre Wirkung, ihren Zweck behandelten, so müßten es die Sachen selbst sein, die der Grammatiker hervorbringt, wenn er seine, ihm als Grammatiker zukommende Wirkung ausübt: Also würden Zaid selbst und ʿAmr selbst und das Schlagen selbst aus der Wirkung des Grammatikers hervorgehen! Daß diese (Annahme) offensichtlich absurd ist, wird niemand bezweifeln, der bei gesundem Verstande ist.[1]

1. Das Schulbeispiel des Grammatikers «Zaid schlug ʿAmr»

bezeichnet einen Sachverhalt; es wäre indessen absurd anzunehmen, daß der Grammatiker, indem er einen solchen Satz ausspricht oder niederschreibt, die Wirklichkeit der darin bezeichneten Sachen oder Sachverhalte setze oder zu setzen intendiere. Vielmehr ist der paradigmatische Satz lediglich eine metasprachliche Instruktion: Er gibt an, welche Form der sprachliche Ausdruck eines gegebenen Sachverhaltes erhalten muß, damit die Mitglieder der Sprachgemeinschaft dessen Referenz einheitlich und eindeutig verstehen.

13. Da nun geklärt ist, daß die (bezeichneten) Sachen weder Gegenstände der Kunst der Grammatik noch ihr Ziel sein können, ist klar, daß sie der Grammatik nicht angehören.[1] Zwar mag der Grammatiker ‹eine Aussage, welche etwas bezeichnet,› oder das Bezeichnen von Sachen beabsichtigen; aber er tut das nicht als Grammatiker, sondern nur insofern, als er durch die Aussage zum Ausdruck bringt, was in seinem Sinne ist - die Aussage ist Ausdruck für die Sachen.[2]

1. Die Konsequenz, daß die Grammatik sinnvolle und sinnlose Ausdrücke in gleicher Weise behandle, wird unten (§ 17) gezogen.

2. Dies im Unterschied zu den Sprachmustern des Grammatikers (vgl. oben § 12 Anm.). Dagegen sind die Sätze der 'Dingsprache' Symbole der vom Denken des Sprechers erfaßten Dinge (*ma'ānī, πράγματα*), die er "im Sinne hat" (*mā fī nafsihī*, vgl. *De int.* 1: 16a3); sie stehen jedem Mitglied der Sprachgemeinschaft zur Verfügung. — Porphyrios und die ihm folgenden Kommentatoren der aristotelischen *Categoriae* unterscheiden den Gebrauch von Wörtern der Objektsprache als *πρώτη θέσις* 'primäre Setzung' von der *δευτέρα θέσις* der grammatikalischen Metasprache (wo die Wörter der Objektsprache z.B. als Nomina und Verba charakterisiert werden): Porphyrius: *In Cat.* 57_{29}-58_{3}; Ammonius: *In Cat.* 11_{19}; Elias: *In Cat.* 131_{22-31}; vgl. Ibn aṭ-Ṭaiyib: *In Isag.* 35_{11-16}: "Die Sprachlaute lassen sich unter zwei Aspekten betrachten, nach der primären Setzung (*min ḥaiṯ hiya fī l-waḍ' al-auwal* = *κατὰ τὴν πρώτην θέσιν*) und nach der sekundären Setzung (*min ḥaiṯ hiya fī l-waḍ' aṯ-ṯānī* = *κατὰ τὴν δευτέραν θέσιν*). Die Wörter in primärer Setzung sind diejenigen, mit welchen die Dinge bezeichnet werden, z.B. «Zaid», «'Amr», «schlug»; mit den Wörtern in sekundärer Setzung werden dagegen die Wörter der primären Setzung bezeichnet. Die Wörter in primärer Setzung lassen sich nämlich einteilen in solche, die signifikant sind und mit der Zeit zusammenhängen (*προσσημαῖνον χρόνον*, *De int.* 16b6), z.B. «schlug» - sie werden Verba genannt, und solche, die signifikant sind, aber ohne

Zusammenhang mit der Zeit - sie werden Nomina genannt"; al-Ḥasan ibn Suwār: *Scholia in Cat.* 361$_{9-16}$: "Die Wörter in primärer Setzung sind die Nomina und Verba (leg. *al-kalim*), die erstlich auf die Dinge geprägt und zu Kennzeichen (*simāt wa-ʿalāmāt*) gemacht wurden, welche die Dinge durch Implikation bezeichnen (*dalālat*^{an} *muǧmalat*^{an}) - z. B. nennen wir dies «Silber» und jenes «Kupfer» und ein anderes «Gold» -, insgesamt also alle Wörter, durch die eine einzelne Sache (*maʿnā mufrad*) bezeichnet wird. Die Wörter in zweiter Setzung sind diejenigen, welche unsere Bestimmungen von Wörtern der ersten Setzung bezeichnen - so nennen wir jedes Wort, welches eine bestimmte Sache (*maʿnā muḥaṣṣal*) ohne Zeitangabe bezeichnet, <ein Nomen>, z.B. «Zaid», «ʿAmr», und jedes, welches neben seinem Signifikat eine Zeit bezeichnet, ein Verb, z.B. «stand», «steht». Diese Wörter sind solche in sekundärer Setzung, denn wir setzen sie erst, nachdem jene bereits vorliegen."

14. Daß dem so ist, zeigt folgende (Überlegung): Wäre die Absicht, etwas zu bezeichnen, oder das Bezeichnen von Sachen durch Sprachlaute Angelegenheit des Grammatikers als Grammatiker, so dürfte jemand, der eine unflektierte Aussage macht, weder ein Bezeichnen beabsichtigen noch die (intendierten) Sachverhalte bezeichnen - obwohl er sie doch bezeichnet und man versteht, was er bezeichnet und durch seine Aussage bedeutet.[1]

Nun kann man wohl einwenden: Wenn einer sagt *ḍaraba aḫūka abūka* «Es schlug dein Bruder dein Vater», mag er die Absicht haben, etwas zu bezeichnen, aber er bezeichnet den (intendierten) Sachverhalt nicht, und man kann nicht verstehen, was er meint, da es ja in seiner Aussage keinen Unterschied zwischen dem Subjekt und dem Objekt gibt.[2] Gegen diesen Einwand ist jedoch einzuräumen, daß auch eine aus homonymen Nomina bestehende Aussage, sei sie auch korrekt flektiert, nichts bezeichnet; z.B. der Satz *inna l-ʿain*^{a} *mutaḥarrikat*^{un}: ⊣145⊢ auch wenn jemand mit diesem Satz etwas bezeichnen wollte, würde er doch den (intendierten) Sachverhalt nicht bezeichnen, weil jedes der beiden Nomina (*ʿain* und *mutaḥarrika*) mehrere Sachen bezeichnet, aber nichts enthält, wonach die beabsichtigte Bedeutung von der nicht gemeinten zu unterscheiden ist. Das Nomen *al-ʿain* bezeichnet ja sowohl das Sehorgan («Auge») als auch den «Wesenskern» einer Sache, die fließende «Quelle» und einen Buchstaben des Alphabets[3]; gleichfalls bezeichnet *mutaḥarrika* «bewegt» sowohl im Sinne einer Ortsbewegung als auch im Sinne einer Zu- und Abnahme oder einer Veränderung. Aber es gibt in dieser Aussage nichts, was anzeigt, welche von den Bedeutungen dieser beiden Nomina gemeint sind, und daher läßt er sich nicht eindeutig verstehen.

Wenn aber gelten sollte, daß eine Aussage, die ‹mehrere Bedeutungen ergibt und nicht› eindeutig verständlich ist, den (intendierten) Sachverhalt nicht bezeichnet - dies gilt nach der Behauptung, daß der Satz *ḍaraba aḫūka abūka* «Es schlug dein Bruder dein Vater» den intendierten Sachverhalt nicht bezeichne -, ‹so bezeichnet auch die Aussage des Grammatikers den Sachverhalt nicht›, obwohl er sie nach den Regeln seiner Kunst flektiert, wenn sich aus seiner Aussage verschiedene Bedeutungen entnehmen lassen, sie also den (intendierten) Sachverhalt nicht (eindeutig) bezeichnet.

1. "Im Satz ist die Form seines Sinnes enthalten, aber nicht dessen Inhalt" (L. Wittgenstein: *Tractatus logico-philosophicus,* § 3.13); "Das Satzzeichen besteht darin, daß sich seine Elemente, die Wörter, in ihm auf bestimmte Art und Weise zueinander verhalten" (ibid. § 3.14). Die Verhältnisse der Zeichen im signifikanten Ausdruck zu beobachten und ggf. herzustellen, ist Aufgabe des Grammatikers; auch ohne sein Zutun indessen ist zu beobachten, wie die Araber sprechen, und nachzuvollziehen, wenn auch nicht stets mit der ihm gegebenen Vollständigkeit und Genauigkeit. Sind auch nur die wichtigsten dieser Verhältnisse gewahrt, mag auch ein nicht durchaus grammatischer Satz die beabsichtigte Referenz vermitteln (vgl. § 15).

2. Es handelt sich, allgemein gesprochen, um Sprachzeichen (im Beispiel um Satzzeichen), die im konventionellen Zeicheninventar der Sprachgemeinschaft nicht vorkommen und daher keinen Sinn bezeichnen können. Das Beispiel des Autors und der damit illustrierte Gesichtspunkt der Mehrdeutigkeit sind weder repräsentativ noch relevant, zur Widerlegung des hier zu erwartenden Einwands (mit Deutlichkeit und Schärfe von as-Sīrāfī gegen Abū Bišr Mattā vorgetragen, s.o. S. 256 § 9) somit wenig geeignet. Richtig ist, daß ein grammatikalisch korrekter Ausdruck nicht notwendig sinnvoll ist - umgekehrt, daß volle Grammatizität nicht unabdinglich ist -, aber

erst weiter unten (§ 17) wird die wichtige Beobachtung nachgetragen und illustriert, daß die Flexions- und Strukturmodelle der Grammatik an beliebige Satz- oder Wortgruppen appliziert werden, daß also auch sinnlose Wort- oder Satzgebilde die Form grammatikalischer Rede erhalten können.

Die Systematiker der arabischen Grammatik gehen weiter als Ibn ʿAdīs fiktiver Kontrahent; sie erblicken in der grammatikalischen Norm den Ausdruck der Rationalität der Sprache selbst - so schon as-Sīrāfī (s.o. S. 198ff., 210f.), so Ibn ʿAdīs jüngerer Zeitgenosse Ibn Ǧinnī (gest. 392/1002): *al-Ḫaṣā'iṣ* (wie § 9 Anm. 2) 1.48$_2$-49$_5$ "Wisse, daß die Gründe (*ʿilal*, rationes) der Grammatiker (welche sie zur Erklärung sprachlicher Phänomene heranziehen) - und zwar der gescheiten und beschlagenen Grammatiker, nicht der schwachen Dilettanten - den Gründen der Dogmatiker (*mutakallimūn*) näher stehen als denen der Rechtsgelehrten (*mutafaqqihūn*). Denn sie verweisen auf das (spontane) Empfinden (*al-ḥiss*); und sie argumentieren damit, daß ein Umstand als gewichtig oder leicht empfunden wird. Anders steht es mit den Gründen (*ʿilal* sg. *ʿilla*, ratio legis) im Recht; hier handelt es sich um Zeichen und Marken für das Bestehen der Vorschriften, aber worin die Weisheit einer Vorschrift zu sehen ist, bleibt uns verborgen und wird nicht einsichtig. Man denke nur an die Riten bei der Wallfahrt (*ḥaǧǧ*), an die Pflichten der Reinigung, des Gottesdienstes, bei der Ehescheidung und anderem mehr - daß sie beobachtet werden müssen, läßt sich nur damit begründen, daß der Befehl hierzu ergangen ist; aber der Grund, warum die Zahl der Gebete bei Tag und Nacht auf fünf und nicht anders festgesetzt wurde, ist nicht bekannt, ebensowenig, worin die Weisheit und das Heil in der Zahl der Verneigungen (*rakaʿāt*, beim Gebet) und der verschiedenen Lobpreisungen (*subḥān Allāh* «Gelobt sei Gott!») und Rezitationen (von Koranversen) besteht, und dergleichen mehr - es würde zu weit führen, alles zu nennen: Von der Ursache, wozu und weswegen die Vorschrift besteht, erlangen wir keine Kenntnis. Dieser Art sind die Gründe der Grammatiker nicht. Ich will ein Beispiel bringen, um zu belegen, daß es sich so verhält. Abū Isḥāq (az-Zaǧǧāǧ, gest. 311/923) hat über den *rafʿ* (casus rectus) des Agens (*fāʿil*) und den *naṣb* (casus obliquus) des affizierten (Objekts, *mafʿūl*) gesagt: Man flektiert sie so, um zwischen ihnen zu unterscheiden. Darauf legte er sich den Einwand vor, daß man es doch auch umgekehrt machen könne und daß der Unterschied auch dann bestehe. Dazu sagte er: Es ist klüger so, wie man es macht. Denn das Verb hat nicht mehr als ein Agens, wohl aber kann es mehrere Objekte haben; man setzt also den Agens in den *rafʿ*, weil er seltener, das Objekt in den *naṣb*, weil es häufiger vorkommt: so ist selten, was schwer zu sprechen ist (der Vokal *u*), und häufig, was leicht fällt (der Vokal *a*)." Ibid. 1.250$_{4-9}$: "Ich fragte aš-Šaǧarī (= Abū ʿAbdallāh Muḥammad ibn al-ʿAssāf al-ʿUqailī at-Tamīmī, beduinischer Informant des Autors, cf. 1.76_7) eines Tages: «Abū ʿAbdallāh, würdest du sagen *ḍarabtu aḫāka* (ʿIch schlug deinen Bruder')?» Er antwortete: «Ja, so würde ich sagen.» Ich fragte weiter: «Sagst du etwa auch *ḍarabtu aḫūka*?» «Nein», erwiderte er, «*aḫūka* sage ich nie.» «Und wie ist es mit *ḍarabanī aḫūka* ('Es schlug mich mein Bruder')?» «So sage ich.» «Aber du hast doch behauptet, daß du nie *aḫūka* sagst?!» Da sprach er: «Was soll das! Die beiden Ausdrücke unterscheiden sich doch in der Richtung!» Er meinte damit dasselbe wie wir, wenn wir sagen: Das Objekt (des ersten Beispielsatzes) ist (im zweiten Satz) Agens geworden; auch wenn er nicht diese Ausdrücke (der grammatikalischen Terminologie) gebraucht, ist es doch derselbe Sachverhalt." Dieselbe Anekdote ibid. 76_{7-11}; die Schlußbemerkung hier (76_{11-12}): "Das zeigt doch überaus klar, daß die Araber den Kontext der Worte beobachten und ihnen je nach ihrer Stellung die rechte, zukommende Flexion (*iʿrāb*) geben - kritisch und bewußt, nicht unbedacht und aufs Geratewohl." Ibid. 238_{3-8}: "Die Einheit aller dieser Phänomene in allen ihren (der Araber) sprachlichen Äußerungen, bei allen ihren Stämmen, ohne Unterschied und Widerspruch und ohne Ausnahme, trotz ihrer Vielzahl, der Ausdehnung ihres Landes und dem Alter dieser Sprache im Gebrauch ihrer Zungen - all das kann kein Zufall sein, wo es doch keine Unterschiede und Streitigkeiten hierin gibt. Vielmehr ist dies das Ergebnis ihrer Bemühung und ihres Strebens, die von ihnen gesetzten Regeln zu befolgen. Der regelmäßige Gebrauch des *rafʿ* für den Agens, des *naṣb* für das Objekt, des *ǧarr* (genetivus) nach gewissen Partikeln, des *naṣb* und des *ǧazm* (apocopatus) nach anderen und weiterer Besonderheiten im Gebrauch des Duals und des Plurals, der Genetivverbindung, der Nomina der Beziehung und der Verkleinerung - weitere Erläuterungen würden zu weit führen: Es wird doch niemand, der bei Verstand ist, meinen, all das hätte sich zufällig ergeben und sei von ungefähr aufgekommen."

3. *ʿain* als Beispiel eines homonymen Wortes auch bei al-Fārābī: *Mabādiʾ ārāʾ ahl al-madīna al-fāḍila* ed. Walzer, S. 326_{12}; Ibn aṭ-Ṭaiyib: *In Isag.* § 45: 24_{12}.

15. Wenn aber doch konzediert wird, daß selbst ein Sprecher, der nicht flektiert, mit seiner unflektierten Aussage den (intendierten) Sachverhalt bezeichnen kann, mag sie auch einmal verschiedene Bedeutungen zu verstehen geben - so gilt jedenfalls, daß nicht jeder unflektierte Satz bedeutungslos ist.[1]

Wenn z.B. jemand sagte *kāna Zaid^an fī d-dār^u* «Es war den Zaid in der Haus», also *Zaid*, das bei den Grammatikern hier im

Nominativ (*raf'*) zu stehen hätte, in den Akkusativ (*naṣb*) setzte, und *ad-dār* «das Haus», das bei ihnen in den Genetiv (*ḫafḍ*) gehört, in den Nominativ (*raf'*) - so würde doch der (intendierte) Sachverhalt, welchen er bedeutet, richtig verstanden, gleich als wäre diese Aussage korrekt flektiert. Wäre die Absicht, etwas zu bezeichnen, bzw. das Bezeichnen von Sachen, Angelegenheit des Grammatikers als Grammatiker, könnte aber niemand außer dem Grammatiker das Bezeichnen von Sachen beabsichtigen und solche bezeichnen.[2]

1. Nicht jede grammatikalisch korrekte Aussage ist eindeutig (soweit der Autor im vorigen Abschnitt), sie braucht nicht einmal sinnvoll zu sein (s. unten § 17, vgl. oben zu § 14 Anm. 2) - umgekehrt bedarf es nicht der Beobachtung aller Normen der Grammatik zur Bildung eines sinnvollen Satzes. Zwar sind nicht alle diese entbehrlich; doch die Reduktion der grammatikalischen Phänomene auf den *i'rāb*, die Desinentialflexion der Nomina und Verba unter der Wirkung der Rektionsverhältnisse im Satz, verstellt diese Einsicht - freilich folgt hier der Logiker durchaus dem Vorgang der arabischen Grammatiker.

2. Vgl. § 14 Anfang und Anm. 1.

16. ⊣46⊢ Daß sich das Streben des Grammatikers auf Sprachlaute richtet, welche Sachen bezeichnen, zwingt nicht zu dem Schluß, daß die (bezeichneten) Sachen das Ziel seiner Kunst seien. Dies wird auch aus folgendem klar: Nicht alles, was der Kunstfertige mit seiner Kunst erstrebt, ist doch unbedingt das Ziel seiner Kunst. Wenn der Tischler einen Stuhl oder eine Tür herstellt, so mag er damit Gewinn erstreben oder einen Nutzen anderer Art wie die Erhaltung des Besitzes und dergleichen - jeder, der etwas macht, macht es ja um eines Gutes willen. Wenn aber ein Kunstfertiger nach allem, was er erstrebt, nur deshalb strebte, weil es ein wesenskonstituierendes Teil seiner Kunst wäre[1], dann müßte der Gewinn ein wesenskonstituierendes Teil der Kunst des Tischlers sein, der damit nach Gewinn strebt. Aber dann wäre der Gewinn ein konstituierendes Teil aller Künste oder doch der meisten, die in unserer Zeit ausgeübt werden, da die Ausübenden oder doch die meisten von ihnen kein anderes Ziel verfolgen außer ihm.

1. *muqawwim lid-dāt* = συστατικὸς τῆς οὐσίας (Porphyrius: *Isag.* 10_5) vom konstituierenden Merkmal. Die spezifischen Differenzen, nach denen man die Gattungen in Arten teilt, konstituieren deren Wesen; nicht beliebige, sondern allein die wesensbestimmenden Merkmale sind für die gesuchte Definition zu ermitteln (vgl. oben § 3). Cf. *Isag.* 12_{1-5}; Ibn aṭ-Ṭaiyib: *In Isag.* § 21: 16_{24}-17_4 unterscheidet allgemeinen und speziellen (*'āmmī* vs. *ḫāṣṣī*) Gegenstand und Zweck einer τέχνη. – Das Gewinnstreben ist keine Tätigkeit des Kunstfertigen am spezifischen Gegenstand seiner Kunst, somit rein akzidental, ebenso die Intention des Grammatikers, eine Aussage bestimmter Bedeutung zu formulieren.

17. Ganz klar erweist sich auch, daß die Kunst der Grammatik nicht die (bezeichneten) Sachen beobachtet, aus der Tatsache, daß sie nicht nur diejenigen Sprachlaute flektiert und (anderweitig) behandelt, welche Sachen bezeichnen, sondern auch diejenigen, welche nichts bezeichnen.[1] So flektiert der Grammatiker «Zaid» in der Rufform - ein sinnvolles Wort - mit der gleichen Flexionsendung wie etwa «gesund», ein Wort, das im Vokativ keinen Sinn gibt: er flektiert das eine ebensowohl durch den *raf'* (-*u*) wie das andere.[2]

1. Die Logik hat es wie die Grammatik mit Sprachzeichen zu tun, aber nur mit solchen, die etwas bedeuten; die Grammatik behandelt dagegen sinnvolle und sinnlose Wörter in gleicher Weise. Hier wird in den griechischen Prolegomena der Hauptunterschied der Logik, wie der Philosophie überhaupt, zur Grammatik gesehen; als Beispiele für sinnlose (ἄσημος, ohne Referenz) und unartikulierte (ἄναρθρος) Lautgebilde werden traditionell Onomatopoetica wie βλίτυρι ('Klang der Harfenseite'), κνάξ, σκινδαψός gegeben; s. Sextus Empiricus: *Adv. math.* VIII 133; Diogenes Laertius: *Vitae* ed. Long VII 57: 321_{12}; Simplicius: *In Cat.* 41_{13}; Ammonius: *In Isag.* 59_1; Ammonius: *In De int.* 17_{21}, 30_{19}, 31_{14}, 51_{19}; Ammonius: *In An. pr.* 1_{5-7}; Elias: *In Isag.* 3_8, 35_{19-22}; Ps.-Elias: *In Isag.* § 25.8-10; David: *In Isag.* 1_{17}, 84_{12-16}. Cf. al-Ḥasan ibn Suwār: *Scholia in Cat.*, in: Georr: *Les Catégories* 361_{17-18}: (Aristoteles behandelt die Wörter, welche die allgemeinen Genera der Dinge bezeichnen:) "Ich sage «die Sprachlaute, welche bezeichnen (φωναὶ σημαντικαί)» im Unterschied zu den Sprachlauten, welche nichts bezeichnen, wie βλίτυρι und «Wunderphönix»; hierüber zu handeln, ist Sache des Philologen (*luġawī*), denn der spricht über das Sinnlose und das

Sinnvolle"; Ibn aṭ-Ṭaiyib: *In Isag.* § 79: 384_{-5} "Wir sagen (Sprachlaute) «welche die Dinge bezeichnen» zur Unterscheidung zwischen diesem Buch und den Grammatikbüchern."

2. Ibn 'Adī bringt, entgegen der Tradition, nicht ein sinnloses Lautgebilde als Beispiel: Da er die Tätigkeit des Grammatikers als Setzung von Flexionsvokalen (*i'rāb*) bestimmt - hier durchaus an der Methode der arabischen Philologen orientiert -, zeigt er am Beispiel eines bekannten, in geeignetem Kontext sinnvollen Wortes, daß der schematische Gebrauch der Flexionsformen nicht an jedem Wort einen Sinn ergibt.

18. Da wir nun geklärt haben, was der Gegenstand der Kunst der Grammatik ist und was ihr Ziel - die beiden Merkmale (*διαφοραί*), welche ihr Wesen konstituieren -, können wir diese zu ihrem Genus zusammenfügen. Damit ist ihre Definition vollständig: Die Grammatik wird definiert als eine Kunst, welche sich mit den Sprachlauten beschäftigt, um sie nach der Weise der Araber durch Setzung und Nichtsetzung von Vokalen zu flektieren.

19. Nun zur Kunst der Logik: Ihr Gegenstand sind primär[1] die bezeichnenden Sprachlaute; und zwar sind es nicht alle Sprachlaute, die etwas bezeichnen, sondern diejenigen, welche die allgemeinen Dinge bezeichnen[2], als da sind Gattungen (*γένη*), Merkmale (*διαφοραί*), Arten (*εἴδη*), Eigentümlichkeiten (*ἴδια*) oder allgemeine Akzidentien (*συμβεβηκότα κοινῶς*).[3] - Ihr Ziel ist die Verknüpfung der Sprachzeichen in einer Form, welche mit dem Zustand der durch sie bezeichneten Dinge übereinstimmt.[4]

1. *'alā l-qaṣd al-auwal* = *πρώτως, προηγουμένως* (dist. *'alā l-qaṣd aṯ-ṯānī* = *δευτέρως, κατὰ δεύτερον λόγον, κατὰ συμβεβηκός*): Cf. Porphyrius: *Isag.* 17_9 = arab. in Ibn aṭ-Ṭaiyib: *In Isag.* 160_8; Arist.: *Phys.* 210b22 = arab. ed. Badawī 296_{12}, dazu Abū 'Alī ibn as-Samḥ ibid. 299_{18-20} (nach Johannes Philoponus: *In Phys.* 527_5, 530_2-531_5, 533_{22}ff.: *καθ' αὑτό* : *πρώτως* = *κατ' ἄλλο* : *κατὰ συμβεβηκός*); Alexander Aphrod. apud Ibn Rušd: *Tafsīr Mā ba'd aṭ-ṭabī'a* 1530_{5-8} (cf. Alex. Aphrod.: *Quaest.* III 4: 87_{8-9}); Alexander Aphrod.: *Quaest.* II 21: 65_{22-3}, cf. Alex.: *M. fī l-'Ināya* ed. Ruland 57_{13}, 59_2, 59_7 etc. (S. 172 s.v.). Siehe S. Pines: *Un texte inconnu d'Aristote en version arabe*, in: Archives d'Histoire doctrinale et littéraire

du moyen âge ann. 31 t. 23. 1956, S. 5-43, hier S. 298 Anm. 20; A. Neuwirth: *'Abd al-Laṭīf al-Baġdādī's Bearbeitung von Buch Lambda der aristotelischen Metaphysik*. Wiesbaden 1976, S. 186-91.

2. *al-umūr al-kulliya* = τὰ καθόλου (auch *al-umūr al-'āmmīya* = τὰ κοινά; Yaḥyā ibn 'Adī schrieb eine *Maqāla fi Tabyīn wuǧūd al-umūr al-'āmmīya*, s. G. Endreß: *The works of Yaḥyā ibn 'Adī*. Wiesbaden 1977, S. 67-9): Arist.: *De int.* 17a38 = arab. ed. Pollak 10_{5-6}: *lammā kānat al-ma'ānī* (sic leg.) *ba'ḍuhā kullīy*[an] *wa-ba'ḍuhā ǧuz'īy*[an]. Zur Begründung der Aussage, daß besonders Universalbegriffe Gegenstand der Logik sind, s.u. § 21 (dort Anm. 1 mit weiteren Belegen).

3. Die quinque voces nach Porphyrius: *Isag.* 2_{17-20} = arab. (Abū 'Uṯmān ad-Dimašqī) ed. Badawī 1024_9-1025_4; cf. *Isag.* 13_{10}; Ibn aṭ-Ṭaiyib: *In Isag.* §77: 36_{19}.

4. Siehe unten § 23.

20. Daß die Sprachlaute, und zwar nicht alle, sondern lediglich die bezeichnenden unter ihnen primärer Gegenstand der logischen Kunst sind[1], wird aus folgendem klar:

Eines der Dinge, welche das Wesen des Beweises, des Ziels der Logik[2], ausmachen, ist seine Wahrheit - dies impliziert seine Definition.[3] Die Wahrheit ist offenbar die Übereinstimmung des Bezeichnenden mit dem Bezeichneten und seine Gleichheit mit ihm.[4] Das soll nicht heißen, daß die Aussage selbst der Sache[5] selbst, welche sie bezeichnet, wesenhaft gleicht; vielmehr ist diese Gleichheit akzidental: sie beruht auf der Übereinkunft, aufgrund derer das Sprachzeichen zum Ausdruck für die Sache gereicht und diese vertritt, indem es für den Angeredeten die (bezeichnete) Sache repräsentiert und vergegenwärtigt.[6] Ist also die Wahrheit eben diese Gleichheit der bezeichnenden Aussage mit der bezeichneten Sache und ist die Aussage zusammengesetzt aus bezeichnenden Sprachlauten - denn ein Sprachlaut, der nichts bezeichnet, kann nicht einer durch ihn bezeichneten Sache gleichen, da ja gar nichts durch ihn bezeichnet wird -: so ist klar, daß Sprachlaute, die nichts bezeichnen, nicht Ort der Wahrheit sein können.[7] Wenn dem so ist und wenn der Beweis unbedingt wahr ist, dann ist klar, daß der Beweis nicht aus Sprachlauten bestehen kann, welche nichts bezeichnen; er muß also notwendig aus bezeichnenden Sprachlauten bestehen.

1. Im Unterschied zur Grammatik: s. die oben § 17, Anm. 1 gegebenen Belege; Ammonius: *In Cat.* 10_{7-8}; Ibn aṭ-Ṭaiyib: *In Isag.* § 72: 34_{8-10}; al-Ḥasan ibn Suwār: *Scholia in Cat.* $361_{ult.}$-362_{2}.

2. Ammonius: *In An. pr.* 9_{26-9}: ὕλη μὲν γὰρ (τῆς λογικῆς) ἐστιν οἱ λόγοι, τέλος δὲ ἡ γνῶσις τῶν ἀποδεικτικῶν μεθόδων· καὶ τὰ ἄλλα γὰρ πάντα εἰς τοῦτο συντελεῖ, εἰς τὸ ἐπιστημονικῶς ἀποδεικνύναι. Cf. Ibn aṭ-Ṭaiyib: *In Isag.* § 66: 31_{10-11}, § 76: 36_{5-6}. Vgl. unten § 23.

3. Arist.: *An. post.* I 2: 71b20-26, II 16: 65a35-37; Ibn aṭ-Ṭaiyib: *In Isag.* § 69: 32_{19-21}.

4. Ammonius: *In De int.* 82_{15-16}: ἀληθῆ δὲ ἢ ψευδῆ τὸ συμφώνως ἢ μὴ συμφώνως τοῖς πράγμασιν ἀποφαίνεσθαι; cf. Arist.: *De int.* 9: 19a23 = arab. ed. Pollak 17_{9-10}; *Metaph.* Γ 7: 1011b25-27. Arabische Formulierungen der Wahrheitsdefinition s. A.-M. Goichon: *La distinction de l'essence et de l'existence d'après Ibn Sīnā <Avicenne>*. Paris 1937, S. 34f.; Ibn Rušd: *Tahāfut at-tahāfut* ed. Bouyges 103_{5-6}, 463_{6} (*al-ʿilm aṣ-ṣādiq huwa llaḏī yuṭābiq al-mauǧūd*), 531_{12-13}, dazu Simon van den Bergh: *Averroes' Tahafut al-Tahafut*. London 1954. 2, S. 45f. ad 60[3], 155 ad 281[2]. Die von Thomas von Aquin dem Isḥāq al-Isrāʾīlī zugeschriebene Formel *Veritas est adaequatio rei et intellectus* geht wohl auf Avicenna zurück; s. D.H. Pouillon in: Revue néoscolastique de philosophie 42. 1939, S. 59; A. Altmann & S.M. Stern: *Isaac Israeli*. Oxford 1952, S. 58f.

5. Neben *lafẓ(a)* = φωνή vs. *maʿnā* = (σημαινόμενον) πρᾶγμα tritt in den Abschnitten über die Logik *qaul* = λόγος, ἀπόφανσις vs. *amr* = πρᾶγμα (wie z.B. *De int.* 19a33 = arab. ed. Pollak 17_{10}).

6. *tawāṭuʾ* = συνθήκη: *De int.* 2: 16a19, 27 = arab. ed. Pollak 2_{13}, 3_{6}; 4: 17a2 = arab. 7_{1}. – Ähnlich handelt al-Fārābī in seinem Hermeneutik-Kommentar über konventionelle vs. natürliche 'Nachahmung' (*muḥākāt*) von Dingen durch Worte: *Šarḥ kitāb al-ʿIbāra* ed. Kutsch & Marrow 52_{0}-51_{3} zu *De int.* 17a1-2 = (engl.) Zimmermann: *Al-Farabi's Commentary* 43; s.o. S. 180f. mit deutscher Übersetzung der Stelle.

7. Ähnlich Abū l-Faraǧ ibn aṭ-Ṭaiyib: *In Isag.* § 76: 36_{3} "Jeder Sprachlaut ist entweder bezeichnend, oder er bezeichnet nichts. Über solche, die nichts bezeichnen, hat der Logiker nicht zu handeln; denn sein Ziel ist der Beweis, und der Beweis bewerkstelligt die Trennung des Wahren vom Falschen. Wahres und Falsches gibt es aber nur in den bezeichnenden Sprachlauten, und zwar bei ihrer Zusammensetzung, während diejenigen, die nichts bezeichnen, weder wahr noch falsch sind, auch wenn sie zusammengesetzt werden."

21. Daß ferner die Sprachlaute, welche die allgemeinen Dinge bezeichnen, Gegenstand der Logik sind[1], erklärt sich folgendermaßen:

Wie eben gezeigt, besteht der Beweis nur aus bezeichnenden Sprachlauten. Jeder von diesen bezeichnet entweder ein Einzelding oder etwas Allgemeines.[2] Nun ist der Beweis ⊣48⊢ ein sicherer Schluß (Syllogismus)[3]; jeder sichere Schluß ist frei von Täuschung und Zweifeln[4]; was frei ist von Täuschung, ist davon geschieden und gesondert; alles Gesonderte ist begrenzt; das Begrenzte ist gewiß; aber keins der Einzeldinge ist gewiß - also ist kein Einzelding beweisbar.[5] Unter «beweisbar»[6] verstehe ich hier, was die Form des Beweises annehmen kann, ob es sie nun annehme oder nicht. Alles aber, was Gegenstand der Logik ist, ist beweisbar[7]; also ist kein Einzelding Gegenstand der Kunst der Logik. Gegenstand der Kunst der Logik sind folglich die Sprachlaute, welche die allgemeinen Dinge bezeichnen.

1. Dies bes. im Unterschied zu Poetik und Rhetorik: Elias: *In Isag.* 35_{26}-36_{2}, cf. Arist.: *De int.* 17a5-6; Ibn aṭ-Ṭaiyib: *In Isag.* 38_{6} "im Unterschied zur Lexikographie (*kutub al-luġa*)"; vgl. ibid. 34f. über Gegenstand und Zweck der *Isagoge*; Ibn aṭ-Ṭaiyib: *In Cat.* fol. 10a "Gegenstand der logischen Kunst sind die einfachen Sprachlaute (Wörter), welche die allgemeinen Dinge (Universalia) bezeichnen"; ibid. fol. 28a-b "Sein Ziel in diesem Buch (sc. in den *Categoriae*) ist in erster Linie die Untersuchung der einfachen, bezeichnenden Sprachlaute, denn sie sind Gegenstand der logischen Kunst, und in zweiter Linie die Untersuchung der allgemeinen Dinge, welche die einfachen Sprachlaute bezeichnen."

2. Arist.: *De int.* 7: 17a38-9 = arab. ed. Pollak 10_{5-6} (*καθόλου* = *kullī*, *καθ' ἕκαστον* = *ǧuzʾī*).

3. *yaqīn* = *ἐπιστημονικός*, *ἀκριβής*. Vgl. zum Argument Arist.: *An. post.* I 2: 71b17-19 = arab. (Abū Bišr Mattā) ed. Badawī 313_{2-3}; Ammonius: *In Cat.* 5_{9}; *In An. pr.* 2_{10-14}. Zu *yaqīn* = *ἀκριβής* s.a. Arist.: *Cat.* 7: 8b12 = arab. (Isḥāq) ed. Georr 338_{15}; *An. post.* I 24: 86a17 = arab. (Abū Bišr) ed. Badawī 390_{2}.

4. *šubha* = *ἀπάτη*: *De int.* 23b13 = arab. (Isḥāq) ed. Pollak 32_{6}; = *ἀμφισβήτησις*: *Metaph.* 998b17 = arab. (Usṭāṯ) ed. Bouyges 219_{12}; ibid. 996b27 *ἀμφισβητήσιμος* = arab. 192_{8} *muštabih maškūk fīhi*. - *šakk* = *ἀπορία*: *Cat.* 8a13, 10b31 =

arab. (Isḥāq) ed. Georr 337_9, 344_6; = *ἀμφισβήτησις*: *Cat.* 8a26 = arab. 337_{19}; ibid. 11a2 *ἀναμφισβητήτως* = 344_{11} *bi-lā šakk*; cf. *Metaph.* 996b27 = arab. 192_8.

5. Arist.: *An. post.* I 25: 86a4-8 (*mubarhan* = *ἀποδεικτός* 86a7 = arab. ed. Badawī 389_{13}); cf. *An. post.* I 11: 77a6-8; I 18: 81a40-b1; *Metaph.* Z 15: 1039b27-8 = arab. ed. Bouyges 983_{2-3}; *Rhet.* I 2: 1356b31 = arab. ed. Lyons 11_4. Dazu Ammonius: *In Isag.* 59_{18}-60_1; *In An. pr.* 3_{22-3} (ref. Arist.: *An. post.* I 4: 73a20-24, *Metaph.* Δ 5: 1015b6-9)); *In Cat.* 12_{1-3}; Ps.-Elias: *In Isag.* § 26.8; Ibn aṭ-Ṭaiyib: *In Isag.* 34_{17}, 35_{4-9}, 36_{9-10}; al-Kindī: *K. al-Falsafa al-ūlā* ed. Abū Rīda 124_{20-21} = (engl.) A.L. Ivry: *Al-Kindi's Metaphysics*. Albany 1974, S. 78.

6. *mubarhan* kann wie griech. *ἀποδεικτός* sowohl 'bewiesen' als auch 'beweisbar' heißen.

7. Siehe oben § 20, Anm. 2.

22. Auch aus der folgenden Überlegung ergibt sich, daß die bezeichnenden Sprachlaute der Gegenstand der Logik sind:

Es steht fest, daß das Ziel der Logik der Beweis ist.[1] Der Beweis ist ein Syllogismus[2] - also gehören zur Logik Syllogismen; der Syllogismus ist ein Satz[3] - also gehören zu ihr Sätze. Der Satz wird definiert als «ein bezeichnendes Lautgebilde, wovon ein einzelner Teil auch getrennt etwas bezeichnet, und zwar als Sprachlaut, nicht als Urteil»[4]; also gehören zur Logik Lautgebilde mit Teilen, welche bezeichnende Sprachlaute sind. Es ist klar, daß alles, was Teile hat, aus seinen Teilen zusammengesetzt ist; also ist der Satz zusammengesetzt aus seinen Teilen, seine Teile sind die bezeichnenden Sprachlaute, er besteht also aus den bezeichnenden Sprachlauten. Somit sind es die bezeichnenden Sprachlaute, an denen die Kunst der Logik ihr Ziel bewirkt. Woran die Kunst ihr Ziel bewirkt, das ist ihr Gegenstand. Also sind die bezeichnenden Sprachlaute der Gegenstand der Kunst der Logik.

1. Siehe oben § 20, Anm. 2.

2. Arist.: *An. post.* I 2: 71b17, s.o. § 21, Anm. 3.

3. Ammonius: *In Cat.* 2_{7-8} *ἡ δὲ λόγων συλλογὴ συλλογισμός ἐστιν*, cf. ibid. $26_{3,5}$; 26_{12}.

4. Arist.: *De int.* 4: 16b26-8 = arab. (Isḥāq) ed. Pollak 6_{6-7} *λόγος δέ ἐστι φωνὴ σημαντική, ἧς τῶν μερῶν τι σημαντικόν*

ἔστι κεχωρισμένον, ὡσ φάσις ἀλλ' οὐχ ὡσ κατάφασις (hier *qaul* = λόγος, *īǧāb* = *κατάφασις*, *lafẓ* = *φωνή* neben *lafẓa* = *φάσις*).

23. Ziel der Logik schließlich (so wurde gesagt) ist die Verknüpfung dieser Sprachzeichen in einer Form, welche mit dem Zustand der durch sie bezeichneten Dinge übereinstimmt. Dies ist so zu erklären:

Gegenstand der Logik - das, ⊣49⊢ woran sie die Gestalt des Beweises, ihr Ziel[1], bewirkt - sind, wie gezeigt wurde, die Sprachlaute, welche die allgemeinen Dinge bezeichnen. Die Sprachlaute sind an sich nicht zusammengesetzt aus Teilen, welche in der Zusammensetzung etwas Wahres ergeben können, denn ihre Teile bezeichnen nichts. Der Beweis ist aber notwendig wahr; und weil es in den Einzelwörtern, wie «Mensch» allein oder «vorhanden» allein, keine Wahrheit geben kann, muß die logische Kunst notwendig diese Sprachlaute miteinander verknüpfen.[2] Nun ergibt sich die Wahrheit nicht aus jeder beliebigen Verbindung dieser Sprachlaute, sondern nur aus bestimmten unter den möglichen Verbindungen. Somit ist klar, daß die Logik ihren Gegenstand, die bezeichnenden Sprachlaute, auch nicht in einer beliebigen Weise verknüpft, sondern so, daß sich die Wahrheit ergibt: sie verknüpft sie derart, daß sie mit dem Zustand der bezeichneten Dinge übereinstimmt.[3] Was eine jede Kunst an ihrem Gegenstand bewirkt, ist wie oben gezeigt ihr Ziel; das Ziel der Logik ist also die Verknüpfung der Sprachlaute, welche die allgemeinen Dinge bezeichnen, in einer Form, die mit dem Zustand der bezeichneten Dinge übereinstimmt.

1. Siehe oben § 20, Anm 2. Das Ziel der Logik wird in dieser allgemeinen Form als bekannt vorausgesetzt. Die folgende Erörterung soll zeigen, wie dieses Ziel als Tätigkeit der logischen Kunst an ihrem Gegenstand zu definieren ist, damit der Vergleich mit der Grammatik nach dem vorgesehenen Schema ausgeführt werden kann.

2. Arist.: *Cat.* 4: 2a4-10 = arab. (Isḥāq) ed. Georr 321_{12-17} (*καθ' αὑτό* = *mufrad*, *συμπλοκή* = *ta'līf*); *De int.* 1: 16a12-13 = arab. (Isḥāq) ed. Pollak 2_5; Elias: *In Cat.* 184_{18-20} (s.o. S.

211, Anm. 112); Arist.: *De an.* III 6: 430a27.

3. Zur Definition der Wahrheit s.o. § 20, Anm. 4.

24. Dies sind also die beiden Merkmale, welche das Wesen der Logik ausmachen. Aus ihnen und aus ihrem Genus bilden wir nun ihre Definition: Die Kunst der Logik wird definiert als eine Kunst, die sich mit den Sprachlauten befaßt, welche die allgemeinen Dinge bezeichnen, und diese in einer Weise zu verknüpfen sucht, die mit dem Zustand der von ihr bezeichneten Wörter übereinstimmt.

25. Aus dieser Definition und aus der Definition der Grammatik, die wir bereits erörtert haben - eine Kunst, welche sich mit den Sprachlauten beschäftigt, um sie nach der Weise der Araber durch Setzung und Nichtsetzung von Vokalen zu flektieren -, ergeben sich die Unterschiede zwischen den beiden Künsten: Sie unterscheiden sich sowohl im Gegenstand als auch im Zweck.

Gegenstand der Logik sind die bezeichnenden Sprachlaute, nicht die Sprachlaute überhaupt, und zwar lediglich diejenigen[1], ⊣50⊢ welche die allgemeinen Dinge, nicht aber Einzeldinge bezeichnen. Gegenstand der Grammatik dagegen sind die Sprachlaute überhaupt, ob sie etwas bezeichnen oder nicht.

Ziel der Logik ist die Verknüpfung der Sprachlaute, die sie zum Gegenstand hat, dergestalt, daß sich die Wahrheit ergibt. Ziel der Grammatik hingegen ist die Setzung und Nichtsetzung von Vokalen nach der Weise der Araber.

Dies sind die Unterschiede, welche zwischen den beiden Künsten bestehen. Wir haben damit den Gegensatz zwischen ihnen erläutert, wie es unsere Absicht war.

1. Wohl zu ergänzen *wa-min al-alfāẓ ad-dālla <ad-dālla> ʿalā l-umūr al-kullīya.*

BIBLIOGRAPHIE

Allard, Michel: *Le problème des attributs divins dans la doctrine d'al-Ašᶜarī et de ses premiers grands disciples.* Beirut 1965. (Recherches / Institut de Lettres orientales. 28.)

Ammonius Hermiae: *In An. pr.* = *Ammonii in Aristotelis Analyticorum priorum librum I commentarium.* Ed. Maximilianus Wallies. Berlin 1899. (CAG IV, 6.)

—— : *In Cat.* = *In Aristotelis Categorias commentarius.* Ed. Adolfus Busse. Berlin 1895. (CAG IV, 5.)

—— : *In De int.* = *In Aristotelis De interpretatione commentarius.* Ed. Adolfus Busse. Berlin 1897. (CAG IV, 5.)

—— : *In Isag.* = *In Porphyrii Isagogen sive V voces.* Ed. Adolfus Busse. Berlin 1891. (CAG IV, 3.)

Aristoteles: *Organon (Cat., De int., etc.)* [arab.]. In: ᶜAbdarraḥmān Badawī [Hrsg.]: *Manṭiq Arisṭū.* Kairo 1948-52.

—— : *De int.* [fragm. arab.]. In: Johann Georg Ernst Hoffmann: *De Hermeneuticis apud Syros Aristoteleis.* Ed. 2. Leipzig 1873.

—— : *Rhet.* [arab.] = Malcolm Cameron Lyons: *Aristotle's Ars Rhetorica: the Arabic version.* A new edition, with commentary and glossary. Vol. 1.2. Cambridge 1982.

CAG = *Commentaria in Aristotelem Graeca.* Edita consilio et auctoritate Academiae Litterarum Regiae Borussicae. Berlin 1882-1909.

David: *In Isag.* = *Davidis Prolegomena et in Porphyrii Isagogen commentarium.* Ed. Adolfus Busse. Berolini 1904. (CAG XVIII,2.)

Dionysius Thrax: *Ars grammatica* s. *Grammatici graeci.*

Elias: *In An. pr.* = Leendert Gerrit Westerink: *Elias on the Prior Analytics.* In: Mnemosyne ser. 4, 14. 1961. S. 126-39.

—— : *In Isag.; In Cat.* = *Eliae in Porphyrii Isagogen et Aristotelis Categorias commentaria.* Ed. Adolfus Busse. Berlin 1900. (CAG XVIII, 1.)

Elias, Ps.-: *In Isag.* = *Pseudo-Elias (Pseudo-David). Lectures on Porphyry's Isagoge.* Introduction, text and indices by L[eendert] G[errit] Westerink. Amsterdam 1967.

Endress, Gerhard: *The works of Yaḥyā ibn ᶜAdī: an analytical inventory.* Wiesbaden 1977.

al-Fārābī, Abū Naṣr Muḥammad: *al-Alfaz al-musta mala fi l-mantiq (Alfarabi's Utterances Employed in Logic).* [Hrsg.:] Muḥsin Mahdī. Beirut 1968.

—— : *Kitāb al-Ḥurūf (Alfarabi's Book of Letters).* [Hrsg.:] Muḥsin Mahdī. Beirut 1970. (Recherches / I.L.O. Sêrie I, 46.)

al-Fārābī, Abū Naṣr Muḥammad: *Iḥṣā᾽ al-ᶜulūm*. [Hrsg.:] ᶜUṯmān Amīn. Kairo ²1949, ³1968.

—— : *Al-Fārābī's Introductory 'Risālah' on Logic*. [Hrsg., Übers.:] D[ouglas] M[orton] Dunlop. In: Islamic Quarterly 3. 1956. S. 224-35.

—— : *Šarḥ kitāb al-ᶜIbāra = Alfarabi's Commentary on Aristotle's* Περὶ ἑρμηνείας *(De Interpretatione)*. Ed. by Wilhelm Kutsch and Stanley Marrow. Beirut 1960. (Recherches / ILO. 13.)

Grammatici graeci. I-IV. Leipzig 1867-1910; Nachdr. Hildesheim 1965. [Darin:] Vol. I, 1: Dionysii Thracis Ars grammatica. Ed. G. Uhlig. 1883. - Vol. I, 3: Scholia in Dionysii Thracis Artem grammaticam. Ed. A. Hilgard. 1901.

Gutas, Dimitri: *Paul the Persian on the classification of the parts of Aristotle's philosophy: a milestone between Alexandria and Baġdād*. In: Der Islam 60. 1983. S. 231-67.

al-Ḥasan ibn Suwār: *Scholia in Cat*. In: Khalil Georr: *Les Catégories d'Aristote dans leurs versions syro-arabes*. Beirut 1948.

Ibn Ǧinnī, Abū l-Fatḥ ᶜUṯmān: *al-Ḫaṣā᾽iṣ fī l-luġa*. [Hrsg.:] M. ᶜAlī an-Naǧǧār. 1-3. Kairo 1371/1952-1376/1956.

Ibn an-Nadīm, Muḥammad ibn Isḥāq: *Kitâb al-Fihrist*. Mit Anm. hrsg. von Gustav Flügel. Bd 1.2. Leipzig 1871-72.

Ibn aṭ-Ṭaiyib, Abū l-Faraǧ ᶜAbdallāh: *In Cat. = Tafsīr kitāb Qāṭīġūriyās*. MS Kairo: Dār al-Kutub, ḥikma 1 M.

—— : *In Isag. = Ibn al-Tayyib's Commentary on Porphyry's Isagoge (Tafsīr kitāb Īsāġūǧī li-Furfūriyūs)*. [Hrsg.:] Kwame Gyekye. Beirut 1975. (Recherches / I.L.O. N.S. B 2.)

Imtāᶜ s. at-Tauḥīdī.

Johannes Philoponus: *In An. pr. = Ioannis Philoponi in Aristotelis Analytica priora commentarium*. Ed. Maximilianus Wallies. Berlin 1905. (CAG XIII, 2.)

—— : *In Cat. = Io. Philoponi (olim Ammonii) in Aristotelis Categorias commentarium*. Ed. Adolfus Busse. Berlin 1898. (CAG XIII, 1.)

—— : *In Phys. = Io. Philoponi in Aristotelis Physicorum octo libros commentaria*. Ed. Hieronymus Vitelli. Berlin 1887-88. (CAG. XVI. XVII.)

Mahdi, Muhsin: *Language and logic in classical Islam*. In: Logic in Classical Islamic Culture. Ed. by G. E. von Grunebaum. Wiesbaden 1970. S. 51-83.

Miskawaih s. at-Tauḥīdī.

Olympiodorus: *In Cat. = Olympiodori Prolegomena et in Categorias commentarium*. Ed. Adolfus Busse. Berlin 1902. (CAG XII, 1.)

Porphyrius: *Isag.; In Cat.* = *Porphyrii Isagoge et in Aristotelis Categorias commentarium.* Ed. Adolfus Busse. Berlin 1887. (CAG IV, 1.)

—— : *Isag.* [arab.]. In: ᶜAbdarraḥmān Badawī: *Manṭiq Arisṭū.* Kairo 1948-52. S. 1019-68.

ar-Rāzī, Abū Bakr Muḥammad: *Rasāʾil falsafīya* = *Opera philosophica fragmentaque quae supersunt.* Collegit et ed. Paulus Kraus. Pars 1. Kairo 1939.

Sextus Empiricus: *Adv. math.* = *Opera* rec. Hermannus Mutschmann. Vol. 3: *Adversus mathematicos* libros 1-6 continens, ed. J[ürgen] Mau. Leipzig 1954. (Bibl. Teubneriana.)

Sībawaih, ᶜAmr ibn ᶜUṯmān: *Kitāb Sībawaih.* [Hrsg.:] ᶜAbdassalām Muḥammad Hārūn. 1-5. Kairo 1385/1966-1397/1977.

Simplicius: *In Cat.* = *Simplicii in Aristotelis Categorias commentarium.* Ed. Carolus Kalbfleisch. Berlin 1907. (CAG VIII.)

—— : *In Phys.* = *In Aristotelis Physicorum libros commentaria.* Ed. Hermannus Diels. Berlin 1882-95. (CAG IX. X.)

Steinthal, Heymann: *Geschichte der Sprachwissenschaft bei den Griechen und Römern mit besonderer Rücksicht auf die Logik.* Berlin ²1890.

Stoicorum veterum fragmenta. Coll. Ioannes ab Arnim [H.F.A. von Arnim]. Vol. 1-4. Leipzig 1903-24.

at-Tauḥīdī, Abū Ḥayyān ᶜAlī: *al-Imtāᶜ wal-muʾānasa.* [Hrsg.:] Aḥmad Amīn, Aḥmad az-Zain. 1-3. Kairo 1939-44.

—— : *al-Muqābasāt.* [Hrsg.:] M. Taufīq Ḥusain. Bagdad 1970.

—— , & Miskawaih, Abū ᶜAlī Aḥmad: *al-Hawāmil waš-šawāmil.* [Hrsg.:] Aḥmad Amīn, Aḥmad Ṣaqr. Kairo 1370/1951.

Versteegh, Cornelis Henricus Maria: *Greek elements in Arabic linguistic thinking.* Leiden 1977. (Studies in Semitic Languages and Linguistics. 7.)

Walzer, Richard: *Greek into Arabic; essays on Islamic philosophy.* Oxford 1962. (Oriental Studies. 1.)

Zimmermann, Friedrich Wilhelm: *Al-Farabi's Commentary and Short Treatise on Aristotle's De Interpretatione.* Translated with an introduction and notes. London 1981. (Classical and Medieval Logic Texts. 3.)

Nachtrag: Das Buch von Abdelali Elamrani-Jamal: *Logique aristotélicienne et grammaire arabe; étude et documents.* Paris 1983 (Études musulmanes. 26) erschien, nachdem der Schreibsatz des vorliegenden Beitrages zu grossen Teilen fertiggestellt war. Das Werk behandelt weithin dieselben Texte, doch unter anderen, nicht philologischen Gesichtspunkten; es war nicht möglich, darauf in diesem Rahmen angemessen einzugehen.

WILFRIED KÜHN

DIE REHABILITIERUNG DER SPRACHE DURCH DEN ARABISCHEN PHILOLOGEN AS-SIRAFI

Inhalt

Vorbemerkung

Der für den vorliegenden Band (S. 238- S.270) übersetzte Text des arabischen Autors Abu Hayyan at-Tauhidi handelt mit einem solchen Problembewußtsein über das Thema "Sprache", daß er zu einer eigenen Studie verlockt.[1)] Mit dem islamischen Sprachwissenschaftler Abu Sa'id as-Sirafi stellt der Text einen Diskussionsredner vor, der in immer neuen Ansätzen andere Momente der Sprache entdeckt als die zeitgenössischen Philosophen und der seinen Streit gegen die Ansprüche der griechischen Philosophie auf dem Hintergrund einer relativierenden Auffassung der Kulturen führt. Reflexion auf die Sprache und relativierendes Denken hängen zusammen, weil as-Sirafi Sprache als eine der anthropologischen Bedingungen versteht, unter denen sich menschliches Denken und Können zwischen den Völkern differenziert. Die Verschiedenheit der Sprachen ist für as-Sirafi irreduzibel und durch Übersetzungen nur partiell zu überbrücken. Daß Sprache als ein Teil der menschlichen Lebensbedingungen gesehen wird, das äußert sich auch in der Einbeziehung der tatsächlich gesprochenen Sprache in die theoretische Reflexion: Es ist nicht legitim, mit theoretischen Folgen davon zu abstrahieren, daß die Diskussion in Arabisch geführt wird. Die Aufmerksamkeit für das wirkliche Sprechen führt zu zwei fundamentalen Einsichten: Sprache ist zunächst die menschliche Tätigkeit, verschiedene Elemente und Schichten von Elementen wie zu einem Kleid zu verbinden, und reflektiert man dann auf das Resultat dieser Tätigkeit wie auf einen Gegenstand, dann darf man das Gewebe der Sprache nicht wieder auseinanderreißen, insbesondere nicht seine Stimmigkeit oder Verstandesform von seiner Lautgestalt trennen. - Schließlich nähert sich as-Sirafi dank seines Interesses am konkreten Sprachvollzug wieder einer Beurteilung des Erkenntniswerts der Sprache, wie sie schon in den klassisch-antiken Begriffen von der Unterredung (dialegesthai), vom Unterweisen (didaskein) und vom Sich-Erklären-Lassen (manthanein) ausgedrückt ist: Menschliche Erkenntnis ist wesentlich aufs Gespräch bezogen, weil dieses der Ort der Erklärung und Anerkennung von Ansichten ist und weil man durch die Reden anderer angeregt wird, ihre Meinungen selbständig zu untersuchen und so neue Einsichten zu gewinnen.

Will man diese in einem mittelalterlichen Kontext frappierenden Gedanken zur Sprache näher betrachten, so empfiehlt es sich, Fehleinschätzungen mit folgenden Vorüberlegungen zu begegnen:

1. as-Sirafi entwickelt in dem Streitgespräch keine sprachphilosophische Konzeption in dem Sinn, daß man seine Überlegungen als einen durchgängigen Gedankenzusammenhang ansehen könnte, mit dem, was Sprache ist, im Grundriß möglichst vollständig und kohärent dargestellt werden soll. Vielmehr handelt es sich um eine große Zahl von aneinandergereihten Diskussionsbeiträgen gegen den Erkenntnisanspruch der griechischen Philosophie und insbesondere der Logik derart, daß prinzipiell jeder einzelne Einwand für sich stehen könnte. So sind auch die in diesen Einwänden enthaltenen sprachphilosophischen Ideen zunächst einmal ohne Zusammenhang miteinander. Obwohl manches Motiv wiederholt in ihnen auftaucht - vor allem der Rekurs auf die tatsächlich gesprochene Sprache und der Hinweis auf ihre

komplexe Einheit -, ist ihre Zusammenfassung zu einem prägnanten Denkansatz doch schon das Interesse und die sicher nicht illegitime Tat der philosophischen Interpretation. as-Sirafi fördert dieses Unternehmen nicht sehr, denn er verweist nie ausdrücklich auf eine andere seiner Thesen zur Sprache und bemüht sich auch nicht ersichtlich um Kohärenz; an manchen Punkten scheint es, als habe er eine Frage absichtlich unter divergierenden Antwortmöglichkeiten erwogen, ohne sich zu entscheiden. Der unsystematische Charakter seines Denkens, wie es sich in der Auseinandersetzung mit Abu Bischr Matta präsentiert, paßt gut zu dem indirekten Einfluß der antiken Skepsis, der in der arabischen Sprachwissenschaft durch die Vermittlung der alexandrinischen Grammatikerschule noch wirksam ist.[2)]

2. Auch in einer zweiten Hinsicht kann man ein inhaltliches Moment von as-Sirafis Sprachbetrachtungen in seiner eigenen Darstellung verwirklicht finden. Wie er gegenüber dem rein begrifflichen Argumentieren der Philosophie theoretisch die viel größere Breite sprachlicher Ausdrucksweisen, z.B. rhetorischer und poetischer, zur Geltung bringt, so spricht er auch selbst überwiegend in Bildern - wie dem des Kleides für die Komplexität der Sprache - und in Beispielen, an denen die Zuhörer sich selbst klarmachen sollen, was ihm vorschwebt. Will man nun as-Sirafi mit denen, die heute über Sprache und Erkenntnis nachdenken, ins Gespräch bringen, dann erscheint es förderlich, seine Darstellung in eine philosophische Begriffssprache zu übersetzen, solange nicht vergessen wird, daß as-Sirafi in Übereinstimmung mit seiner Sprachauffassung anders denkt und formuliert. Auch wenn man eine begriffliche Interpretation gängigen Stils derart generell relativiert, bleibt immer noch bei jedem einzelnen Bild oder Beispiel die Gefahr bestehen, daß der Versuch, es durch Begriffe für uns zu verdeutlichen, ihm fremde Probleme und Zusammenhänge in es

hineinprojiziert und seinen Sinn zerstört, mindestens beschädigt. So verstehe ich meine Studie, obwohl sie begrifflich ist, doch, as-Sirafi folgend, nur als eine Anregung zur selbständigen Auseinandersetzung mit seinem bei at-Tauhidi überlieferten Text.

3. Eben dies, daß wir nicht as-Sirafis eigene Formulierungen vor uns haben, schränkt die Möglichkeit erheblich ein, Feinheiten der Gedankenentwicklung, der terminologischen und bildlichen Differenzierung dem arabischen Philologen selbst mit Gewißheit zuzuschreiben. Es ist davon auszugehen, daß die Textgestalt durch den eigenständigen Autor at-Tauhidi geprägt ist,[3)]und gerade von as-Sirafi wird man daran erinnert, daß auch die ausgedrückten Gedanken davon nicht unbeeinflußt bleiben.

4. as-Sirafi ist kein isolierter Denker. Er streitet mit Abu Bischr Matta, dessen Part vielleicht in dem überkommenen Bericht ungerecht verkürzt worden ist.[4)] Als Übersetzer der aristotelischen Logik und des 12. Buchs der Metaphysik steht Matta für die Rezeption der griechischen Philosophie, und es ist interessant nachzuforschen, ob seine Kollegen nicht an anderen Stellen ergiebigere Beiträge zur Auseinandersetzung mit der arabischen Sprachwissenschaft geliefert haben, als sie ihm in at-Tauhidis Text zugestanden werden.[5)]

as-Sirafis Thema ist nicht unmittelbar die Sprache, sondern Legitimität und Nutzen von Logik und Grammatik. Damit beschäftigt sich der Beitrag von Gerhard Endreß in einem größeren geschichtlichen Zusammenhang (s. oben S.163 -233). Deshalb möchte ich die von as-Sirafi zugrundegelegten Gedanken zur Sprache überhaupt und zum Verhältnis von Sprechen und Erkennen eigens interpretieren, soweit möglich, im Vergleich mit anderen Autoren. Zuerst jedoch möchte ich einen Beitrag zur philosophiegeschichtlichen Beurteilung der Gedanken as-Sirafis zur Sprache liefern, indem ich ihnen einen Aspekt der Sprachtheorie

Platons und Aristoteles' gegenüberstelle, der für die Philosophie, wie sie bei den Arabern eingeführt wurde, bestimmend geblieben ist.

I. Die Restriktion des Sprachbegriffs durch Platon und Aristoteles

1. Platon

as-Sirafis Denken steht nur in einzelnen Fragen, nicht der Art und Weise nach, in der es überhaupt Sprache thematisiert, in der von Platon und Aristoteles begründeten Tradition. Von as-Sirafi aus gleichsam historisch zurückblickend, erkennt man leicht, wie sehr diese von einer radikalen Verengung des Sprachbegriffs geprägt ist. Liest man Platons Beiträge zum Verhältnis verschiedener Sprechweisen, insbesondere also seine Auseinandersetzungen mit Dichtung im "Gorgias" (501e - 502d) und im "Staat" (vor allem 378d - 403c, 598d - 608b) und mit Rhetorik im "Gorgias" (vor allem 452d - 467a, 502d - 504e) und im "Phaidros" (vor allem 259e - 263c, 266d - 273e), dann fällt der politische Zusammenhang auf, in dem sich sein Urteil bildet. Nun ist die politische Bedeutung auch der Diskussion unverkennbar, die as-Sirafi gegen - nicht mit - Abu Bischr Matta führt, sofern es um die Verteidigung der Sprachwissenschaft als Grundlage der traditionellen islamischen Bildung gegen das Vordringen und den Geltungsanspruch der griechischen Wissenschaften, basierend auf der Logik, geht. Ja, diese Debatte findet sogar gleichsam im Angesicht der Macht statt, vor dem Wesir des Kalifen, Ibn al-Furat, der, selber durchaus Partei, die Auseinandersetzung mit der Aufforderung, die Ansprüche der Logik zu widerlegen, in Gang bringt und dann gelegentlich entsprechend eingreift.[6)]

Der politische Charakter der Baghdader Diskussion äußert sich aber erkennbar nur in der Aggressivität, von der as-Sirafis Umgang mit seinen Kontrahenten geprägt ist. Daß Sprache in ihren verschiedenen Formen eine politische Funktion hat, das wird gerade in diesem politischen Handlungszusammenhang - verständlicherweise - nicht reflektiert. Anders die platonischen Gespräche: Sie finden nicht da statt, wo politisch gehandelt wird, und können sich sogar schon auf Reflexionen über den politischen und forensischen Handlungscharakter von öffentlichen Reden beziehen.[7)]

Die ethisch-politische Unschuld, die Sprache für as-Sirafi anscheinend noch besitzt, war für Platon schon mit dem Selbstbewußtsein der Sophisten vergangen, durch Reden die Überzeugung ihrer Mitbürger beliebig manipulieren zu können.[8)] Vielleicht kann man sagen, daß dieser Sprachpraxis, die auf die Angesprochenen bloß einwirkt und sie zu geschäftlichen oder Parteizwecken instrumentalisiert, Sokrates eine andere zunächst tätig entgegengesetzt hat, indem er seine Gesprächspartner anregte, über ihre eigenen Ansichten nachzudenken, auf die sich ihre Urteile im Gespräch mit ihm gründeten.[9)] Daß die von Sokrates Befragten selbständig zu neuen Erkenntnissen fortschreiten konnten, das hat Platon in dem Bild der intellektuellen Geburtshilfe ausdrücklich thematisiert.[10)] "Sich seines Verstandes ohne Leitung eines anderen zu bedienen"[11)] bedeutete in den von Sokrates angeregten Reflexionen statt des instrumentellen Denkens im Dienst eines bestimmten praktischen Zwecks "Erkundung der Wahrheit und unserer selbst".[12)] Wenn Platon hier so formuliert, geht es ihm darum, das sokratische Gespräch von einem dem Typ nach anderen abzugrenzen, in das Protagoras Sokrates zuvor hatte verwickeln wollen: von der Erörterung eines Problems anhand der Interpretation einer literarischen Vorlage, hier eines Gedichts.[13)] Was für Protagoras die Übertragung ein und desselben Themas in die Sphäre der Dichtung ist, erlaubt es nach Platon den Diskutanten, in der Auseinandersetzung über ihre voneinander abweichenden Textauslegungen stehenzubleiben; die unentscheidbare Frage nach der Intention des Dichters ersetzt de facto die Erörterung dessen, wie es sich in Wahrheit mit der Sache verhält. Dieser Vorwurf richtet sich gegen die sophistische Konzeption von Bildung (paideia), zu der Protagoras die Kompetenz im Umgang mit Dichtung zählt.[14)]

Die Unterscheidung zwischen dem eigentlichen Thema und seiner literarischen Fassung, die Platon zuerst den Sophisten aussprechen läßt,[15)] macht eine grundlegende Voraussetzung für die Kritik an den poetischen und rhetorischen Sprechweisen aus, mit der Platon zugleich die Sprachform der Dialektik als die philosophische legitimiert hat. Er unterstellt, daß die anderen Formen der Rede durch bestimmte Elemente konstituiert werden und daß man diese Elemente deshalb nur wegzulassen brauche, um zum Thema, Problem und zur Meinung des jeweiligen Autors zu kommen. Zwar darf Alkibiades auf die charakteristische Spannung zwischen den alltäglichen Bildern, in denen Sokrates selbst redet, und ihrem wertvollen Vernunftgehalt hinweisen, der sich einem inneren Verstehen zeigt.[16)] Und die Bildlichkeit der platonischen Darstellungsweise hält sich sogar in seiner Analyse der Dichtung, wenn er sie, ihrer musikalischen Elemente entkleidet, mit den Gesichtern junger Menschen vergleicht, von denen die Blüte der Jugend schon verschwunden ist.[17)] Zu fragen bleibt aber, ob Platon die faktische Bildlichkeit seiner Sprache in der Theorie einholt. - Wie entwickelt sich diese Theorie?

In "Gorgias" und "Phaidros" wird deutlich, wie die rhetorische Sprechweise für Platon mit Anspruch und politisch-forensischer Wirksamkeit der Redner und ihrer berühmten Lehrer untrennbar zusammenhängt und deshalb von seiner kritischen Analyse nicht ausgespart werden kann. Auch hier verweist er darauf, daß schon die Rhetoriklehrer und Sophisten selbst die unmittelbare Einheit von begabtem Redner, Gegenstand und Absicht sowie sprachlicher Form aufgelöst hatten, indem sie in regelrechten Lehrbüchern Formen, Stilmittel und allgemeine Elemente einer gelungenen Rede jedermann empfahlen, der als Redner Erfolg haben wollte, ganz unabhängig von Inhalt und Zielsetzung.[18] Sie unterschieden nicht etwa, wie es später as-Sirafi tat, deskriptiv Momente der Rede, die in jeweils besonderer Prägung und wechselseitiger Beeinflussung wesentlich miteinander zusammenhängen, sondern der pragmatische Charakter ihrer Schriften, daß sie die Beeinflussung von Menschen durch Reden lehren sollten, bedingte die abstrakte Trennung rhetorischer Formen von den anderen Momenten der Rede.

Zur Kontrastierung kann man gut Perikles als Vertreter der durch Begabung und allenfalls noch Übung erfolgreichen Redner identifizieren, die Platon zwar tadelt, weil sie ihre Macht nicht zum wohlbegründeten Besten der Bürger einsetzten,[19] die er aber als Redner nicht angreifen kann, weil sie sich nicht mit einem reflektierten Selbstverständnis ihrer Rhetorik und einem Begriff von Rede (logos) exponieren. Vielmehr ruft er solche "Redner der Tat" sogar gegen die Theoretiker der Rhetorik zu Zeugen dafür auf, daß die in den Lehrbüchern gesammelten Redeformen bloße Voraussetzungen der Rhetorik sind, diese aber noch nicht ausmachen.[20] - Sogar da, wo Platon den rhetorischen Schein auf die genaue Kenntnis von sehr ähnlichen, aber doch zu unterscheidenden Gegenständen zurückführt, geht er nicht, wie es durchaus möglich, ja naheliegend wäre, von dem faktischen Tun von Rednern aus, die ihr Publikum mit Hilfe von täuschenden Ähnlichkeiten überlisten, sondern von der durch die Sophisten verbreiteten Einschätzung dieses Tuns, es erfordere kein Wissen davon, wie es sich in Wahrheit verhält, sondern bloß von dem für das Publikum Plausiblen.[21]

Die Sophisten und Lehrer der Rhetorik haben also nach Platons Darstellung die öffentliche Rede nicht nur als Machtmittel im politischen Kampf angepriesen und zugleich beansprucht, sie als eine erlernbare Fertigkeit zu vermitteln und damit Menschen zu bilden, sondern zum Zweck solcher Lehre auch bestimmte Elemente und Formen der Rede einseitig hervorgehoben. Platon hatte es mit der Rede als einem tendenziell derart reduzierten Gegenstand zu tun, wenn er die politische Moral und den Wissens- sowie Bildungsanspruch kritisierte, mit denen die Rhetoriklehrer auftraten. Zwar berief er sich, wie gesagt, auf Praktiker der politischen Rede, um die gänzliche Unangemessenheit jener Reduktion deutlich vorzustellen, und verglich sogar einmal die Rede mit einem Organismus, im Kontext allerdings nur auf ihren gedanklichen Aufbau bezogen.[22)] Aber selbst hat er nicht an einem Begriff der öffentlichen Rede als einer integralen Einheit vieler, auch je unwiederholbarer Momente gearbeitet, sondern den Rhetoriklehrern ihre Zurechtlegung des Redens bestritten, indem er sie auf ihre Voraussetzungen hin befragte und dabei einen Vernunftbegriff der Rede entwickelte, d.h. aber, indem er prinzipiell den von seinen Gegnern eingeschlagenen Weg der reduzierenden Analyse des Redens weiterverfolgte.

So realisierte er im "Phaidros" mindestens einen zentralen Teil seines eigenen Programms einer idealen, auf "Besserung" des Publikums abzielenden Rhetorik aus dem "Gorgias", indem er dem Anspruch der Rhetoriklehrer, dasselbe denselben Zuhörern bald gerecht, bald ungerecht oder bald gut und bald schlecht erscheinen zu lassen, nachging: Er kann nur aufgrund einer genauen Kenntnis des jeweils zu Beurteilenden eingelöst werden, d.h. durch dialektisches Wissen, das Ähnliches und Verschiedenartiges zu unterscheiden befähigt und dadurch erst das Ähnliche als identisch erscheinen zu lassen erlaubt.[23)] Als Voraussetzung des rhetorischen Scheins findet Platon die dialektisch zu ermittelnde Wahrheit, einen Grundzug derjenigen politischen Rede, die als einzige für ihn ethisch begründet und deshalb auch vernünftig gewollt werden kann. - So sehr diese Argumentation zunächst als ein Verfahren einleuchtet, die abstrakte Theorie der Rhetoriklehrer von der Manipulation durch wahr-scheinliche Sachverhalte zu hinterfragen und damit im doppelten Sinn zu Grunde gehen zu lassen, so wenig erfaßt Platon damit die Spannweite der Mittel, die in der *wirklichen* Rede Schein und Täuschung bewirken können. Um nur zwei von ihm selbst in einem anderen Kontext erwähnte zu nennen: Das Reden in Bildern und Beispielen kann Assoziationen und gefühlsmäßige Bewertungen - und auf Werturteile ist der politische Redner ja aus - erzeugen, deren Grundlage zu dem Sachverhalt oder Gegenstand, von dem die Rede handelt, nicht in einem Verhältnis sachlicher Ähnlichkeit steht (so ist heute etwa nicht einzusehen, mit welchen spezifischen Zügen der sowjetischen Supermacht - im Unterschied zur US-amerikanischen - das Bild des Bären in einem Ähnlichkeitsverhältnis stehen und wie es eben dadurch Furcht einflößen soll).[24]

Nun geht Platon allerdings in einem gesonderten Ansatz auf die rhetorische Beeinflussung von Menschen überhaupt ein, die er im "Gorgias" unter dem Aspekt betrachtet hatte, daß der Redner stets das Wohlgefallen seiner Zuhörer hervorrufen will.[25] Aber die verschiedenen Wirkungen, die der "Phaidros" im Zusammenhang mit seinem großen Spektrum rhetorischer Mittel nennt, also Mitleid- und Zornerregen, Zornige wieder Besänftigen, Verleumden und Verleumdungen zerstreuen, diese - zu denen man sich weitere denken kann - Wirkungen der Rede werden wiederum auf ihre Voraussetzungen hin untersucht und damit zum Moment einer "wissenschaftlich" begründeten und ebenso verfahrenden Redetechnik.[26] Denn um jemanden zu überreden, sagt Platon, muß ich wissen, was die "Seele" überhaupt ist, und als Implikation dessen auch, was das Wesen des Ganzen ist, ferner, ob die Seele durch eine oder mehrere Wesensformen bestimmt ist, aufgrund wovon sie affiziert bzw. tätig wird, welche Art Seele durch welche Art Rede aus welchem Grund notwendig überredet bzw. nicht überredet wird.[27] Zu diesem Wissen kommt für die wirkliche Ausübung der Redetechnik das Erfordernis hinzu, das Gewußte in der praktischen Erfahrung zu identifizieren (Seelentyp, für ihn geeignete Rede zu einem bestimmten Zweck, Art des Vortrags) und den günstigen Zeitpunkt für die Anwendung zu erkennen.[28] - Es ist nicht leicht zu sagen, ob Platon selbst eine solche Verwissenschaftlichung der Rhetorik, die Aristoteles in Grenzen übernahm, seinen eigenen strengeren Maßstäben nach für realisierbar hielt, ob ihm z.B. seine Typisierung der Menschen nach dem jeweils dominierenden der drei "Seelenteile" (Verstand, Eifer, Begierde) aus dem "Staat" (581c) auch für eine Rhetorik ausgereicht hätte; je mehr die Adressaten der Reden differenziert werden, desto weniger ist ein auch nur mehrheitlich homogenes Publikum denkbar, wie es die skizzierte Rhetorik voraussetzen muß.[29] Am Ende der Erörterung seines Rhetorikmodells spricht Platon es selbst aus, daß man die Mühe eines solchen Studiums nicht um des (öffentlichen) zwischenmenschlichen Redehandelns willen auf sich nehmen soll, sondern um den Göttern zu gefallen; wenn das den sprachlichen Umgang mit anderen Menschen einschließt, dann ist es sicher ein Umgehen mit ihnen, das sich an den sokratischen Dialogen orientiert. Und schließlich macht die von Platon konzipierte wissenschaftliche Fertigkeit die anfänglich noch genannte natürliche Begabung zum Reden[30] überflüssig, weil sie allenfalls Begabung zum dialektischen Denken und bestimmende Urteilskraft zur Anwendung des Wissens auf die Situation verlangt.

Die Kritik des "Gorgias" an den Rhetoriklehrern, sie beanspruchten, eine lehrbare Fertigkeit (techne) zu vermitteln, und böten doch nur praktische Erfahrungen und eingeübte Handlungsmuster, bleibt auch im "Phaidros" richtungweisend.[31] Wie die Aufstellung von Formelementen der Rede ist auch die Katalogisierung rhetorischer Wirkungen das Ergebnis einer ersten, notwendig abstrahierenden Reflexion auf das Tun des Redners. Daß dies Resultat noch ganz vordergründig und praktisch kaum relevant ist, das zeigt Platons Aufstellung all der Bedingungen, unter denen man gezielt andere durch Reden beeinflussen kann. Einerseits verhehlt Platon nun nicht, daß eine durchgängig auf Wissen gegründete Rhetorik aufhört,Rhetorik zu sein, andererseits unterstellt er den Rhetoriklehrern, sie wüßten sehr wohl von der Seele, behielten das aber für sich; sogar der scheinbar rein praktische Redner Perikles soll sich mit seinen von Anaxagoras entliehenen Kenntnissen über Welt und Vernunft schon auf dem Weg zu dem Wissen befunden haben, das allein das Reden zu einem rationalen, seiner selbst gewissen Tun macht.[32)] Das heißt, das öffentliche Reden selbst und die erste Reflexion auf es, die gängige Rhetorik, sind für Platon nur transitorische Stadien auf dem Weg zum vernünftigen Erkennen und Reden, dessen Methode durch weitere Reflexionen gewonnen wird. Wenn das die platonische Perspektive ist, dann macht es in ihr begreiflicherweise keinen Sinn, die Momente der öffentlichen Reden rekonstruierend auf ihre komplexe Einheit hin zu betrachten, sondern die Rhetorik der Sophisten stellt gegenüber dem unmittelbaren Reden aufgrund von Begabung einen Fortschritt dar, weil sie bei aller Unvollkommenheit schon eine erste Analyse des Menschen und seines Redens enthält, aus der durch Kritik eine rationale Konzeption des Redens hervorgetrieben werden kann; die komplexe Einheit des Redens selbst bietet zunächst keinen solchen Ansatzpunkt für die Frage nach seinen Voraussetzungen.

Wenn Platon die rhetorische Beeinflussung durchweg auf Wissen zu gründen erwägt, scheint die Vollendung seines langen Weges das Überreden anderer in technischer Perfektion wiederherzustellen. Aber de facto hat er von diesem Weg "nur" die Theorien der Struktur der Realität, der Seele, des Wissens und Sprechens ausgeführt, während der Verwendung affektiv wirksamer Mittel zum Überreden durch die Konzeption der Wahrheitsfindung im mäeutischen Dialog, wie sie jene Theorien begründen, der Boden dann auch in der Sache entzogen wird. - Der Akzent der fast lehrhaften Formulierung, "durch den Zusammenhang der Ideen untereinander sei uns die Rede entstanden" liegt im Kontext fraglos auf der Untrennbarkeit der Ideen,[33)] zugleich ist damit aber auch der theoretische Ort angegeben, auf den Platon die Rede im Ergebnis begrenzt, die logische Struktur dessen nämlich, worüber oder mit Bezug worauf man spricht. Von welchen Momenten möglichen Redens er damit bewußt abstrahiert, kann man - über seine Behandlung der Rhetorik hinaus - auch an seiner Auseinandersetzung mit der Dichtung erkennen.

Im "Staat", der darüber am meisten Aufschluß gibt, wird die Dichtung im Zusammenhang des Erziehungs- und Bildungsprogramms für die Verteidiger und mit Bezug auf die verschiedenen Momente und Tendenzen der Seele behandelt. Mit dem Letzteren wird ein Teil des Weges zur wissenschaftlichen Rhetorik beschritten, wie ihn der "Phaidros" - zeitlich später - skizziert. Der thematische Rahmen aber, d.h. die normative Zielsetzung, einen vernunftgeleiteten und zugleich wehrhaften Staat seinen Bedingungen nach darzustellen, verengt Platons Würdigung der Dichtung und dichterischer Sprache seinem eigenen Urteil nach mindestens für den einen der beiden Abschnitte (nämlich 376c - 403c) auf ihre Tauglichkeit, zur Erziehung der Verteidiger beizutragen.[34)] Diese Einpassung der Dichtung in ein Konzept rational geplanter Erziehung erscheint gewaltsam, wenn man an Sokrates' Urteil denkt, die Dichter sprächen aufgrund eines Naturmoments (in ihnen) und voller Begeisterung wie Propheten, nicht jedoch als Wissende.[35)]

Die in den Bestimmungen "Natur" und "Begeisterung" bestätigte Einheit der dichterischen Rede löst Platon in die Momente Inhalt (logos) und Form (lexis) auf.[36)] Erst dadurch kann er die Dichtung nach dem Maßstab des von Sokrates gesuchten Wissens und des vernünftigen Lebens eines tüchtigen Staatsbürgers differenzieren und zu dem Ergebnis kommen, daß im vernünftig organisierten Staat nur eine Art Dichtung zu akzeptieren ist, die inhaltlich bestimmt wird, nämlich als Lobgesänge auf Götter und tüchtige Menschen.[37)] Während von solchen Werken zu erwarten ist, daß sie auf ethischem Wissen beruhen, kann die Dichtung sonst nicht einmal Wahrheit beanspruchen, weil sie sich wie alle Kunst bei ihrer Nachbildung der äußeren Realität nur an dem orientiert, was dem großen Publikum aufgrund seiner Lebensgewohnheiten vertraut ist und gefällt.[38)] Natürlich ist der Ort dieses Gefallens die Sinnlichkeit, Wahrnehmung bzw. Phantasie und Affekte.[39)] Sinnlichkeit ist für Platon - und die ihm folgende Tradition bis zu Kant - durch die Ambivalenz charakterisiert, dem Verstand entgegengesetzt zu sein und doch - in Grenzen - ihm gemäß gemacht werden und dann seinen Zwecken dienen zu können. Ebenso ambivalent erscheinen die Kunst, die verführen oder auf ein vernunftgemäßes Leben einstimmen kann, und die empirische Welt, Natur und Geschichte, die nicht mehr verschieden bestimmbar ist, sondern in den beiden divergierenden Tendenzen gestaltet schon vorliegt.[40)]

Bedenkt man diese Strukturähnlichkeit von Erfahrungswelt, Sinnlichkeit und Kunst und dazu noch Platons These,Kunst sei ein bloßes Nachbilden empirischer Gegenstände und Ereignisse, vergleichbar einem beweglichen Spiegel der Sinnenwelt,[41)] dann muß man ihn fragen, wie er denn überhaupt noch Kunst von gewöhnlicher Wahrnehmung und Erfahrung abheben will. Die Antwort, die man aus den Texten gewinnen kann, rekurriert für Dichtung und Musik auf besondere, den Farben der Malerei vergleichbare, also für die Sinnlichkeit attraktive Bildmomente, die zum Teil als Formen konkretisiert werden.[42)] Als solche nennt er einmal die Darstellungsalternative von eher distanzierender Erzählung und eher identifizierender direkter Rede in der Epik bzw. unmittelbarem Rollenspiel im Drama.[43)] Daran zu zeigen, welche unterschiedlichen und komplexen Möglichkeiten der Beziehung auf sich selbst und auf andere Sprache enthält, ist hier nicht Platons Interesse, noch finden diese Dichtungsformen in einer anderen Hinsicht als Redeweisen seine Aufmerksamkeit; sie beschäftigen ihn ausschließlich unter dem Gesichtspunkt, inwieweit sie mit der Norm der Einförmigkeit des vernunftgemäßen und verteidigungsbereiten Lebens zu vereinbaren sind.[44)]

Auf diese Weise vergibt Platon eine Möglichkeit, die Dichtung durch eine Analyse ihrer Nachbildungsweisen (mimesis) als Kunst darzustellen. In dem anderen Textabschnitt geht er über den erwähnten Vergleich mit den Malfarben nur insofern hinaus, als er Metrum, Rhythmus und Tonart der begleitenden Melodie als Eigenheiten der dichterischen Rede erwähnt.[45)] Daß eben diese Formen - neben den genannten Darstellungsweisen - die "Farben" des Dichters ausmachen, so kann man den kurzen Text nur verstehen, wenn man wie Rufener den einleitenden Satz in dem Sinn übersetzt, daß der Dichter seine sprachlichen Ausdrücke mit Farben anmalt.[46)] Will Platon aber hier sagen - wie andere Übersetzer votieren -, daß der Dichter mit seinen Worten bloß Farben - also das Äußere - der jeweiligen erkennbaren Fertigkeiten (technai) aufträgt, ohne von diesen selbst etwas zu verstehen, dann stellen Metrum, Rhythmus und Tonart neben der Wortwahl und Ausdrucksweise nur einen Teil des Blendwerks dar, in dem für Platon die meisten sprachlichen Kunstwerke bestehen; in der Entgegensetzung zum Sichauskennen des Fachmanns, um die es ja geht, ist diese Deutung prägnanter, weil sie die Sprachkunst insgesamt mit dem schönen Schein der Malerei vergleicht.

In jedem Fall erscheint das Eigentümliche der dichterischen Sprache bei Platon wie ein Zusatz zur gewöhnlichen oder eine Abwandlung ihrer, die dem Gesagten einen affektiven Wert verleiht, zugleich aber seinen Sinn verdunkelt. Diese Beeinträchtigung hebt Platon an der Art und Weise hervor, in der der Dichter Simonides Gerechtigkeit bestimmt, nämlich "es sei gerecht, einem jeden das zu gewähren, was man ihm schuldet":[47)] Geschuldet sei, was dem anderen im rechtlichen Sinn gehört, Simonides meine das aber gar nicht, sondern das, wovon man jeweils nach Beurteilung des eigenen Verhältnisses zu dem andern denkt, es gebühre ihm. So habe Simonides nach Dichterweise nur dunkel angedeutet, was das Gerechte ist.[48)] - Die affektive Wirkung bestimmter Ausdrücke will Platon in einem anderen Kontext auf gleiche Weise vermeiden, indem er nämlich vorschlägt, alle ausdrucksstarken Wörter zu meiden, die Furcht vor Tod und Unterwelt einflößen - was tüchtigen Soldaten abträglich ist -, selbst aber natürlich gleichsam neutral von Tod und Hades spricht.[49] Auch hier will er also metaphorische, bildhafte Wörter durch andere einfach ersetzen, die dasselbe bedeuten, aber auf vernünftige statt auf emotionale Weise.

Dem Ersetzen von Ausdrücken entspricht bei den Sprachformen, die Platon an der Dichtung bemerkt, schlichtes Weglassen, so der Verzicht auf den Perspektivenwechsel direkter oder dramatischer Rede - welcher Verzicht Distanz zum Dargestellten schafft und dadurch die Gefahr der Identifikation mit einer unvernünftigen Lebensweise mindert -[50] und die Streichung von Metrum, Rhythmus und musikalischer Begleitung, eine "Entkleidung", die der Dichtung all ihren Reiz nehmen soll.[51] Schon im "Gorgias" hatte Sokrates behauptet, auf diese Weise bleibe von einer Dichtung nichts weiter als eine Volksrede übrig, weil die Sprachwerke der Dichter immer einem großen Publikum präsentiert würden.[52] Solches Zerlegen sprachlicher Kunstwerke in Bestandteile, die dann nichts Künstlerisches mehr an sich haben, impliziert, daß die Einheit einer Dichtung als bloß faktisch, unwesentlich gilt, daß Platon die Dichtung selbst mit ihrem starken Bezug auf Sinnlichkeit und Phantasie, mit ihrer Suggestivität und Faszination, die er wegen ihrer Unkontrollierbarkeit fürchtete,[53] nicht für eine typische Ausprägung, ein eidos - in seiner Ausdrucksweise - von Sprache gehalten hat.

Damit Platon in der Theorie das rhetorische Sprechen zugrunde gehen lassen und das dichterische marginalisieren kann, muß er voraussetzen, daß die unakzeptablen oder drastisch einzuschränkenden Charakteristika dieser Sprechweisen in der gewöhnlichen Rede keine oder eine so untergeordnete Rolle spielen, daß sie in einem vernünftigen Leben auf das wenige dazu Passende begrenzt werden können. Sollte stattdessen die Sprache an ihr selbst tendenziell rhetorisch und dichterisch sein, also etwa bildhaft, phantasiebezogen, emotional und unbeherrschbar assoziativ, dann nutzten die theoretische Überwindung der Rhetorik und die Vertreibung der unpassenden Dichter Platon noch nicht viel, er müßte auch die Sprache aller durch eine andere ersetzen, die über den reinen Bezug auf dialektisches Denken hinaus nur die von der praktischen Vernunft zugelassenen sinnlichen Momente enthielte. Hätte Platon diesen Schritt wirklich begründet getan, dann hätte er zugleich die Vielschichtigkeit und Unkontrollierbarkeit der gesprochenen Sprache zu philosophischem Bewußtsein gebracht. Dies Gedankenexperiment soll nur verdeutlichen, wie die Wirkung von Platons tatsächlichem Verhalten einzuschätzen sein dürfte: Indem er seine Kritik und Restriktionen auf Rhetorik und Dichtung beschränkte, suggerierte er implizit, die gewöhnliche Sprache sei dem Erforschen und Denken der Ideen im wesentlichen angemessen und deshalb, setzt man die Zielsetzung der Philosophie voraus, also Wissensfortschritt durch Reflexion auf Ideen und eben dadurch auch Verbesserung des Lebens, aus dieser Affinität - der theoretisch-praktischen Absicht entsprechend - zu begreifen, nicht aber in einem eigenen Ansatz, der die sinnlichen, affektiven und sozialen Bezüge der Sprache ebensosehr zur Geltung kommen läßt. - Diese These wird durch die schon zitierte Aussage des "Sophistes" bestätigt, daß uns durch den Zusammenhang der Ideen die Rede entstanden sei.

Was Platon für die Dichtung ausdrücklich vertritt, daß sie sich nach den Konsequenzen seiner ethisch-politischen Konzeption zu richten habe, das gilt de facto auch für seinen Begriff von der Sprache überhaupt. Indem Platon die Emanzipation von Mythos und common sense durch eine über die Sinnlichkeit herrschende Vernunft projektiert, eröffnet er den Nachdenklichen zwar einen Weg aus der von den Sophisten propagierten Instrumentalisierung von Überzeugungen und Neigungen, setzt aber ihre Instrumentalisierung der Sprache in subtilerer Weise fort, sofern er sie nur nach der Seite ihrer Tauglichkeit zum begrifflichen Denken bzw.

zur Einstimmung darauf in der Theorie akzeptiert. Seine Restriktion der Redeweisen hat Poesie und Rhetorik nicht aus dem gesellschaftlichen Leben verdrängt, aber den philosophischen Begriff von Sprache - zugleich mit der Sprache der Philosophen - für lange Zeit auf die logische Verknüpfung von Termini eingeengt.

2. Aristoteles

Der normativ verfahrenden platonischen Kritik der Sprechweisen hat Aristoteles einerseits eine eher empirische Erforschung des wirklichen Sprechens und seiner vielfältigen Momente und Bezüge entgegengesetzt, andererseits hat er den platonischen Bewertungen mit der systematischen Einordnung seiner Forschungsergebnisse Rechnung getragen. Indem er Rhetorik und Poetik als spezielle Disziplinen rehabilitierte, hielt er das Nachdenken über die verschiedenen Formen und Dimensionen der Rede von seinen zentralen Untersuchungen fern. Klar genug drücken das seine berühmten Bemerkungen in "De interpretatione" aus, eine Aussage sei nur die Rede, die entweder wahr oder falsch sei, das gelte aber nicht von allen Reden, z.B. nicht vom Bitten; alle derartigen Reden sollten beiseite gelassen werden, da sie eher Gegenstand der Rhetorik oder Poetik seien, Thema der vorliegenden Untersuchung aber sei die Aussage.[54] De facto sind damit nicht nur Satzformen wie Frage und Befehl ausgegrenzt, sondern auch - um aristotelische Beispiele zu nehmen - Redeformen wie Drohung und Erzählung, Gebet und Antwort, Ausdrucksweisen wie gemeinverständlich, dialekthaft, metaphorisch und stimmliche Mittel wie laut/leise, hoch/tief und in verschiedenen Rhythmen sprechen.[55] Die Ausklammerung dieser und weiterer Momente der Sprache aus der Logik bedeutet, daß die wissenschaftliche und philosophische Erkenntnis auf die wirklich gesprochene Sprache nicht zu reflektieren braucht - sooft auch gerade Aristoteles auf den Sprachgebrauch rekurriert, um die spezielle Semantik eines Wortes zu klären -, oder umgekehrt, daß die gesprochene Sprache in ihrer realen Komplexität zum Wissensfortschritt nichts beiträgt.[56)]

Das gilt auch für das dialogische Moment der Sprache, das Platon in der Form von Frage und Antwort, von gesprächsweiser Anregung zu selbständiger Reflexion vorgeführt und thematisiert hatte. Unter dem Titel "dialektisches Schlußverfahren" ordnete Aristoteles den Wissensfortschritt im Gespräch hinsichtlich seines Erkenntniswertes dem strengen Beweis unter, der intersubjektiv nur einsinnig als die Unterweisung eines Lernenden durch einen Lehrer zu vollziehen ist[57)]: Nur der Beweis geht von wahren, für die Sache spezifischen und an sich selbst einleuchtenden Prämissen aus, der dialektische Schluß dagegen von allgemein oder in bestimmten Gruppen anerkannten Prämissen. Jedenfalls wirkungsgeschichtlich hat sich diese Bewertung mit einem doppelten Erfolg durchgesetzt: Erstens galt als sprachliche Erkenntnis im eminenten Sinn der Beweis, der bei der Ableitung eines Sachverhalts aus seinen Prämissen so verfährt, als werde gar nicht jemandem etwas bewiesen, sondern bloß eine der Sache immanente Grund-Folge-Struktur ausgesprochen. Wenn man zweitens doch an eine intersubjektive Bedeutung des Beweisens dachte, dann im Sinn einer Belehrung, die nicht oder nur zu einem geringen Anteil[58)] von den Ansichten des Lernenden ausgeht und sich jedenfalls nicht in Frage und Antwort vollzieht. So wird für Aristoteles und mehr noch für die ihm folgende Tradition das dialogische Handeln zu einem vernachlässigbaren Moment der Sprache, die als reine Sachdarstellung erscheint, und zugleich verliert die sprachliche Interaktion, die auf Erkenntnis abzielt, das mäeutische Moment, durch bloßes Nachdenklichmachen einen Gesprächspartner zur selbständigen Reflexion zu führen.

Dagegen scheint sich die "Rhetorik", besonders ihr dritter

Teil, mit der Sprache als sozialer Handlung unter einer Vielfalt von Aspekten zu befassen. Nur hier läßt Aristoteles das Reden als diejenige Tätigkeit unverkürzt zur Geltung kommen, mit der einer einem anderen etwas über eine gemeinsame Sache und über sich selbst absichtsvoll in einem größeren Handlungszusammenhang sagt.[59] Die Sache, um die es den Wissenschaften ausschließlich gehen darf, muß der Redner zwar auch kennen,[60] sie geht aber nur als ein Moment von vielen in die Konzeption seiner Rede ein. Denn um bei andern, die sich in der Sache nicht auskennen und auch nicht adäquat sachkundig machen können, ein Urteil, eine bestimmte Entscheidung herbeizuführen, "gebraucht" - wie es wörtlich heißt - der Redner seine Rede, die deshalb überredenden Charakter (pithanon) haben, unter Einbeziehung sachfremder Mittel überzeugen muß.[61] Die Sprache wird als der Ort all dieser Mittel oder mindestens ihrer praktischen Einsetzbarkeit - wie bei den Affekten der Angesprochenen - betrachtet,[62] deshalb erscheint hier das wirkliche Reden in konkrete Momente und Bezüge entfaltet, die es als intersubjektiven Lebensvollzug ausmachen:

Sprache ist nicht nur ein Zeichensystem für Gedanken, das sich aus Buchstaben, Silben, Wörtern und Sätzen zusammensetzt,[63] sondern wird als solches entweder geschrieben oder mit Stimme, Miene und anderen Verhaltensformen ausgesprochen.[64] Die geschriebene Sprache bloß als Schriftzeichen für die gesprochene aufzufassen - wie es "De interpretatione" tut - genügt Aristoteles in der "Rhetorik" nicht, weil es die besonderen, ja gegensätzlichen Stilmerkmale von Sprache und Schreibe beiseite läßt: Was man schriftlich konzipiert, ist sprachlich ausgefeilter und wirkt doch, in der Diskussion vorgetragen, eher blaß gegen den gekonnten mündlichen Debattenbeitrag, der in höherem Maß von schauspielerischer Darstellungskunst lebt und deshalb in schriftlicher Abstraktion den Eindruck von Ungeschicklichkeit macht.[65] So ist die Kunstprosa z.B. des Historikers ebensowenig eine schlichte

Wiedergabe mündlicher Reden, wie sie ihre Wirkung auf den Leser auch nicht so sehr durch den dargestellten Gedanken als vielmehr durch ihre eigentümliche stilistische Form (lexis) ausübt.[66)]

Auf welche Weise Sprache soziale Handlung ist, entwickelt die "Rhetorik" natürlich vor allem an der öffentlich gesprochenen Rede. Schon deren Arten bestimmt Aristoteles durch eine Unterscheidung der möglichen Auditorien und damit auch der Handlungszusammenhänge, in denen öffentlich gesprochen wird - keineswegs aber anhand inhaltlicher Kategorien -: Entweder sind die Zuhörer nur an der Rede selbst interessiert, sie zu erleben und zu genießen, oder sie erwarten von der Rede, daß sie ihnen eine anstehende praktische Entscheidung über politische Maßnahmen oder in einem Gerichtsprozeß zu treffen hilft.[67)] Innerhalb der Beziehung sprachlichen Handelns "Subjekt - Subjekt - Objekt" werden dessen Zielsetzung, daß der Redner die Zuhörer in ihrer Beurteilung der Sache bzw. seiner selbst als Redner beeinflussen will, und die ihr zugeordneten Mittel formuliert:[68)] Erstens hat die Rede den Sprechenden als einen guten Charakter zu zeigen, der glaubwürdig ist, weil das die Zuhörer so ziemlich am nachhaltigsten zur Zustimmung veranlaßt.[69)] Zweitens soll sie das Auditorium in eine Stimmung versetzen, die gleichfalls die gewünschte Entscheidung begünstigt.[70)] Und schließlich kommt es für die rhetorische Darlegung des Urteils über eine Angelegenheit darauf an, daß sie für das Publikum plausibel argumentiert, d.h. von leicht akzeptablen Prämissen ausgeht und in wenigen Schritten ihre Folgerungen zieht.[71)]

Die Thematisierung der Sprache in konkreten Handlungszusammenhängen macht in Aristoteles' Theorie unter dem Titel "Sprechweise, Stil" (lexis) die Perspektive auf den eigenen Charakter der Rede frei, vermöge dessen sie nicht in der Funktionalität eines Zeichens, durch andersartige beliebig ersetzbar, aufgeht. Die semantische Funktion ist vorausgesetzt, wenn Aristoteles Klarheit als die eigentliche Qualität des Prosastils bestimmt, aber das Bezeichnen erweist sich nun als ein weiter Rahmen, der durch höchst unterschiedliche Redeformen ausgefüllt werden kann, so z.B. durch den kunstvoll fremdartigen Stil der Poesie oder durch die am vorherrschenden Sprachgebrauch orientierte Prosa.[72)] Damit ist die Sprache als ein theoretischer Gegenstand eigenen Rechts - wenngleich in pragmatischer Absicht - entdeckt, dessen spezifische Strukturen der erfolgreiche Redner kennen muß, weil sein Umgang mit ihnen den Eindruck seiner Rede auf die Zuhörer erheblich mitbestimmt.[73)] Als Grundlage der rhetorischen Sprachkompetenz in diesem Sinn tritt nun bei Aristoteles das korrekte Sprechen der jeweiligen Einzelsprache hervor, hier also des Griechischen (hellenizein), das er in wenigen syntaktischen, grammatischen und semantischen Gesichtspunkten erfüllt sieht.[74)] Zwar behandelt er diese Regeln nicht als Eigenheiten des Griechischen gegenüber anderen Sprachen - auch nicht teilweise -, aber er bringt doch sprachliche Strukturen ausdrücklich als diejenigen seiner Muttersprache zu Bewußtsein; die Perspektive auf ein Auditorium macht die Sprachbetrachtung auch in diesem Sinn konkret.

Die wirkliche Rede ist aber nicht bloß korrekt - oder fehlerhaft -, sondern auch innerhalb des Prosastils durch die verschiedenen Ausdrucksweisen charakterisiert, die sie annehmen kann. Die Gesichtspunkte für die Art, wie man sich ausdrückt, gewinnt Aristoteles wiederum anhand der Handlungszusammenhänge, in denen die Rede jeweils steht (schriftliche Fassung, Streitrede, Volksrede, Gerichtsrede),[75)] oder durch eine Charakterisierung: des Sachverhalts, von dem zu handeln ist, als (z.B., denke ich) umfangreich oder geringfügig; der zu vermittelnden Stimmung wie Zorn, Unwille, Bewunderung, Niedergeschlagenheit wegen dazu Anlaß gebender Sachverhalte; der Redner selbst nach Alter, Geschlecht, landschaftlicher Herkunft und Bildung.[76)] All diesen Bezügen der Redehandlung entsprechen Ausdrucksformen, Abwandlungsmöglichkeiten der Sprachbildung, mit denen man die genannten Bezugselemente nicht meint oder bezeichnet, wie sonst die semantische Relation von Wörtern oder Sätzen gedacht werden mag, sondern in eigentümlichen Strukturen nachbildet, darstellt.[77] So nennt Aristoteles Charakteristika der Rede, die generell von Affekten geprägt ist und sie vermittelt: Sie enthält zusammengesetzte Wörter, mehr Epitheta und vor allem gesuchte, fremdartige Ausdrücke.[78] - Noch einmal deutlicher wird die Produktivität des Sprechens in Aristoteles' Analyse geistvoller, witziger Ausdrucksweisen, die dem Zuhörer seinen Erkenntnisfortschritt durch die Verbindung von Metaphern, durch Entgegensetzung, lebendige Darstellung und durch momenthafte, dann wieder aufgehobene Irreführung wie bei Wortspielen in aller Kürze bewußt und ihm dadurch Spaß machen.[79] Hier unterscheidet Aristoteles sogar den Beifall, den eine solche geistreiche Rede findet, in ein gedankliches Moment einerseits, das an dem rhetorischen Schluß anerkennt, daß er weder trivial noch auf Unbekanntem aufgebaut ist, also leicht zu neuer Einsicht führt, und den Gefallen an den genannten Stilmitteln andererseits, die auf ihre Weise auch zur Erkenntnis und zum Bewußtsein von ihr beitragen.[80] Wie der Abschnitt über die Struktur von Wortspielen exemplarisch klarmacht,[81] kann die Sprache mit ihren eigenen Mitteln wie Wortformen und ihren Abwandlungsmöglichkeiten Erkenntnisse und das Interesse an ihnen fördern. Was aus der Perspektive der Semantik von "De interpretatione" als eine zufällige - und im Fall der Homonymie sogar zum Irrtum verleitende - Konstellation auf der Zeichenebene erscheint, dem nimmt der Redner der "Rhetorik" den Charakter des Gleichgültigen und Zufälligen, indem er es als sprachliche Struktur zu einem zugleich noetischen und pragmatischen Zweck gebraucht, also durch die Tat seinen vernünftigen Sinn offenkundig macht.

Was den Aristoteles der "Rhetorik" von as-Sirafi unterscheidet - wenn man sich einen solchen Vergleich trotz der historischen und kulturellen Distanz gestattet -, das ist nicht so sehr die Verschiedenheit der Aspekte, die sie an der Sprachhandlung hervorheben - daß z.B. as-Sirafi die Selbstdarstellung des Redners nicht berücksichtigt -, wie vor allem der theoretische Stellenwert, den sie ihren Reflexionen über die wirkliche Rede gegeben haben: Während der arabische Philologe die systematische Intention seiner Thesen über die Sprache dadurch definiert, daß er sich mit ihnen gegen den Wahrheitsanspruch der spätantiken Wissenschaft, verdichtet in der als Methode verstandenen Logik, wendet, also eine eigene Theorie des Wissens mindestens in Ansätzen entwirft, erklärt Aristoteles lapidar, die ganze Beschäftigung mit der Rhetorik handle nur vom Schein, sei also - vor der bloß an der Wahrheit orientierten Vernunft - nicht legitim, sondern faktisch notwendig, weil alle Überzeugungsmittel, die zu dem einzig legitimen sachlichen Beweisverfahren hinzutreten, durch die Unvernunft des Publikums von erheblicher Bedeutung sind.[82] In der Bewertung von Wissen und Rhetorik bleibt Aristoteles Platoniker, rechtfertigt aber seine eher an die vorplatonischen Lehrbücher als an den "Phaidros" anknüpfende "Rhetorik" damit, daß es gerade mit exaktem Wissen schwer sei, in der Öffentlichkeit zu überzeugen. Ohnehin seien Wahrheit und Gerechtigkeit der Sache nach ihrem Gegenteil überlegen, unwürdig aber sei es, wenn man sich - bei ihrer öffentlichen Verteidigung bzw. Durchsetzung - mit Reden nicht zu helfen wisse, daher sei diese Rhetorik nützlich, die nicht wie die Wissenschaft streng lehrt, sondern auf der Grundlage allgemein akzeptierter Meinungen und deshalb mit Erfolg das Publikum zu gewinnen sucht.[83] Mit dieser Begründung erlaubt sich Aristoteles, die öffentliche Rede nach allen Seiten als Sprachhandlung zu untersuchen, die Begründung fixiert aber auch den pragmatischen Charakter seiner Reflexionen und Analysen: Sie sind ausschließlich auf das erfolgreiche öffentliche Überreden bezogen und deshalb nicht die Sprachtheorie des Aristoteles, soviel sie uns auch in der Tat über die Sprache sagen mögen;[84] auch in dieser Konsequenz, daß dem gewöhnlichen Sprechen implizit unterstellt wird, es enthalte keine rhetorischen - und poetischen - Momente, stimmt Aristoteles mit Platon überein. as-Sirafi dagegen hat ohne Einschränkungen und Vorbehalte seine der aristotelischen "Rhetorik" verwandten Gedanken auf die Sprache überhaupt bezogen.

Aristoteles' Betrachtungen zur Sprache in seiner "Poetik" bringen keine neuen Gesichtspunkte ins Spiel, vielmehr scheinen sie, wie es der früheren Entstehungszeit der Schrift insbesondere im Verhältnis zu dem erst spät angefügten dritten Teil der "Rhetorik" entspricht, Platons Denken noch näherzustehen. Nicht daß sie sich Platons Zensur der Dichtung anschlössen, wohl aber charakterisieren auch sie die dichterische Rede generell durch einzelne von der Alltagssprache abweichende Elemente statt durch einen Begriff von der einen poetischen Sprache oder mindestens Ansätzen dazu, wie man sie analog mit Bezug auf die öffentliche Rede finden kann. Für Aristoteles ist die dichterische Sprache vor allem eine gehobene, gesuchte Ausdrucksweise, und sie wird das durch Metaphern, Bilder, zusammengesetzte, in ihrem Lautbestand etwas veränderte oder selten gebrauchte, daher fremdartig wirkende Wörter.[85)] Wie Platon sieht auch Aristoteles den poetischen Stil und seine Zielsetzung, den Zuhörer oder Leser zu erheben, im Konflikt mit der Intention jedes sprachlichen Ausdrucks, nämlich zu verdeutlichen. Durch eine Mischung ihrer eigenen gewählten Wörter und Stilmittel mit denen der Alltagssprache, die eher Klarheit verbürgen, und überhaupt durch sparsame Verwendung der dichterischen Sprachbildungen soll die Poesie dem Eindruck von Dunkelheit und sprachlicher Fehlerhaftigkeit und der Lächerlichkeit entgehen.[86)]

Während Aristoteles in der "Poetik" die logische Struktur der Metapher, die er das bei weitem bedeutendste Stilmittel der Dichtung nennt, analysiert,[87)] erwähnt er bloß die nichtapophantischen Satzformen wie Frage, Befehl etc., deren Behandlung er in "De interpretatione" der Rhetorik und Poetik zuweist.[88)] Von ihnen wissen - und über sie Auskunft geben - soll der "Poetik" zufolge derjenige, der sich mit den allgemeineren Strukturen des schauspielerischen Darstellens und Vortragens (hypokritike) beschäftigt. Abgesehen davon, daß Aristoteles selbst keine Schrift zu diesem Thema verfaßt hat, geht doch seine Bemerkung in der "Poetik" wenigstens in die umgekehrte Richtung wie die Vorstellung von "De interpretatione", die Satzformen sollten in den speziellsten Abhandlungen über sprachliches Tun erörtert werden. In der "Poetik" ist anerkannt, daß es wohl doch um eine Fragestellung von größerer Allgemeinheit geht, aber keineswegs zugestanden, daß der Satz in seinen verschiedenen Formen - darunter das Urteil - Gegenstand einer allgemeinen Sprachtheorie sein sollte - ebensowenig, wie Aristoteles der Rede als sozialer Handlung einen solchen theoretischen Ort zugebilligt hat. - Nicht zu speziell erschien ihm dagegen die "Poetik" für eine Skizze der "Teile" des sprachlichen Ausdrucks, also Buchstabe, Silbe, Wort in verschiedenen Arten und Satz, eine Darstellung seiner Grammatik also.

II. as-Sirafis Auffassung von der Sprache: Komplexität, Transzendentalität, Individualität

Die antike Grammatik hat das Wissen von der Sprache erweitert, ohne die philosophische Tendenz zur Einengung der theoretischen Perspektive auf die semantischen und logischen Momente des Sprechens in Frage zu stellen. So ergänzt schon Aristoteles die in der Logik behandelten Wortarten Nomen und Verbum um zwei grammatische, Konjunktion und Partikel, spricht diesen aber genauso wie bloßen Silben das Vermögen ab, etwas zu bedeuten.[89] Deshalb konnten sich die Kommentatoren Simplicius und Elias auf die rudimentären Anfänge der Grammatik bei Aristoteles berufen, wenn sie, der erste implizit und der zweite ausdrücklich, der Grammatik im Unterschied zur Logik die Betrachtung nur der bloßen Formen sprachlicher Ausdrücke ohne Rücksicht auf eine semantische Funktion zuweisen.[90)] Damit ist der Grammatik die Möglichkeit genommen, zur Kritik an dem in der Philosophie herrschenden Sprachbegriff anzuregen, wenn denn das Deutlichmachen und Bedeuten nach Aristoteles die Funktion der Sprache ist.[91)]

as-Sirafi kann wegen der arabischen Tradition, in der er steht, Grammatiker genannt werden und wird wohl auch von seinem Kontrahenten Matta als ein solcher angesehen.[92)] Er selbst weist allerdings darauf hin, daß es ihm um mehr geht, über die Grammatik hinaus um Sprachwissenschaft überhaupt und die vollkommene Kompetenz in der arabischen Sprache.[93)] Er hat gegen die Vereinnahmung der Sprache durch die Logik, wie sie "De interpretatione" in schulmäßiger Form festgelegt hat, provokativ und mit bedeutenden Argumenten protestiert, ohne daß sein Plädoyer für ein unverkürztes Sprachverständnis von den professionellen Philosophen vernommen, geschweige denn aufgegriffen worden wäre.[94)] Auch sein Diskussionspartner, der Aristotelesübersetzer und -kommentator Abu Bischr Matta, erkennt nicht, soweit die Überlieferung ihn zu Wort kommen läßt, mit welcher Kritik er es zu tun hat, noch weiß er - aller Wahrscheinlichkeit nach - von dem praktischen und politischen Zusammenhang, in dem der Rekurs auf eine reine Begriffssprache einmal gestanden hatte. Umgekehrt weist er as-Sirafi auch nicht nach, inwieweit er, der nichts anderes will als die arabische Sprachwissenschaft vertreten, doch auch auf Theoreme der griechischen Philosophie zurückgreift, insbesondere mit der Annahme ewiger Bedeutungen aller Sprache. - Es scheint, als sei die philosophische Auseinandersetzung mit as-Sirafi erst noch zu führen.

Plädoyer für ein unverkürztes Sprachverständnis heißt bei as-Sirafi:

a) Sprache geht nicht in dem Moment logischer Folgerichtigkeit an ihr auf, das für den auf eine Beweistheorie ausgehenden Logiker im Vordergrund steht, sondern ist ein "Gewebe" aus einer Vielzahl verschiedener Momente.

b) Sprache ist kein theoretischer Gegenstand wie beliebige andere auch, sondern als gesprochene die Bedingung dafür, daß man sich über Theorien überhaupt unterhalten kann.

c) Sie ist auch kein allgemeiner Gegenstand, sondern immer nur als besondere wirklich.

d) Man kann sie nicht wie ein Instrument durch Terminologiebildung für bestimmte Zwecke zurichten, sondern steht als Sprechen immer unter ihren Bedingungen.

1. Sprache als komplexe Tätigkeit

as-Sirafi kannte einerseits die zentrale Bedeutung der in den "Zweiten Analytiken" entwickelten aristotelischen Beweistheorie für den wissenschaftlichen Anspruch, mit dem die Anhänger der griechischen Philosophie in Baghdad auftraten,[95] er mokierte sich über den Stolz, mit dem sie den Formalismus des logischen Schließens vorführten,[96] und kritisierte die Verengung des Realitätsbewußtseins, die mit einer von der Logik dominierten Wissenschaft verbunden ist, anhand der Metapher der Waage, die, mit der Logik von deren Vertretern selbst verglichen, das Gewogene nur dem einen Aspekt seines Gewichts nach bestimmt.[97] Andererseits hat er sich bei seiner Einordnung des logischen Moments der Sprache in ihre komplexe Wirklichkeit nicht auf seine konkreten Bemerkungen zur philosophischen Logik bezogen. Wie ganz oft bei ihm bleibt es dem Leser überlassen, sich einen Zusammenhang zu denken, d.h. also hier, in der Betrachtung des Logischen als eines bloßen Moments der Rede die grundsätzliche Kritik an der abstrakten, auf Syllogismus und Beweis ausgerichteten Logik zu sehen.

Wie im Griechischen 'Logik' von 'Logos' gebildet ist, leitet sich der entsprechende arabische Terminus 'mantiq' von 'nutq', einem der verschiedenen arabischen Ausdrücke für 'Rede',her. Bei as-Sirafis Zeitgenossen al-Farabi zeigt sich, daß die arabischen Denker 'nutq' als Entsprechung zu einem griechischen Wort verstanden, das sowohl für den tönenden Ausdruck als auch für den gedachten Begriff als auch für die Vernunft als Vermögen verwendet wird.[98)] as-Sirafi bringt einerseits dieses ganze Bedeutungsspektrum von 'logos/nutq' ins Spiel, andererseits aber auch die besondere Akzentuierung dieses Ausdrucks gegenüber den anderen Wörtern für 'Rede', die in seinem Verweisen auf Denken und Vernunft liegt. So wirft er den Philosophen vor, daß sie die vielen verschiedenen Modalitäten der Rede (nutq) übersehen und deshalb Rede nur im Sinn von - abstraktem - Verstand begreifen, wenn sie die Logik als dasjenige Verfahren empfehlen, mit dem man allererst - genau - verstehe, was man sagt.[99)] Wegen des legitimen besonderen Bezugs der Rede als nutq auf das Verstehen wird in aller Kürze nachvollziehbar, daß die Abstraktion des Verstandesmoments der Rede durch die Logiker diese dazu verleitet, umgekehrt die Rede von der Logik, nutq von mantiq her zu bestimmen und alle ihre anderen Aspekte zu vernachlässigen.

Daß es aber gerade nicht legitim ist, mit theoretischen Konsequenzen die Rede ausschließlich als nutq, unter dem Aspekt ihrer gedanklichen Stimmigkeit,zu betrachten, das hält as-Sirafi Matta in einem anderen Zusammenhang vor. Der Vertreter der Philosophie hatte zuvor den sprachlichen Ausdruck von seiner - begrifflichen - Bedeutung schematisch geschieden, um die Untersuchung dieser der Logik und die Erforschung jenes der Grammatik zuweisen zu können.[100)] Darauf entgegnete der Sprachwissenschaftler, die Rede unter dem Aspekt ihrer gedanklichen Stimmigkeit gehöre mit dem Sprechen überhaupt, der Sprache, dem Sprachlaut, dem Deutlich- und Korrektsprechen und den verschiedenen Redeweisen, wie Erklären, Berichten, Verbieten, Bitten etc.,zu ein und demselben Feld, weil all dies sich ähnele - also als ein Ensemble erkennbar sein soll, das sich durch eine gemeinsame Form von beliebigem anderen abhebt.[101)] Daß es sich so verhält, will as-Sirafi demonstrieren, indem er die von Matta beanspruchte Abstrahierbarkeit eines Moments, der gedanklichen Stimmigkeit, aus dem Ensemble als ein Verhältnis der Gleichgültigkeit auffaßt und an einem Beispiel demonstriert, welche Konsequenz das hätte: Probeweise wird von demselben Menschen gedanklich stimmiges Reden ausgesagt, das Sprechen überhaupt aber verneint und eine entsprechende Entgegensetzung auch an den anderen Aspekten der Rede und Sprechweisen durchgespielt - stets mit demselben Ergebnis eines unsinnigen und widersprüchlichen Satzes.[102)]

Was dieser Text bedeutet, zeichnet sich klarer auf dem Hintergrund des schon zitierten Hinweises von al-Farabi auf den griechischen Logosbegriff ab. al-Farabi kommt mit seiner begriffsgeschichtlichen Überlegung, die in einer zusammenfassenden Darstellung des Gegenstandes, des Ziels und der Teile der Logik enthalten ist, dem weit gefaßten Sprachbegriff as-Sirafis mehr entgegen als dessen Kontrahent Matta, ja, al-Farabi überbrückt nur hier die gängige abstrakte Scheidung zwischen Gedanke und lautlichem Ausdruck, an der auch er selbst sonst festhält.[103)] Von den "Alten" jedoch berichtet er, sie hätten die Gedanken und die Worte, die sie ausdrücken, gleichermaßen "Rede" (nutq wa-qaul) genannt und diese dann in innere und äußere unterschieden - womit er sich einem anderen Text zufolge auf die "Zweiten Analytiken" (I 10, 76 b 24 - 27) bezieht - und mit dem einen der beiden Termini, nutq, auch die Vernunft selbst bezeichnet.[104)] Daß die terminologische Hervorhebung des Zusammenhangs von Denken und Sprechen al-Farabi sachlich etwas bedeutet, zeigt sich im Folgenden darin, daß er - anders als z.B. Matta - eine Zuständigkeit der Logik, die sich insoweit teilweise mit der Grammatik überschneide, auch für die allgemeinen Regeln des sprachlichen Ausdrucks annimmt.[105)] In einem anderen Kontext überlegt er sogar, wie die Gedanken als Seiende, so könnten auch die sprachlichen Ausdrücke als zu verstehende Bedeutung betrachtet werden, so daß die Philologie generell zur Wissenschaft von den Bedeutungen (signifiés) würde, die Grammatik aber fasse in ihrer Lehre die Ausdrücke so auf, daß sie die zu verstehenden Bedeutungen bezeichnen (signifiants), und eben deshalb nicht als diese Bedeutungen selbst.[106] Der berühmtere philosophische Zeitgenosse von as-Sirafi ist also, sei es anhand des Logosbegriffs, sei es anscheinend unabhängig von ihm, in der Lage gewesen, sprachlichen Ausdruck und Gedanken als zwei Seiten der Rede oder als die beiden Aspekte ihrer anzusehen, die sich aus der Unterscheidung der Grammatik von der Logik und beider von den anderen Wissenschaften - und damit auch der jeweiligen Gegenstände - ergeben.

as-Sirafi dagegen begnügt sich nicht mit der Untrennbarkeit von gedanklichem und lautlichem Moment, sondern relativiert diese geläufige Gegenüberstellung selbst, indem er sie als nur eine von sehr vielen Weisen darstellt, Sprache unterscheidend zu reflektieren, indem er vor allem den gegenständlich aufgefaßten Momenten, zu denen gedankliche Stimmigkeit, Ausdruck und korrekte Aussprache gehören, solche Begriffe vom Sprechen hinzufügt, die es als ein bestimmtes menschliches Handeln wie Erklären, Bitten etc. bewußt machen. Diese Aufgliederung der sprachlichen Handlungsweisen hat as-Sirafi in dem überlieferten Streitgespräch nicht näher untersucht oder systematisierend behandelt, wie er generell die Sprache und die Reflexion auf sie eher in der Vielfalt ihrer Aspekte darstellt, als den einen oder anderen davon gründlich entwickelt.

Daß Sprache überhaupt eine Weise des Umgangs der Menschen miteinander ist und darin ihre Wirklichkeit hat, darauf weist der Philologe oft hin, allerdings fast immer so, daß er den Philosophen auffordert, sich doch seiner eigenen Angewiesenheit auf die arabische Sprache in seinem wissenschaftlichen Tun bewußt zu werden: Er verwendet sie, wenn er für die Weisheit der Griechen wirbt,[107] wenn er seine Wissenschaft überhaupt benennt, - aus dem Syrischen - übersetzt, die Übersetzung korrigiert, um sie zuverlässig zu machen und Fehler zu vermeiden;[108] wenn er die Werke der griechischen Philosophen, besonders des Aristoteles erklärt[109] und, wie ein jeder Logiker seine Forschungsergebnisse gegenüber Schülern und Kritikern darlegt,[110] so gleichfalls hier mit as-Sirafi diskutiert und sonst seine Anhänger unterweist.[111] All das sind sprachliche Tätigkeiten, mit denen ein Logiker wie Matta seine Theorie, die allein im Horizont seiner Reflexion ist, wie selbstverständlich zu seinem Publikum, den Lesern seiner Bücher und seinen Gesprächspartnern,in eine praktische Beziehung bringt. as-Sirafi fordert ihn auf, die konkrete Sprachlichkeit seines Tuns in sein Denken aufzunehmen, d.h. seine Frage danach, was Vernünftigkeit ausmacht, pragmatisch, also anhand der Bedingungen zu stellen, unter denen sich die menschliche Vernunft wirklich entfaltet. Insofern kann man in moderner Terminologie sagen, daß den besonderen Sprachen hier eine transzendentale Funktion zugesprochen wird.[112]

Als Tätigkeit begreift as-Sirafi die Sprache (hier: kalam) noch in einem anderen Sinn, wenn er sie, wie eingangs schon erwähnt, mit der Anfertigung eines Kleides und dem Kleid selber vergleicht.[113] Anhand dieses Bildes ist sogar von verschiedenen Tätigkeiten die Rede, nämlich vom Bilden der einzelnen Laute, das dem Spinnen des Fadens entspricht, vom Verknüpfen der Vokale und Konsonanten zu Wörtern und Sätzen, wie man es sich im Prozeß des Webens bildlich vorstellen, und vom Verschönern des Lautgebildes, das man im Walken des Kleiderstoffs wiederfinden kann. So zeigt sich, daß die Sprache nicht nur, wie es am Anfang der Textstelle heißt, aus Verschiedenem stufenweise zusammengesetzt ist, sondern daß alles, was in diese Verbindung eingeht, vom Sprechen selbst "geleistet" - so drückt sich as-Sirafi hier aus - werden muß, so daß sich der Stufenaufbau der gesprochenen Sprache ergibt, indem jeweils ein Ergebnis sprachbildender Tätigkeit Grundlage, Materie im aristotelischen Sinn, einer Weiterbildung wird.

Nun fällt auch an dieser wichtigen Textpassage auf, daß sie gleichsam nur einen Ausschnitt des wirklichen Sprechens betrachtet, nämlich seine lautliche Gestaltung - wenn man, was mit rhetorischer Verschönerung gemeint ist, in der Perspektive der beiden anderen Stufen versteht. Das verwundert um so mehr, als as-Sirafi den Vergleich der Sprache mit einem Kleid der - von ihm selbst unmittelbar zuvor wiederholten - Meinung der Logiker entgegenhält, die Grammatik habe es nur mit dem lautlichen Ausdruck, nicht mit seiner Bedeutung zu tun. Hält man sich an den Wortlaut von as-Sirafis Replik, so versteht er unter "lautlichem Ausdruck" (lafz) hier allein den elementaren stimmlichen Laut, den Vokal oder Konsonanten also, den er mit dem Faden des Gewebes vergleicht.[114)] Im Hinblick auf die Skizze vom Stufenaufbau der Sprache kann man also annehmen, daß die Logiker nach as-Sirafis Meinung den Grammatikern unterstellen, sie interessierten sich nur für einzelne, gleichsam aus dem Sprachzusammenhang isolierte Laute.[115)] Die Antwort darauf lautet, daß die Sprache, selbst wenn man sie nur in ihrer Lautgestalt betrachtet, ein weitaus komplexeres Gebilde als eine bloße Aneinanderreihung einzelner Laute ist, daß sie vor allem aus solchen Lautgebilden stufenweise tätig gebildet wird.

Es ist aus dem Bericht nicht zu erkennen, ob as-Sirafi an einer Fortsetzung seiner Erklärung, wie die Sprache gebildet wird, durch den ungeduldigen Wesir gehindert wird, der ihn auffordert, die Niederlage Mattas durch weitere Fragen an diesen offenkundig zu machen. Jedenfalls findet man nicht in diesem Kontext - da as-Sirafi dem Wesir gehorcht -, sondern in anderen eine Antwort auf die naheliegende Frage, wonach sich denn das lautliche Bilden der Sprache richtet, eine Antwort, mit der erst die These der Logiker aufgegriffen wird, die Grammatik habe es nicht mit den Bedeutungen zu tun: as-Sirafi beschreibt das Sprechen wiederholt so, daß es auch ein Bilden derjenigen Lautgestalten ist, die der Absicht, etwas Bestimmtes zu bedeuten, möglichst gut entsprechen.[116)] Er denkt also nicht daran, die Betrachtung der Lautgestalt der Sprache und ihrer Genese in der Theorie von den Bedeutungen zu trennen, wie es die Stoiker als erste programmatisch formuliert hatten.[117)]

Gleichsam komplementär zum Aufbau der Sprache als Lautgebilde weist as-Sirafi in einem anderen Kontext auf das Verhältnis von grammatischer Form der Rede und ihrer Bedeutung hin. Wie Endreß ermittelt hat, brauchte der Sprachwissenschaftler nur auf einen Text des Klassikers schlechthin in seinem Fach, Sibawaih, zurückzugreifen, um zu zeigen, daß einerseits gemeinter und verstehbarer Sinn und grammatisch korrekte Form auseinandertreten können und andererseits der Sinn drei Momente enthält: innere Stimmigkeit, Übereinstimmung von Gemeintem und Gesagtem und Beziehung auf faktische oder mögliche Realität.[118)] Diese Differenzierungen wurden nicht so abstrakt vorgenommen, sondern ergaben sich aus einer knappen, unvollständigen Aufzählung verschiedener Verhältnisse, in denen die genannten Momente von Sinn in Sätzen miteinander verbunden sein können. Wie aus Endreß' Anmerkung[119)] ersichtlich, werden die gemeinten Verhältnisse in Sibawaihs Fassung des Textes durch Beispiele illustriert. Der Gedanke geht von einer gleichsam idealen Konstellation aus, in der Stimmigkeit und grammatische Richtigkeit zusammenkommen - nimmt man die im Folgenden hervortretenden Momente hinzu, so gehören zu einem vollkommenen Satz außerdem noch seine Wahrheit und die Übereinstimmung des Gesagten mit dem Gemeinten. Der Text leitet dann dazu an, sich andere Konstellationen dadurch zu denken, daß sich jeweils eines oder mehrere der angegebenen Momente in ihr Gegenteil verkehren, der Satz also in sich unstimmig, falsch oder lügnerisch, grammatisch unkorrekt oder aus Versehen anders formuliert wird, als es dem Gedanken entspricht.

Wie die Kombinationsmöglichkeiten der vier Momente nicht umfassend vorgestellt werden, beabsichtigen auch weder Sibawaih noch as-Sirafi eine systematische Aufklärung darüber, wie der gesprochene Satz aus jenen Momenten konstituiert wird. Bezieht man aber den von Endreß zitierten Sibawaihkommentar von al-Achfasch al-Ausat mit ein - wie es auch as-Sirafi tat -, dann ergibt sich doch mindestens ein Gesichtspunkt für eine solche Konstitutionsanalyse. Denn der Kommentar sieht in der inneren Stimmigkeit die Bedingung dafür, daß ein Satz überhaupt eine Bedeutung hat - hier tritt der arabische Terminus für semainomenon/lekton, nämlich ma'na ein, der später mit 'intentio' übersetzt wird[120)] - und dadurch erst wahr oder falsch sein kann. Anscheinend ohne es zu bemerken, widerspricht der Kommentar damit dem Text Sibawaihs, der als Beispiel für einen sinnlosen und zugleich falschen Satz genannt hatte: 'Ich werde gestern das Meer austrinken.'

Wie es zu diesem Widerspruch kommt, ist leicht zu sehen: Einerseits versteht Sibawaih - und mit ihm sein Kommentator - unter einem sinnlosen Satz denjenigen, dessen zweiter Teil den ersten zerstört, der also einen Widerspruch in sich selbst darstellt, und demonstriert das an dem Beispiel: 'Ich kam zu dir am morgigen Tag.'; er konstruiert also einen Widerspruch zwischen dem finiten, ein Zeitverhältnis bestimmenden Verb und einer anderen prädikativen Zeitbestimmung. Andererseits führt er, was ein falscher Satz ist, an einem notwendig unrealisierbaren Verhältnis von Subjekt und Prädikat vor ('Ich trank das Meer aus.'), damit die Falschheit jedem Leser einleuchtet. So aufgefaßt, lassen sich innere Widersprüchlichkeit und Falschheit in einem Satz kombinieren: 'Ich werde gestern das Meer austrinken.', weil sie zwei wohlunterschiedene Verhältnisse in ihm betreffen. Geht man aber von einem einfachen, gerade nur aus zwei Teilen zusammengesetzten Satz aus, an dem mit Sibawaih der Widerspruch als Zerstörung des ersten durch den zweiten Teil zu bestimmen wäre, dann leuchtet die These seines Kommentators ein, ein sinnloser Satz (z.B. 'Eine Zahl niest.') könne nicht einmal falsch sein.

So ergibt sich als erste Bedingung einer gelingenden Rede, daß sie nicht absurd, sondern in sich stimmig, sinnvoll ist. Nur so hat sie eine Bedeutung (signifié) und kann von anderen verstanden werden. Sie kann aber dennoch in zwei Hinsichten mißlingen und in einer weiteren unvollkommen bleiben: Ihre Bedeutung, das lekton der Stoiker,[121)] und damit auch das, was ein Gesprächspartner versteht, kann durch ein Versehen beim Formulieren etwas anderes sein als das, was der Sprecher meint (Beispiel des Kommentars: 'Zaid schlug mich.' statt 'Ich schlug Zaid.'). Oder ihr über die Konstruktion eines Sinnes hinausgehender Anspruch, Wahres, d.h. unabhängig von ihr selbst Gültiges, auszusprechen, kann unwissentlich - dann ist sie bloß falsch - oder wissentlich - dann ist sie sogar Lüge - unerfüllbar sein. Während in diesen beiden Fällen der sprachlich zu verstehen gegebene Sinn nicht das ist, was er in der Rede zu sein vorgibt - nämlich Meinung des Redenden und für die Wirklichkeit gültig -, trennen sich in einer dritten Variante sogar verstehbarer Sinn und sprachliche Form, wenn diese grammatisch nicht korrekt ist, ohne jedoch das Verständnis des Gemeinten zu verhindern (z.B. 'Auf daß den Zaid dich besucht.').

Zwischen den beiden Extremen einer absurden und einer vollkommenen gelungenen Rede ergeben sich also Zwischenstufen, über deren Kombinierbarkeit und sprachtheoretische Bedeutung sich weder as-Sirafi noch die von ihm zitierte sprachwissenschaftliche Tradition äußern. Indem as-Sirafi seinen philosophischen Gegenspieler auffordert, das knappe Zitat zu interpretieren - was der Überlieferung nach nicht geschah -, macht er lediglich auf eine vielfältig gegliederte Dimension der gesprochenen Sprache aufmerksam, die durch die stereotype Unterscheidung der Philosophen zwischen lautlichem Ausdruck und Bedeutung verdeckt wird. Anders als bei dieser schematischen Differenzierung sind zur Demonstration der verschiedenen Formen des Gelingens bzw. Mißlingens der Rede ganze Sätze notwendig. Einzelne Ausdrücke würden wir nur beim Auseinandertreten von Gemeintem und Gesagtem für ausreichend halten, wie aber das genannte Beispiel zeigt, haben die arabischen Sprachwissenschaftler dabei keine Verwechslung von Vokabeln, sondern von grammatischen Strukturen eines Satzes im Sinn. - as-Sirafis Frage an die Philosophen lautet, ob das Instrumentarium der aristotelischen Logik, das sie zur Reflexion auf die Formen des Sprechens und Denkens verwenden, ihnen eine theoretische Aufarbeitung der zitierten Satzformen ermöglicht.

Zu der eigentümlichen Komplexität der Sprache, wie man sie von as-Sirafi teils dargestellt, teils nur angedeutet findet, gehört auch das Bedeuten durch bloße Anspielung statt durch unmittelbaren Ausdruck. In der aristotelischen Betrachtungsweise oder oberflächlich gesehen, geht es um eine Umkehrung dessen, was Aristoteles und sein Kommentator Simplicius von Partikeln, Konjunktionen und Artikeln sagten - sie seien Ausdrücke ohne Bedeutung[122] -,also um Bedeutungen, die nicht durch eigene sprachliche Zeichen repräsentiert werden. Mit Bezug darauf weist as-Sirafi eine von ihm selbst referierte Behauptung von Logikern zurück, den Vorwurf nämlich, die Grammatiker erklärten die Bedeutung der Präposition "in" nur damit, daß sie "das Gefäß" bezeichne, wo doch "in" unterschiedliche Sinne habe wie - etwa - das Verhältnis des Gefäßes zum Raum und das des Regierenden zu seinem Amt.[123] Der Sprachwissenschaftler entgegnet, der kritisierte Ausdruck gebe die richtige Bedeutung im ganzen korrekt wieder, indem er zugleich die Sinne impliziere, die erst durch die Unterteilung der Bedeutung von "in" - wie die Logiker sie vorführen - deutlich hervortreten.

Das heißt, as-Sirafi versteht als eine sprachliche Bedeutungsstruktur etwas, was der von Aristoteles eingeführten Pros-Hen-Homonymie ähnelt, die später als Attributionsanalogie auf ein bestimmtes Verhältnis von Begriffen zurückgeführt wird:[124] Mit der expliziten Nennung einer Bedeutung, die offensichtlich nicht eine beliebige der verschiedenen überhaupt denkbaren, also vielmehr eine zentrale ist, 'kommen' auch die anderen 'zur Sprache', also in mittelbarer, abhängiger und impliziter Weise.[125) Hatten schon die Stoiker bemerkt, daß einzelne Wörter immer uneindeutig sind und nicht einer Bedeutung zugeordnet werden können, daß vielmehr erst der Zusammenhang ergibt, was mit ihnen gemeint ist,[126) so weist as-Sirafi auf eine 'Nichtzuordenbarkeit' von sprachlichen Ausdrücken und Bedeutungen hin, die gar nicht auf Eindeutigkeit reduziert zu werden braucht, sondern auf der besonderen Fähigkeit der Sprache beruht, Ungenanntes in Genanntem zu bedeuten.[127) Diese Fähigkeit erläutert as-Sirafi hier nicht näher, man kann sie aber mit anderen Textpassagen in Verbindung bringen, die das Verweisen sprachlicher Momente aufeinander mit der Ähnlichkeit oder Gleichheit ihrer Bedeutung und mit dem Verhältnis der metaphorischen zur unmittelbaren Ausdrucksweise andeutend zu erklären versuchen.[128)

2. Die irreduzible Besonderheit der einzelnen Sprachen

Da as-Sirafi mit Nachdruck darauf besteht, daß Sprache zwischenmenschliches Handeln in vielen Varianten ist, erscheint es uns nur konsequent, wenn er stets von den bestimmten, besonderen Sprachen redet und sie de facto sogar als Individualitäten charakterisiert, ohne eine solche Formulierung ausdrücklich zu gebrauchen. Was diese Gedanken as-Sirafis bedeuten, kann man wiederum besser auf dem Hintergrund der Philosophie seiner Zeit abschätzen. Deren Beurteilung der 'Einzelsprachen' fußt auf den einleitenden Bemerkungen von "De interpretatione", in denen Aristoteles der Verschiedenheit der sprachlichen Symbole unter den Menschen die Identität der Erkenntnisgegenstände und der sie abbildenden Vorstellungen und Begriffe für alle Menschen gegenüberstellt.[129] Weil jede Sprache wesentlich relational, Zeichen für ein Bezeichnetes ist, wird die Verschiedenheit der Sprachen mit der These von der Identität ihres Bezeichneten gleichsam unterlaufen, relativiert, indem die Besonderheit dem sprachlichen Ausdruck nur seinem Gegensatz zum Ausgedrückten nach zugestanden wird, nicht in seiner Funktion, auf Gedanken zu verweisen. Daß Sprache, wird sie unter diesem Aspekt ihrer Funktion betrachtet, auch von den Gedanken her bestimmt wird, zeigt sich etwa bei Anselm von Canterbury, der die ersten beiden Teile des aristotelischen Organon durch Boethius' Übersetzung kannte: Einerseits bestimmt er auch das reine Denken als ein Sprechen in Vernunftbegriffen, andererseits faßt er beide Sprechweisen, also die intellektuelle wie die sinnliche, als Abbilden der Gegenstände auf, das dem begrifflichen Denken am besten gelinge.[130] Und die Worte sollen generell um so wahrer sein, je ähnlicher sie den bezeichneten Gegenständen sind und je ausdrücklicher sie sie bezeichnen.[131] Die Ähnlichkeit, die Aristoteles als Charakteristikum dem Verhältnis 'Gegenstand - Gedanke' vorbehalten hatte, wird nun als Bewertungsmaßstab auch auf die besonderen Sprachen übertragen, die ihrerseits dem Abbildverhältnis der Begriffe zu den Gegenständen im günstigsten Fall nur nahekommen können. Daß die sinnlichen Sprachen in der Funktion aufgehen sollen, nichts als Zeichen für etwas anderes zu sein, das macht Anselm mit der Forderung deutlich, die Wörter der besonderen Sprachen seien um der gedanklichen Wörter willen erfunden und deshalb zur Erkenntnis der Sache nutzlos, wenn es dieses geistige Abbild von ihr schon gebe oder falls es es einmal gar nicht geben könne.[132] Dabei bleibt ungeklärt, wie die sinnlichen Sprachen im Prinzip gerade so wie die Gedanken die Dinge bedeuten und zugleich doch nur eine Funktion für das Denken haben sollen.

al-Farabi hat sich in seinem Kommentar zu "De interpretatione" um eine solche Klärung bemüht: An die aristotelische Wendung anknüpfend, die artikulierte Sprache bezeichne als erste die

Vorstellungen der Seele,[133] unterscheidet er von dieser unmittelbaren Bedeutung der sprachlichen Ausdrücke die wahrnehmbaren Gegenstände als ihre zweite, nämlich durch die Vorstellungen vermittelte Bedeutung.[134] Außerdem distanziert er sich von anderen Interpreten, indem er von der Bezeichnungsfunktion der Sprache die Erkenntnisfunktion der Begriffe abhebt.[135] Während die Begriffe, die gleich den Vorstellungen Abbilder der wirklichen Gegenstände sind,[136] zu verstehen geben, wie ein Gegenstand seinem Wesen nach und im Sinn der anderen Kategorien bestimmt ist, sind die sprachlichen Ausdrücke bloße Zeichen - wie die Menschen auch noch über andere verfügen -, bei deren Hören einem das jeweilige Bezeichnete einfällt, der Begriff von der Sache, den man zuvor schon haben muß; so enthalten die Zeichen der Sprache keinen Wissensfortschritt wie die Begriffe des Denkens.

In diesem Rahmen entwickelt al-Farabi die aristotelische Unterscheidung zwischen den vielen Sprachen und der einen Welt der Vorstellungen bzw. Begriffe: Die den einzelnen Völkern eigenen Sprachen sind gerade so wie die verschiedenen Systeme von Schriftzeichen und die verschiedenen (religiösen) Gesetze durch Konvention festgelegt, während die durch sie bedeuteten Begriffe den Menschen von Natur aus und deshalb auch allen Völkern unterschiedslos zugänglich sind.[137] Wie vorläufig diese Gegenüberstellung ist, zeigt schon der Text von "De interpretatione" (16 a 9 - 18) selbst, indem er auf eine strukturelle Entsprechung von Gedanken und sprachlichen Ausdrücken aufmerksam macht: Beide können entweder eine Form haben, in der sie entweder wahr oder falsch sein müssen, eine Form, die etwas mit dem Verbinden und Scheiden in Gedanken zu tun hat, oder eine andere Form, in der sie weder wahr noch falsch sein können und die auch gedankliches Verbinden und Scheiden nicht enthält; in der Sprache ist diese Form das Aussprechen einzelner Wörter.

Wie schon Aristoteles in dieser Passage die sprachliche Form jeweils von der angenommenen gedanklichen her bestimmt, redet auch al-Farabis Kommentar von vornherein davon, daß die sprachlichen Ausdrücke den Begriffen bzw. Gedanken entsprechen, an deren Stelle sie eingesetzt werden.[138] al-Farabi ergänzt Affirmation und Negation als die Formen der sprachlichen Komplexion und teilt die Wortarten in Nomina, Verben und Partikeln ein.[139] Was das im Kontext bedeutet, spricht er in seinem schon zitierten Überblick über die Logik aus: Es gibt allen Nationalsprachen gemeinsame Strukturen wie z.B. die Unterscheidung der Ausdrücke in einfache und komplexe und die Aufteilung der einfachen in Nomina, Verben und Partikeln sowie - der Nomina und Verben - in solche, die nach einem Paradigma flektiert werden, und andere, die von den Paradigmen abweichen[140] - Strukturen, so kann man hinzufügen, die auf der Zeichenfunktion der Sprachen für Gedanken der einen menschlichen Vernunft beruhen zu scheinen. al-Farabi müßte die Konsequenz ziehen, daß nicht alles an den Sprachen konventionell ist, sondern bestimmte Grundformen in demselben Sinn natürlich sind wie die Begriffe und die Formen des Denkens. Auch ohne das auszuführen, demonstriert er klarer noch als Anselm, daß die Zuordnung der verschiedenen Sprachen zu einer vorab als einheitlich angesetzten Sphäre ihrer Bedeutungen die Besonderheit der Sprache auf bestimmte Züge an ihnen einschränkt - für die al-Farabi wiederum Beispiele nennt[141] -, andere Elemente ihres grammatischen Baus dagegen der allgemeinen Struktur ihrer Bedeutungen angleicht.

Nun kann man die Annahme vorgegebener Bedeutungen, die für die aristotelische Tradition in diesem Zusammenhang entscheidend ist, auch bei as-Sirafi wiederfinden.[142] Ich kann die beiden genannten Textstellen nicht anders verstehen, als daß sich auch as-Sirafi Vernunftbedeutungen allen Sprechens denkt, die die Unterschiede der Nationalsprachen prinzipiell transzendieren. Eine zweite Übereinstimmung mit al-Farabi kommt hinzu: die sogar weiter ausgeführte Entwicklung von allen Sprachen gemeinsamen Strukturen, deren Aufzählung wiederum mit den Wortarten eröffnet wird.[143] - Für den Unterschied der beiden sprachphilosophischen Positionen kommt es auf den Gebrauch an, den as-Sirafi von den Voraussetzungen macht, die ihn mit der aristotelischen Tradition verbinden.

Was das Verhältnis 'Sprache - intelligible Bedeutung' angeht, so ist auf jeden Fall hier schon zu sagen, daß as-Sirafi die sprachlichen Ausdrücke nicht als Zeichen für Gedanken und Begriffe versteht und nicht versucht, sprachliche Formen einsinnig auf gedankliche zurückzuführen. Während die gemeinsamen Strukturen der Sprachen für al-Farabi eine entsprechend begrenzte Zuständigkeit der allgemeinen Logik auch für den sinnlichen Ausdruck der Gedanken begründen und damit eine wissenschaftliche Abstraktion von den Besonderheiten der Sprachen rechtfertigen sollen,[144)] nennt as-Sirafi einige "Formen" von Sprachen überhaupt, um sie als Gesichtspunkte zu verwenden, unter denen man die Verschiedenheit der Sprachen voneinander und damit ihre jeweilige Besonderheit fassen kann. Entscheidend für das Verständnis von as-Sirafis Position ist aber, daß er über das Verhältnis der Sprachen zueinander im Zusammenhang mit dem Problem des Übersetzens spricht - angesichts dessen, daß Matta sich recht bedenkenlos auf die Übersetzungen der griechischen Texte ins Syrische verläßt[145)] - und daß er die Möglichkeit einer exakten Übersetzung klar bestreitet.[146)]

Zu erklären, wie Übersetzungen grundsätzlich möglich, also die Ausdrücke verschiedener Sprachen gleichsam gegeneinander austauschbar sind, das ist zweifellos eine Leistung des aristotelischen Sprachbegriffs, sofern er es erlaubt, einfach an die Ersetzung eines Zeichens durch dasjenige einer anderen Sprache für ein und denselben Begriff zu denken, der einem jeden einfällt - wie al-Farabi sagt -, sobald er eines der beiden Zeichen gebraucht bzw. hört. So könnte man auch Mattas Behauptung, für die Ideen der Griechen genügten ihm vom Arabischen Nomen, Verb und Partikeln,[147)] in dem Sinn auf das Übersetzen beziehen, daß er nur das in die Wortarten gegliederte Lexikon brauche, um - wie man ergänzen kann - Wort für Wort eines syrischen Textes durch arabische Termini zu ersetzen; die Praxis vieler mittelalterlicher Übersetzer war nicht weit von einem solchen Verfahren entfernt. Auch wenn die zitierte These nicht im Hinblick auf den Übersetzer, sondern den Kommentator und Lehrer Matta zu verstehen ist, besagt sie, daß er den einst in Griechisch ausgesprochenen Gedanken der klassischen Philosophen die arabischen Vokabeln gleichsam unterschieben kann, ohne von der Struktur dieser Sprache mehr als die Gliederung der Wortarten zur Bildung von Sätzen kennen zu müssen. Auf jeden Fall zeigt die Antwort as-Sirafis, daß er in Mattas Sprachauffassung den grammatischen und insbesondere syntaktischen Aspekt vermißt, denn er sagt, ihm fehle noch das Wissen von der jeweiligen Eigenart der Wörter und ihrer Konstruktion - zu Sätzen -, was zusammen erst grammatisch korrektes Sprechen ermöglicht.[148] - Zugleich steht es für Matta fest, daß der Sinn und die gemeinten Bedeutungen der philosophischen Texte, auf die er sich stützt, durch das Übersetzen nicht tangiert werden.[149] Um zu zeigen, daß solche Sicherheit nur bei oberflächlicher Betrachtungsweise entstehen kann, daß also die Leistung des aristotelischen Sprachbegriffs bloßer Schein ist, breitet as-Sirafi die Anforderungen aus, die eine adäquate Übersetzung zu erfüllen hätte, und nennt seine Gesichtspunkte für die mögliche Verschiedenheit von Sprachen. Verbindet man interpretierend die beiden Listen, so scheint es mir sinnvoll, ihre Folge gegenüber der im Text umzukehren und zu lesen: Unter der Voraussetzung, daß Sprachen sich unter den genannten und noch weiteren Hinsichten nicht zu entsprechen brauchen, sind die Kriterien für eine angemessene Übersetzung dann auch noch folgende ...

Ausdrücklich nennt as-Sirafi als Gesichtspunkte der Sprachverschiedenheit das Lexikon (gegliedert nach den Wortarten), die Verteilung regelmäßiger und von den Paradigmen abweichender Formen, die Syntax und die Wortfolge im Satz.[150] Mit diesen Aspekten, die man auch in der konventionellen neuzeitlichen Sprachwissenschaft wiederfinden kann, verbindet as-Sirafi weitere, die eine andere Betrachtungsweise ins Spiel bringen: den metaphorischen und den unmittelbaren Ausdruck - d.h. wohl, was in den verschiedenen Sprachen jeweils als metaphorisch bzw. als terminologisch ausgedrückt gilt[151] - die Sprachformen von Poesie, Prosa und Binnenreim sowie die Weite und Enge bzw. der Reichtum und die Kargheit einer Sprache.[152] Das, worauf sich diese Gesichtspunkte beziehen, ist nur noch partiell mit sprachwissenschaftlichen oder diesen vergleichbaren Methoden zu erfassen, wie z.B. metaphorische Ausdrucksweisen im Lexikon erklärt werden können oder die Poesie ihren formalen Momenten nach (Metrik, Reimformen etc.) - schon schwerer im Hinblick auf ihren jeweils geschichtlich ausgebildeten Stil - darstellbar ist. In der Unzulänglichkeit solcher Verfahren für eine adäquate Darstellung ihrer Gegenstände zeigt sich, daß as-Sirafi mit den letzteren auf Momente der Sprache hingewiesen hat, die allein in der Kompetenz der Sprecher liegen und nicht mehr in wissenschaftlichen Schemata zu erfassen sind. Für die Annahme, daß der arabische Sprachwissenschaftler einen solchen Hinweis auch beabsichtigte, spricht besonders der wenig bestimmte Gesichtspunkt 'Reichtum und Beschränktheit' bzw. 'Weite und Enge' sowie die Überlegung, daß ein impliziter Hinweis auf die Kompetenz gut zu as-Sirafis wiederholtem Rekurs auf das Arabische als die Sprache paßt, in der die Diskussion über Theoreme zu Sprache und Logik im allgemeinen sonst unreflektiert und ganz selbstverständlich geführt wird; so erscheint die wirklich gesprochene Sprache als sowohl unhintergehbare wie auch nicht vollständig analysierbare Voraussetzung der wissenschaftlichen Diskussion.

Vor dem Horizont, den die genannten Aspekte für eine Idee von Sprachverschiedenheit eröffnen, gewinnen as-Sirafis ähnlich weit gespannte Kriterien für eine Übersetzung, die, wie Matta es erwartet, Sinn und Bedeutungen bewahrt, den beabsichtigten Charakter der Unerfüllbarkeit. Den teilweise nicht mit wissenschaftlicher

Exaktheit bestimmbaren Sprachunterschieden entsprechen Anforderungen an die Übersetzungen, für die ebenfalls kein genaues Verfahren angegeben werden kann - z.B. daß die Übersetzung weder dunkel noch ungetreu sein soll oder daß sie weder zu wenig noch zu viel wiedergeben soll.[153)] Alle Anforderungen, die auf die ersten beiden folgen, führen aus, was es heißt, diese zu erfüllen, daß nämlich eine Übersetzung wahr und nicht falsch sein solle.[154)] Eine inhaltlich bestimmte Berührung mit den Gesichtspunkten der Sprachverschiedenheit sehe ich nur in der Vorschrift, nichts vor- und nichts zurückzusetzen, was angesichts der unterschiedlichen Wortfolge in den Sprachen und des verschiedenen Sinnakzents, den jeweils eine bestimmte Stelle im Satz verleiht, nur schwer realisierbar erscheint. Weder hier noch anhand eines der anderen Wahrheitskriterien geht as-Sirafi auf die konkrete Tragweite derselben ein, sondern setzt offensichtlich so viel Verständnis für Sprache voraus, daß er sein abschließendes Urteil für akzeptierbar halten kann: Daß alle angedeuteten Verstöße gegen eine wahre Übersetzung vermieden - und die positiven Anforderungen erfüllt - werden, das gestattet die Natur der Sprachen und der jeweilige Umfang der Bedeutungen nicht.[155)]

Auch dieses, sein entscheidendes Urteil erläutert as-Sirafi nicht, so daß es im Hinblick auf den Text zur Sprachverschiedenheit naheliegt, mit der "Natur der Sprachen" ihre wissenschaftliche Unauslotbarkeit und mit dem "jeweiligen Umfang der Bedeutungen" ihre Unvergleichbarkeit zwischen verschiedenen Sprachen angedeutet zu sehen. Wenn das richtig ist, dann hängen einerseits die uns zugänglichen und mittelbaren Bedeutungen von den einzelnen Sprachen ab und sind deshalb andererseits nicht von einer Sprache in eine andere übertragbar, weder durch Rückgriff auf eine gemeinsam verfügbare Sphäre reiner Begriffe noch durch unmittelbare Entsprechungen. Dieses Resultat bestätigt die These, mit der as-Sirafi die Diskussion über die Zuverlässigkeit von Übersetzungen eröffnet, daß nämlich die Übertragung in eine fremde Sprache Bedeutungen verändert.[156)] - So zeigt sich am Problem des

Übersetzens, daß eine Sprache durch eine andere nicht ersetzt werden kann, weil jede Rede in einer von beiden mehr enthält, als in der anderen einholbar ist. Die Sprachen gewinnen in as-Sirafis Betrachtung eine auch begrifflich nicht aufzulösende Besonderheit gegeneinander, die man am besten als Individualität kennzeichnet.

3. Sprache als vorgegebener Bedeutungszusammenhang

Für unser Verständnis paßt zu dieser Sprachauffassung, was as-Sirafi über das Verhältnis des Sprechers zu seiner Sprache andeutet.[157)] Er wendet sich dagegen, daß die Übersetzer und Philosophen arabische Wörter zu philosophischen Termini machen - z.B. "Beraubung" (salb) als Negation verstehen -, sie also für eine ganz enge, präzise Bedeutung "einsetzen" (wad', entspricht der "impositio nominis").[158)] Das heiße, eine neue Sprache innerhalb einer ihren Sprechern schon vertrauten hervorzubringen, und das sei nicht möglich. Weil die Sprache nicht aus Zeichen besteht - so kann man as-Sirafi verstehen -, steht sie auch nicht für die Einführung neuer Konventionen zur Disposition. Die Annahme von der Konventionalität der Sprachen ist nicht so zu verstehen, daß die Sprecher darüber verfügen könnten, was ihre Rede bedeutet, sondern als eine Explikation des Verhältnisses, in dem die vielen Nationalsprachen jeweils zu den intendierten Bedeutungen stehen.[159)] Wer im Gespräch verstanden werden und eine Antwort bekommen will, ist auf den eingespielten Sprachgebrauch angewiesen, in den er hineingeboren wurde und innerhalb dessen allein er sich sprachlich bewegen kann.[160)] as-Sirafi treibt diesen Gedanken noch ein Stück weiter und erklärt zugleich die Kompetenz der Mitglieder einer Sprachgemeinschaft zur letzten Instanz für Sprachrichtigkeit, wenn er von den Strukturen, nach denen die Wörter

- zu Zusammenhängen - konstruiert werden, sagt, sie beruhten auf der jeweiligen Naturanlage ihrer Sprecher.[161] "Natur" wird hier zu dem Terminus, mit dem der Philologe des 10. Jahrhunderts die Sprache als eine vorgängige Bedingung kommunikativen Handelns, also in einer transzendentalen Funktion darstellt.[162] Als Bestätigung dafür wertet er es, daß auch die künstliche Terminologiebildung an die gesprochene Sprache und ihre Bedeutung anknüpfen, bei ihr Anleihen machen muß. Weil sie aber dazu nicht steht - so scheint er zu sagen -, sondern den Wortsinn verdirbt - aus der Perspektive eines unverkürzten Sprachgebrauchs -, gleicht sie dem Stammeln dessen, der nur ein paar Brocken einer fremden Sprache gelernt hat, ohne sie in ihren authentischen Zusammenhängen und der genuinen Vielfalt ihrer Bedeutungen gebrauchen zu können.

Aus der Frontstellung gegen die philosophische Terminologiebildung ergibt sich an dieser Stelle ein Begriff von der Sprache, nach dem die Sprecher sich praktisch schon vertraute und im Gebrauch geläufige Ausdrucksmöglichkeiten nur explizit bewußt machen, nicht aber fortentwickeln können. Der Nachdruck darauf, daß die Bedeutungsfelder mit den Lautgebilden zusammen und untrennbar von ihnen vorgegeben sind, läßt die Sprache zu einem System erstarren, von dem man nicht weiß, wie man sich seine Fortbildung und damit auch seine Geschichte denken soll. - Zwar glaube ich nicht, daß as-Sirafi in dem vorliegenden Gesamttext irgendwo von seiner grundsätzlichen Bestimmung der Sprecherrolle abweicht, sie bestehe im Nachbilden gegebener Möglichkeiten, aber ich werde doch weiter unten (S. 375 - S. 381) Stellen besprechen, an denen das aktive Moment dieser Tätigkeit deutlicher hervortritt.

III. Der Einfluß der Sprache auf das Erkennen nach as-Sirafi

1. Sprache und Erkenntnis in der Philosophie der Zeit

Aus der durch Platon und Aristoteles eingegrenzten Perspektive, der sich aber auch as-Sirafi nicht verschließt, ist die philosophisch interessanteste Frage zur Sprache: Wie verhält sie sich zur Erkenntnis, was trägt sie zu dieser bei? So, wie die Frage im 10. Jahrhundert verstanden wurde, konnte sie erst im Zuge der philosophischen und sprachwissenschaftlichen Entwicklung gestellt werden, die nach den aristotelischen Unterscheidungen zwischen den Gedanken der Seele und den stimmlichen Zeichen für diese sowie zwischen bedeutungsvollen Wortarten und solchen, die nichts bedeuten, in Gang kam. Mit anderen Worten, in ihrem mittelalterlichen Sinn ist die Frage nicht bis auf Platon und Aristoteles selbst zurückzuverfolgen, weil beide, wie sogar noch al-Farabi weiß, im Begriff des logos Sprechen und Denken zusammenhielten. Die von Stoikern eingeführte Abhebung der bloßen Lautgestalt (lexis) von der bedeutungsvollen Rede, eben dem logos, wird von spätantiken Aristoteleskommentatoren übernommen und z.B. von Simplicius auf die aristotelische Unterscheidung der Wortarten angewendet: Nur Nomen und Verbum sind sowohl Lautgebilde wie Teile der semantischen Einheit 'Rede', andere Wortarten wie Artikel oder Partikeln gehören allein zu deren lautlichem Ausdruck.[163)]

Ganz konsequent versucht Simplicius, die Notwendigkeit der von Denken und Erkennen auch abstrahierbaren Sprache eigens zu begründen; damit nimmt er zum Erkenntnisbeitrag der Sprache Stellung.[164)] Der theoretische Ort der Sprache bestimmt sich für ihn im Rahmen des neuplatonischen Hypostasenschemas: Während der reine Geist ungeschieden Erkenntnis und die erkannte Realität ist und deshalb keiner - Gedanken vermittelnden - lautlichen Sprache bedarf, löst die Seele in dem Maß, in dem sie sich vom Geist entfernt, ihre Begriffe von den Seienden und macht sie damit zu deren bloßen Bildern. Wenn sie sich von deren Übereinstimmung mit der Wirklichkeit überzeugen will, muß sie zuerst zwei Folgen des Werdens, in das sie geraten ist, überwinden, das Vergessen nämlich des - ganz platonisch - ursprünglich schon einmal Gewußten und ihre eigene Vereinzelung neben vielen anderen Seelen. In der Entwicklungslinie der Selbstentfremdung und Veräußerlichung der Seelen ist die Stimme das Extrem, von dem aus die Seelen umkehren und zu ihrer Vernunftnatur zurückfinden können. Denn eine Seele kann ihren Gedanken in einer ihm möglichst ähnlichen stimmlichen Form ausdrücken und damit eine andere Seele, die ihr zuhört, zu dem gleichen Gedanken anregen.[165] Dadurch tritt einerseits das Hören neben das Sehen der äußeren Realität als ein Mittel, die Seele an die zeitweise vergessene Wahrheit zu erinnern, und schließen sich andererseits die Seelen in der Übereinstimmung ihrer Gedanken untereinander und mit der Wirklichkeit zusammen. So dient die mit der Stimme artikulierte Sprache gerade dazu, die Bedingungen seelischer Existenz zu überwinden, unter denen sie möglich und für die Erkenntnis notwendig wurde, und die Seelen wieder in die Verfassung reinen Geistes zurückgelangen zu lassen, in der sie, wie es ausdrücklich heißt, keine Stimme mehr haben.

In dieser Konzeption ist die Sprache eine mehr oder weniger gelingende Transposition von Gedanken in Lautgestalten derart, daß die Gedanken, die in letzter Instanz nur anhand von Wahrnehmungen gebildet sein können, ihrer sprachlichen Artikulation vorausgehen. Simplicius geht der Frage nicht nach, ob die hier von ihm betonte Dignität der Sprache sich im Vergleich mit der Wahrnehmung damit begründen läßt, daß die Seele sich in Wahrnehmungen auch immer mehr verlieren und sich selbst noch weiter entfremden kann, während die Rede jedenfalls dann zum vernünftigen Erkennen führt, wenn - wie Simplicius hier unterstellt - ein Lehrender sie an einen Lernenden richtet. Weil das nicht erläutert wird, ist das Verhältnis des sprachlich vermittelten Erkennens zur unmittelbaren Erkenntnis von Sachverhalten, die von Wahrnehmungen ausgeht , nur ganz unvollständig bestimmt. Dadurch aber bleibt zweifelhaft, ob man überhaupt sagen kann, die Sprache sei notwendig, damit die Seele zur Vernunft komme. - Jedenfalls soll die Sprache am Wendepunkt des Seelenprozesses von der Veräußerlichung zur Wiedergewinnung der geistigen Einheit eine wesentliche Rolle spielen, aber ihre Funktion besteht darin, sich selbst als Vehikel von Gedanken überflüssig zu machen. Zu der bloß transitorischen Bedeutung der Sprache paßt gut, daß der sprachliche Ausdruck zu einem Gedanken außer der sinnlich wahrnehmbaren Form nur noch Abschwächungen, Trübungen hinzufügen kann, aber nichts zur Klärung und Präzisierung des Gedankens beitragen soll; eine solche inhaltliche Funktion, müßte man nur einmal ihre generelle Bedeutung eingestehen, ließe nämlich Sprache für Erkenntnis überhaupt unentbehrlich erscheinen. So wird die vordergründige Würdigung der Sprache weder durch einen Nachweis ihrer Erkenntnisnotwendigkeit noch mit der Einräumung eines eigenen positiven Einflusses der Sprache auf die Inhalte des Denkens und Erkennens eingeholt.

Wenn man die Bestimmung des Verhältnisses von Sprache und Erkenntnis durch arabische Autoren zu beurteilen sucht, kann man als philosophischen Traditionshintergrund eine neuplatonische Rahmenkonzeption, wie Simplicius sie entworfen hat, neben dem aristotelischen Ansatz voraussetzen, nach dem die Sprache aus Zeichen für das in der Seele Bewußte besteht.[166)] Während Philosophen, die wie al-Farabi und Yahya ibn 'Adi Aristoteles kommentieren, viel von der Bezeichnungsfunktion der Sprache schrieben, findet man nur Anklänge an die neuplatonische Spekulation des Simplicius. Dennoch dürfte deren Wirkung nachhaltig gewesen sein, weil sie sich in ihrem Grundmuster gut mit der islamischen Theologie des göttlichen Wortes vereinbaren ließ: Wie Endreß oben, S. 184, zusammengefaßt hat, versteht z.B. der Theologe Abdallah ibn Kullab die Sprache des Koran in ihrer vielfältigen Verschiedenheit als Spur der einen Rede Gottes, die zugleich sein ewiger

Gedanke ist. Nicht nur die verschiedenen Nationalsprachen und die verschiedenen Teile der Rede, sondern auch die verschiedenen Redeformen wie Verbot, Gebot und Aussage sind als menschliche Differenzierungen einer ursprünglichen Einheit von Sprechen und Erkennen aufzufassen.[167)]

In einer eher unspezifischen Weise repräsentiert as-Sirafis Gegenspieler Abu Bischr Matta die theoretische Minimalisierung der Sprache durch die Baghdader Philosophenschule: Wenn er sich einer bestimmten Sprache bedient, um schon fertige Gedanken auszusprechen oder sie zu prüfen, so bleibt ihm der sprachliche Ausdruck akzidentell, äußerlich; zwar verhält sich der die sprachlichen Formen untersuchende Grammatiker ebenso zu deren begrifflicher Bedeutung, aber diese hat den höheren Rang gegenüber ihrem lautlichen Ausdruck.[168)] Für diese Bewertung kann man bei dem schon von Endreß (oben S.193f) vorgestellten Abu Bakr ar-Razi einen Gedanken finden, der das Hypostasenschema und das Verhältnis göttlicher zu menschlicher Rede als Begründung zu ersetzen vermag: Anders als die Naturprozesse enthält die Sprache in ihren Regeln keine Notwendigkeit, sondern bloß Konvention.[169)] Das aus der Antike übernommene Wissenschaftsideal, das von den Gegenständen des Wissens strenge Notwendigkeit verlangt und deshalb den supralunaren Kosmos als vernunftgemäßer im Verhältnis zu unserer Welt unter dem Mond einstuft, macht die Natur generell zu einem angemesseneren Wissensobjekt als die Sprache und läßt diese als etwas auch gegenüber der Natur noch Kontingentes erscheinen.

Ungeachtet seiner Berücksichtigung der Philologie im System der Wissenschaften schließt sich al-Farabi eng an die aristotelische und neuplatonische Ansicht von der Sprache an. Deren Funktion sieht er ausschließlich in der Übermittlung von Gedanken an andere, scharf abgegrenzt von der Reflexion und Überprüfung eigener Meinungen, die sich in reinen Begriffen und im Vorstellen der Sachverhalte selbst vollziehen soll.[170)] Ausführlich argumentiert er für die einsinnige Vorordnung der Begriffe vor ihren lautlichen Ausdrücken anhand des Schlußverfahrens, das die Einsicht in einen Vernunftzusammenhang hervorbringt, deshalb auch nur von vernünftig erkannten Sachverhalten ausgehen und sie zur Erzeugung jener Einsicht ordnen kann, das jeweils auf eine für alle Menschen gültige Erkenntnis abzielt - während die sprachliche Konvention jeweils auf eine bestimmte Gemeinschaft begrenzt ist - und das schließlich auch nur von jedem Verstand natürlicherweise zugänglichen Gegenständen ausgeht.[171] Diese Ausrichtung seiner Argumentation allein auf die Autonomie des folgernden Denkens führt ihn sogar zu der Konsequenz, daß die Begriffe, die zum Schluß geordnet werden, gegen ihren Ausdruck in Sprachlauten ganz gleichgültig sein und ebensogut mit Zeichen anderer Art wie z.B. Schriftzügen in Verbindung gebracht werden können sollen, in eine Verbindung, die allemal nur für das Zeichensystem und seine jeweilige Verwendung bestimmend ist.[172]

Diese Tendenz, die Sprache zu einem ganz zufälligen und beliebig ersetzbaren Bezeichnungsinstrument herabzusetzen, findet ihre Grenze in Aristoteles' eigener Orientierung an der Sprache, die in "De interpretatione" besonders deutlich hervortritt, wenn z.B. der logos als Sprachlaut mit Bedeutung, von dem auch schon ein Teil für sich eine einfache Bedeutung hat, definiert wird - und nicht etwa als komplexer Gedanke.[173] al-Farabi erklärt sich das didaktisch, nicht prinzipiell: Weil es den Schülern der Logik schwerfällt, sich unmittelbar mit den Begriffen, denen das eigentliche Interesse des Aristoteles gilt, zu beschäftigen, und weil die Lautgebilde der Sprache - im günstigen Fall vernunftadäquaten Sprechens - die Stelle der Begriffe einnehmen können, bezieht sich Aristoteles auf sprachliche anstatt auf die durch sie bezeichneten begrifflichen Konfigurationen.[174] Ganz im Sinn der neuplatonischen Sprachtheorie sind also die sinnlichen Sprachzeichen der selbstentfremdeten Seele eher zugänglich als die Vernunftbegriffe, und ganz im Sinn derselben Theorie hält al-Farabi den Rekurs auf die Sprache und ihre Struktur für ein vorübergehendes Stadium des Lernprozesses, "bis der Verstand des Schülers zu den - reinen - Begriffen übergehen kann."[175] Wenn al-Farabi in der einleitenden Inhaltsübersicht seines Perihermeneiaskommentars sagt, die Logik betrachte die Begriffe, sofern die Sprachlaute sie bezeichnen und sofern sie sich irgendwie auf die Seienden beziehen, und in seiner Übersicht über das Wissenschaftssystem noch die Umkehrung hinzusetzt, die Logik habe die Sprachlaute zum Gegenstand, sofern sie die Begriffe bedeuten, dann kann man das, will man al-Farabi keine Inkonsequenz unterstellen, nur im Sinn jener Vorläufigkeit verstehen.[176]

Daß die Sprache nur einen aushilfsweisen, durch unsere intellektuelle Schwäche bedingten Beitrag zur Erkenntnis leiste, diese Grundthese al-Farabis wird dadurch nicht in Frage gestellt oder modifiziert, daß er auf die unterschiedliche Eignung des sprachlichen Ausdrucks hinweist, Erkenntnis zu fördern.[177] Dieser Gedanke gehört zu seinem Verständnis von einer Einteilung des aristotelischen Organon: Teils behandelt es die sprachlichen Ausdrücke als Stellvertreter von Begriffen - so in "De interpretatione" selbst -, teils den verschiedenen Bedingungen nach, unter denen sie kraft ihrer semantischen Funktion entweder zu Irrtümern und Verwirrung führen oder aber je nach gemeintem Gegenstand der Klärung besser dienen - so die "Sophistici Elenchi", die "Rhetorik" und "Poetik", die die Araber zur Logik zählen, und in gewissem Maß auch die "Topik" und die "Zweiten Analytiken". Weder an dieser Stelle des Perihermeneiaskommentars noch in den Passagen seines Überblicks über die Wissenschaften, die die entsprechenden Gegenstände der Logik skizzieren, also einen Begriff vom Beweis, vom dialektischen Argument, von der sophistischen Täuschung sowie von der rhetorischen und poetischen Rede entwerfen, zeigt al-Farabi, wie die Sprache sowohl täuschen als auch klären kann, wenn sie doch ganz vom Denken zu seinem intersubjektiven Zeichen gestaltet werden soll.

Vielmehr geht er in seinen Charakteristiken der verschiedenen Redeweisen, die das Organon behandelt, allein auf die Funktion und Wirkung dieser Sprechformen ein, also z.B. auf die Gewißheit durch Beweisen, die Täuschung durch sophistische Reden oder die Motivation durch poetische Bilder, ohne diese Fähigkeiten der Sprache zu ihrer Zeichenfunktion in Beziehung zu setzen.[178)] Weil er das auch nicht in dem Sinn tut, daß die Täuschung oder Unklarheit im Denken oder Vorstellen entspringt und sich auf die Sprache bloß überträgt, könnte man ihn - durchaus im Sinn des Ansatzes von Simplicius - so verstehen, daß er verschiedene Tauglichkeitsstufen der Sprache annimmt, die an sich klaren Begriffe des Verstandes durch Nachahmung, Abbildung zu repräsentieren. Plausibler aber scheint es mir, daß al-Farabi die Zeichentheorie der Sprache überhaupt nur im Hinblick auf die Logik der wissenschaftlichen Begriffe und Schlüsse übernommen und formuliert hat, bei der Behandlung der nichtwissenschaftlichen Sprechweisen sich dieselbe Frage aber nicht erneut stellte. Das würde heißen, daß seine erwähnte Einteilung des Organon zugleich die Grenze derjenigen Auffassung von der Sprache markiert, nach der sie bloß schon gegebene Gedanken in sinnlich wahrnehmbare Artikulation intersubjektiv zu vermitteln hat.

Auch der von Endreß oben (S. 224 - S. 229) dargestellte Abu Sulaiman as-Sigistani ordnet die Sprache dem Denken unter, wie man aus seinen dort zitierten Überlegungen entnehmen kann, Worte seien bei gleichbleibender Bedeutung austauschbar, und, die Grammatik diene der Logik zur Zierde, umgekehrt aber die Logik zur Verifikation der Grammatik. Jedoch versucht as-Sigistani immer wieder von neuem, das Verhältnis von Sprache und Denken angemessen differenziert zu fassen, und stellt sich etwa die Sprachlaute wie Kleider oder wie die wahrnehmbare Außenseite der Gedanken vor, die auch der Logiker nicht beschädigen darf, wie umgekehrt der Grammatiker die Begriffe respektieren muß, die das wahre Wesen des gedanklich-sprachlichen Gebildes darstellen sollen.[179)] Inspiriert von der Sprachwissenschaft der Araber, vielleicht von as-Sirafi selbst, will as-Sigistani offenbar innerhalb des Rahmens, den die philosophische Tradition für das Verhältnis von Sprechen und Denken gesteckt hat, der Eigenart der Sprache, die sich nicht aus ihrer Funktion als Zeichen herleiten läßt, mehr Rechnung tragen als z.B. al-Farabi. Was er meint, demonstriert er an der arabischen Entsprechung für "verbrannt werden": Der Logiker, der sich auch beim Bilden der sprachlichen Symbole an den Präferenzen des Verstandes - insbesondere Eindeutigkeit, Regelmäßigkeit und formale Gleichheit bei gleichen Funktionen - orientierte, würde auch im Arabischen eine Form wählen, die in der Regel zu einer passivischen Bedeutung führt (yanhariqu). Damit verstieße er aber gegen das eigentümliche, nicht verständige "Gesetz" der Sprache, die von dem Verb "brennen" (haraqa) statt dieser Form ausschließlich eine andere mit sowohl passivischem wie medialem Sinn bildet (yahtariqu).[180)] Die Sprache geht nicht in ihrer Funktion auf, wie der Verstand sie begreift, sondern besitzt unableitbar, de facto ihre eigentümliche Gestalt, der sich jeder Sprecher fügen muß.

Im folgenden scheint as-Sigistani in einem Bild anzudeuten, warum es auch für den Logiker - und man kann hinzufügen: für den Philosophen und Wissenschaftler überhaupt - in seinem eigenen Interesse ratsam ist, sich nicht damit zufriedenzugeben, daß er sich schon irgendwie verständlich macht, sondern sich um korrektes und darüber hinaus um gefälliges Reden zu bemühen.[181)] Wie eine Münze bei ihrer Prüfung aus ganz verschiedenen Gründen - wegen des Zustands des Metalls, der Prägung oder des Münzstempels - verworfen oder akzeptiert wird, so beurteilt auch ein Zuhörer die an ihn gerichtete Rede nicht nur aufgrund ihres Gehalts, sondern auch im Hinblick auf ihre sprachliche Form und den Sprecher. as-Sigistani zieht die Analogie gar nicht ausdrücklich, sondern überläßt das seinem Gesprächspartner, dem Berichterstatter at-Tauhidi, bzw. dem Leser, aber verweist mit dem Bild der Münze doch fraglos auf den intersubjektiven Charakter der

Sprache, der ihren eigentümlichen Formen und Gestaltungsmöglichkeiten als "Schmuck" der Gedanken ihren pragmatischen Wert verleiht.

So spricht as-Sigistani nicht nur die Unentbehrlichkeit der Sprache in ihrer lautlichen Äußerlichkeit aus, sondern sucht auch ihre Funktion für das Verstehen und Sichmitteilen einzukreisen, in dem von at-Tauhidi überlieferten Text allerdings unter dem Gesichtspunkt der Grammatik und Rhetorik: Das heißt, er fragt nicht nach der Sprache überhaupt, sondern stets nach den Bedingungen und Folgen korrekter,mißlingender oder künstlerischer Gestaltung der Lautgebilde. So kann man kein klares Bild davon gewinnen, in welchen Hinsichten und in wie engen Grenzen er der Sprache die für die Ausgestaltung des Sinnes oder für seine verständliche Übermittlung konstitutive Rolle zuerkannte, die man in seinen Bemerkungen angedeutet findet.

2. as-Sirafis Abgrenzung des Verstandes gegen Sprache u n d Logik

a) Die Unterscheidung zwischen Sprachlaut und Begriff bei as-Sirafi

Daß as-Sirafi die aus der Spätantike überkommene Reduktion der Sprache auf ihre Lautgestalt nicht akzeptiert hat - wie in Teil II gezeigt -, das unterscheidet ihn von den philosophischen Autoren, die ich genannt habe, in einem Ausgangspunkt. In einem anderen stimmt er mit ihnen überein: Wenn wir sprechen, formulieren, einem anderen etwas nahezubringen suchen, schwebt uns etwas vor, das wir auszudrücken uns bemühen. Dies in der Rede Gemeinte ist auch für as-Sirafi ein Vernunftgegenstand - wie für al-Farabi - und deshalb von göttlichem Charakter, was an die Konvergenz von neuplatonischer und islamisch theologischer Spekulation denken läßt. Der Unterschied, den as-Sirafi zwischen Sprechen und Denken macht, erscheint zuweilen ähnlich trennend, bloß abgrenzend wie bei den anderen Autoren. Aber dann gibt es andere Textstellen, die der Sprache eine bestimmende Funktion für Erkenntnis zuweisen, ohne daß as-Sirafi auch nur andeutete, wie man das mit der abstrakten Abgrenzung beider Momente zusammendenken soll. So wird man ihn in einem ersten Zugang am ehesten verstehen, wenn man die beiden divergierenden Verhältnisbestimmungen in ihren jeweiligen Textzusammenhängen betrachtet.

as-Sirafi bringt eine eigene Begründung für die Unterscheidung zwischen Begriff und Sprachlaut vor: Keine Sprache kann mit ihren komplexen Lautgebilden die jeweils gemeinten einfachen Vernunftgegenstände einholen und für sich reklamieren, als hätte sie sie mit der semantischen Funktion ihrer Ausdrücke adäquat erfaßt, denn dadurch bekommt das Falsche den Anschein des Wahren.[182)] - Daran fällt unmittelbar auf, daß (1) as-Sirafi hier von einem Unterschied zwischen Sprachlaut und intelligiblem Objekt schon ausgeht, von einem Unterschied, den er in dem Gegensatz 'komplex - einfach' ausgewiesen sieht, und daß (2) für ihn gerade darin, daß das vernünftig Gemeinte in der Semantik der Ausdrücke für es nicht aufgeht, seine Orientierungsfunktion für die sprachlich vermittelte Erkenntnis der Wahrheit garantiert ist. Denn seine Befürchtung, eine unterstellte Deckung von sprachlichem Sinn und intelligiblem Gehalt mache das Wahre unkenntlich, kann nicht anders verstanden werden, als daß die Wahrheitspotenz des Vernünftigen dann in der Inadäquatheit der Ausdrücke untergeht. Das heißt drittens, as-Sirafi teilt grundsätzlich durchaus die Bewertung der Philosophen, daß der sprachliche Ausdruck hinter der Wahrheit der Begriffe zurückbleibt, stimmt sie doch mit der Art überein, wie der Theologe Ibn Kullab die menschliche Sprache der Offenbarungsschriften auf die eine göttliche Rede bezogen hat.[183)]

Schließlich ist bemerkenswert, daß as-Sirafi trotz seiner eingehend begründeten Weigerung, die Sprache auf ihr lautliches Moment zu reduzieren und dieses dann der logischen Stimmigkeit als einem Moment des Denkens gegenüberzustellen, hier offensichtlich eben dieselbe Reduktion mitmacht. Obwohl er hier wie bei seiner Ablehnung der Reduktion Versuchen, die exklusiven Wahrheitsansprüche der Logik zu rechtfertigen, entgegentritt, sein Argumentationsziel also gleichbleibt, scheint er seine vielfältige Differenzierung sprachlicher Momente nicht einbringen zu können, sobald er selbst die Sprache zu Vernunft und Erkenntnis in Beziehung setzt. Mit anderen Worten, er verwendet zu diesem Zweck das logos-Moment der Sprache (nutq) nicht etwa als eine Art Bindeglied zwischen Ausdruck und Begriff, vielleicht deshalb, weil ihm durchaus an deren klarer Scheidung gelegen ist. So lautet sein Vorwurf gegenüber der Logik hier anders, daß nämlich gerade sie, die de facto auf der griechischen Sprache basiert, die Subreption begehe, ihre sprachgebundenen Formen für allgemein vernünftige auszugeben, also zu unterstellen, bestimmte sprachliche Ausdrücke könnten die gemeinten Begriffe abschließend erschöpfen.[184)]

Die beiden zuerst angesprochenen Aspekte lassen sich an anderen Stellen des Textes weiterverfolgen. Die Gegenüberstellung von Sprachlaut und Begriff findet man auch darin begründet, daß der Laut etwas Naturhaftes, der Begriff dagegen etwas Geistiges sei.[185)] Mit der Wendung, darin bestehe nun der fragliche Unterschied, deutet as-Sirafi an, daß hier der umfassende Gesichtspunkt genannt ist, unter dem sich die Unterscheidung des artikulierten Lauts vom gedachten Objekt aufdrängt. Wie an der anderen Stelle der Gegensatz 'komplex - einfach' tritt auch hier noch ein weiterer hinzu, der ebenso aus Bestimmungen des Natürlichen und des Geistigen gebildet wird: Wie alles Naturhafte vergeht der lautliche Ausdruck in der Zeit, die den einen Naturgegenstand durch den anderen ablöst, und dieselbe Hinfälligkeit ergibt sich aus der Materialität der ausgesprochenen Sprache, während der Begriff als etwas Vernünftiges und damit zugleich Göttliches dem Wandel der Zeit entzogen ist. - Während eine weitere Stelle schon mit der Formulierung, die Sinnendinge ahmten das Vernünftige als seine Abschattungen nach,[186] as-Sirafis Nähe zum Platonismus erkennen läßt, faßt der zuvor zitierte Text Sprache am deutlichsten so auf, wie es der oben (S. 351f) angesprochenen Konvergenz von Neuplatonismus und islamischer Theologie entspricht. Mit der Vergänglichkeit des Ausgesprochenen in der Zeit wird die Kontingenz der geäußerten Sprache der Absolutheit - dank des göttlichen Charakters der Vernunft - der nicht zeitlich bestimmten Begriffe bloß gegenübergestellt. Indem von einem Abbildungsverhältnis nicht die Rede ist, wird deutlich, daß es as-Sirafi hier allein auf den Unterschied von intelligiblem Gegenstand und Sprachlaut ankommt. Dazu macht er den Kontrast der artikulierten Laute zu dem von der Vernunft Intendierten deutlicher, als es Simplicius und al-Farabi taten, indem er von dem materiellen Charakter der Laute und von ihrer Flüchtigkeit spricht. Weil ihn dies aber nur als Kontrast interessiert, entwickelt er keine Phänomenologie des Sprechens, Hörens und Verstehens in der Zeit daraus.

Die Aussagen über die jeweilige Struktur der beiden unterschiedenen Seiten kann man so verstehen, daß Ewigkeit und Vergänglichkeit jene abstrakteren Bestimmungen 'Einfachheit' und 'Komplexität' in einer Hinsicht konkretisieren. Wenn man - wie bei Ibn Kullab die immanente Nichtverschiedenheit der göttlichen Rede - die Einfachheit als die Grundbestimmung der Vernunftgegenstände in as-Sirafis Konzeption ansieht, dann kann man darin eine bedeutsame Alternative zu dem Versuch der philosophischen Tradition finden, von den syntaktischen Formen der Sprache auf die sie begründenden Verbindungsweisen von Vernunftbestimmungen zurückzuschließen.[187] Denn eben dieser Versuch verbietet sich, wenn der Gegenstand des reinen Denkens schlechthin einfach und dem Nacheinander des zeitlichen Diskurses entzogen ist. Zwar stellt sich as-Sirafi nicht dem Problem, wie eine Vielheit einfacher Vernunftbegriffe, die sich durch je andere Bestimmungen, also ihre jeweilige Komplexion unterscheiden, überhaupt gedacht werden kann, aber auf der anderen Seite vermeidet er Schwierigkeiten, die sich aus dem behaupteten Formenparallelismus ergeben.

b) Entsprechung logischer und grammatischer Formen?

Bei al-Farabi kann man Anzeichen für solche Schwierigkeiten finden: Wie schon erwähnt, geht er am Anfang seines Perihermeneiaskommentars davon aus, daß man die Lautgestalten der Sprache als Stellvertreter der mit ihnen gemeinten Begriffe betrachten könne und daß insbesondere zwischen der unmittelbar zugänglichen Synthesis der sprachlichen Ausdrücke und der schwer erkennbaren der Begriffe kein Unterschied sei.[188] Bei diesem einfachen Schema bleibt al-Farabi aber nicht stehen, vielmehr bemerkt er in einer anderen Schrift, es könne auch zu Abweichungen von einer Regel der Entsprechung zwischen gedanklichen und sprachlichen Formen kommen, wie man z.B. mit dem aktiven Ausdruck "Gottes Schöpfung" den passiven Sinn "das von Gott Geschaffene" intendiere.[189] Während hier noch die Regel, daß Ausdrücke einer bestimmten Lautgestalt eine Aktivität bedeuten, generell unerschüttert fortzugelten scheint, nimmt al-Farabi die Aussage von "De interpretatione", jeder Satz übe seine Bedeutungsfunktion aufgrund von Konvention aus (16 b 33ff), zum Anlaß für eine grundsätzlichere Relativierung.[190]

Danach muß man die Ähnlichkeit zwischen der gedanklichen und der sprachlichen Verknüpfung von der Ähnlichkeit zwischen Dingen unterscheiden, die als einzige von Natur aus besteht. Jene Ähnlichkeitsbeziehung dagegen beruhe auf Konvention, so daß etwa die Zusammensetzung der ausgesprochenen Rede geändert werden könne, ohne daß sie dann etwas anderes zu bedeuten brauche, wenn nur konventionell geregelt sei, daß die neue Konstellation von Lautgebilden dieselbe semantische Funktion wie jene frühere ausübt. Trotz dieser Beliebigkeit in der Zusammenstellung der Zeichen hält al-Farabi an der einmal angenommenen Ähnlichkeit mit der Synthesis der Begriffe fest. Er macht diese beiden Thesen dadurch kompatibel, daß er sagt, man müsse sich die Ähnlichkeit selber in dem Sinn als etwas konventionell Geregeltes denken, daß die Sprecher sich über den konventionellen - und keineswegs naturbedingten - Charakter der Ähnlichkeit einig sind, d.h. durch Konvention übereinkommen.

Wenn auf diese Weise, was überhaupt Ähnlichkeit jeweils heißen soll, derselben bewußten Konvention unterliegt, die auch die semantische Funktion der Sprachlaute allererst begründet, dann ergibt sich die Schwierigkeit, daß man nicht von dem einen Extrem der Ähnlichkeitsbeziehung auf das andere - konkret: von der synthetischen Form der lautlichen Ausdrücke auf die der Begriffe - schließen kann. Worin die Ähnlichkeit zwischen Zeichen und Bezeichnetem jeweils besteht, kann man erst in Kenntnis dieser beiden Seiten sagen, und die Möglichkeit dieser Kenntnis, insbesondere eines klaren Bewußtseins von dem zu Bezeichnenden, liegt überhaupt der Vorstellung zugrunde, die semantische Funktion der Sprache beruhe auf Konvention, weil diese Vorstellung dasjenige, wofür Laute als Zeichen jeweils eingesetzt werden, nicht als etwas noch weitgehend Ungeklärtes ansetzen kann; dann wäre auch die Funktion der einzelnen Zeichen dubios.

al-Farabi kann also an seiner These einer strukturellen Ähnlichkeit von Gedanke und Rede - z.B. hinsichtlich der Subjekt-Prädikat-Struktur - mit Sinn nur festhalten, wenn er nicht nur theoretisch generell die Bestimmung des jeweiligen Satzbaus durch den gemeinten Gedanken fordert.[191] Er müßte auch voraussetzen, daß der Sprecher den auszusprechenden Gehalt zuvor schon genau kennt, so daß er die spezifische Ähnlichkeitsbeziehung der beiden Seiten klar bestimmen kann und nicht darauf angewiesen ist, von der offenkundigen sprachlichen Form vermittelst einer nicht näher bestimmbaren Ähnlichkeitsannahme auf eine gedankliche Struktur bloß mutmaßend zu schließen, gleichsam ins Ungewisse hinein. So klar, daß dies ausgeschlossen wäre, habe ich aber bei al-Farabi jene Voraussetzung nicht ausgesprochen gefunden. Im Gegenteil, sie widerspräche seinen beiden schon zitierten Äußerungen, daß die Begriffe schwer zu erkennen sind und deshalb die sprachlichen Ausdrücke zu Beginn des philosophischen Reflexionsprozesses ihre Stelle einnehmen müssen, bis der Lernende zu den Begriffen überzugehen versteht. Macht man diese Bemerkungen zur Grundlage der Interpretation, dann kann man die Ähnlichkeit oder Entsprechung von Lautgestalt und Vernunftgegenstand nur als eine ideale Projektion, als spekulative Bedingung sprachlich vermittelten Wissens, aber nicht als das Verhältnis von Sprache und Bewußtsein auffassen, wie es jedem vernünftigen Sprecher eigen ist oder mit fortschreitender Reflexion zuteil wird. Denn an welchem Kriterium sollte ein Philosophierender nachweisen, daß er nunmehr der Befangenheit in der Sprache entkommen und zu den reinen Begriffen durchgestoßen ist?

Diesen Verdacht, daß derjenige, der sich auf sein Wissen von den Vernunftgegenständen und -formen beruft, bloß die Bedingtheit seiner Erkenntnisse durch seine Sprache ignoriert, hat as-Sirafi gegenüber den Vertretern der hellenistischen Philosophie deutlich genug erhoben.[192)] Seine eigene Charakterisierung der Vernunftbegriffe als etwas Göttliches, Einfaches, Ewiges entzieht sich jedem Versuch, sprachliche Formen auf sie zu übertragen, und stellt sie eher als etwas dar, was uns in unseren sprachlichen Formulierungen leitet, ohne in dem Resultat dieser Tätigkeit aufzugehen, also sich selber in einem abgeschlossenen Diskurs objektivieren zu lassen.

c) Zur Logik als Organon der Erkenntnis

Allerdings muß nun gefragt werden, ob diese Interpretation durch andere Textstellen bestätigt wird, die nicht nur von dem Verhältnis 'Sprachlaute - Begriffe', sondern auch von der spezifischen Leistung der letzteren handeln. Anhaltspunkte zur Beantwortung gibt as-Sirafi an die Hand, indem er die Rolle des Verstandes in der Auseinandersetzung mit den Erkenntnisansprüchen der Logik bestimmt. So weist er gleich in seiner ersten Entgegnung auf Abu Bischr Matta dessen These zurück, die Logik scheide sowohl die korrekte Rede von der fehlerhaften wie auch den hinfälligen vom gültigen Gedanken: Das Kriterium für die Rede sind die durch den ständigen Sprachgebrauch legitimierten grammatischen Formen, die Gedanken aber prüft und beurteilt der Verstand.[193)]

Auch hier akzeptiert as-Sirafi die schlichte Gegenüberstellung von Sprechen und Denken, seine Kritik an Mattas These richtet sich nur gegen den Anspruch der Logik, über die Korrektheit der Rede und die Wahrheit von Gedanken Auskunft geben zu können, und setzt ihm einerseits die Zuständigkeit der Grammatik für die Sprache und die Urteilsinstanz des Verstandes auf der anderen Seite entgegen. Ein wenig mehr führt er dies letztere gegen Ende des Streitgesprächs aus, indem er den Syllogismus als die vorzügliche Methode zur Erzeugung logischer Wahrheit in dem Fall für überflüssig erklärt, daß jemand von Gott mit einem urteilsfähigen Verstand begabt ist.[194)] Daß er die syllogistische Technik zugleich generell als trügerisch, man kann wohl sagen, als illusionär anprangert, das hat - in Verbindung mit dem zitierten Passus am Anfang der Diskussion - eine Beziehung auf den bis in die hellenistische Philosophie zurückreichenden Irrtum, die Regeln der Logik seien ein hinreichendes Wahrheitskriterium, kantisch gesprochen, ein Organon und nicht bloß ein Kanon der Erkenntnis.

Schon manche Berichte über die Auffassung der frühen Stoa von der Logik kann man so verstehen, daß sie von dem Konzept einer Methode, die in den Sachbereichen Physik und Ethik gleichermaßen anzuwenden ist, zu der Vorstellung von einem methodischen Verfahren überging, das selber aus Prämissen notwendige Folgerungen zieht.[195)] Sehr viel deutlicher ist das Bild bei spätantiken Aristoteleskommentatoren: Zwar findet man angesichts der zwischen Stoikern und Peripatetikern strittigen Frage, ob die Logik ein Teil der Philosophie oder bloß deren Instrument sei, den Unterschied zwischen abstrakt - wie von Aristoteles - aufgestellten und auf bestimmte Inhalte angewandten logischen Formen deutlich formuliert: abstrakt genommen, sei sie Instrument, angewandt Teil der Philosophie.[196)] Aber dieselben Autoren - und nicht nur sie - behaupten auch, die Logik unterscheide das Wahre vom Falschen, ja sogar auch das Gute vom Bösen, und dies, obwohl der eine von ihnen, Ammonius, zuvor den Beweis das jeweilige Unterscheidungsinstrument und die "Zweiten Analytiken" die Lehre von diesem Verfahren genannt hat.[197)] Offensichtlich wird das, was der vornehmste Gegenstand der Logik, der Beweis, für die Sacherkenntnis leistet, der Logik selber zugeschrieben, die nach Thomas von Aquin ihren Gegenstand nicht wie etwas Vorgefundenes betrachtet, sondern durch Überlegen allererst hervorbringt.[198)]

Mit seiner Übernahme des Anspruchs, die Logik sei ein - hinreichendes - Unterscheidungsinstrument zwischen Wahr und Falsch, steht Matta unter den arabischen Philosophen nicht allein. Entsprechende Bemerkungen findet man bei al-Farabi, as-Sigistani und am weitestgehenden bei Yahya ibn'Adi, dem Schüler und Nachfolger Mattas in der Philosophenschule von Baghdad.[199)] Er argumentiert, wenn Gegenstand der Logik die Allgemeines bedeutenden Ausdrücke und Zweck der Logik sei, denselben die Form des Beweises zu geben, dann könne die Logik nichts anderes tun als die Ausdrücke so zusammenzusetzen, wie sich die von ihnen bezeichneten Dinge verhalten, weil der Beweis notwendig wahr sei und Wahrheit eben nur derjenigen Verbindung von Ausdrücken zukomme, die dem Zustand der bedeuteten Dinge entspricht.[200)] Damit ist die Logik, wie sie vermittelst der Leistung ihrer Verfahren in inhaltlich bestimmten Zusammenhängen begriffen wird, gleichsam an ihr Ende gekommen: Die ihr zugeschriebene Funktion, Wahrheit - uneingeschränkt und unbedingt - zu sichern, verdrängt gleichsam das Spezifikum der Logik, Formen des Denkens als solche bewußt zu machen, aus ihrem Begriff und eliminiert schließlich allen Unterschied zu wahren allgemeinen Gedanken, d.h. zu allgemeinen Erkenntnissen. Nicht einmal konsequent als Wissenschaft hat Yahya ibn'Adi die Logik definiert, denn der Genusbestimmung, sie sei eine Kunstfertigkeit (sina'a = techne), folgt eine spezifische Differenzierung, der die Wissensmomente Begründung und Gewißheit fehlen, nämlich: diejenige (Fertigkeit), die sich mit den Allgemeines bedeutenden Ausdrücken beschäftigt, um sie entsprechend der Art und Weise zusammenzusetzen, in der die bedeuteten Gegenstände sind.[201)]

as-Sirafi schließt an seine Entgegnung, es sei der Verstand, der die falsche von der wahren Meinung scheidet, seinen Kommentar zu dem gängigen Bild der Waage an, daß sie weder das Wesen noch die Eigenschaften des Gewogenen, abgesehen von seinem Gewicht, erfaßt, daß es außerdem neben dem Wiegen auch noch andere Meßverfahren für andere Dinge gibt und daß schließlich die so demonstrierte Beschränktheit eines speziellen Maßsystems für Sinnendinge ebenso für das logische Abwägen ihrer vernünftigen Urbilder gelten muß.[202)] Er greift einen Vergleich der Philosophen auf, mit dem sie die Logik als hinreichendes Wahrheitskriterium veranschaulichen wollen, und wendet ihn auf der Bildebene zum gegenteiligen Resultat; wie nebenbei führt er seinem Gegner vor, daß ein in seinem eigenen Zusammenhang gewürdigtes Bild die Erkenntnis mehr voranbringt als die Wiederholung begrifflicher Formeln. So kommt er in kritischer Absicht zu einem Aristoteles adäquateren Begriff von der Logik als manche spätantiken und arabischen Aristoteleskommentatoren. Zugleich denunziert er das Bemühen der Philosophen, der Logik eine unmittelbare Funktion für Sacherkenntnisse zuzuschreiben, als aussichtslosen Versuch, den Abstand der abstrakten Logik zum inhaltlich bestimmten Denken des Verstandes verschwinden zu lassen. Aus der Perspektive seiner Kritik scheinen die Philosophen mit dem beschränkten Instrumentarium der Logik das leisten zu wollen, was allein der viel umfassender zu begreifende Verstand vermag.

Diese Erweiterung des Begriffs vom Verstand und vom Denken über den logischen Apparat hinaus hat den theoretischen Preis, daß as-Sirafi damit keine Methodenlehre mehr verbinden kann, wie sie die Philosophen mit der Logik anboten. Die Fähigkeit, Wahrheit zu entdecken bzw. Wahres von Falschem zu unterscheiden, versteht as-Sirafi zunächst, wenn auch nicht ausschließlich, nicht als Resultat einer formalen Bildung, sondern als eine den Menschen von Gott in unterschiedlichem Maß verliehene Begabung, die er an der schon zitierten Stelle nur mit verschiedenen Termini wie "treffendes Urteil, feine Spekulation, durchdringende Einsicht" umschreiben kann.[203] Die Logik erscheint ihm so partikulär, ja marginal, sofern sie nicht nur auf der griechischen Sprache beruht, sondern sogar die Schöpfung nur eines umstrittenen Autors ist,[204] daß er sie nicht einmal als Bezugsgröße ins Auge faßt, von der er seinen Begriff vom Verstand präzis absetzen könnte, daß dieser nämlich wesentlich Urteilskraft ist. Stattdessen betont er deren individuellen Charakter als Talent, das er auch in einem anderen Kontext einen natürlichen, ursprünglichen Unterschied zwischen den Menschen nennt, den keine erlernbare Technik wie die Logik aufheben kann.[205]

Dadurch gerät seine Auffassung von Denken und Verstand in die Gefahr, mit der Ablehnung des formallogischen Apparats als eines Inbegriffs des Erkenntnisvermögens eine grundlegende Errungenschaft der griechischen Aufklärung zu verkennen und zu übergehen, die Anerkennung nämlich aller Menschen als insoweit gleiche

Vernunftwesen. Wie schon eingangs hinsichtlich des Verhältnisses von Sprachbewußtsein und politischer Macht bemerkt, kann man auch hier erkennen, daß eine über Generationen hinweg ausgearbeitete philosophische Tradition, die sich nicht mehr mit ihren früheren Beweggründen und Entdeckungen produktiv auseinandersetzt, gegenüber einer Kritik unterlegen ist, die ungeachtet ihrer Berechtigung - sofern sie von jener Tradition vernachlässigte Momente wieder zur Geltung bringt - doch im übrigen hinter einstige Errungenschaften derselben Tradition zurückfällt. Es kommt dann nicht zu der philosophisch ergiebigeren Konfrontation der Kritik mit den ursprünglichen Ansätzen der von ihr angegriffenen Philosophie.

d) Sprachfreies Denken?

Ebenso wie die Philosophen meint as-Sirafi mit dem Verstand dasjenige Vermögen, das den Menschen eine Beziehung auf die einfachen Begriffe oder Ideen vermittelt;[206] insofern kann man sagen, daß mit der Erörterung des Verstandes mittelbar auch die Leistung der ihn leitenden, reinen Begriffe erklärt wird. Allerdings entwickelt as-Sirafi keine Theorie davon, wie sich der Verstand an diesen Begriffen orientiert, und ganz generell keine Konzeption des Verstandes, sondern handelt nur vom Verhältnis des Denkens zum Sprechen. Dabei scheint er an zwei Stellen der Vorstellung der Aristoteleskommentatoren von einem Denken nahezukommen, das sich unabhängig von den je partikulären Sprachen und ihren Beschränkungen unmittelbar auf rein intelligible Gehalte richtet.

Einmal will er ein Mißverständnis ausschließen, das seine Behauptung auslösen könnte, Matta benötigte eher ein Studium der arabischen Sprache als die Beschäftigung mit den griechischen Begriffen.[207] Das solle nicht heißen, so fährt er fort, daß es griechische oder indische Begriffe gibt, wie die Sprachen nach den einzelnen Nationen verschieden sind. Außerdem meine Matta ohnehin, daß der Verstand durch Nachdenken zu den Begriffen gelange - so blieben ihm zu lernen nur die Regeln der Sprache. - Zunächst kann man sagen, daß diese Passage nicht unbedingt mit der schon zitierten Frage unvereinbar ist, was Matta von der Veränderung von Begriffen durch die Übersetzung von einer Sprache in eine andere halte.[208] Denn die Begriffe sollen bloß nicht in demselben Sinn wie die Sprachen zwischen den partikulären Sprechergemeinschaften differieren, die Rede von den griechischen Begriffen, mit denen sich Matta in unrealistischer Einschätzung seiner Bedürfnisse befasse, soll dadurch aber nicht vollends zurückgenommen werden. Offensichtlich meint as-Sirafi in beiden Texten eine gewisse Abhängigkeit von den einzelnen Sprachen, eine Abhängigkeit, die begriffliche Differenzen im Denken der Völker im Verhältnis zu ihrer Sprachverschiedenheit nur abgeschwächt hervortreten läßt.

Nun liegt auf der Hand, daß hier von Begriffen in einem anderen Sinn die Rede ist, als wenn sie als einfache Orientierungseinheiten und Ziele des sprachlichen Bemühens betrachtet werden. Diese sind unveränderliche Voraussetzungen des sprachlichen Denkens und Redens, hier aber muß as-Sirafi dessen Resultate meinen, also Begriffe, die wir uns, modifiziert unter dem Einfluß unserer jeweiligen Sprache, bilden; er selbst macht diese Differenz nicht eigens deutlich. Auch was er als Mattas Meinung unterstellt, bezieht sich auf die Gewinnung von Begriffen, also auf einen Erkenntnisprozeß und sein Resultat: Daß man durch Überlegen auf Begriffe komme, das versteht as-Sirafi, wie der Zusammenhang zeigt, im Unterschied zu einem durch Regeln vermittelten Wissensfortschritt, wie ihn die wissenschaftlichen Disziplinen Logik und Grammatik enthalten. Matta selbst, so lautet das Argument, führe die Begriffe auf die ursprüngliche menschliche Vernunftkompetenz zurück und mache sie damit gerade nicht von den Regeln der Logik abhängig, die man wie eine spezielle Technik erlernen muß; so widerspreche er seiner eigenen These, nur die Kenntnis der Logik ermögliche die Scheidung des Wahren vom Falschen, also Erkenntnis. Wenn Matta so denke, könne er selbst nur noch eine durch Erlernen von Regeln zu erwerbende Kompetenz anerkennen, nämlich die durch die Grammatik vermittelte vollkommene Ausdrucksfähigkeit. Es mag dahingestellt bleiben, ob diese Kritik Matta wirklich trifft, ob er also eine vorwissenschaftliche Begriffsbildung voraussetzt, wenn er etwa davon spricht, daß die Logik die erkennbaren Begriffe untersuche.[209] - Deutlich ist jedenfalls, daß as-Sirafi hier lediglich seine eigene Auffassung von der Erkenntniskompetenz des Verstandes, wie er sie zu Anfang des Streitgesprächs formuliert hatte, Matta zuschreibt, um den Philosophen selbst als unfreiwilligen Zeugen für die Überflüssigkeit der Logik und den Nutzen der Grammatik benennen zu können.

Den zweiten Text, der die Möglichkeit sprachfreien Denkens zu enthalten scheint, kann man nicht so weitgehend mit Hilfe einer schon vorgetragenen Argumentation interpretieren. as-Sirafi wendet sich hier gegen Mattas These, der Grammatiker befasse sich nur mit dem Sprachlaut, ohne die Bedeutung zu berücksichtigen, und der Logiker nur mit der Bedeutung, ohne auf ihren Ausdruck zu achten:[210] Das wäre richtig, wenn der Logiker über die Bedeutungen bloß nachdächte und nichts als seine privaten Einfälle ordnete, falls er aber seine Überzeugungen anderen erklären wolle, müsse er sich um einen angemessenen Ausdruck für sie bemühen. - Um zu zeigen, daß auch der Logiker die gesprochene Sprache nicht entbehren kann, konstruiert as-Sirafi einerseits einen Fall, den er selbst für unwirklich hält, daß nämlich der Logiker ohne Bezug auf Kommunikation nachdenke, und bestimmt andererseits die Funktion der Sprache ausschließlich als Mitteilung, Darlegung dessen, was für den Logiker selbst schon feststeht. Danach scheint man das Denken auf zweierlei Weise als unabhängig vom Sprechen betrachten zu können, nämlich im Gedankenexperiment eines rein privaten Überlegens und mit Bezug auf die deutlich ausgesprochene Unterscheidung einer subjektiven Überzeugung von ihrer Mitteilung und Erläuterung gegenüber anderen.

Nach meiner Ansicht ist es nicht bündig auszuschließen, daß die zitierte Stelle diese Konsequenz impliziert und damit anderen Äußerungen as-Sirafis widerspricht, am deutlichsten seinen Anmerkungen zum Übersetzen, in denen er den Einfluß jeder besonderen Sprache auf das Denken klar vertritt. Einleuchtend zu machen ist aber doch, daß es dem Philologen nicht auf diese prinzipielle theoretische Behauptung ankam, sondern viel spezieller auf das Verhältnis des Logikers zur Sprache: Als Logiker ist er Lehrer einer Disziplin und ihr Vertreter gegenüber ihren Kritikern - wie in dem gegenwärtigen Gespräch -, das heißt, er vollzieht seine Bestimmung wesentlich durch die Sprache und nicht in reinen Begriffen, wie er vorgibt. Deshalb ist die Vorstellung eines rein privaten Überlegens kein Gedankenexperiment in theoretischer Absicht, sondern ein nur um der Verdeutlichung willen gewähltes Gegenbild zur wirklichen Tätigkeit des Logikers. Und die Unterscheidung der bloß gehabten Überzeugung von ihrer Mitteilung ergibt sich aus der Absicht, den kommunikativen Charakter der Wissenschaft 'Logik' hervorzuheben, ohne daß die Unterscheidung selber wieder in einer zweiten Reflexion problematisiert würde. So kann man die Stelle als eine Bekräftigung des auch sonst gegebenen Hinweises verstehen, der Logiker brauche bloß auf sein reales Tun zu achten - statt auf ein abstraktes Modell von den Gegenständen seiner Wissenschaft -, um sich seiner Angewiesenheit auf eine partikuläre Sprache bewußt zu werden; den Effekt, daß dabei auch von sprachunabhängigen oder vorsprachlichen Gedanken die Rede ist, würde man dann als von as-Sirafi nicht intendiert ansehen.

Wenn diese Interpretation angemessen ist, handelt der zuletzt besprochene Text seiner unmittelbaren Aussage nach gar nicht von dem Verhältnis von Sprechen und Denken im allgemeinen. Die anderen Texte aber, die die traditionell philosophische Unterscheidung des sprachlichen Ausdrucks von seiner Bedeutung aufgreifen, lassen umrißhaft ein Verständnis des Zusammenhangs von Begriff und Sprache erkennen, das von der Konzeption der Aristoteleskommentatoren erheblich abweicht: Begriffe - oder Bedeutungen, Ideen - sind einerseits einfache, ewige Vernunfteinheiten, an denen wir uns vermöge unseres Verstandes orientieren, wenn wir eine Frage richtig beantworten wollen, und sie sind andererseits die Gedanken, auf die wir uns bei dieser Antwort festlegen. Begriffe in dem ersten Sinn transzendieren sowohl die sprachlichen Formen wie auch das logische Regelsystem. Im Hinblick darauf kann man in philosophiegeschichtlicher Perspektive sagen, daß as-Sirafi mit seiner andeutungsweisen Übernahme des neuplatonischen Gedankens von einer intelligiblen Welt (kosmos noetos) den Unterschied zwischen Vernunft und Sprache prinzipieller gefaßt hat als die an Aristoteles orientierten Autoren.

Da das aber nur für ein Moment des Denkens und Erkennens zutrifft, für das, was ihm als sein Ziel, als Wahrheit vorschwebt und es dadurch ermöglicht, ergibt sich gleichsam ein Freiraum für einen Einfluß der Sprache auf den intellektuellen Prozeß, mit dem ein jeder Nachdenkende sich jenem Ziel zu nähern sucht, ein Freiraum, von dem as-Sirafi durchaus andeutet, wie er theoretisch auszufüllen ist. Deshalb kann man sagen, daß as-Sirafi mit seiner Übernahme der schematischen Scheidung von Sprachausdruck und gedachter Bedeutung seine umfassendere Konzeption der Sprache nicht preisgibt, wie es zunächst den Anschein hat. Vielmehr bestimmt er der Sprache einen Ort in derjenigen philosophischen Erkenntnistheorie, die mit der pointierten Abhebung ewiger Vernunftbestimmungen von den Begriffen des diskursiven Verstandes - anders als Aristoteles - die Unentbehrlichkeit der Sprache für unser verständiges Denken zu vertreten und aufzuweisen mindestens ermöglicht.

3. Sprache als Bedingung endlichen Wissens

as-Sirafi hat die Erkenntnisfunktion der Sprache betont im Gegensatz zu dem leitenden Wissensmodell der antiken - und aller von ihr abhängigen - Philosophie ausgesprochen: Bald nach Beginn des Streitgesprächs begründet Matta seine These über die Gleichheit der Begriffe aller Menschen mit der allgemeinen Gültigkeit des Satzes: 4 + 4 = 8.[211)] Den Rekurs auf die Mathematik weist as-Sirafi umgehend als Betrug zurück, weil die Theorie von Wissen und Erkennen damit an der menschlichen Realität des Dissenses vorbeiführe und den Sonderfall einer Klasse unmittelbar einleuchtender und deshalb unstrittiger Aussagen zum Typus von Erkenntnis überhaupt erhebe.[212)]

Diese Kritik führt das zuvor schon entwickelte Argument gegen die Logik als allgemeines Wahrheitskriterium fort, das Argument, geradeso wie eine Waage erfasse auch die Logik nur einen abstrakten und zudem partikulären Aspekt der Gegenstände des Denkens. Wie die Leistung der Logik als Methode des Wissens hinter ihrem umfassenden Anspruch zurückbleiben muß, so taugt auch das Wissensideal der Philosophen, die Mathematik, nicht als Paradigma einer allgemeinen Wissenstheorie, weil die Mathematik über ein Problem immer schon hinaus ist, das die Möglichkeit von Wissen selber betrifft, daß nämlich der Wahrheitsanspruch unablässig für kontroverse Meinungen erhoben wird, und zwar ohne konkrete Aussicht auf ihre Harmonisierung. Von der Philosophie für die Möglichkeit von Wissen angeführt, erweisen sich die Erfolge von Logik und Mathematik insoweit als Schein, als sie auf der Abstraktion dieser Wissenschaften von all den Erkenntnismomenten beruhen, die ähnlich erzielbare Erfolge auf lebenspraktisch wichtigen Wissensgebieten wie Religion und Recht vereiteln und deshalb die Wahrheitssuche zu anderen Wegen nötigen.

Die Grundlage dieser Alternativen ist für as-Sirafi - ganz übereinstimmend mit dem Kanon der islamischen Wissenschaften - die Reflexion auf die Sprache, weil man nur durch sie zu Erkenntnissen und Begriffen gelange.[213] Wenn die Reduktion der Sprache auf Folgerichtigkeit und die Verengung der Bedeutungen auf quantitative Verhältnisse zur Begründung einer allgemeinen wissenschaftlichen Methode nicht taugen, muß man beides rückgängig machen, also von der gesprochenen Sprache in der Konkretion aller ihrer Momente ausgehen. Das ist die Sprache, in der Dissens und Kontroverse entstehen - und auf deren Grundlage sie nach as-Sirafi auch gelöst werden müssen[214] -, die Sprache des wirklichen menschlichen Lebens, auf die deshalb auch Mathematiker und Logiker zurückgreifen müssen, wenn sie anderen einen Zugang zu ihrer Wissenschaft vermitteln wollen. as-Sirafi plädiert dafür, daß sich die Reflexion auf Möglichkeiten und Methoden der Erkenntnis dieser Einsicht in die Unübergehbarkeit der gesprochenen Sprache stellen soll.

Allerdings schließt er an der jetzt interpretierten Stelle nicht explizit aus, daß man die Unentbehrlichkeit der Sprache zur Erkenntnis im Sinne al-Farabis verstehen, also nur auf eine erste Phase des Erkenntnisprozesses beziehen kann. Mahdi hat as-Sirafi sogar grundsätzlich genauso verstanden, bloß daß as-Sirafi nicht den fortgeschrittenen Philosophen, sondern den islamischen Theologen und Rechtsgelehrten zuerkenne, die in der Sprache erfaßbare Form der Wahrheit überwunden und ihren Verstand zum unmittelbaren Erkennen der reinen Vernunftideen gebildet zu haben.[215] Nun drückt sich as-Sirafi an der von Mahdi so verstandenen Stelle keineswegs derart präzise aus, sondern lobt die Methoden und Erkenntnisse der islamischen Gelehrten mit Worten, die über die Alternative 'sprachgebunden - sprachtranszendierend' nichts für mich erkennbar entscheiden. Deshalb möchte ich anhand weiterer Textpassagen Klarheit über die Frage zu gewinnen suchen, ob as-Sirafi das sprachbedingte Erkennen für eine überschreitbare Stufe hielt.

Am genauesten stellt er die an der Sprache orientierte Erkenntnis dar, um den Sinn der Philologie, der Bildung zum guten

Sprechen, darzulegen:[216] Sie ist der Lernprozeß, einerseits (a) Lautgebilde und Bedeutungen aufeinander genau abzustimmen und andererseits (b) die Bedeutung von Ausdrücken mit verschiedenen Methoden zu erhellen. Nach seinen beiden Seiten geht dieser Lernprozeß - wenn auch in unterschiedlicher Weise - vom wirklichen Sprechen aus, ohne daß as-Sirafi auch nur mit einem Wort andeutete, dieser Horizont könne unter angebbaren Bedingungen verlassen werden.

a) Sprachliche Bildung soll als erstes heißen: Verstehen, was man selber sagt.[217] Gibt man dem nicht von as-Sirafi selbst überlieferten Text dennoch sein mögliches sachliches Gewicht, dann wird mit diesem Satz der gängigen Vorstellung der von Aristoteles beeinflußten Philosophen widersprochen, die Sprache drücke mehr oder weniger gut zuvor schon konzipierte Gedanken aus, sei nichts als ein nachträgliches Zeichen für dieselben. as-Sirafi nimmt gerade umgekehrt an, daß wir sprechend noch nicht angemessen wissen, was unsere Rede bedeutet. Verständlich wird dieser Ansatz angesichts der Art, wie er das Verhältnis des Sprechers zur Sprache denkt: Er wird in die Sprache hineingeboren, er erbt das Sprechen wie andere menschliche Handlungsweisen, aber reflektiert bewußten Sinn und genaue Bedeutung muß er sich selbst kritisch aneignen.[218]

Hier wird die Natürlichkeit der Sprache, die as-Sirafi zunächst angesichts der Vergänglichkeit und Materialität der Sprachlaute vom intelligiblen, göttlichen Charakter der Begriffe abgehoben hatte,[219] unter dem anderen Aspekt bedeutsam, daß man Sprache nicht bewußt lernt, sondern vermöge einer entsprechenden Anlage von der Gesellschaft, in der ein jeder als Kind aufwächst, als eine fest etablierte Gewohnheit übernimmt.[220] as-Sirafi charakterisiert diesen Prozeß, mit dem man in eine Sprachgemeinschaft hineinwächst, nicht näher, insbesondere nicht als ein Nachahmen von Sprechhandlungen - dies Letztere offenkundig schon deshalb nicht, weil er den Erwerb der Muttersprache gerade vom

Erlernen der Logik absetzen will, das er als blindes, unkritisches Nachahmen darstellt.[221] Dennoch hat er den entscheidenden Schritt getan, das Sprechen als ein gesellschaftlich bedingtes Handeln, das deshalb in verschiedenen Gesellschaften auch verschieden vollzogen wird, vor dem Nachdenken über die begrifflichen Inhalte anzusetzen, die man sprechend meint oder im Reden miteinander beansprucht.[222]

Wenn as-Sirafi die Sprache als eine eher natürlich als reflexiv erworbene Handlungsweise versteht, läßt er sich dadurch nicht zu einer schematischen Trennung des natürlichen Sprechens vom vernünftigen Nachdenken und Folgern verleiten, wie man sie später bei as-Sigistani angedeutet findet,[223] wie sie aber dem weitgefaßten Sprachbegriff as-Sirafis nicht gerecht würde. Zwar unterscheidet dieser die Reflexion auf die Bedeutungen, sofern sie ein Nachdenken des Verstandes ist, vom ursprünglichen Spracherwerb in der Gemeinschaft der Sprechenden.[224] Aber dies Nachdenken bewegt sich ganz im Horizont der Sprache, die immer schon Äußerung und Verstehen von Gemeintem ist, es sucht nichts anderes genau zu erfassen als das, was man im sprachlichen Handeln auch zuvor schon ausgedrückt, aber, vor allem aufs Handeln konzentriert, nicht eigens bedacht hat; deshalb ist dies Nachdenken für as-Sirafi Philologie und nicht Logik im Sinn einer von der Sprache abgehobenen reinen Verstandesreflexion.[226] Das heißt, obwohl das Sprechen fast naturhaft wie ein bestimmtes Verhalten übernommen wird, enthält es in sich die Potenz zur Reflexion und Selbstaufklärung, weil es von vornherein eine nicht nur naturhaft bedingte, sondern auch verständige Tätigkeit ist. Deshalb bilden die unmittelbar erworbene Sprache und das Nachdenken über ihre Bedeutungen für as-Sirafi die hinreichende Grundlage für die wissenschaftliche, kritische Suche nach der Wahrheit, die ebensowenig wie der Verstand eine außersprachliche Instanz sein kann.[226] Und weil die Sprache das einem jeden ursprünglich eigene Medium seiner geistigen Tätigkeit ist, kann derjenige, der seine Forschungen bewußt an ihr orientiert, selbständig und deshalb auch kritisch vorgehen, während die Übernahme der fremden Logik als Methode zur blinden Nachahmung zwingt.

Hält man diese Auszeichnung der philologischen Methode mit der oben (S. 347f) erwähnten Fixierung der Sprache durch as-Sirafis Theorie zusammen, dann erkennt man in derselben ein Sprachverständnis, das uns zwiespältig erscheint, sofern die Sprache einerseits als Ort fester Regeln und semantischer Verhältnisse ohne Entwicklungsmöglichkeit und andererseits als das Element kritischen, autonomen Fragens und Forschens aufgefaßt wird. Da as-Sirafi auch zu diesem sprachtheoretischen Problem sich nicht erklärend äußert, würde man ihn gern fragen, ob er vielleicht die immanente Unbeweglichkeit der sprachlichen Strukturen, die im übrigen schon die theoretische Konsequenz einer auf heiligen Texten basierenden Kultur ist, geradezu als Voraussetzung für die freie Selbstbewegung eines jeden Sprechers angesehen hat, der reflektierend den Sinn genau erkennen will, den er in seiner Sprachpraxis voraussetzt und gleichsam gebraucht.

Zu dem, was wir für theoretische Bedingungen von as-Sirafis Sprachauffassung halten, was er selbst aber nicht einmal erwähnt, gehört auch das Verständnis von der Sprache als der Grundlage der einzigen uns zugänglichen Weltansicht, denn ohne eine solche Voraussetzung wäre nicht einzusehen, wie die Reflexion auf die Sprache der Logik als - deshalb - allgemeine Methode der Forschung gegenübergestellt und dieser vorgezogen werden kann. Allgemein ist as-Sirafis Methode in dem Sinn, daß sie nicht auf die Sprache als einen besonderen Gegenstand beschränkt wird, sondern in diesem Gegenstand der Reflexion geradeso wie Logik alles sprachlich Denkbare erreicht.[227] Keineswegs dagegen sucht die Grammatik als der Logik unmittelbar entsprechende Strukturwissenschaft deren angebliche Allgemeingültigkeit für alle Menschen zu erreichen, sondern sie kann immer nur die einer bestimmten Sprache eigenen Strukturen aus dieser herausheben und ist insofern nur die Logik einer partikulären Betrachtungsweise der Realität.[228)]

Worin die Reflexion des Philologen auf die immer schon verwendeten Bedeutungen und seine methodische Bildung bestehen, das deutet as-Sirafi seinen eigenen Worten nach nur in fragmentarischer Weise an.[229)] Es ist zunächst die wechselseitige Abstimmung von Ausdruck und Bedeutung aufeinander.[230)] Wenn dadurch vermieden werden soll, daß der sprachliche Ausdruck über den gemeinten Sinn hinausgeht, so heißt das, daß as-Sirafi auf die Überwindung unpräzisen Sprechens abzielt, weil er den dominierenden sprachlichen Fehler in der Verwendung zu allgemeiner Ausdrücke zu sehen scheint.[231)] Von der Denkweise des Aristoteles und seiner Schule setzt er sich dadurch klar ab, daß er Präzisierung nicht einsinnig als eine Anpassung der Ausdrücke an das jeweils Gemeinte betrachtet, sondern sie auch umgekehrt in der Orientierung des gemeinten Sinnes an der Ausdrucksfähigkeit der Sprache sieht.

Da auch hier jede Erläuterung fehlt, kann man interpretierend auf as-Sirafis Grundsatz verweisen, daß jedermann seine Begriffe nur anhand der Sprache bilden kann, in die er hineingeboren wird,[232)] so daß eine Idee, die dem Nachdenkenden vage vorschweben mag, begriffliche Bestimmtheit erst durch eine Formulierung gewinnt, die dem Sprachgebrauch angemessen ist - eine Konsequenz, die jeder sprachlich Reflektierende bei sich selbst überprüfen kann. Welches aber der Sprachgebrauch, d.h. die einer Sprechergemeinschaft geläufige Bedeutung der Sprachlaute jeweils im Einzelfall ist, das soll wohl auf der Grundlage der ständigen Weitergabe der Sprache in der Praxis mit den Methoden der islamischen Sprachwissenschaftler erforscht werden, die Belege darüber sammeln, wie klassische Texte und einzelne Sprecher, die als zuverlässige Zeugen gelten können, bestimmte Ausdrücke verwenden.[233)] Diese empiristische Methode stimmt mit derjenigen der griechischen Grammatiker und Mediziner überein, die über die Schule von Alexandria die islamische Sprachwissenschaft beeinflußt haben.

b) Schon die semantische Reflexion in dem dargestellten Sinn hat nicht nur ein besseres Selbstverständnis des Sprechers zum Ziel, sondern auch seine Fähigkeit, anderen gegenüber einen Sachverhalt unmittelbar festzustellen.[234)] Während hier einfach vorausgesetzt wird, daß der Gesprächspartner den entsprechenden sprachlich vermittelten Gegenstand erkennt - eine notwendige Bedingung für das wirkliche Gelingen der Verständigung -, nennt as-Sirafi in einem zweiten Schritt Verfahren, durch die Erläuterung eines Begriffs einem andern zu neuer Erkenntnis zu verhelfen. Das ist einmal die unmittelbare Erklärung, die besonders gravierenden Verständnisschwierigkeiten abhelfen soll.[235)] Man könnte erwarten, daß as-Sirafi sie von der Definition der Philosophen absetzt, aber er verzichtet auf jede nähere Charakterisierung, vielleicht auch deshalb, weil er eine andere Methode höher bewertet. Dies ist eine durchweg indirekte Umschreibung des Gemeinten mit unterschiedlichen sprachlichen Mitteln wie ergänzendem Hinweisen, Synonymen, Metaphern und rhetorischen Künsten, und der Vorzug all dieser Methoden ist, daß sie das Gemeinte bloß andeuten und deshalb nur in Verbindung mit einem von großem Interesse angetriebenen eigenen Bemühen des Zuhörers dessen Erkenntnisfortschritt bewirken; gerade das erhöht für as-Sirafi den Wert des schließlich Erkannten.[236)]

In diesem Kontext geht as-Sirafi zwar von einem Begriff aus, den dann eine Person zur Sprache bringen soll, als geschehe das nachträglich. Aber abgesehen von der auch hier mitzudenkenden Voraussetzung, daß derselbe Begriff nicht ohne die Sprache gebildet worden sein kann, wird nun die Sprache insofern Grundlage des skizzierten Erkenntnisprozesses, als dieser intersubjektiv ist. Ob as-Sirafi Erkenntnis als Reflexion auf den semantischen Gehalt der zuvor bloß gebrauchten Sprache oder ob er sie als Unterweisung bzw. Anregung eines Menschen durch einen anderen darstellt, in beiden Fällen findet die Erkenntnis, wenn man so sagen kann, ihren Anhalt an der schon zuvor gesprochenen und unthematisch verstandenen Sprache. Wenn dieses Verhältnis von Sprache und Erkenntnis für as-Sirafi wesentlich ist, wie es mir die verschiedenen Texte im Zusammenhang zu zeigen scheinen, dann fehlt der systematische Ort für die von Mahdi angenommene Loslösung des Wissens und Forschens von der Sprache.

Der spezifische Beitrag der referierten Stelle besteht jedoch in zweierlei: Im Zusammenhang intersubjektiver Erkenntnis bringt sie den Reichtum sprachlicher Formen, den Platon und Aristoteles unter grundsätzlicher Mißbilligung bzw. Abwertung in die Rhetorik und Poetik abgedrängt hatten, wenigstens anhand von Beispielen wieder affirmativ mit dem Wissensfortschritt in Verbindung. Sie gibt dabei sogar den indirekten Weisen, jemandem etwas zu bedeuten, gegenüber der unmittelbaren Erklärung der Sache den Vorzug, weil sie die selbständige intellektuelle Aktivität des Angesprochenen fordern und nicht zurückdrängen. Auch hier erscheint wieder die ursprünglich vertraute Sprache als Ort intellektueller Selbständigkeit, jetzt nicht als Voraussetzung kritischer Bedeutungsanalysen, sondern sofern sie, statt Gedanken unmittelbar in Laute umzusetzen und zu transportieren, vielmehr zu ihnen in ganz unterschiedlicher Weise anregt.

Weil der Gedanke, den jemand auf eine solche Anregung hin selbst entwickelt, für ihn und überhaupt erfreulicher und wertvoller als die bloße Entgegennahme einer Instruktion ist, geht as-Sirafi davon ab, die Adäquatheit gegenüber dem unmittelbar sachorientierten Gedanken zum Bewertungsmaßstab des sprachlichen Ausdrucks zu machen, wie es sich aus dem Sprachbegriff des Simplicius ergibt.[237)] Er kehrt diesen Maßstab sogar um und bewertet den inadäquaten Sprachlaut höher, weil er das eigene Nachdenken des Zuhörers freisetzt. Diese These wird durch as-Sirafis Verhältnisbestimmung von Sprache und Begriff möglich, daß kein sprachlicher Ausdruck die Idee, die uns als Vernunftwesen vorschwebt, angemessen repräsentieren kann, sondern uns nur zur Bildung eines Begriffs verhilft, der ebenfalls hinter der Idee zurückbleibt, wenn er auch nicht so stark durch die nationale Besonderheit geprägt ist wie die Sprache. Denn damit ist einerseits klar, daß es keinen absolut adäquaten Ausdruck geben kann - ob man von dem relativ angemessensten wissen kann, bleibt mindestens fraglich -, so daß es unter den verschiedenen Sprachformen nur um graduelle Differenzen der Inadäquatheit gehen kann, und ist auf der anderen Seite mit der Vernunft eine subjektive Instanz des Zuhörers bezeichnet, die ihm den bloßen Hinweischarakter der indirekten Ausdrucksformen bewußt macht, ihn also daran hindert, z.B. das Bild für die gemeinte Sache selbst zu halten.

as-Sirafis eigener Maßstab ist an dieser Stelle unverkennbar die Förderung selbständiger Überlegungen beim Zuhörer, oder allgemeiner, wenn man den Vorschlag hinzunimmt, zu schwer zu bildende Begriffe doch präzise und unmittelbar zu erklären, der Erkenntnisstand und die konkreten Möglichkeiten des Zuhörers, Fortschritte zu machen. Gerade weil diese Orientierung am Gesprächspartner und seiner intellektuellen Emanzipation auch das sokratische Gespräch kennzeichnet, kann man as-Sirafis Konzept eines Erkenntnisfortschritts im Gespräch als Kritik an dem Wissensbegriff lesen, den Platon und Aristoteles aus dem sokratischen Ansatz entwickelt haben: Sie haben das, was ihnen als der Begriff der Sache galt und was sie deshalb aller Rede schlechthin glaubten zugrunde legen zu müssen,zugleich mit einer strikten Beschränkung der sprachlichen Form nach den Gesichtspunkten von Klarheit und Eindeutigkeit gewonnen und dazu alle bloß andeutende und mittelbar umschreibende Rede welcher Art auch immer ausgegrenzt. Mit diesem Versuch, sophistische Manipulationen und poetische Unbestimmtheit zu überwinden, nahmen sie aber auch den sprachlichen Formen des sokratischen Gesprächs den Platz in der Theorie, die nun als wissensrelevante Redeform nur noch die unmittelbare Mitteilung eines Begriffs oder Sachverhalts bzw. dessen Begründung, also Definition, Urteil und Beweis übrigläßt.

as-Sirafi weist nun gleichsam darauf hin, daß der Angesprochene durch diese Sachorientierung der Rede eine andere, geringere Stellung erhält, daß er als bloßer Rezipient gedacht werden muß, der bzw. dessen Interesse und Fähigkeiten auf die Gestaltung der Rede keinen Einfluß haben. Wieviel Rationalität und dadurch aufklärerisches Potential das antike, dem Mittelalter überlieferte Wissenskonzept auch enthalten haben mag, as-Sirafi hält ihm mittelbar vor, daß es in der Form der Rede die emanzipatorische Absicht, die Sokrates mit seiner Suche nach rationaler Begründung (logon didonai) verbunden hatte, nicht realisiert, weil es den Zuhörer - vorsichtig gesagt - weniger als möglich zum Selberdenken anzuregen vorsieht, ja in seinen Grundzügen ihn überhaupt nicht mehr berücksichtigt. - Dagegen schlägt as-Sirafi ein Wissen vor, das von der Sprache ausgeht und deshalb nicht nur auf die Analyse von Bedeutungen und grammatisch-logischen Strukturen abzielt, sondern vermittelst dessen sowie der Kenntnis vielfältiger Sprachformen auch auf die Fähigkeit zum Gespräch mit anderen, und zwar je nach deren Erkenntnisstand zu ihrem größten theoretischen Nutzen.

Daß as-Sirafis Wissensbegriff von der Sprache ausgeht, das bedeutet einen prinzipiellen Rekurs auf die besonderen Sprecher und Hörer auch noch in einem anderen Sinn. Die Opposition gegen die aristotelische Logik als Repräsentantin des klassisch antiken Anspruchs auf verbindliches Sachwissen veranlaßt den islamischen Philologen, wie oben (S. 367,373) schon erwähnt, über die Anerkennung von verschiedenen Stufen eines gemeinsamen Erkenntnisprozesses hinaus viel radikaler die Unterschiede in der individuellen Begabung, die Verschiedenheit der intellektuellen Nationalcharaktere und die Divergenzen der Meinungen für natürlich und damit unaufhebbar zu erklären.[238] Soweit as-Sirafi sich für diese Unterschiede interessiert, ist die Sprache bzw. sind die verschiedenen Sprachen der Ort ihrer Entfaltung, ihrer intersubjektiven Manifestation, und zugleich ist die irreduzible Verschiedenheit der Sprachen ein Moment der Verschiedenheit der Nationen in ihren theoretischen und moralischen Errungenschaften.

Den Anlaß für diese Entwicklung eines weiteren Horizonts, in dem die Sprachverschiedenheit Moment und Prinzip ist, bildet Mattas These, kein Volk habe sich so wie die Griechen um Weisheit und Wissenschaft bemüht und verdient gemacht; deshalb - so kann man aus den vorangehenden Reden ergänzen - sind die überkommenen Schriften der griechischen Philosophen besonders wichtig und der Übersetzung wert.[239)] as-Sirafi antwortet darauf nun nicht, wie wir es vielleicht von einem frommen Muslim in einer Runde Gleichgesinnter erwarten würden, mit der Gegenthese, keine philosophische Weisheit könne an die des Korans heranreichen und deshalb seien die islamischen Wissenschaften den griechischen und allen anderen kraft ihres Ursprungs in der Offenbarung überlegen. Stattdessen zeigt sich der Muslim as-Sirafi in einem eher skeptischen Sinn aufgeklärter als der Christ und Philosoph Matta, indem er dafür plädiert, daß das Wissen im Prinzip gleichmäßig unter den Völkern verteilt ist und diese nur verschiedene Schwerpunkte und Stärken im Spektrum der Wissenschaften haben.[240)]

In einem zweiten Schritt wird auch die Realisierung der theoretischen und praktischen Werte, Wahrheit und Tugend, unter den Völkern relativiert, denn - so lautet das Argument - wollte man das grundsätzlich ausschließen, dann müßte man ein Volk in beiderlei Hinsicht für vollkommen erklären und das heißt, für eine reine Repräsentation des göttlichen Geistes.[241)] as-Sirafi kann das ebenso ausschließen wie später im Gespräch die Fähigkeit von Sprachlauten, den intelligiblen Sinn erschöpfend zu fassen. In beiden ohnehin miteinander zusammenhängenden Fällen ist der Gedanke impliziert, daß, platonisch gesprochen, die Unmöglichkeit, die Idee in Raum und Zeit adäquat abzubilden, dem menschlichen Tun in Theorie und Praxis einen unbegrenzten Freiraum eröffnet, in dem sich jeder Versuch, die Idee darzustellen, gleichermaßen der von der Vernunft geleiteten Kritik der anderen ohne Privilegierung zu stellen hat.

Um die besondere Autorität des Aristoteles zu bestreiten, wendet as-Sirafi in der Tat die Relativierung des menschlichen Erkenntnisvermögens auch auf die individuellen Personen an:[242)]Einerseits ist ein Autor wie Aristoteles von der Tradition seines Volkes abhängig und bewegt sich schon dadurch in partikulären Formen des Wissens und unter Voraussetzung bestimmter Wahrheiten, aber auch bestimmter Irrtümer oder Engführungen, wie man es an seinem Sprachbegriff mit as-Sirafi leicht zeigen kann. Andererseits stand natürlich auch er in der permanenten Diskussion der Nachdenkenden, die sich aus der Inadäquatheit des sprachlichen Erkennens gegenüber den absoluten Vernunftbegriffen ergibt, und konnte eben deshalb diese Diskussion, soweit er in sie eingriff, sowenig beenden wie irgend ein anderer Denker.

as-Sirafi setzt gleichsam an die Stelle der großen philosophischen Autorität die aus dem Wesen der endlichen Vernunft folgende unabschließbare intellektuelle Auseinandersetzung und bleibt deshalb der kritisierten Gegenposition in einer Hinsicht gleich, im - mindestens überwiegenden - Ignorieren einer geschichtlichen Entwicklung: Zwar gesteht er zu, daß Aristoteles die späteren Denker beeinflußt habe, wie er selbst unter dem Einfluß früherer stand,[243)]aber eine besonders nachhaltige Wirkung im Vergleich mit anderen Autoren spricht er ihm ab, auch mit Bezug auf die Logik.[244)]Die philosophische und wissenschaftliche Diskussion erscheint als ein einfaches Kontinuum ohne erkennbare Neuansätze, Wendepunkte, Fortschritte, ohne relevante Differenzen überhaupt. Gewiß trägt die Absicht, gegen die besondere Anerkennung des Aristoteles zu opponieren, einiges zu diesem einfachen Bild bei, aber auch sonst fehlt as-Sirafis Relativierung der menschlichen Errungenschaften die historische Dimension: Er vergleicht den Geist verschiedener Völker, aber nicht verschiedene Entwicklungsstadien in der Kultur desselben Volkes und erkennt auch auf seinem eigensten Gebiet, in den Nationalsprachen, entsprechend dem normativen Charakter der arabisch-islamischen Philologie, eine Fortbildung, einen geschichtlichen Wandel nicht an.[245)]

as-Sirafi hat das formalste Resultat der griechischen Aufklärung, die aristotelische Logik, über seine sprachliche und sprachtheoretische Bedingtheit und damit auch über die Hinfälligkeit seines universalen Anspruchs aufgeklärt, ohne auf einen platonisierenden Vernunftbegriff und seine Implikationen zu verzichten. Deshalb muß die je besondere Sprache, auf die er erstmals gegenüber der philosophischen Tradition als auf ein Erkenntnis bestimmendes Prinzip rekurriert, nicht alles das, was die platonische oder aristotelische Vernunftkonzeption systematisch leistete, ebenfalls erfüllen, um als Gegenposition überzeugen zu können.

Soweit aber den Nationalsprachen eine Prinzipienfunktion für die menschliche Begriffsbildung und realisierte Rationalität zugesprochen wird, ist es unverkennbar, daß sich as-Sirafi anders als Platon und Aristoteles auf anthropologische Annahmen stützt wie auf die unterschiedliche Verteilung von Begabungen unter Individuen und Völkern und die Unmöglichkeit einer relevanten Fortentwicklung der Sprachen und des Wissens. Vielleicht kann man sagen, daß der arabische Philologe insbesondere den Aristotelikern vorgeworfen hat, mit ihrer Begründung der Logik faßten sie die menschliche Vernunft gegen ihre Absicht als eine absolute auf, und daß er seinerseits zugleich - für uns jedenfalls - die Perspektive angezeigt hat, in der sich die systematischen Probleme einer sprachtheoretischen Konzeption der endlichen Vernunft ergeben.

Anmerkungen

1) Auf die sprachtheoretischen Debatten der Araber machte mich schon vor einigen Jahren eine Vorlesung von Herrn Gerhard Endreß aufmerksam. Als das Kolloquium "Sprachphilosophie in Antike und Mittelalter" eine Gelegenheit bot, Philosophen über eine solche Auseinandersetzung zu berichten, unterstützten mich Herr Endreß und Herr Hans-Hinrich Biesterfeld vielfach und entgegenkommend bei der Deutung der arabischen Texte. Dafür spreche ich ihnen meinen verbindlichen Dank aus.

2) S. dazu C.H.M. Versteegh, Greek Elements in Arabic Linguistic Thinking, Leiden 1977, S. 90-102.

3) Zu ihm vgl. Gerhard Endreß' Einleitung zu seiner Übersetzung oben S. 235-237.

4) S.F.W. Zimmermann, Al-Farabi's Commentary and Short Treatise on Aristotle's De interpretatione, London 1981, S. CXXIII.

5) Meine Möglichkeiten, auf as-Sirafis Umfeld einzugehen, sind aus verschiedenen Gründen sehr begrenzt. Ich kann auch nicht die anderen Werke von as-Sirafi selbst einbeziehen, von denen ohnehin nur eine Geschichte der Grammatikerschule von Basra, ein Kommentar zu den Versen arabischer Dichtung, die in der "Standardgrammatik" der Araber, dem "Kitab" des Sibawaih, als Belege angeführt werden, und auszugsweise ein Kommentar zu dieser Grammatik selbst im Druck erschienen sind.

6) S. at-Tauhidi, Kitab al-Imta' wa'l-mu'anasa, 1. Teil, hg. A. Amin/A. Az-Zain, Beirut o.J., 108,5f,9-16; 1o9, 4f; 117, 18-118, 2; 118, 14; 119, 14; 120, 3f, 18f; 121, 17-122, 2 übers. v. G. Endreß, oben S.238- S.270 mit der Seiten- und Zeilenzählung der arabischen Edition; im Folgenden zit. als at-Tauhidi, Imta'.

7) Phdr. 260a u. c, 261c-d. Ich danke Herrn Bernhard Milz herzlich für seine hilfreiche Kritik am Platonabschnitt.

8) Gorg. 452d-453a,The. 166d, 167c; vgl. das berühmte von Aristoteles, Rhet. II 24, 1402 a 23, überlieferte Programm des Protagoras, es gelte, die schwächere Position als stärkere erscheinen zu lassen.

9) S. z.B. Euthyphr. 4d-e, 5c-d

10) The. 150d

11) Kant, Beantwortung der Frage: Was ist Aufklärung?, Akad.-Ausg. VIII, 35

12) Prot. 348a

13) Ebd.,338e-339a, 347c-348a

14) Ebd.,338e

15) Prot. 339a

16) Symp. 221e-222a

17) Resp. 601b

18) Phdr. 266d-267d

19) Gorg. 515d-516d; vgl. Phdr. 269d

20) Phdr. 269a-c

21) Ebd.,259e-260a, 272c-273a. Mit angesprochen scheint die rhetorische Praxis in 261b-e zu sein, aber auch sie wird als techne aufgefaßt, also im Hinblick auf eine vom wirklichen Reden abstrahierbare Methode.

22) Phdr. 264c

23) Gorg. 503a; Phdr. 261c-262b, 265c-266c, 273d

24) Phdr. 263a-b, 266e, 267c

25) Gorg. 462c

26) Phdr. 267c-d

27) Ebd.,270b-c, 270e-271b

28) Ebd.,271d-272a

29) Mit dem Understatement, damit sei ja keine geringe Leistung gefordert, deutet der Text an, daß der Weg der Realisierung des aufgestellten Programms nicht zu überblicken ist, Phdr. 272b, s.a.c. - Im übrigen schweigt sich auch Aristoteles darüber aus, wie seine Charakterologie (Rhet. II 12-17) von einem Redner, der in der Öffentlichkeit in der Regel ein gemischtes Auditorium vor sich hat, angewendet werden soll.

30) Phdr. 269d

31) Gorg. 462b-c, 465a, 501a; Phdr. 270b

32) Phdr. 271c, 269e-270b

33) Soph. 259e

34) Resp. 387c, vgl. 378a-c, 398b. Die andere Textpartie (595a-608b) kann sich auf die Unterscheidung verschiedener Formen und Tendenzen der Seele stützen und braucht deshalb die politische Absicht nicht mehr hervorzuheben. Ihr normativer Gehalt ist in den Begriff der Seelenformen eingegangen.

35) Apol. 22c; aufgegriffen und gegen die Vorstellung einer poetischen Technik gewendet, aber nicht entfaltet in Phdr. 245a

36) Resp. 392c

37) Resp. 607a

38) Ebd., 600e, 602b, 604e-605c

39) Ebd., 603a-b, 606b, d

40) Ebd., 396c-e, 401a-d. Sofern die Dichtung als ein Teil der

Kunst vernunftgemäß gestaltet werden und so in der Erziehung zu einem würdigen und tüchtigen Leben verwendet werden kann (401e-402a), holt Platon grundsätzlich die poetische Form seiner Dialoge, ihre Dramatik und Bildhaftigkeit ein. Im einzelnen ergeben sich jedoch manche Fragen, wenn man sein Werk den Beschränkungen gegenüberstellt, unter denen Kunst seiner Auffassung nach steht oder denen er sie um des Erziehungsziels willen unterwirft: So hat sie eine bildende Funktion nur solange, wie der Schüler zur vernünftigen Überlegung noch nicht fähig ist - was den Lesern der platonischen Dialoge doch nicht unterstellt werden darf -, danach bietet sie eine Veranschaulichung dessen, was den Tugenden und Lastern in der Erfahrung und Sinnenwelt entspricht (402a-c); wohin gehört nun das Künstlerische der Dialoge? Oder: Wie verträgt es sich mit der Regel, nach der ein angemessen lebender Mann einen schlechteren Charakter weder recht darstellen kann noch es im Ernst tun soll (396c-e), daß Platon Sophisten, z.B. Kallikles im "Gorgias" oder Thrasymachos im 1. Buch des Staats in direkter Rede ausführlich zu Wort kommen läßt?

41) Resp. 596d-e

42) Ebd.,601a-b

43) Ebd.,392d, 394b-c

44) Ebd.,395b-d, 397d-398b

45) Ebd.,601a

46) Ebd.,601a 4ff; s. Platon, Jubiläumsausg. Sämtl. Werke, Bd. IV, Zürich/München 1974, S. 487f

47) Resp. 331e

48) Ebd.,332a-c

49) Ebd.,387b-c, vgl. z.B. 386b

50) Ebd.,393d-394b, 395c-c, 396c-e

51) Ebd.,601a-b

52) Gorg. 502c-d

53) Resp. 387b, 605c-d, 607a

54) De interpr. 4, 17a 2-7

55) Poet. 19, 1456b 11f; 21, 1457b 1ff; Rhet. III 1, 1403 b 27-30

56) Wirkungsgeschichtlich gilt das auch für die arabische Rezeption, obwohl die arabischen Denker, die sich an Aristoteles orientierten, Rhetorik und Poetik als Teile der Logik auffaßten, s. dazu als Beispiel al-Farabi, Ihsa'al-'ulum, hg. 'U. Amin, [3]Kairo 1968, 79, 8-11; 82, 10 - 85, 11, bzw.

Liber Alfarabii de scientiis, translatus a magistro Girardo Cremonensi, in: al-Farabi, Catálogo de las ciencias, ed. y trad. por A. González Palencia, [2]Madrid 1953, 137 u. 139ff

57) Top. I 1, 100a 27-b23; Soph. El. 2, 165a 38-b4; zur Problematik einer einsinnigen Beeinflussung des Lernenden s. De an. II 5, 417b 9-16

58) An. post. I 2, 72a 14-18; 10, 76b 23-34

59) Rhet. I 3, 1358a 37 - b 8

60) S. z.B. ebd., I 4, 1359b 23 - 1360 b 1, u. I 10, 1368b 26-32

61) Ebd., II 18, 1391b 8-17; I 2, 1357a 7-17

62) Ebd., 1356a 14ff

63) So Interpr. 1, 16a 3-8; 2, 16a 19ff; 4, 16b 26-32

64) Rhet. III 7, 1408b 5ff

65) Ebd., III 12, 1413b 3-21

66) Ebd., III 1, 1404a 18f

67) Ebd., I 3, 1358a 36 - b 20

68) Ebd., I 2, 1356a 1-20

69) Ebd., II 1, 1377b 27f, wird das intersubjektive Moment noch verstärkt: Ob sich die Zuhörer dem Redner anschließen, hängt auch sehr davon ab, wie sie sein Verhältnis zu ihnen einschätzen.

70) Sofern dazu besonders schauspielerhafte Darstellung beiträgt, geht die affektive Wirkung von der Stimme des Redners in ihren Modulationen aus, s. ebd., III 1, 1403 b 27-30

71) S. a. ebd., I 1, 1355 a 24-29 u. b 10f; 2, 1357 a 7-17, 30-33

72) Ebd., III 2, 1404 b 1-15

73) Ebd., III 1, 1403 b 15-20

74) Ebd., III 5

75) Ebd., III 12, 1413 b 3-21

76) Ebd., III 7, 1408 a 10-32

77) Im Zusammenhang mit der Dichtung, aber allgemein spricht Aristoteles von der Mimesis der Worte und der Stimme, Rhet. III 1, 1404 a 20ff. - Ich verstehe nicht, wie Sieveke in De interpr. 1, 16a 3-8, eine "Äußerung über die mimetische Kraft der Sprache als Ausdruck der Seele und daraus resultierend über die individuelle Verschiedenheit der Ausdrucksweise" sehen kann; s. Aristoteles, Rhetorik, übers. Franz G.

Sieveke, München 1980, Anm. 155, S. 280. In 16a 6f sagt Aristoteles ausdrücklich, die Zustände der Seele, deren Zeichen (semeia) die stimmlichen Laute seien, seien für alle identisch. Die Verschiedenheit in der Sprache kann also gerade nicht auf demjenigen im Bewußtsein beruhen, was der jeweilige Ausdruck bezeichnen soll. Im Kontext von "De interpretatione" wird sie mit der Konventionalität (syntheke) der Wörter und Sätze erklärt, die eben keine naturhaften Ausdrücke wie Tierlaute, sondern absichtlich verwendete Symbole für Vorstellungen und Gedanken sind, s.1,16a 26-29, u. 4, 16 b 33ff; vgl. Donatella Di Cesare, Die Semantik bei Aristoteles, in: Sprachwissenschaft 6 (1981) 14f. "De interpretatione" betont also mit Konventionalität und Zeichencharakter der Sprache ihre Gleichgültigkeit und nicht ihre Affinität gegenüber dem Gemeinten, wie sie aus dem Nachbilden hervorgehen müßte. Die "Rhetorik" dagegen hebt an denselben Wörtern der Sprache ihren mimetischen Charakter hervor. Das scheint mir zunächst einmal, wie es nicht selten bei Aristoteles ist, ein divergierender Befund zu sein. Wohl kann man sich eine Synthese denken, daß nämlich gerade die zunächst autonom gebildeten Strukturen der Sprache eine Darstellung des Gedachten, Empfundenen in einem eigenständigen Medium erlauben, eine Darstellung also, die "nicht eine einfache Wiedergabe des Gegenstandes in allen seinen Teilen" ist (Di Cesare, a.a.O. S. 18). Aber erstens finde ich das so von Aristoteles nicht gesagt, es wäre also wohl ein Weiterdenken seiner beiden Ansätze, und zweitens erforderte eine solche Synthese die genaue Unterscheidung der beiden Schritte oder Momente, also der Sprache als frei geschaffenen Kontexts von Symbolen und als Darstellen im Medium dieser Symbole und ihrer Strukturen.

78) Rhet. III 7, 1408b 10-13

79) Ebd.,III 10, 1410b 6-36; III 11, 1411b 24 - 1412a 4, 1412a 17 - b 2

80) Ebd.,III 10, 1410b 20-35

81) Ebd.,III 11, 1412a 28 - b 20

82) Ebd.,III 1, 1404a 1-8

83) Ebd.,I 1, 1355a 20-29, a 36 - b 2; vgl. III 12, 1414a 7-17. Es fällt auf, daß Aristoteles in der Einleitung zur "Rhetorik", in der es noch um die Rechtfertigung einer solchen Abhandlung trotz der offenkundigen Unvernünftigkeit mancher Beeinflussungspraktiken geht, anders als im Text selbst den rhetorischen Schluß (enthymema) gegenüber den anderen Mitteln des Überredens auszeichnet, s. 1354 a 13-18, 1355 a 3-8; vgl. I 2, 1356 a 10-13, u. III 1, 1403b 21f.

84) Vgl. ebd.,I 4, 1359 b 2-16

85) Ebd.,III 2, 1404b 4-14; 4, 1406b 24f; Poet. 22, 1458a 18-

23, a 34 - b 5, 1459a 2-6

86) Poet. 22, 1458a 23-34, b 11-19

87) Ebd.,1459a 5f; 21, 1457b 6-33

88) Ebd.,19, 1456b 8-19; vgl. De interpr. 4, 17a 2-6

89) Poet. 20, 1456b 34f, 37 u. 1457a 6; vgl. De interpr. 2, 16a 19ff; 3, 16b 6f. Bei der Abgrenzung der Grammatik rekurriert Aristoteles auf einen Bedeutungsbegriff, der sich nicht an gedanklicher Einheit wie das "hen semainein" von Met. IV 4, 1066a 31-34, 1066b 7, orientiert, sondern an der Identität der dinglichen Substanz. Das wird in Poet. 20, 1457a 27f, besonders deutlich, wo Aristoteles in dem Satz "Kleon schreitet" nur dem Subjektiv "Kleon" Bedeutung zuerkennt. Wie der Perspektive von der dinglich verstandenen Realität her die Bedeutung des Verbum zum Opfer fällt, so kann man generell absehen, daß ein Bedeutungsbegriff,der nicht vom wirklichen Verstehen ganzer Sprachgebilde wie Sätzen und Texten ausgeht, den meisten ihrer Momente Bedeutung absprechen wird. Diese Entwicklung hat Aristoteles eingeleitet.

90) Simplicius, In Aristotelis Categorias Commentarium, hg. C. Kalbfleisch, Berlin 1907 (CAG 8), 9, 20-24; 11, 24 - 12, 1; Elias, In Porphyrii Isagogen Commentarium, hg. A. Busse, Berlin 1900 (CAG 18/1), 35, 19-24.

91) Vgl. mit Rhet. III 2, 1404b 1ff, De interpr. 1, 16 a 6f

92) at-Tauhidi, Imta', 114, 6ff

93) Ebd.,125, 1

94) Die Anklänge an Gedanken as-Sirafis, die Endreß oben, S.221ff, 225ff, 230ff bei al-Farabi, as-Sigistani und Avicenna nachweist, bleiben bei den beiden ersten Autoren dem aristotelischen Schema untergeordnet, im Werk Avicennas hingegen ganz isoliert.

95) at-Tauhidi, Imta', 123, 3-6

96) Ebd., 123, 10 - 124, 2

97) Ebd., 109,16 - 110,10. Zu dieser Kritik an der Logik vgl. unten S. 366

98) al-Farabi, Ihsa' al-'ulum, 78, 1-10; Liber Alfarabii de scientiis, 136.

99) at-Tauhidi, Imta', 124, 16ff

100) Ebd., 114, 6ff

101) Ebd., 114, 10ff. Das eine der beiden Wörter für Ähnlichkeit, muschakala, hängt sprachlich mit dem Wort für Form, Gestalt, schakl, zusammen.

102) at-Tauhidi, Imta', 114, 12 - 115, 1

103) So z.B. Utterances Employed in Logic (Kitab as-Alfaz al-musta'mala fi l-mantiq), hg. M. Mahdi, Beirut 1968, 100, 6ff; zum Verhältnis Begriff - Sprachausdruck vgl. unten S. 352f

104) Ihsa' al-'ulum, 75, 7-11, u. 78, 1-10; De scientiis, 134 u. 136; das Aristoteleszitat s. in Utterances Employed in Logic, 102, 8f. Daß mit "nutq" "logos" gemeint ist, unterliegt keinem Zweifel, ob "qaul" aber "phasis" oder "apophthegma" wiedergeben soll, das bleibt unsicher, zumal Aristoteles nur den logos in einen inneren und äußeren unterscheidet. Die zweite Stelle in "De scientiis" kann man so verstehen, daß al-Farabi den philosophischen Terminus "nutq" (logos) mit Hilfe des mehr umgangssprachlichen "qaul" (sermo) erklärt, im übrigen aber beide im Sinn von "Rede" versteht.

105) Ihsa' al-'ulum, 76, 1-4; De scientiis, 134; s.a. unten S. 343

106) Utterances Employed in Logic, 107, 1 - 108, 3

107) at-Tauhidi, Imta', 116, 18f

108) Ebd., 115, 6-9, vgl. 111, 14

109) Ebd., 113, 15, u. 116, 9

110) Ebd., 119, 12f

111) Ebd., 113, 13f

112) Allerdings kann das nicht in dem strengen kantischen Sinn gelten, daß es sich um eine Funktion "unserer Erkenntnisart von Gegenständen, sofern diese a priori möglich sein soll" handelte (Krit. d. r. Vern. B 25). Denn gerade in ihrer Besonderheit sind die jeweiligen Sprachen natürlich keine notwendigen Bedingungen aller Erkenntnis. Trotzdem verwende ich den Terminus "transzendental", um den theoretischen Stellenwert zu markieren, den as-Sirafi den kontingenten Sprachen einräumt: Ihre je eigentümlichen Strukturen sollen für das Erkennen eine Funktion haben, wie sie die Philosophen seiner Zeit für die formale Logik beanspruchten. Sofern sie in dieser die Explikation aller allgemeinen Vernunftbedingungen sehen, besetzten sie mit ihr undifferenziert auch den systematischen Ort der transzendentalen Logik Kants.

113) at-Tauhidi, Imta', 121, 11-16

114) Ebd., 121, 15. Endreß übersetzt hier lafz mit "Aussprache".

115) al-Farabis Darstellung der Grammatik nimmt eine solche Beschränkung ganz klar nicht vor, sondern versteht unter "Sprachlaut" auch Wörter und Sätze und zählt deshalb neben der Aufstellung des Alphabets auch Formenlehre und Syntax zu den Aufgaben der Grammatik (Ihsa' al-'ulum, 60-64; De scientiis 123-126). - Nicht so deutlich wird die Komplexi-

tät der Sprachgebilde von Yahya ibn 'Adi berücksichtigt, der in seiner oben, S.271 - S.299 , von Endreß übersetzten Schrift "Abhandlung über die Differenz zwischen der philosophischen Logik und der arabischen Grammatik" (Maqala fi Tabyin al-fasl baina sina'atai al-mantiq al-falsafi wan-nahw al-'arabi, hg. G. Endreß, Journal for the History of Arabic Science 2,1 (Aleppo) 1978, 193-181), § 18, Grammatik als eine Kunstfertigkeit definiert, die Sprachlaute nach Art und Weise der Araber mit Vokalen versehe oder vokallos lasse. Diese Definition, die entsprechend der von Endreß oben, S.211-215 nachgewiesenen Tradition schulmäßig entwickelt wird, erfaßt nur das spezifisch arabische Resultat der grammatischen Strukturierung der Sprache, die korrekte Festsetzung der vokalischen Endungen, die in der Umgangssprache - insbesondere von den vielen Nichtarabern - damals schon weggelassen wurden. Mit Bezug auf die Bedeutungen räumt Yahya ein, daß sie für den Grammatiker eine Rolle spielen, obwohl sie weder als Substrat noch als Zweck in die Definition seiner techne eingehen (§ 16). Das heißt, Yahya ist sich weiterer Momente bewußt, die er in seine Definition der Grammatik nicht aufgenommen hat. Nur unter Hinweis auf diese zuvor mit Argumenten ausgeklammerten Bedingungen des grammatikalischen Handelns könnte Yahya der Behauptung entgegentreten, daß er den Zusammenhangcharakter der Lautgebilde verkenne, seine Definition selbst erkennt diesen Wesenszug der Sprache nicht als eine Grundlage auch der Grammatik an.

116) at-Tauhidi, Imta', 119, 12f, u. 125, 3. Auf die zweite Textstelle werde ich im Zusammenhang mit der Verhältnisbestimmung von Ausdruck und Gedanke unten, S.378, zurückkommen. Da wird auch deutlicher werden, daß as-Sirafi keine naturgegebene Eignung bestimmter Lautgebilde, etwas zu bezeichnen, unterstellt. Von der theologisch-philosophischen Schule der Mu'tazila beeinflußt, geht er vielmehr von der Konventionalität der Sprache aus (vgl. oben Endreß, S.183f, 186,199,u. M. Mahdi, Language and Logic in Classical Islam, in: Logic in Classical Islamic Culture, hg. G.E. von Grunebaum, Wiesbaden 1970, 52f). Deshalb läßt er den jeweiligen Sprachbildungsprozeß sich auf schon gesprochene, vorreflexiv verwendete Sprache beziehen. Wenn im Text von bedeutungsangemessenen Lautgestalten die Rede ist, sollte man deshalb darunter Wörter und komplexe Ausdrücke einer bestimmten, schon geläufigen Sprache verstehen.

117) J. Pinborg, Classical Antiquity: Greece, in: Historiography of Linguistics (Current Trends in Linguistics 13), ed. by Th.A. Sebeok, Den Haag/Paris 1975, 79 u. 97

118) at-Tauhidi, Imta', 126, 4ff

119) S. oben, S.245,Anm. 3

120) Vgl. dazu Endreß, oben S. 207-210

121) Pinborg, Classical Antiquity: Greece, a.a.O. 79f

122) Vgl. oben S. 327

123) at-Tauhidi, Imta', 117, 8-17

124) Met. IV 2,1003 a 33 - b 4; Thomas v. Aquin, In 4 Met. 1.1, hg. Cathala/Spiazzi n. 535

125) Der Unterschied scheint darin zu liegen, daß as-Sirafi von der zentralen Bedeutung zu den peripheren oder abgeleiteten als den Implikationen der ersteren übergeht, während die Pros-Hen-Homonymie gerade umgekehrt die Implikation der einen Hauptbedeutung in den verschiedenen abgeleiteten meint, die ohne den Bezug auf die eine zentrale Bedeutung nicht zu verstehen sind. Ungeachtet des entgegengesetzten Akzents ist aber dieselbe Struktur zugrunde zu legen, weil aus as-Sirafis Ableitung der peripheren Bedeutungen unmittelbar deren Zurückverweisung auf die zentrale folgt und der von Aristoteles entdeckte und unterschiedliche Bezug einer Reihe von nachgeordneten Bestimmungen auf die jeweilige Hauptbedeutung ohne deren Affinität oder Tauglichkeit zu jenen Bezügen nicht gedacht werden kann. - Charakteristisch für beide Konzepte ist, daß die zentrale Bedeutung keinen höheren Allgemeinheitsgrad als die von ihr abhängigen hat, sondern mit ihnen in einer Reihe steht und als deren erstes Glied Prinzipienfunktion ausübt.

126) Pinborg, Classical Antiquity: Greece, a.a.O., 97f

127) Man kann annehmen, daß as-Sirafi selbst in seinen Diskussionsbeiträgen von diesem Sprachmodus ausgiebigen Gebrauch gemacht hat. Deshalb ist zu vermuten, das Studium seiner anderen Schriften und der sprachwissenschaftlichen Tradition, in der er steht, werde wohl noch manches zu seinem Verständnis beitragen können.

128) Oben S.330 wurde schon at-Tauhidi, Imta', 114, 10ff erwähnt. Ein anderer Text, ebd., 125, 4-9, wird im Folgenden, S. 379f zur Sprache kommen.

129) De interpr. 1, 16 a 3-8

130) Anselmi Opera omnia, hg. F.S. Schmitt, Stuttgart - Bad Cannstatt 1968, Bd. 1, 24, 27 - 25, 12

131) Ebd.,25, 15-22

132) Ebd.,25, 12-15

133) De interpr. 1, 16 a 6

134) al-Farabi, Commentary on Aristotle's Peri hermeneias, hg. W. Kutsch/St. Marrow, Beirut 1960, 24, 13-16, u. 21ff; al-Farabi, Commentary and Short Treatise on Aristotle's

De interpretatione, transl. ... by F.W. Zimmermann, London 1981; diese Übersetzung übernimmt die Paginierung und Zeilenzählung des arabischen Textes.

135) Kutsch/Marrow 25, 4-11

136) Ebd., 24, 16ff, 24f

137) Ebd., 27, 6-20

138) Ebd., 25, 22 - 26, 1

139) Ebd., 26, 22-25, u. 27, 1f

140) Ihsa' al-'ulum, 76, 4ff; De scientiis, 134f

141) Nämlich die Vokalisierung von Subjekt und Objekt und den Wegfall des bestimmten Artikels vor einem Nomen, das durch einen Genitiv determiniert ist, im Arabischen s. Ihsa' 76, 8ff; De scientiis 135

142) at-Tauhidi, Imta' 116, 6f, u. 126, 13-16. Im Zusammenhang von Teil III, der das Verhältnis 'Sprache - Bedeutung/Erkenntnis' behandelt, komme ich auf S. 368 u. 374 auf die beiden Texte zurück.

143) Ebd.,115, 17 - 116, 3

144) al-Farabi, Ihsa' al-'ulum, 76, 1-4, u. 77, 12-15; De scientiis 134 u. 135f

145) at-Tauhidi, Imta', 111, 14-18, u. 116, 4f

146) Ebd.,112, 1-5

147) Ebd., 115, 10f

148) Ebd.,12-15

149) Ebd.,111, 17f

150) Ebd.,115, 17 - 116, 3

151) Wollte man as-Sirafi hier so verstehen, daß in der einen Sprache metaphorisch umschrieben wird, was man in einer anderen terminologisch präzise sagen kann, so setzte man eine identische Bedeutung als Bezugspunkt der beiden Ausdrücke voraus. Weil mir gerade der vorliegende Kontext as-Sirafis stärkstes Argument gegen eine solche Voraussetzung zu sein scheint, plädiere ich nicht für diese Interpretation.

152) Die beiden arabischen Wörter bedeuten jeweils beides, sa'a Weite und Reichtum und diqa Enge und Armut. Während Endreß Weite und Enge auf Bedeutungen bezieht, denkt D.S. Margoliouth, The discussion between Abu Bishr Matta and Abu Sa'id al-Sirafi on the merits of Logic and Grammar, Journal of the Royal Asiatic Society, London 1905, 118, an "copiousness and poverty" der Sprache selbst. Reduziert man Bedeutung nicht auf die Bedeutungen einzelner Wörter,

dann hängen die beiden möglichen Auffassungen der Textstelle gewiß zusammen, nämlich so, daß vielfältige Differenzierungsmöglichkeiten einer Sprache auf eng gefaßten Bedeutungen beruhen und zusammen den Reichtum der Sprache ausmachen - und umgekehrt. Allerdings wäre zusätzlich noch diejenige Armut einer Sprache zu berücksichtigen, die auf dem einfachen Ausfall ganzer Bedeutungsfelder beruht.

153) at-Tauhidi, Imta', 112, 2f

154) Ebd.,112, 1-4

155) Ebd.,112, 4f

156) Ebd.,111, 14ff

157) Ebd.,122, 11-18

158) Nach Zimmermann, Al-Farabi's Commentary, CXXIXf, geht es genauer um die Bevorzugung der ins Arabische übertragenen griechischen Terminologie gegenüber der schon geläufigen der arabischen Grammatiker.

159) S. dazu Endreß, oben S. 183f,199 und in der vorliegenden Arbeit unten S. 382ff

160) S. a. at-Tauhidi, Imta', 116, 12

161) Ebd., 115, 13

162) In der Kontraposition zur Vernunft dagegen, ebd. 2-5, bedeutet "Natur" die Bedingung des Zeitlichen, der Vergänglichkeit zu unterliegen.

163) Pinborg, Classical Antiquity: Greece, a.a.O. 97; Simplicius, In Aristotelis Categorias Commentarium, 10, 25ff

164) Ebd., 12, 13 - 13, 11; zur Grundlegung dieser Position bei Plotin vgl. Enn. IV 3,18, 13-24

165) Zur Annahme einer Formgleichheit zwischen Gedanke und sprachlichem Ausdruck vgl. oben S. 341f und unten S. 361

166) De interpr. 1, 16 a 3f. Wie oben, S.341, schon bemerkt, hat al-Farabi in seinem Kommentar die Zeichenfunktion der Sprache deutlich von der Erkenntnisfunktion der Begriffe abgehoben.

167) al-Asch'ari,Maqalat al-islamiyin, hg. H. Ritter, Wiesbaden 1963, 584, 8 - 585, 7

168) at-Tauhidi, Imta', 114, 5-9, vgl. 115, 10f. Matta sagt zwar nicht, was er mit dieser Rangordnung meint, aber aus der Konsequenz, daß nur der Grammatiker der Logik bedürfe und nicht umgekehrt, kann man erkennen, daß die Bedeutung ihren Ausdruck einsinnig bedingen soll.

169) Abi Bakr Mohammadi Filii Zachariae Raghensis Opera philosophica ..., ed. P. Kraus, Kairo 1939, 43, 16 - 44, 9

170) Ihsa' al-'ulum, 74, 12-15; De scientiis, 133f

171) Utterances Employed in Logic, 100, 3 - 101, 13

172) Ebd.,101, 13 - 102, 2; Ihsa' al-'ulum, 86, 1-5; De scientiis 141

173) 4, 16 b 26f

174) Utterances Employed in Logic, 102, 10-15; al-Farabi, Commentary on Aristotle's Peri hermeneias, hg. Kutsch/Marrow, 25, 23 - 26, 1, als Kommentar zu De interpr. 1, 16 a 6ff, aber auch schon 9-16 vorbereitend.

175) Utterances Employed in Logic, 102, 15

176) Commentary ..., 18, 5f; Ihsa' al-'ulum, 74, 10ff; De scientiis, 133

177) Commentary ..., 28, 12f, u. 25, 17-21

178) Ihsa' al-'ulum, 79, 8 - 85, 8; De scientiis, 137-140. Deutlich wird allerdings, wie sehr sich al-Farabi der von Platon und Aristoteles begründeten negativen Bewertung der rhetorischen und poetischen Reden anschließt.

179) at-Tauhidi, al-Muqabasat, hg. M. Taufiq Husain, Baghdad 1970, 121, 3-6; vgl. bei Endreß oben S. 224-229

180) at-Tauhidi, al-Muqabasat, 121, 6ff; vgl. 124, 2ff u. 19ff

181) Ebd.,122, 2-7

182) at-Tauhidi, Imta', 126, 13-17

183) Vgl. oben S.351f - Die Übersetzung des arabischen Terminus ma'na (semainomenon/lekton), also Gemeintes, Bedeutetes, durch 'Begriff' kann natürlich nicht die Definition, den logos des Aristoteles, meinen, da as- Sirafi von einem einfachen Intendierten spricht, die Definition aber schon der diskursiv gegliederte Begriff ist.

184) at-Tauhidi, Imta', 126, 17f; vgl. 110, 11-14

185) Ebd.,115, 2-5. Ebenfalls im Hinblick auf Sprachwissenschaft und Logik kehrt dieser Gedanke bei as-Sigistani mit der Präzisierung wieder, daß sich die Natürlichkeit der Sprache in ihrem akustischen Charakter und ihrer jeweiligen Gebundenheit an ein Volk zeigt, s. at-Tauhidi, al-Muqabasat, 124, 1-4 u. 15ff.

186) at-Tauhidi, Imta', 110, 9ff

187) Vgl. oben S. 341f

188) al-Farabi, Commentary, hg. Kutsch/Marrow, 25, 23 - 26, 1

189) al-Farabi, Book of Letters, hg. M. Mahdi, Beirut 1969, 71, 12-19

190) al-Farabi, Commentary, 50, 20 - 51, 3

191) Ihsa' al-'ulum, 86, 1-5; De scientiis, 141; vgl. Utterances Employed in Logic, 57, 11-15

192) at-Tauhidi, Imta', 110, 11-14; 111, 7-11

193) Ebd., 109, 11-16

194) Ebd., 123, 10 - 124, 5

195) Stoicorum Veterum Fragmenta, ed. I. ab Arnim, Stuttgart 1903, Bd. 2, 19, 30-37; 20, 6-9, vgl. 18, 25ff

196) Ammonius, In Aristotelis Analyticorum Priorum Librum I Commentarium, ed. M. Wallies, Berlin 1899 (CAG 4/6), 10, 36 - 11, 7; Olympiodor, Prolegomena et in Categorias Commentarium, ed. A. Busse, Berlin 1902 (CAG 12/1), 17, 29-36

197) Ammonius, In Aristotelis Categorias Commentarius, ed. A. Busse, Berlin 1895 (CAG 4/4), 4, 28 - 5, 17; 13, 4f; In Aristotelis De Interpretatione Commentarius, ed. A. Busse, Berlin 1897 (CAG 4/5), 101, 30f; Olympiodor, Prolegomena et in Categorias Commentarium, 7, 24-28; weitere Texte nennt Endreß oben S. 212-215

198) In X libros Ethicorum Aristotelis ad Nicomachum Expositio, Liber I, lect. 1, 2, hg. R. Spiazzi, Rom/Turin 1964

199) Zu as-Sigistani s. at-Tauhidi, al-Muqabasat, 123, 4-7; vgl. bei Endreß oben S.226; zu Yahya ibn'Adi die von Endreß, oben S.271-299, übersetzte Schrift "Abhandlung über die Differenz zwischen der philosophischen Logik und der arabischen Grammatik" (Maqala fi tabyin al-fasl ...), § 19 u. 23f. al-Farabi äußert sich nicht immer ganz klar, aber eine Distanzierung von der Organon-Auffassung der Logik kann ich bei ihm nicht finden, vielmehr kommt diese in "Utterances Employed in Logic" 104, 9-17, in "Introductory 'Risalah' on Logic" (Risala sudira biha al-kitab), hg. D.M. Dunlop, Islamic Quarterly 3 (1956) 227, 24f (übers. 232, §4), undeutlicher in Ihsa' al-'ulum, 68, 11 - 69, 1; De scientiis, 129, zum Ausdruck.
Zimmermann, al-Farabi's Commentary and Short Treatise on Aristotle's De interpretatione, hat seinerseits as-Sirafis Kritik an der Logikauffassung der Philosophen kritisiert und dem Philologen vorgeworfen, er unterscheide nicht zwischen dem Verhältnis eines Argumentierenden überhaupt und dem des Logikers zur Logik und unterstelle den Philosophen, sie betrachteten die Regeln der Logik nicht nur als Wahrheitskriterium für schon entwickelte Gedanken, sondern auch als eine, und zwar die einzige ars inveniendi zur Entdeckung neuer Erkenntnisse (CXXVI). Abgesehen von diesem Ausschließlichkeitsanspruch, den nicht as-Sirafi, sondern der Wesir ibn al-Furat dem Matta als Vertreter der Logik unterstellt (Imta', 108, 10ff), kann man dieses Bild von der Logik in beiden Hinsichten in der Tat bei as-Sirafi finden (s. z.B.

at-Tauhidi, Imta', 116, 10-16, 121, 7ff). Aber anstelle der gewöhnlichen Rede der Philosophen, die Logik prüfe alle Erkenntnisse, spricht auch al-Farabi wiederholt davon, daß die logischen Regeln zur Wahrheit bei all den Erkenntnisgegenständen leiten, in denen wir uns täuschen können, und daß sie das Vernunftvermögen zu seiner vollkommenen denkerischen und sprachlichen Tätigkeit führen (Ihsa' al-'ulum, 67, 5ff; 78, 15 - 79, 3; De scientiis 128 u. 136; Introductory 'Risalah' on Logik, 225, 3-8; 228, 4-7; übers. 230, § 1; 233, § 4). Zwar lassen sich diese Formulierungen auch noch im Sinn der häufiger genannten Prüfungsfunktion der Logik (ars iudicandi) interpretieren, besonders dann, wenn sie nahe zusammen mit der Bestimmung des Verstandes zu lesen sind, durch ihn eigne man sich die Wissenschaften und erlernbare Fertigkeiten an und durch ihn unterscheide man, welches Tun edel und welches gemein ist (Introductory 'Risalah' on Logic, 228, 1f; übers. 232f, § 4). Man sieht aber doch, daß al-Farabi nicht gerade an einer Abgrenzung der Logik zur ars inveniendi und zum nicht auf logische Regeln reflektierenden Vernunftgebrauch lag. Zwar räumt der von Zimmermann zitierte Text al-Farabis (Ihsa' al-'ulum, 73, 9 - 74, 9; De scientiis, 132f) offenbar ein, Übung in den Wissenschaften und im Argumentieren könne ebenfalls zu der durch die Logik vermittelten Kritikfähigkeit führen. Keineswegs aber ist damit ausgeschlossen, daß das Studium der Logik einen konkurrierenden Zugang zum Wissen darstellt, sondern gerade das ist wohl impliziert.

Das ist nicht einmal unverständlich, wenn man nur Wissen nicht mit Bezug auf seine Gegenstände auffaßt, die es mit der Erfahrung gemeinsam hat, sondern korrekt durch seine Form, die durch Beweis vermittelte Gewißheit, bestimmt. Denn auf dieser Grundlage erweist sich die entwickelte Kenntnis dieser Form - neben ihrer unthematischen Aneignung durch den Umgang mit Wissenschaften - als die Fähigkeit, Wissen von Nichtwissen zu unterscheiden, aber eben nur im Hinblick darauf, daß sie auf schon erkannte Inhalte angewendet wird - was al-Farabi nicht klarlegt. Seine Nichtunterscheidung zwischen der bewußt von allem Inhalt abstrahierten Form des Wissens und dem bestimmten Wissen selbst liegt den beiden Konfusionen, die Zimmermann bei as-Sirafi zu Unrecht gegen die Philosophen eingewandt findet, historisch wie logisch voraus und scheint mir bedeutsamer als diese zu sein. as-Sirafis Kritik lese ich deshalb als einen relevanten Einwand gegen das Ideal einer abstrakten und doch über alle bestimmte Wahrheit entscheidenden Methode.

200) A.a.O. § 23

201) Ebd. § 24; vgl. Aristoteles, An. post. I 2,71b 9-12, 72b 3f

202) at- Tauhidi, Imta', 109, 15 - 110, 11

203) at-Tauhidi, Imta', 124, 1-4. - Die an den beiden zuletzt angemerkten Stellen deutlich ausgesprochene Abhebung des Verstandes von dem formalen Regelwerk der Logik läßt sich schwer mit dem oben, S.330, Anm.99, zitierten Text vereinbaren, der gegen die den Philosophen unterstellte Identifikation von 'logisch' und 'verständig' nichts einwendet, weil es hier ausschließlich um die Unterscheidung der vernünftigen Rede (logos, nutq) vom Verstand als einem bloßen Moment an ihr geht. Auch wenn man die Divergenz der beiden nah beieinander liegenden Stellen mit den unterschiedlichen Argumentationszielen erklärt, so zeigen sie doch mindestens das geringe Interesse an Systematisierung, das den Text auch sonst kennzeichnet.

204) Ebd.,113, 6-9

205) Ebd.,113, 17 - 114, 1

206) Ebd.,115, 4f

207) Ebd.,116, 5-8

208) Ebd.,111, 14ff

209) Ebd.,111, 1f

210) Ebd.,119, 9-13

211) Ebd.,111, 2f

212) Ebd.,4ff

213) Ebd.,111, 7ff; vgl. dazu oben Endreß, S.174-177

214) Ebd.,127, 1-5

215) M. Mahdi, Language and Logic in Classical Islam, in: Logic in Classical Islamic Culture, hg. G.E. Grunebaum, Wiesbaden 1970, 83, als Interpretation von at-Tauhidi, Imta', 126, 13 - 127, 3

216) at-Tauhidi, Imta', 125, 1-10

217) Ebd.,1f

218) Ebd.,116, 12f, vgl. oben II.3

219) Ebd.,115, 2-5

220) Ebd.,121, 3-7; 122, 12, 15

221) Ebd.,116, 15

222) Daß Nachdenken und Erkennen ein Insichzurückgehen des Bewußtseins mit Bezug auf Inhalte sind, die es in Erfahrung und Kommunikation im Modus der unausdrücklichen Voraussetzung schon gebraucht hat, das scheint mir auch der rational rekonstruierbare Sinn der platonischen Anamnesistheorie und der aristotelischen Unterscheidung des für uns von dem an sich Bekannteren zu sein. In weitaus weniger

prägnanter Formulierung bezieht as-Sirafi dieses Verhältnis auf das Sprechen, das auf seine Implikationen und Formen reflektiert. - Sofern as-Sirafi prinzipiell zwischen vorreflektivem Sprechen und dem Lernprozeß des Philologen unterscheidet, ist Zimmermanns Vorwurf nicht berechtigt, die Sprachbeherrschung des Grammatikers sei von der des kompetenten Sprechers nicht abgehoben worden (al-Farabi's Commentary ..., London 1981, CXXVI); der Vorwurf kann sich nur darauf beziehen, daß die Funktion der Grammatik gelegentlich überbewertet wird, als erwerbe man erst durch ihr Studium sprachliche Kompetenz.

223) at-Tauhidi, al-Muqabasat, 121, 7f; 123, 15ff; 124, 19ff

224) at-Tauhidi, Imta', 116, 12f

225) Ebd.,124, 16 - 125, 4

226) Ebd.,111, 7ff; 116, 10-13, 15f

227) Vgl. Platons berühmte Zweite Fahrt, Phd. 99c - 100a

228) at-Tauhidi, Imta', 115, 1f. Auch an dieser Stelle wird der universale Anspruch der Logik zurückgewiesen: De facto ist sie Grammatik, d.h. enthält sie die Struktur einer besonderen Sprache, und kann nur mit Hilfe der jeweiligen Sprache der Zuhörer erklärt werden, bedeutet also für sich genommen nichts.

229) Ebd.,125, 10f

230) Ebd.,3f

231) Man kann sich dadurch an Aristoteles erinnern lassen, der am Anfang seiner 'Physik' auf den Sprachgebrauch der Kinder hinweist, die gerade umgekehrt spezielle Ausdrücke wie 'Vater' auch in einem allgemeinen Sinn - wie für 'Mann'- verwenden, s. Phys. I1, 184 b 3ff. as-Sirafi verbindet seinen an sich plausiblen Hinweis auf den Mangel sprachlicher Präzision nicht mit Beispielen, die dem Leser genauer zu verstehen gäben, auf welche Beobachtungen sich die sehr allgemeine Bemerkung bezieht.

232) Vor allem at-Tauhidi, Imta', 111, 7ff; 116, 12f

233) Vgl. ebd. 121, 6f. An dieser Stelle ist nicht von Semantik, sondern von Grammatik die Rede. Auch wird die Bestandsaufnahme durch Sammeln von Belegen nicht eigens erwähnt, sondern nur die darauf aufbauende Zurückführung abweichender Formen auf die jeweils aufgestellte Regel. Jedoch greift as-Sirafi unmittelbar anschließend (7ff), also im Sinn einer Gegenüberstellung, den Anspruch der Logiker an, ohne hinreichende Sprachkenntnisse die Bedeutungen erforschen zu können. Das gibt nur dann einen Sinn, wenn das zuvor von der Grammatik Gesagte auch von der Semantik gilt. Was die sprachwissenschaftliche Methode angeht, so dürfte der Philo-

loge sie als ganze vor Augen haben; ihre wichtigsten Elemente entwickelt auf spätantikem Hintergrund C.M. Versteegh, Greek Elements in Arabic Linguistic Thinking, 90-98. Vgl. auch Endreß, oben S. 175ff

234) at-Tauhidi, Imta', 125, 2ff

235) Ebd.,8f

236) Ebd.,4-8

237) In Aristotelis Categorias Commentarium, CAG 8, 12, 28-32

238) at-Tauhidi, Imta', 112, 10 - 113, 6; 113, 9-13

239) Ebd.,112, 7-10

240) Ebd.,11-16. Endreß zeigt in seiner Anm. zu diesem Text, oben S.247f, an dem Beispiel des älteren Ibn Qutaiba der wie as-Sirafi die islamischen Wissenschaften gegen die griechisch-antiken verteidigt, daß man solcher Offenheit nicht unbedingt vertrauen kann. Sie wird vielleicht nur zur Zurückweisung der als fremd empfundenen Ansprüche der Philosophen gebraucht und betont, im Gegenzug aber, bei der Würdigung der Errungenschaften der Araber wieder verlassen. Bei as-Sirafi selbst würde ich die Passage, in der er die islamische Religions- und Rechtslehre im Vergleich mit der von Matta vertretenen hellenistischen Wissenschaft lobt (Imta', 127, 1-5), noch nicht für ein hinreichendes Indiz solchen Rückfalls halten, wie ihn Ibn Qutaiba in einem ähnlich klingenden Text vorführt (s. bei Endreß, oben S.191f).Denn as-Sirafi hat deutlich gemacht, daß er die griechische Philosophie zu seiner Zeit und in der arabischen Sprachgemeinschaft für unfruchtbar hält, was Matta trifft, einen interkulturellen Vergleich, wie ihn Ibn Qutaiba andeutet, aber gerade nicht enthält (s. Imta', 110, 11-14; 111, 11-14; 116, 5-9).

241) at-Tauhidi, Imta', 112, 16 - 113, 6

242) Ebd., 113, 6-13

243) Ebd., 113, 7f

244) Ebd., 10ff

245) Vgl. oben S.348 und bei Endreß S.175f.Nur zufällig ergibt sich für ihn ein geschichtlicher Aspekt dadurch, daß das klassische Griechenland mit seiner Sprache der Vergangenheit angehört, s. at-Tauhidi, Imta', 111, 12ff.

Alain de Libera

La logique du moyen âge comme logique naturelle (Sprachlogik):

Vues médiévales sur l'ambiguïté

La logique médiévale contient, entre autres choses, une logique "naturelle" ou Sprachlogik selon l'expression popularisée par M. Grabmann. [1] Cette forme d'analyse qui, à bien des égards, constitue l'un des apports les plus importants de ce que Moody a appelé la "contribution médiévale à la logique" [2] n'a pas reçu toute l'attention souhaitable. Ce n'est pas un hasard. Telle que l'entendait Grabmann, la notion de Sprachlogik visait à rendre compte de l'orientation générale de la problématique médiévale du langage: l'analyse des catégories logiques de la langue latine. [3] A une époque où dominait le modèle des logiques formelles de type mathématique, la visée linguistique ou logico-linguistique des doctrines médiévales ne pouvait apparaître que comme un handicap. Le renouvellement de la problématique de la logique naturelle qu'a entraîné en linguistique le développement des points de vue sémantiques génératif et interprétatif [4] permet ajourd'hui de mieux apprécier les réussites et les limites de la "logique du latin" qu'ont élaborée les philosophes des XIIIe et XIVe siècles. L'objet de notre article est d'essayer d'en préciser l'image.

*

Dans Linguistics and Natural Logic, G. Lakoff remarque qu'«on ne doit pas s'étonner de découvrir que la structure logique nécessaire à l'utilisation du langage naturel comme instrument de raisonnement corresponde profondément à sa structure grammaticale», puisque «presque toute utilisation du langage naturel contient un raisonnement». [5] Ainsi, considérons les phrases suivantes:

(1) The members of the royal family are visiting dignitaries

(2) Visiting dignitaries can be boring

(3) a. Therefore, the members of the royal family can be boring

b. Therefore, what the members of the royal family are doing can be boring

L'exemple (1) est un "cas typique d'ambiguïté structurelle". En effet, l'expression de "visiting dignitaries" peut être interprétée soit comme un syntagme nominal composé d'un modifieur ("visiting") et d'un nom ("dignities"), soit comme un syntagme verbal composé d'un verbe et d'un objet. La même ambiguïté se retrouve dans l'exemple (2). L'intéressant est que chacune des deux possibilités d'analyse grammaticale de (1) et de (2) impose un "modèle de raisonnement" ("pattern of deduction") différent. C'est ainsi que l'interprétation de "visiting dignitaries" comme syntagme nominal entraîne logiquement (3a), alors que l'interprétation en termes de syntagme verbal entraîne ("b). Soit maintenant les phrases:

(4) The members of the royal family are sniveling cowards
(5) Sniveling cowards can be boring
(6) a. Therefore, the members of the royal family can be boring
b. Therefore, what the members of the royal family are doing can be boring

Contrairement au cas précédent, il n'y a pas ici d'ambiguïté. De fait, en (4) comme en (5) une seule interprétation de "sniveling" est possible, i.e. celle qui en fait un modifieur de "cowards". Corrélativement une seule inférence est logiquement possible: celle qui va de (4) et (5) à (6a), l'inférence à (6b) étant inacceptable.

A lire ces quelques lignes où l'interprétation "grammaticale" et la déduction "logique" sont plus qu'étroitement associées, le médiéviste se sent immédiatement en pays de connaissance. Mais qu'en est-il de la problématique où elles s'insèrent?

Selon Lakoff, la question que posent ces exemples est de savoir si la correspondance observée entre structure grammaticale et structure logique est ou non accidentelle, autrement dit : «s'il existe une connexion nécessaire entre les structures grammaticales des phrases et leurs structures logiques correspondantes.» [6] Une étude approfondie de la question devrait, selon nous, montrer successivement : (a) que la logique naturelle des médiévaux est, pour une large part, une réflexion sur l'ambiguïté ("multiplicitas"), dont le principal objet est de définir les concepts et les règles permettant de déterminer la forme logique d'énoncés latins; (b) que l'idée d'une connexion nécessaire entre structures grammaticales et structures logique y est fondamentalement mise en question; (c) que la structure de surface des phrases est considérée par certaines écoles ("terministes") comme contenant l'information nécessaire pour déterminer quelle est leur forme logique, notamment pour ce qui concerne les points cruciaux de la coréférence et des champs des quantifieurs, des connecteurs et des modalités.

Ne pouvant, faute de place, développer ici chacun de ces points, nous nous contenterons de présenter les concepts, les méthodes et les problèmes les plus caractéristiques de la réflexion terministe sur l'ambiguïté.

Le concept-clef de la logique naturelle des médiévaux est la "suppositio", sa méthode principale est l'analyse et la solution des "sophismata". [7] Concept et méthode sont indissociables, la définition des différents types de suppositions ("modi supponendi") étant, d'un même geste, illustrée, conditionnée et finalisée par l'étude des sophismata. Un sophisma n'est pas un paralogisme mais un "puzzle logique" dont la fonction tient à la fois de l'exemple et du contre-exemple en linguistique. A bien des égards, le sophisma apparaît comme une modulation particulière des phénomènes notés par Lakoff dans son analyse des phrases (1)-(6). L'examen d'un sophisma suit un programme précis et quasiment invariable. On définit d'abord un univers de discours, c'est la "positio" du "casus". On fait ensuite deux inférences. L'une prend le sophisma pour conclusion, l'autre pour prémisse. La première inférence sert à prouver que le sophisma est vrai, c'est la "probatio", la seconde, à prouver qu'il est faux, c'est l'"improbatio" ou "contra". La solution ("solutio") consiste généralement à déterminer le type de proposition qu'est le sophisma. Pour cela, on montre que "probatio" et "improbatio" reposent chacune sur une certaine interprétation de la phrase. Ces interprétations différentes sont explicitées par des procédures spécifiques. Le statut logique du sophisma est, en général, donné par l'une des qualifications suivantes: la phrase est "ambiguë" ("multiplex"), si l'interprétation correspondant à la "probatio" et celle correspondant à l'"improbatio" sont toutes deux possibles. Elle est vraie ("vera"), si le sens correspondant à la "probatio" fait que la proposition est vérifiée pour les conditions imposées par le "casus". Elle est fausse ("falsa") dans le cas contraire. Un sophisma est donc généralement vrai dans un sens, faux dans un autre. Toutefois, une proposition peut bien être ambiguë et fausse dans les deux sens ou transparente mais fausse dans le cas considéré et en général ("simpliciter falsa") ou encore transparente et vraie sous tous les rapports ("simpliciter vera").

Comme on le voit, la caractéristique majeure de la logique naturelle élaborée dans la littérature sophismatique est que la distinction du sens des propositions y est traitée de manière totalement indépendante de l'assignation des valeurs de vérité. Cette autonomie de l'analyse n'empêche pas la spécification du "casus" de jouer un rôle intéressant. De fait, la fonction du "cas" est de permettre d'assigner une valeur de vérité à toutes les propositions, quelle que soit leur forme logique et quel que soit leur sens. C'est un lieu commun de l'analyse contemporaine [8] que d'affirmer qu'il serait absurde de demander, par exemple, quelle est la référence du pronom "his" dans :

(7) Some man loves his mother

ou de vouloir assigner une valeur de vérité à une expression comme "Gx" dans la formule "$\forall x\ (Fx \supset Gx)$" ou à une proposition comme "he admires Mozart" dans:

(8) If any man loves music, he admires Mozart

Dans la perspective médiévale, en revanche, la définition du "casus" permet d'assigner une valeur de vérité à toute proposition; l'interprétation en termes de vérité restant, toutefois, postérieure à l'analyse de la forme logique. [9] On peut donc dire, pour résumer, que l'étude d'un sophisma aboutit en général à une distinction de sens: un sens dans lequel la proposition est vraie et prouvée ("sic vera est et probatur"), un autre dans lequel est elle est fausse et rejetée ("sic falsa est et improbatur"). Selon le parti pris, "probatio" et "improbatio" sont alors caractérisées du point de vue de la validité de leur modèle de déduction, l'une ou l'autre, parfois les deux, se voyant assigner un "modus decipiendi" qui permet de la ou de les classer dans un type canonique d'erreur ou "fallacia". La typologie des erreurs, exposée dans les traités De fallaciis, est en partie empruntée aux Réfutations sophistiques d'Aristote. Les principales variétés sont la "fallacia compositionis et divisionis", la "fallacia consequentis", la "fallacia accidentis" et la "fallacia figurae dictionis". [10] Toutes concernent, à des degrés divers, les propositions ambigués, mais, pour des raisons qui apparaîtront, c'est l'erreur de composition et de division qui, dans ce domaine, constitue le foyer principal.

L'indépendance de l'analyse linguistique par rapport à l'assignation des valeurs de vérité explique la spécificité du rôle joué par la notion de "suppositio" dans la littérature sophismatique. L'analyse de la supposition des termes catégorématiques est indispensable à la caractérisation du type de "fallacia" contenu dans les modèles de déduction suivis par la "probatio" et l'"improbatio": sans elle, l'assignation du "modus decipiendi" serait presque impossible. La supposition n'en est pas pour autant déterminée par rapport aux conditions spécifiées dans le "casus": l'assignation d'un "modus supponendi" ne consiste pas à chercher quels sont les individus ou les entités qui, dans l'univers de discours, satisfont le terme considéré. La thèse fondamentale de cette logique qu'on nomme "Terminisme" est que le mode de supposition des termes catégorématiques est déterminé non par les causes de vérité ("causae veritatis"), mais par un certain nombre de relations entre les constituants de ce qu'on appellerait ajourd'hui la structure de surface des phrases: «Aliud est enim supponere et aliud est reddere locutionem veram pro aliquo.» [11] Autrement dit: (a) l'assignation du mode de supposition n'est qu'un moment dans la caractérisation de la forme logique des phrases; (b) la supposition des termes exprime certaines relations linguistiques entre les éléments de la phrase; (c) elle est, en principe, variable, rien n'empêchant en droit qu'un même terme ait plusieurs suppositions selon le type de relations privilégié dans l'interprétation. [12] Tous les genres de supposition mentionnés dans les traités De suppositionibus n'ont pas une égale importance pour la construction effective de la logique naturelle. Au XIIIe siècle, le seul qui nous intéressera aujourd'hui, la littérature sophismatique ne fait véritablement appel qu'à trois types de suppositions: la supposition "déterminée" ("determinata"), la supposition "purement confuse" ("confusa tantum") et la supposition "confuse et distributive" ("confusa et distributiva") elle-même subdivisée en "mobile" ("mobilis") et "immobile" ("immobilis"). Chacun de ces modes est pédagogiquement déterminé par recours à des inférences. Le recours aux inférences consiste à dégager le type de paraphrase adéquat pour une proposition, dans laquelle figure un terme exemplifiant un certain type de supposition. La caractéristique commune de ces phrases est de contenir des termes singuliers.

Suivons l'exposé de Guillaume de Sherwood dans les Introductiones in logicam. [13] La supposition d'un terme est appelée "déterminée", lorsque sa proposition d'occurrence ne peut être adéquatement paraphrasée ("exposée") que par une disjonction de propositions singulières. Ceci peut être exprimé du point de vue des conditions de vérité en disant que la proposition contenant un terme pris en supposition déterminée ne peut être vérifiée que par un individu à la fois: «Est determinata, quando poterit exponi locutio per aliquod unum. Et hoc est, quando dictio supponit pro aliquo uno, ut cum dico: 'Homo currit'. Ista potest esse vera, quolibet currente.» Ainsi donc, la paraphrase ou exposition correcte de:

(9) Homo currit

est-elle:

(10) Iste homo currit vel ille homo currit vel ... currit

La supposition d'un terme est "purement confuse", lorsque la paraphrase de sa proposition d'occurrence est fournie par une proposition de prédicat disjoint ("de praedicato disiuncto"). Du point de vue des conditions de vérité, cela signifie qu'une proposition dont le prédicat est pris en supposition purement confuse: (a) est vérifiée chaque fois qu'un individu satisfait ce prédicat, (b) ce qui implique que ledit prédicat ne peut être satisfait que par un individu à la fois. Ainsi donc, la paraphrase adéquate de:

(11) Omnis homo est animal

est-elle:

(12) Omnis homo est hoc animal vel hoc animal vel ... animal

et non:

(13) Omnis homo est hoc animal vel omnis homo est hoc animal vel ... animal

La supposition d'un terme est "confuse, distributive et mobile", quand l'exposition prend nécessairement la forme d'une conjonction de singulières, i.e. quand la proposition doit être vérifiée de tous les individus supposés et de chacun d'entre eux: «Distributiva autem, quando supponit pro multis, ita quod pro quolibet, ut haec dictio 'homo', cum dico: 'Omnis homo est animal'. [...] Mobilis autem, quando potest fieri descensus, ut in praedicto exemplo in hoc termino 'homo'.» Ainsi la paraphrase adéquate de (11) est-elle différente "ex parte subiecti" de ce qu'elle est "ex parte praedicati", puisqu'on a dans ce cas:

(14) Hic homo est animal et hic homo est animal et ... animal

La supposition est "confuse, distributive et immobile" ou "immobilisée", quand la proposition est vérifiée de tous les individus sans être vérifiée de chacun séparément. C'est le cas de:

(15) Tantum omnis homo currit

qui ne saurait être exposée par:

(16) Tantum hic homo currit et tantum hic homo currit et tantum ... currit

mais seulement par:

(17) Tantum: Hic homo currit et hic homo currit et ... currit

La différence entre supposition "mobile" et supposition "immobile" est exprimée en disant que l'une permet le "descensus", i.e. la "descente" à une disjonction de singulières,

mais pas l'autre.
Du point de vue linguistique, les propositions que l'on vient d'examiner se distinguent par la nature des effets produits par l'adjonction de "omnis" et de "tantum". Cette remarque conduit au problème de la définition théorique des genres de suppositions distingués pédagogiquement par la paraphrase de leurs propositions d'occurrence. On peut exprimer l'essentiel de ce nouveau point de vue en disant que les énoncés (11)-(17) montrent tous que la forme logique des propositions est déterminée par des éléments contenus dans la structure de surface, notamment, ici, l'ordre et la position des quantifieurs. Cette formule générale peut être facilement précisée en examinant la définition théorique de la "suppositio" contenue dans les "règles de supposition" fournies par Guillaume de Sherwood.

Les règles de supposition sont au nombre de cinq formant système. La première est une règle d'assignation du "modus supponendi", les quatre autres sont des règles d'inférence entre suppositions assignées. Chacune des règles inférentielles est expliquée par rapport à un "casus", mais pas la première, qui est purement linguistique et qui fonde les quatre autres.

La règle d'assignation (indépendante des conditions de vérité) est la suivante: R1: Tout quantifieur universel distribue le terme auquel il est immédiatement joint. En revanche, pour les autres termes de la phrase, il joue un rôle différent selon qu'il est affirmatif ou négatif. Négatif, il distribue le ou les termes éloignés, affirmatif, il les met en supposition purement confuse: «Habetur ergo pro regula, quod omne signum distributivum confundit terminum sibi immediate adiunctum confuse et distributive. Sed signum affirmativum confundit terminum remotum confuse tantum. Signum autem negativum confundit terminum remotum confuse et distributive. Unde sequitur: 'Nullus homo est asinus; ergo nullus homo est iste asinus.' Sed non sequitur: 'Omnis homo est animal; ergo omnis homo est hoc animal.'» Les règles d'inférence sont des règles de blocage qui interdisent le passage: R2: d'une supposition purement confuse à une supposition confuse et distributive; R3: de plusieurs suppositions déterminées à une supposition déterminée ("a pluribus determinatis ad unum determinatum" ou "ad unam determinatam"); R4: d'une supposition déterminée à une supposition confuse et distributive; R5: d'une supposition purement confuse à une supposition déterminée. Le ms. Paris, Nat. Lat. 16617 représente l'ensemble du système dans la figure suivante [14]:

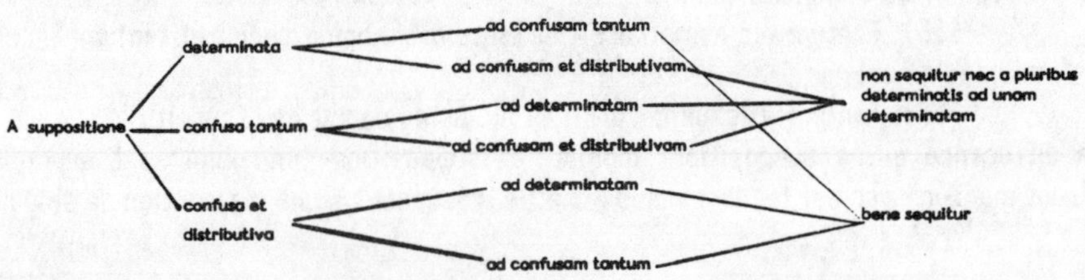

R2 interdit toute inférence du type de:

(18) Omnis homo hominem non videt, ergo omnis homo non videt hominem

En apparence, rien ne distingue l'antécédent:

(19) Omnis homo hominem non videt

du conséquent:

(20) Omnis homo non videt hominem

rien, sinon la place du mot "hominem" par rapport aux syncatégorèmes "omnis" et "non". Dans (19) "hominem" vient après "omnis", mais avant "non". Dans (20) il est à la fois après "omnis" et après "non". Une autre différence est que dans (19) "hominem" est le terme éloigné de "omnis" (dont il est séparé par "homo"), alors que dans (20) il est éloigné non pas de "omnis" mais de "omnis ... non". Compte tenu de l'équipollence de "omnis ... non" et de "nullus", (20) peut être regardé comme identique à:

(21) Nullus homo videt hominem

(19) et (20) n'ont donc pas le même sens. En effet, par R1, dans (19) "hominem", en tant que terme éloigne de "omnis", suppose de façon purement confuse, alors que dans (20), en tant que terme éloigné de "omnis ... non" (="nullus"), il suppose de façon confuse et distributive. Le sens de (19) est donc:

(19.1) Il y a pour chaque homme un homme qu'il ne voit pas

Dans le "casus" postulé par Guillaume pour interpréter (18) du point de vue des conditions de vérité, i.e. dans le cas où chaque homme ne voit que lui-même, (19) est vrai, puisque, ex hypothesi, chacun ne voit que soi. En revanche, le sens de (20) et de (21) est:

(20.1) Aucun homme ne voit un homme

ce qui, dans le cas postulé, est faux, puisque, ex hypothesi, chacun se voit lui-même. Le passage de (19) à (20) est donc inacceptable dans le cas choisi, puisqu'on a le moyen de décider dans ce cadre que (19) est vrai et (20) faux, et que le faux ne suit pas du vrai. Mais il est également invalide en soi, dans la mesure où (19) dit tout à fait autre chose que (20) et ne l'implique en aucun sens du mot "implique".

Gardant le même "casus" que pour R2, on voit que R3 interdit toute inférence du type de:

(22) Homo videtur a Socrate et homo videtur a Platone ..., ergo homo videtur ab omni homine

En effet, dans cette inférence, le conséquent ("homo videtur ab omni homine") signifie que:

(22.1) Un même homme est vu par tous les hommes

ce qui, dans le cas considéré, est faux. Au contraire:

(23) Homo videtur a Socrate et homo videtur a Platone ... , ergo ab omni homine videtur homo

est une inférence valide. En effet, le conséquent ("ab omni homine videtur homo") signifie que :

(23.1) Chaque homme voit un homme

ce qui, ex hypothesi, est vrai. La différence de (22) et de (23) est expliquée par application de R1. En (23) "homo" est éloigne de "omnis" dans le conséquent, alors qu'en (22) il est placé avant "omnis" dans le conséquent, ce qui fait qu'il n'est rien pour lui. En (22) il suppose daonc déterminément, alors qu'en (23) sa supposition est purement confuse. Ainsi la validité de (23) est-elle universelle.

Le même type d'explication est donné pour R4. Au cas où Socrate ne voit qu'un seul homme, on montre que l'inférence:

(24) Hominem non videt Socrates, ergo Socrates non videt hominem

est invalide. En effet, dans l'antécédent ("hominem non videt Socrates"), "hominem" suppose pour un individu non désigné, le sens étant:

(24.1) Il y a un homme que Socrate ne voit pas

En revanche, dans le conséquent ("Socrates non videt hominem"), "hominem" vient après le syncatégorème de négation ("non"), et le sens est:

(24.2) Socrate ne voit personne

(24.1) et (24.2) ne sont donc pas la même proposition.

R5 interdit toute inférence du type de:

(25) Omnis homo videt hominem, ergo hominem videt omnis homo

En effet, dans le cas où tout homme ne voit que lui-même, l'antécédent ("omnis homo videt hominem") signifie que:

(25.1) Tout homme voit un homme

ce qui est vrai, tandis que le conséquent ("hominem videt omnis homo") signifie que:

(25.2) Il y a un homme que voient tous les hommes

ce qui est faux. Sur le plan linguistique, (25.1) est une proposition que l'on peut représenter ainsi: $\forall x\ [\exists y\ (x \text{ voit } y)]$, et (25.2) est une proposition que l'on peut représenter par : $\exists y\ [\forall x\ (x \text{ voit } y)]$. Donc, si l'on s'en tient aux règles R1-R5, on voit que dans la logique du latin proposée par certains médiévaux, il suffit d'interpréter correctement la position et le scope des quantifieurs par rapport aux termes catégorématiques pour distinguer (25.1) et (25.2). Cela implique que la logique médiévale fait, jusqu'à un certain point, l'hypothèse générale que (a) l'ordre logique des quantifieurs constitue une information sémantique et que (b) cette information est représentée dans l'ordre linéaire des constituants de la forme de surface. Cette hypothèse, on l'a dit, n'est pas sans évoquer certains traits de la sémantique contemporaine. De fait, il est évident qu'un logicien ou un linguiste d'aujourd'hui regarderait lui aussi le sens de (25.1) comme distinct de celui de (25.2). Et Il est également très probable qu'il associerait la représentation [A] à "Omnis homo videt hominem":

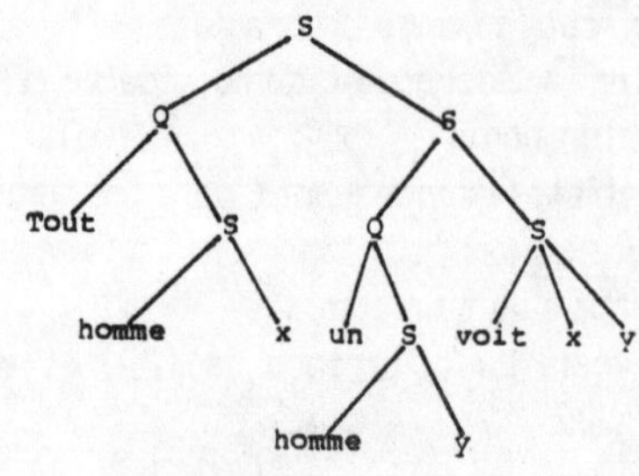

et [B] à "Hominem videt omnis homo"[15]:

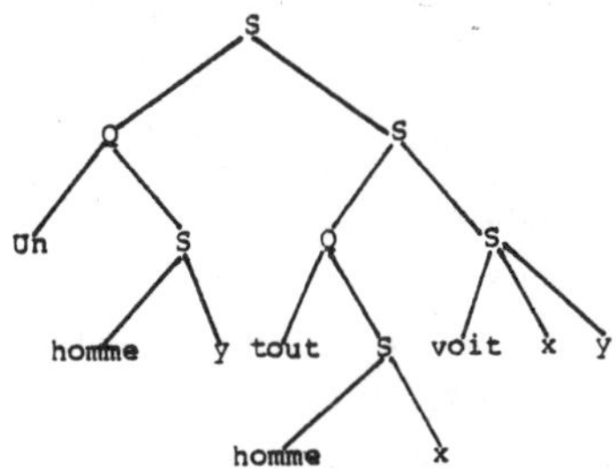

Pourtant tout n'est pas là: l'intérêt spécifique de l'approche médiévale n'est pas seulement qu'elle perçoit la différence de (25.1) et (25.2), mais qu'elle rend aussi immédiatement sensible la raison pour laquelle de nombreux linguistes modernes ont finalement rejeté l'hypothèse dite de Katz-Postal selon laquelle: «Si à partir d'une structure profonde donnée on peut obtenir plusieurs phrases de surface, celles-ci ont le même sens.» [16] Dans cette hypothèse, en effet, (25.1) et

(25.3) Homo videtur ab omni homine

seraient considérés comme ayant une structure profonde identique et comme simplement reliés par la transformation PASSIF. L'analyse médiévale montre, au contraire, que (25.3) a la même forme logique que (25.2), i.e. $\exists y\ [\forall x\ (x \text{ voit } y)]$. (25.3) n'a donc pas le même sens que (25.1) et ne lui est pas logiquement équivalent. Ainsi retrouve-t-on l'alternative moderne selon laquelle il faut abandonner l'hypothèse ou supposer pour la maintenir que (25.1) et (25.3) ont des structures sous-jacentes distinctes. On verra, dans ce qui suit, que de telles "rencontres" ne sont pas exceptionnelles. [17]

*

Les exemples (18)-(25) montrent que les concepts et les règles utilisés par les médiévaux pour déterminer la forme logique des propositions traitent essentiellement des propriétés logiques de certains termes syncatégorématiques comme "omnis", "nullus" et "non". Ces propriétés sont bien connues des logiciens modernes. Elles correspondent à ce qu'ils appellent le "scope" (ou le "champ" ou la "portée") des quantifieurs ou des connecteurs. On sait, toutefois, que toutes les propositions n'ont pas la forme de (18)-(25) et que tous les syncatégorèmes réalisés dans la langue latine ne sont pas des quantifieurs universels ou des négations. De plus, il est évident que les règles R1-R5 sont insuffisantes pour rendre compte de tous les fonctionnements linguistiques élémentaires. Enfin, on est en droit d'attendre d'une logique naturelle qu'elle construise, délimite et argumente un concept spécialisé dans les phénomènes de "scope". On peut donc se poser les questions suivantes: les médiévaux disposent-ils (a) d'un concept comparable à celui de scope? (b) d'un ensemble de règles permettant de répéter pour chaque syncatégorème l'opération décrite par R1-R5 pour "omnis" et "nullus"? (c) de règles pour déterminer non seulement les relations entre syncatégorèmes et catégorèmes mais encore, et surtout, entre syncatégorèmes différents dans une même phrase? Nous allons voir qu'on peut répondre oui à toutes ces questions.

Il semble qu'on puisse considérer que la notion d'"inclusion" ("inclusio") constitue l'équivalent médiéval de la notion moderne de scope. Le terme d'"inclusion", attesté chez la quasi-totalité des logiciens du XIIIe siècle, désigne les relations de scope, d'une part, entre termes syncatégorématiques et termes catégorématiques interprétés ou non comme des variables, d'autre part, entre termes syncatégorématiques mêmes. Par "inclusio" un logicien entend le fait qu'un terme se trouve dans le champ d'un syncatégorème, comme "homo" dans (11). Une proposition comme (11) n'est évidemment pas ambiguë. L'inclusion peut, toutefois, déterminer une ambiguïté quand une phrase contient plusieurs syncatégorèmes. Une proposition est ambiguë, lorsque les relations entre syncatégorèmes sont telles que l'on peut considérer que le premier inclut le second et/ou que le second inclut le premier. En général, on dit d'une proposition de ce type qu'elle doit être résolue "per includere includi", c'est-à-dire par la distinction du sens propositionnel selon les rapports d'inclusion. C'est notamment, pour prendre un seul exemple, le cas de la proposition:

(26) Omne animal est rationale vel irrationale

dont le sens peut être calculé avec "omne" incluant "vel" dans son champ, [18] ce qui en fait un équivalent de:

(26.1) Tout animal est rationnel ou irrationnel

autrement dit de:

$\forall x$ [x est rationnel v –(x est rationnel)]

ou avec "vel" incluant "omne" dans son champ, ce qui en fait un équivalent de:

(26.2) Tout animal est rationnel ou tout animal est irrationnel

i.e. de:

$\forall x$ (x est rationnel) v $\forall x$ –(x est rationnel)

En droit, tous les syncatégorèmes peuvent s'inclure. Parmi tous les cas traités par Guillaume de Sherwood, on relève entre autres: exclusion ("solus", "tantum") + copulation ("et"); négation ("non") + copulation; modalité (nominale: "necessarium", "contingens", "possibile", "impossibile" ou adverbiale: "necessario", "contingenter", "possibiliter", "impossibiliter") + disjonction ("vel"); exclusion + condition ("si"); négation + condition; distribution ("omnis", "nullus", quilibet", "qualelibet", "quantumlibet") + copulation; distribution + relation ("alius"). [19] L'extrême diversité de cette typologie pourrait suggérer au lecteur moderne que l'"inclusio" est un simple outil "ad hoc". En fait, il s'agit bel et bien d'un concept théorique dont la pertinence et l'extension sont soumises à une véritable discussion. On trouve un témoignage précis des questions abordées à ce propos dans la Summa de sophismatibus et distinctionibus de Roger Bacon (c. 1240): Qu'est-ce qu'inclure? Qu'est-ce qu'être inclus? N'y a-t-il inclusion qu'entre syncatégorèmes? Un catégorème peut-il en inclure un autre? Un mot ayant un "office" ("officium", "dictio officialis") dans une phrase peut-il inclure un mot extérieur à cette phrase? N'importe quel mot ayant un "office" dans une phrase peut-il y inclure n'importe quel autre mot, et réciproquement? [20] La discussion de la première question contient de nombreux arguments pour et contre la notion d'inclusion. Quatre, au moins, des arguments contra méritent d'être cités: (a) un même terme ne peut à la fois "inclure" et "être inclus", car rien ne peut être à la fois actif et passif vis-à-vis d'autre chose, ni (b) lui servir alternativement de matière et de forme; (c) un mot ne peut en inclure un autre sans lui ôter son office propre; (d) ce qui est premier dans l'ordre linéaire d'une phrase sert nécessairement de matière à ce qui vient ensuite: de deux mots "officieux", le premier est donc toujours inclus par le second, ce qui supprime toute possibilité d'ambiguïté. [21] Bacon lui-même accepte l'inclusion et il justifie sa décision en recourant à une notion plus ou moins psychologique: l'"engendrement du discours" ("generatio sermonis"). [22] Il est exact, dit-il, que l'inclus ("inclusum") ou le contenu est au contenant ("includens") ce que le matériel est au formel. C'est donc bien le contenant et lui seul qui détermine la nature de la phrase. Toutefois, ce qui est contenu selon un certain ordre peut être contenant selon un autre. Un même terme peut donc selon "l'ordre d'engendrement du discours" être tantôt matière, tantôt forme, tantôt passif, tantôt actif. [23] L'"engendrement" visé ici est, semble-t-il, celui de la réalisation acoustique de la phrase dans l'esprit du locuteur. Les problèmes seraient différents si le "lieu" psychologique de la "generatio" était l'esprit de l'auditeur, et ils seraient encore différents si c'était l'espace "mental" de l'interlocution. De ce dernier point de vue, en effet, l'"engendrement du discours" recouvre deux phénomènes distincts, qu'une théorie de la "generatio sermonis" doit assumer à égalité: l'ordre d'énonciation ("ordo prolationis") et le "mode de prononciation" ("modus prolationis", "modus proferendi"). L'"ordo prolationis" dispose les mots selon la relation de l'antérieur et du postérieur, le "modus prolationis" les coordonne selon la relation continuité/discontinuité. Le "modus prolationis" est ce qu'on appellerait aujourd'hui un "modèle d'intonation" ou "stress". Ce "modèle" permet de distinguer le sens d'une phrase selon la composition ou la division de ses parties. On en trouve un bon exemple chez Sherwood, [24] quand il explique que l'inférence:

(27) Album videbatur a Socrate, ergo Socrates vidit album

normalement invalide (par application de R5), peut être considérée comme valide dans le cas où Socrate a vu un bouclier noir qui, depuis, a été repeint en blanc, si l'antécédent:

(28) Album videbatur a Socrate

est "prononcé de façon continue": "Album-videbatur a Socrate" (où "album" est inclus par "—batur"), et invalide s'il est "prononcé de façon discontinue": "Album, videbatur a Socrate" (où "—batur" est inclus par "album"). Dans un cas, en effet, l'antécédent est faux et l'inférence tient "in falso sensu", dans l'autre il est vrai et l'inférence ne tient pas, le faux ne suivant pas du vrai. Il y a ainsi une interprétation de (28) qui en fait l'équivalent de:

(29) Socrates vidit album

et une autre qui l'en distingue [25]: «Unde non sequitur: 'Album videbatur a Socrate; ergo Socrates vidit album', ut si scutum modo sit album, sed cum videbatur a Socrate fuit nigrum. Et dico, quod non sequitur, si antecedens sit divisum, sequitur autem, si sit compositum. Et sic intelligendum de verbo de futuro, scilicet quod terminus communis ex parte ante supponit pro praesentibus vel futuris per compositionem et divisionem, ex parte autem post solum pro futuris.» Si l'on revient maintenant avec Sherwood sur (26), on voit que, pour lui, la solution "per includere includi" repose ultimement sur le fait que le déterminant "vel irrationale" peut être soit composé à soit divisé de ce qui le précède. La composition signifie que l'ensemble formé par les deux adjectifs "rationale-vel-irrationale" est prédicable de tout animal, auquel cas on dit que la distribution de "omnis" inclut la disjonction de "vel" (et la proposition est vraie), l'inclusion de "vel" par "omnis" correspondant à une interprétation de "vel" comme disjoncteur de termes. La division signifie et que le prédicat "rationale", pris séparément, est prédicable de tout animal et que "irrationale" est, pris séparément, prédicable de tout animal, auquel cas on dit que c'est "vel" qui inclut "omnis", ce qui revient à interpréter "vel" comme disjoncteur de propositions (le sens obtenu étant, évidemment, inacceptable). La différence entre (26.1) et (26.2) correspond donc exactement aux prononciations suivantes: continue: "Omne animal est rationale-vel-irrationale", discontinue: "Omne animal est rationale, vel irrationale".

La distinction entre sens composé et sens divisé permet de traiter uniformément la plupart des cas d'ambiguïté structurelle, notamment ceux où, le quantifieur ayant affaire à un sujet ou à un prédicat complexe, la phrase tout entière peut être interprétée soit comme une proposition de sujet (ou de prédicat) disjoint soit comme une disjonction de propositions, c'est-à-dire: soit comme une catégorique soit comme une hypothétique, i.e.:

(30) Omne bonum vel non bonum est eligendum
(31) Omne animal est sanum vel aegrum
(32) Omnis homo vel asinus est risibilis
(33) Quicquid est vel non est est

Pour un auteur comme Richard Rufus de Cornouailles (le "Magister Abstractionum"), toutes ces propositions sont ambiguës, et leur ambiguïté résulte de ce que, prises en composition ("coniunctim"), leur quantifieur porte sur l'ensemble de la disjonction, alors que, prises en division ("disiunctim"), leur quantifieur "reste" sur l'un des termes disjoints. [26] On dirait aujourd'hui que, dans le premier cas, le quantificateur a grand scope, et que, dans le second, il a petit scope. Richard, lui, dit que la distribution ou "s'étend" ("se extendit ad", "attingit") ou "s'arrête" ("resistit"): «Prima distinguenda est. Est enim multiplex secundum compositionem et divisionem. Et in sensu compositionis est falsa, significat enim, quod omne est eligendum, quod est bonum vel non bonum. Et non valet in hoc sensu: 'Omne bonum est eligendum, ergo omne bonum vel non bonum est eligendum', sed est fallacia consequentis. Sensus divisionis est: 'Omne bonum, vel non bonum est eligendum'. Sic enim proferendo, resistit distributio super alterum disiunctorum, sed proferendo secundum modum compositionis, distribuitur totus terminus disiunctus, cuius supposita sunt tam bona, quam non bona. Unde in sensu compositionis est sermo falsus, et in sensu divisionis est sermo verus.»

Bien qu'étroitement solidaires, l'analyse de l'inclusion entre syncatégorèmes fondée sur leur ordre d'occurrence et celle de la composition et de la division du sens propositionnel liée au mode de la prononociation sont fréquemment utilisées l'une sans l'autre, voire l'une contre l'autre. C'est le cas pour le sophisma:

(34) Omnis homo est unus solus homo

Pour Richard de Cornouailles, les propositions "Omnis homo est unus solus homo", "Unus solus homo est animal" et "Unus solus homo est unus solus homo" sont toutes ambiguës par composition et division. C'est évident pour (34) dont le sens composé: "Omnis homo est unus-solus-homo" (= "Tous les hommes ne sont qu'un seul homme") et le sens divisé (= "Tout homme est un seul homme") sont irréductibles l'un à l'autre. Mais c'est aussi le cas pour "Unus solus homo est unus solus homo" dont le sens divisé est "Un seul homme est un individu" et le sens composé, le seul acceptable: "Chaque homme est un individu", ou pour "Unus solus homo est animal", qui signifie soit (sens composé): "Un seul homme est un animal", soit (sens divisé): "Chaque homme est un animal": «Haec autem est multiplex: 'Unus solus homo est unus homo', secundum compositionem et divisionem. Et in sensu compositionis est falsa et significat, quod unus homo, et non alius, sit unus solus homo. In sensu divisionis est vera et significat istud: 'Unus solus homo est unus solus homo.' Et eodem modo distinguenda est haec: 'Unus solus homo est animal.' Et dico eam esse compositam secundum, quod fit continua prolatio istorum ad invicem: 'unus solus homo', divisa secundum, quod fit discontinua prolatio istorum ad invicem, sicut in hoc exemplo Aristotelis [= Soph. Elench. 4, 166a31]: 'Qui unum potest ferre, plura potest ferre.'» La solution du sophisma selon Richard consiste donc simplement à distinguer à chaque fois le sens composé du sens divisé, selon la continuité ou la discontinuité de la prononciation. [27] Pour Sherwood, au contraire, le fond du problème est l'inférence de (34) à:

(35) Unus solus homo est omnis homo

Pour lui, en effet, (34) n'est pas ambigu mais vraie, et (35) n'est pas non plus ambigu maix faux. (34) est vrai par application de R1: dans (34) "unus solus homo" est éloigné de "omnis", sa supposition est donc purement confuse; dans (36), "unus solus homo" vient avant "omnis", il est donc hors de portée du quantifieur, et sa supposition est déterminée. Dans ces conditions, le sens de (34) est que tout homme est un homme, mais celui de (35) est qu'un seul homme est tous les hommes, ce qui est absurde "ut nunc". Chez Sherwood donc, le sophisma ne constitue pas un cas d'ambiguïté. [28] Il ne relève pas de la composition ou de la division du sens mais de la règle élémentaire de la quantification, c'est-à-dire R1, et d'une règle fondée sur elle, qui stipule que l'inférence d'un terme placé dans le champ d'un quantifieur universel affirmatif à ce même terme mis hors de sa portée est invalide: «Non tenet processus a termino postposito distributioni affirmative ad eumdem praepositum.» Sherwood rejette ainsi l'inférence de (34) à (35) pour cause de "figura dictionis", alors que Richard l'admet, une fois distinguée l'ambiguïté qui, selon lui, existe aussi bien en (34) qu'en (35). Cette différence entre deux auteurs qui, pourtant, admettent en général et la notion d'inclusion selon l'ordre d'occurrence et celle de composition/division du sens selon la prononciation montre qu'il est a priori difficile de déterminer les limites du domaine de législation du "modus prolationis". Normalement, la notion d'"engendrement du discours" devrait permettre d'en fournir les critères. Malheureusement, son imprécision même fait que des logiciens très proches l'un de l'autre comme Richard et Guillaume cherchent moins à se donner les moyens de trancher simplement entre diverses possibilités d'analyse, qu'à multiplier les solutions par le nombre de paliers ou d'étapes supposées à l'engendrement d'une phrase. Cette attitude caractéristique apparaît clairement dans la manière dont Roger Bacon répond lui-même à la troisième des questions qu'il pose dans la Summa de sophismatibus et distinctionibus: Un terme peut-il en inclure un autre hors de sa phrase d'occurrence? En effet, telle qu'il l'explicite, la notion de "generatio sermonis" apparaît moins à ce moment comme la simple réalisation verbale d'une phrase, que comme l'ensemble d'une séquence d'actes partant de la formation mentale d'une proposition pour aboutir à l'expression vocale d'un énoncé. [29] On se retrouve ainsi avec deux possibilités distinctes d'ordination phrastique: l'ordre d'engendrement de la proposition mentale, l'ordre de réalisation de l'énoncé verbal. Cet enrichissement de la problématique se laisse penser en termes modernes: toute phrase a une forme de surface comme énoncé manifeste et une forme latente comme proposition mentale. C'est en ce point précis que se pose le problème du caractère nécessaire ou accidentel de la correspondance entre structure grammaticale et structure logique des phrases, formulé de nos jours par Lakoff et exprimé ainsi par Bacon et ses contemporains: Doit-on considérer que l'ordre manifeste exprime nécessairement l'ordre latent —auquel cas le sens de la proposition et celui de l'énoncé seront littéralement identiques et l'on pourra assimiler sémantiquement phrase, énoncé et proposition—, ou faut-il au contraire maintenir qu'une même phrase (écrite) peut-être modulée en plusieurs énoncés (vocaux) correspondant à autant de propositions (mentales)? [30]

L'exemple traditionnellement utilisé par les médiévaux pour aborder cette question centrale de la logique naturelle est le sophisma:

(36) Omnis homo currit et ille disputat

au sujet duquel on demande qui, de "omnis" ou de "et", inclut l'autre. Dans la présentation qu'en fait Bacon (laquelle n'exprime pas sa propre position), il y a inclusion automatique de "et" par "omnis", thèse qui repose sur deux principes généraux: (a) dans une phrase, l'"inclusum" vient normalement en premier et l'"includens" en second, car c'est l'ordre même de la matière par rapport à la forme, du patient par rapport à l'agent; (b) l'ordre des mots dans le discours suit l'ordre des intellections, tout comme l'ordre des intellections suit lui-même l'ordre des chcsos. Ces deux principes "aristotéliciens" sont-ils ici compatibles? Et si oui, sont-ils adaptés à la situation qu'on veut leur faire assumer? Si l'on comprend bien, la thèse des tenants de l'inclusion automatique de "et" par "omnis" consiste à poser que comme l'ordre de l'énoncé reflète l'ordre des intellections et que, du fait de la "priorité" de la "matière" (incluse) sur la forme (incluante), cet ordre oriente la relation scopique dans le sens droite ("includens")-gauche ("inclusum"), nécessairement si l'intellect a conçu en premier d'unir l'indéfinie "homo currit" à "ille disputat" et qu'il a conçu seulement ensuite de quantifier le sujet de cette copulative, l'énoncé (36) devra être considéré comme la réalisation d'une proposition mentale où —contrairement à ce qui se lit à la surface—"et" jouait le rôle de "principe matériel" sous-jacent ou "pré-jacent" ("praeiacens") et "omnis" celui de principe formel ou "adjacent" ("adiacens") [31]: «Ea, quae sunt in intellectu, recipiunt ordinem penes ea, quae sunt in rebus, et ea, quae sunt in sermone, penes ea, quae sunt in intellectu; igitur cum intellectus conceperit copulationem unire prius infinitam cum altera propositione sequente et postea concipiat signum apponendo subiecto et faciendo propositionem universalem, ergo sermo exprimens hoc potest signare, et sic necessario erit copulatio praeiacens et materialis. Distributivum igitur includit ‹copulationem›.» Cette analyse, apparemment raisonnable, offre en réalité tous les inconvénients possibles. De fait, si l'ordre des mots "reflète" celui des opérations mentales, on peut se demander pourquoi (36) place "omnis" avant "et" pour exprimer que mentalement "et" venait avant "omnis"! En outre, il est bien connu que les opérations mentales d'un locuteur et d'un auditeur ne sont pas identiques: le locuteur conçoit avant de dire, l'auditeur entend avant de concevoir. Donc, si le locuteur peut bien savoir que l'ordre de son énonciation exprime en fait l'ordre inverse de ses opérations intellectuelles, l'auditeur n'a aucun moyen direct de savoir si l'énoncé qu'il entend reflète ou non les conceptions mentales de son interlocuteur. Par ailleurs, si l'ordre des mots dans un énoncé est neutre et qu'il sert uniquement de point de départ à un travail d'interprétation visant, pour l'auditeur, à retrouver l'ordre des opérations mentales du locuteur, d'après sa propre perception du contexte linguistique et extra-linguistique de l'énonciation, on ne voit pas comment cette neutralité de l'"ordo prolationis" pourrait être sérieusement considérée comme exprimant un ordre des intellections, qui, en ce qui le concerne et par définition, ne saurait être neutre. La thèse du parallélisme entre "ordre des mots" et "ordre des intellections" aboutit donc ici au paradoxe que l'ordre de l'énoncé ne permet pas d'inférer automatiquement celui de la proposition mentale correspondante ou supposée telle. En fait, dans le cas présent, si l'ordre des mots est pris comme reflétant celui des opérations mentales, rien ne peut raisonnablement permettre d'arriver à la conclusion que "et" est inclus par "omnis". Le "parallélisme" entre "intellectus" et "sermones" est strictement incompatible avec l'interprétation de "omnis" comme "includens": il ne convient qu'à l'interprétation inverse.

La seconde doctrine de l'engendrement, selon laquelle une même phrase peut être modulée en plusieurs énoncés correspondant à autant de propositions mentales, est assez répandue. Un bon exemple en est donné par Guillaume de Sherwood, quand il résout le sophisma:

(37) Sola necessaria necessario sunt vera

distinguant sens composé et sens divisé selon que le mode "necessario" est pris comme portant sur la composition "avant" ou "après qu'elle aura été" mentalement "terminée au sujet" ("postquam fuerit terminata ad subiectum"). [32] Pour lui, en effet, s'il y a des cas où il semble qu'une phrase ne puisse refléter qu'une seule proposition mentale, c'est que l'on prend pour un énoncé ce qui n'est pas encore un énoncé. Un énoncé n'existe que prononcé de telle ou telle manière. Un énoncé qui n'est pas ponctué, un énoncé sans "pause énonciative", n'est pas un énoncé. On peut donc dire que tout énoncé reflète en principe une proposition, le tout est de déterminer tous les énoncés possibles d'une même phrase. Cette thèse (qui ne se réduit pas à la simple distinction de l'écrit, la phrase, du vocal, l'énoncé, et du mental, la proposition, puisqu'une phrase écrite ponctuée est un énoncé) est incontestablement plus forte que la thèse du parallélismestrict rapportée par Bacon. C'est, en effet, la seule des deux qui arrive à préserver le "phénomène" de l'ambiguïté, tout en établissant une continuité "réelle" entre opérations intellectuelleset réalisations (notamment vocales). Ici, déterminer le sens d'une phrase devient: retrouver dans l'analyse de ses énoncés quelles opérations mentales pourraient lui donner naissance. Normalement, la détermination de la correspondance entre proposition mentale et phrase ne pose pas de problème particulier, ses différentes prononciations possibles étant d'emblée évidentes. Dans certains cas, toutefois, la phrase doit être analysée par mode de prononciation, pour qu'apparaisse la diversité des raisonnements susceptibles de la motiver. Une phrase ambiguë est donc une phrase qui contient potentiellement plusieurs énoncés, une phrase qui, tant qu'on n'en a pas prononcé tous les énoncés possibles, ne permet pas d'inférer par la seule considération de l'ordre de ses parties quelles opérations mentales lui correspondent. Ainsi donc, tant que la phrase (37) n'a pas été prononcée, on peut dire qu'elle ne constitue pas un énoncé, mais la matière vocale d'un ou de plusieurs énoncé(s). Nous avons montré ailleurs [33] que Sherwood en distinguait quatre, mêlant d'ailleurs étroitement "ordo prolationis" et "modus prolationis", i.e.:

(37.1) Sola necessaria sunt necessario-vera
[Seuls les nécessaires sont nécessairement vrais]

(37.2) Sunt vera sola necessaria *necessario*
[«Sont vrais seulement les nécessaires»: nécessairement]

(37.3) Sunt vera necessario *sola* necessaria
[«Sont vrais»: nécessairement pour les seuls nécessaires]

(37.4) *Sola* necessario necessaria-sunt-vera
[Seule nécessairement: «Les nécessaires sont vrais»]

Cette distinction entre phrases, énoncés et propositions, si efficace dans le cas de (37), permet-elle de résoudre le problème posé par (36) mieux que ne le fait la théorie du parallélismestrict? De toute évidence, la phrase (36) peut être prononcée de plusieurs manières. Il est également évident, dans ces conditions, que l'on peut assigner une proposition différente à chacun de ses énoncés. Ce serait là, sans doute, une solution intéressante. Il y en a d'autres. Revenons, sur ce point, à Bacon. Opposé à la théorie du parallélisme, qu'il "récite" assez longuement dans la Summa de sophismatibus et distinctionibus sans jamais l'assumer explicitement, le Franciscain d'Oxford fait justement observer qu'il ne suffit pas qu'une opération *a* soit effectuée avant une opération *b* (i.e. dans le cas présent, que la copulation de la principale et de la subordonnée soit mentalement effectuée avant la quantification du sujet de la principale), pour que le terme où l'expression qui désigne *a* soit inclus par ce qui désigne *b*. Il faut aussi que l'opération *a* et son résultat soient réellement affectés par *b* : «Ad inclusionem exigitur, quod praeiaceat et quod recipiat actionem et virtutem alterius, tamquam sub potestate succumbens.» [34] Cette remarque nous conduit au coeur d'une nouvelle problématique. On peut noter, en effet, que se demander si "omnis" inclut "et" ou réciproquement n'est pas le seul angle d'attque possible de (36). Une autre question, toute différente, est de savoir si "omnis" inclut ou non "ille". Cette question revient à demander quelle est l'utilisation du pronom "ille" dans (36). Examinons là plus en détail.

On sait que les linguistes distinguent aujourd'hui quatre utilisations des pronoms [35], i.e.: les emplois déictiques, lorsque les pronoms sont utilisés pour référer un objet (ou des objets) présent dans l'environnement perceptuel ou présent de quelque autre façon, par exemple:

(38) *He*'s up early

à propos de John ici présent; les emplois anaphoriques, lorsque les pronoms sont interprétés comme coréférentiels à une expression référentielle dans la même phrase, par exemple:

(39) John loves *his* mother

les emplois en variables liées ("bound variables"), lorsque les pronoms ont pour antécédents des quantifieurs en étant liés par eux, par exemple:

(40) Every man loves *his* mother

les emplois en pronoms-E ("E-pronouns"), lorsque les pronoms ont pour antécédents des quantifieurs sans être liés par eux, par exemple:

(41) Few congressmen admire Kennedy and *they* are very junior

A partir de cette classification, trois grands débats se sont développés portant (a) sur les théories "pragmatiques" de la coréférence visant à réduire les anaphoriques aux déictiques, (b) sur la sémantique des "pronoms liés" ("bound pronouns"), et (c) sur l'existence même de "pronoms-E". La réduction des anaphoriques aux déictiques n'a pas d'équivalent médiéval strict. La distinction elle-même est, néanmoins, bien connue des médiévaux. C'est ainsi, par exemple, qu'on oppose une lecture "relative" et une lecture "démonstrative" de l'expression "talis qualis" dans:

(42) Socrates vult esse talis qualis est Plato

Sophisma que le logicien parisien Herveus Brito (c. 1230) résout comme suit: «Item. Sortes vult esse talis qualis est Plato, ergo vult esse similis Platoni.' Si 'talis qualis' teneatur relative, vera. Si demonstrative, non tenet argumentatio. Fallacia accidentis.»[36] Qu'en est-il de la distinction entre "pronoms liés" et "pronoms-E"? N'est-ce pas là ce qui, en termes modernes, correspond le mieux au problème posé par (36)? Selon G. Evans, un bon test pour déterminer si un pronom est lié ou non par un quantifieur est de voir si l'on peut remplacer ce quantifieur par "no" *salva congruitate*. [37] Si le pronom est lié, la phrase sera correcte, si c'est un pronom-E, elle sera incorrecte ("incongrue"). Ainsi (40) devient:

(43) *No* man loves *his* mother

phrase correcte (et proposition vraie ssi aucun homme ne satisfait le prédicat complexe *'( ) loves his mother'*. Mais (41) devient:

(44) * *No* congressmen admire Kennedy and *they* are very junior

phrase notoirement incorrecte. Sans vouloir comparer directement (36) et (41), qui offrent des problèmes distincts du fait de la nature des quantifieurs qu'ils mettent en oeuvre (l'un, "omnis", universel, l'autre, "few", non), on ne peut s'empêcher de noter certaines ressemblances. Précisons. Une des caractéristiques les plus intéressantes de son analyse des pronoms-E est que, tout en maintenant fondamentalement l'incongruité de (44), Evans admet qu'il y ait deux lectures possibles de (41). Dans la première, où "they" est une variable liée, "few congressmen" a grand scope et porte sur toute la phrase, le sens étant:

(41.1) Few congressmen are such that they both admire Kennedy and are very junior

Dans la seconde, où "they" est un pronom-E, "few congressmen" a petit scope et sa portée s'arrête à la fin du premier membre de la conjonction, le sens étant:

(41.2) Few congressmen admire Kennedy and the congressmen admiring Kennedy are very junior

phrase qui diffère notablement de la précédente, ne serait-ce que du point de vue des implications (la lecture petit scope impliquant que peu de membres du congrès admirent Kennedy mais que tous ceux qui sont des membres-du-congrès-admirant-Kennedy sont très jeunes, alors que la lecture grand scope n'implique ni l'un ni l'autre). [38] Une autre caractéristique intéressante de l'analyse de Evans est que, pour lui, l'interprétation grand scope du quantifieur dans (41) peut être écartée pour la simple raison qu'elle ne correspond pas au "sens naturel" de la phrase. [39] Revenons sur cette base à (36). Notre question est: les médiévaux connaissent-ils l'équivalent d'une distinction entre pronoms-liés et pronoms-E? Et si oui, appliquent-ils ladite distinction à (36)?

Dans la perspective de Bacon, la seconde question ne se pose même pas: "ille" ne peut être qu'un "déictique". De fait, si "et" ne reçoit d'aucune manière l'"officium" du quantifieur, (36) aura nécessairement le sens de:

(36.1) Omnis homo currit. Et ille disputat
[Tous les hommes courent. Et l'un d'eux, celui-ci, dispute]

Or tel est le cas, puisque, selon lui, (36) contient deux phrases, et que c'est une règle absolue que: «Non potest dictio existens in una propositione exercere officium super aliquid, quod est extra illam.» [40] Pour utiliser le langage d'Herveus Brito, "ille" ne peut "tenir" que "démonstrativement". Existe-t-il d'autres analyses dans lesquelles "ille" serait considéré comme "tenant relativement"? Et, au-delà, non comme un "pronom lié" mais comme un "pronom-E"? Il semble bien que oui. C'est ainsi, pour prendre un seul exemple, que le maître parisien Lambert de Lagny (Lambert d'Auxerre) analyse le sens de (36) en:

(36.2) Omnis homo currit et ille omnis homo currens disputat

interprétation dans laquelle "ille" est, apparemment, l'équivalent d'un pronom-E puisqu'il est explicitement pris comme supposant pour les objets qui satisfont le prédicat *"( ) currit"* dans l'antécédent: «Relativum [...] identitatis substantiae non reciprocum in relatione personali refert suum antecedens pro eodem in numero, et pro eodem in numero supponit relativum tale et suum antecedens [...] Quia ergo dispositio non ponit in numero

cum eo, quod disponit, immo idem sunt in numero antecedens et sua dispositio, sicut accidens et subiectum, ideo relativum refert antecedens sub actu ei attributo et sub dispositione vel cum dispositione ipsum disponente, sive illa dispositio sit absoluta sive respectiva. Unde cum dicitur: 'Homo albus currit <et> ille disputat', sensus est: 'Homo albus currit et ille homo albus disputat', similiter cum dicitur:'Omnis homo currit et ille disputat', sensus est: 'Omnis homo currit et ille omnis homo currens disputat.» [41]
Quelque bizarre que puisse apparaître (36.2), le test de négativisation semble impliquer que "ille" est bien, sur cette base, interprété comme pronom-E dans (36), dans la mesure où, effectivement:

(38) *Nullus homo currit et ille disputat

est une phrase "incongrue". Cela étant, la lecture (36.2) avec "ille" pronom-E correspond manifestement à une prononciation du type de:

(36.3) Omnis-homo currit et ille disputat

rapportant "ille" à "omnis-homo", et à une interprétation petit scope de "omnis". Quelle différence y a-t-il avec la prononciation:

(36.4) Omnis, homo-est-et-ille-disputat

qui ferait de "ille" un pronom-lié? De prime abord aucune. Pourtant, il apparaît qu'il y en a bien une, dans la mesure où en (36.3) "ille" se rapporte à "omnis-homo", alors qu'en (36.4) il se rapporte à "homo". La différence entre (36.3) et (36.4) est donc que (36.3) affirme que tous les hommes courent et que tous ces hommes disputent, alors que (36.4) affirme seulement que tout homme qui court dispute, i.e.: $\forall x$ (x court $\supset$ x dispute), ce qui du point de vue de la négativisation donne bien un résultat acceptable, i.e.: $\exists x$ –(x court & x dispute) ou: $\exists x$ [–(x court) v –(x dispute)]. Si nous comprenons bien, il y a donc trois façons de prononcer et de comprendre (36). La première, celle de Bacon, pose que tous les hommes courent et que l'un d'entre-eux, celui-ci, dispute. La deuxième, celle de Lambert, pose que tous les hommes courent et que tous ces hommes qui courent disputent. La troisième, assez largement répandue chez les médiévaux, ne pose pas que tous les hommes courent, mais seulement qu'il est le cas pour chaque homme qui court qu'il dispute. Cette dernière interprétation fait donc de (36) l'équivalent de:

(45) Omnis homo qui currit disputat

où le pronom "ille" est remplacé par le relatif "qui", ou du moins de:

(45.1) Omnis homo currens disputat

étant entendu que la même phrase (45) peut également être paraphrasée par:

(45.2) Omnis homo currit et ille disputat

interprétation qui, précisément, relance le problème du "pronom-E"!

Ce rapprochement structurel entre les phrases en "qui" et les phrases en "et+ille" (cellesi-ci constituant normalement l'"exposition" de celles-là) montre que la théorie de l'"inclusio" a bien pour fonction de régler les rapports entre forme "profonde" et forme "de surface". Etant donné le fait que (36) et (45) sont en, quelque sorte, les images en miroir d'un même phénomène, il convient de préciser maintenant le statut donné aux phrases du type de (45) dans la Sprachlogik médiévale. L'exemple canonique, discuté par la quasi-totalité des auteurs du XIIIe siècle, est:

(46) Omnis homo qui est albus currit

Guillaume de Sherwood l'aborde comme illustration d'une règle de quantification des termes complexes (ici: "homo-qui-est-albus"): «Cum additur 'omne' termino habenti implicationem, multiplex est locutio eo, quod potest distributio uniri totali termino cum implicatione vel sine.» [42] Sa solution, fondée sur le "modus prolationis", est que si "homo" et "qui est albus" sont composés dans la pronociation, la proposition est de sens composé, et vraie, mais que s'ils sont divisés, elle est de sens divisé, et fausse. Dans le premier cas, en effet, le terme "homo" est distribué avec l'"implicatio" (= la subordonnée relative des grammairiens), le sens étant:

(46.1) Omnis homo-qui-est-albus currit

alors que dans le second il est distribué sans, le sens étant:

(46.2) Omnis homo currit et ille est albus

On voit donc que selon la "portée" de "omnis", "qui" a soit la valeur d'une variable liée, soit celle d'un pronom-E. L'ambiguïté de (46) s'explique ainsi dans le cadre précis de la réflexion sur le "champ" du quantifieur universel. Il n'en va pas tout-à-fait de même dans les Syncategoremata attribués à Robert Bacon, qui traitent le sophisma à propos du problème général de la relation d'inclusion entre distribution et implication: «Si adiungatur hoc signum 'omnis' termino composito per implicationem, erit haec propositio duplex ex eo, quod implicatio potest includere distributionem, vel e converso.» [43] La solution de Robert est que si la distribution inclut l'implication, elle distribue le terme "tel qu'elle le trouve", c'est-à-dire restreint par l'implication à désigner les hommes blancs, alors que si l'implication inclut la distribution, le relatif "qui" fait son "office" de relatif en rapportant la subordonnée à l'antécédent "tel qu'elle le trouve", c'est-à-dire distribué à tous les hommes. L'ambiguïté de (46) est donc ici causée non plus par le scope du quantifieur, mais par les relations "includere includi" entre le scope du quantifieur et celui du relatif: «Prima duplex est ex eo, quod potest includere in se distributio implicationem, et sic probatur, quia tunc hoc signum 'omnis' [marg.] invenit hunc terminum 'homo' coartatum per implicationem et distribuit ipsum, sicut invenit ipsum, coartatum scilicet tantum pro albis. Falsa autem est, quando implicatio includit distributionem, et tunc invenit hunc terminum 'homo' distributum pro quolibet homine per hoc signum 'omnis'; et haec dictio 'qui' facit relationem suam ad hunc terminum distributum pro quolibet, et tunc significat sermo, quod omnis homo currit et iste, scilicet omnis homo, est albus. Et sic improbatur.» L'anonyme Dialectica Monacensis fait un pas supplémentaire dans le sens d'une considération plus générale des rapports entre syncatégorèmes, puisqu'elle étudie le sophisma comme illustration de la règle selon laquelle: «Accidit multiplicitas in omni oratione, in qua sunt duo syncategoremata sic se habentia, quod locutio potest iudicari penes unum illorum vel penes reliquum.» Sa solution reste, toutefois, la même que chez Robert Bacon: ou l'implication inclut la distribution ou elle est incluse par elle («potest ... implicatio includere distributionem vel e converso»).[44] Chez Herveus Brito, en revanche, le sophisma est présenté à propos d'une règle spéciale sur l'ambiguïté des relatifs ayant un antécédent complexe (ici "omnis homo"): «Quandocumque relatio accidit termino praecedenti compositi, multiplex est locutio eo, quod potest ferri ad partiale terminum vel ad compositum ipsa relatio.» Sa solution est donc différente des trois autres: supposé que seuls les hommes blancs courent, si "qui" se rapporte à "homo" la phrase est vraie, le sens étant: "Omnis homo albus currit", mais elle est fausse si "qui" se rapporte à "omnis homo", le sens étant: "Omnis homo currit et ille est albus". Certes, le résultat revient au même. L'axe théorique est, cependant, différent, puisque ce qui est abordé ici, c'est le problème de la coréférence pronominale et non plus celui du champ quantificationnel. [45] Richard de Cornouailles, enfin, fait la synthèse de toutes les approches. [46] Sa solution est celle de Sherwood: le sophisma est ambigu. Pris au sens divisé il est faux (dans le cas défini par Herveus). Pris au sens composé il est vrai. Dans le premier sens, la distribution porte sur le terme simple "homo", c'est-à-dire sur tout homme, l'affirmation portant ainsi sur tous les hommes, quels qu'ils soient. Dans le second sens, la distribution porte sur le terme complexe "homo qui est albus", et l'affirmation sur tous les hommes blancs: «Solutio. Prima est multiplex secundum compositionem et divisionem. Et in sensu divisionis est falsa, in hoc enim sistit distributio supra hunc terminum 'homo' distribuens ipsum universaliter, unde significatur omnem hominem currere. In sensu compositionis distribuitur hoc totum 'homo qui est albus', et sic est vera.» Richard rejette donc l'exposition du relatif "qui" par "et ille" ou, plus axactement, la paraphrase qui la contient: de l'"exposita" ("Omnis homo qui est albus currit") à l'"exponens" ("Omnis homo currit et ille est albus") la conséquence n'est pas bonne, car elle s'effectue au prix d'une transgression de la règle quantificationnelle, selon laquelle il n'y a pas conséquence de l'inférieur au supérieur ("ascensus") sous distribution. Or ici il est clair que "homo qui est albus" a une extension inférieure à celle de "homo", puisque l'implication a fonction de restriction: «Et non valet 'Omnis homo qui est albus currit, ergo omnis homo currit et ille est albus'. Scimus enim, quod ab inferiori ad superius non tenet consequentia cum distributione, et 'homo qui est albus' est inferius quam 'homo', quia regula est, quod quidlibet se habens ex appositione respectu alterius est inferius eo.» Le "Magister Abstractionum" mentionne encore deux autres solutions. La première, qu'apparemment il accepte (et utilise lui-même ailleurs), est celle d'Herveus Brito: l'ambiguïté du sophisma résulte de la double possibilité de "relation" de "qui": à l'antécédent simple ("homo") ou à l'antécédent distribué ("omnis homo"): «Aliter solet distingui in proposito, scilicet quod potest fieri relatio ei, quod est 'omnis homo', et sic est falsa, vel ei, quod est 'homo', et sic est vera.» La seconde, qu'il rejette, consiste à poser que "qui" peut être ou non considéré comme ouvrant une subordonnée (si oui, la phrase est vraie, si non, elle est fausse), distinction inopérante du fait que "qui" ne peut avoir une autre fonction dans une phrase comme (46): «Aliter solet dici, scilicet quod haec dictio 'qui' potest teneri implicative, et sic est sermo verus, vel non implicative, et sic est sermo falsus. Et ista distinctio semper supponitur falso eo, quod semper tenetur implicative.»

L'examen de (46) nous montre donc (a) qu'une même phrase se voit, d'un auteur à l'autre, assigner deux types d'ambiguïté: l'une quantificationnelle (petit scope-grand scope), l'autre coréférentielle ("qui" pronom lié, "qui" pronom-E); (b) qu'une même phrase peut être jugée par les uns ambiguë, par les autres transparente selon le type de régulation qu'ils y projettent. Cette double constatation pose le problème central du domaine de régulation cadrant les relations entre syncatégorèmes à la "surface" des phrases. De ce point de vue, trois remarques s'imposent au lecteur des traités spécialisés dans l'élucidation des fonctions syntactico-sémantiques des syncatégorèmes: (c) il existe de nombreuses règles permettant de déterminer le(s) rôle(s) susceptible(s) d'être joué(s) par un syncatégorème ou une classe de syncatégorèmes; (d) il existe un nombre significatif de règles permettant de déterminer et de hiérarchiser les relations entre ces syncatégorèmes; (e) le phénomène de l'ambiguïté de champ est, de ce fait, assez souvent expliqué en recourant, pour une même phrase, à des règles de fonctionnement distinctes, voire concurrentes.

En ce qui concerne les deux premiers points, il suffit de prendre des exemples pour constater que toute batterie de règles contient à la fois des indications sur le fonctionnement du syncatégorème considéré et sur ses relations possibles avec d'autres syncatégorèmes. Pour ce faire, nous nous appuierons sur le traitement de l'"exception" ("praeter") et de l'"exclusion" ("tantum", "solum"), partant d'un corpus formé par les Syncategoremata Monacensis (anonymes) et les Syncategoremata de Robert Bacon (c. 1230), Guillaume de Sherwood, Nicolas de Paris et Pierre d'Espagne (pour l'exclusion). [47] Chaque règle sera numérotée. On indiquera entre parenthèses chaque auteur possédant la règle considérée. La formulation de chaque règle sera empruntée au premier auteur figurant à l'intérieur des parenthèses.

Les règles fixant les conditions de fonctionnement de "praeter" sont au nombre de quinze. [48] Onze concernent son emploi en général (R1-R10, R15) quatre spécifient ses interactions avec "non" (R11) et "omnis" (R12-R14), i.e.:

R1: Per dictionem exceptivam removetur praedicatum a termino designante exceptum (N. de P.)

R2: Non potest fieri exceptio nisi a toto ut toto sumpto (N. de P., Rob. Bac.)

R3: Illud, quod excipitur, debet esse pars et ut pars eius, a quo excipitur (N. de P., Rob. Bac.)

R4: Terminus designans exceptum non potest confundi a distributione, a qua fit exceptio (N. de P., Rob. Bac., G. de Sher., Syncat. Monac.)

R5: Propositio tota falsa non potest verificari per exceptionem (N. de P., G. de Sher.)

R6: Omnis oratio falsa exceptiva, in qua tot supponuntur, quot excipiuntur, est impossibilis (N. de P., Rob. Bac., G. de Sher.)

R7: Si a propositione exceptiva vera removeatur exceptio, remanet propositio falsa (N. de P., Rob. Bac., G. de Sher., Syncat. Monac.)

R8: Non valet argumentatio a minus communi ad magis commune cum dictione exceptiva (N. de P.)

R9: Non valet argumentatio ab inferiori ad superius cum dictione exceptiva (N. de P.)

R10: Non valet argumentatio a dictione significante affectum ad eam, quae significat conceptum (N. de P.)

R11: Si exceptio fit ab affirmativa removetur praedicatum a re excepta. Si autem a negativa, convenit rei exceptae (Rob. Bac.)

R12: Quando <distributio> respicitur secundum se, tunc immobilitatur a dictione exceptiva ... Quando pro partibus, tunc non immobilitatur (Syncat. Monac.)

R13: Dictio exceptiva vult reperire divisionem mobilem et reddere eam immobilem (G. de Sher., Syncat. Monac.)

R14: Quandoque ... accidit multiplicitas eo, quod divisio , a qua fit exceptio, possit includere aliam, et tunc illa immobilitatur per exceptionem, vel includi ab ea, et tunc non, quia non cadit sub exceptione (G. de Sher.)

R15: Haec dictio "praeter" quandoque tenetur additive ... quandoque exceptive, et hoc dupliciter: quandoque diminutive, quandoque instantive (G. de Sher.)

Les sophismata résolus par application desdites règles sont les suivants (limitant le corpus à Nicolas de Paris et à Guillaume de Sherwood, tous deux particulièrement représentatifs, l'un de la tradition de Paris, l'autre de celle d'Oxford):

Nicolas de Paris:

R4: Omne animal praeter rationale est irrationale
Omne animal praeter mortale est immortale
Omne animal praeter sanum est aegrum
Omne enuntiabile praeter verum est falsum
Omnis propositio praeter veram est falsa

R6: Omnes homines praeter duos currunt
Decem praeter quinque sunt quinque
Quolibet homine excepto quilibet homo videt illum
Omnis homo videt omnem hominem praeter se

R7: Omnis homo praeter Socratem et Platonem fert lapidem

R9: Socrates bis videt omnem hominem praeter Platonem

R10: Omnis homo prater Socratem excipitur

Guillaume de Sherwood (les points commnus sont en caractères gras, les différences en capitales):

R4: Omne animal praeter hominem currit

R6: **Omnis homo videt omnem hominem praeter se**
Omni homine excepto quilibet homo videt illum
Quidlibet est quidlibet excepto quolibet praeter ipsum

R7: Nullushomo videt asinum praeter Burnellum

R14: Omnis homo videt omnem asinum praeter Burnellum
OMNIS HOMO PRAETER SOCRATEM ET PLATONEM FERT LAPIDEM
SOCRATES BIS VIDEBIT OMNEM HOMINEM PRAETER PLATONEM

R15: Quodlibet praeter duo excedunt unitatem in numero

Les règles de fonctionnement de "tantum" et de "solum" contiennent, elles aussi, des indications sur le phénomène de l'"exclusio" comme tel et des règles sur les interactions des syncatégorèmes d'exclusion avec d'autres syncatégorèmes (R6, R8, R11, R13, R22, R23) ou entre eux (R24), i.e. [49]:

R1: Dictio exclusiva addita verbo excludit oppositos actus (N. de P.)
R2: Dupliciter potest facere exclusionem: vel generalem, vel specialem (N. de P., Rob. Bac., G. de Sher., P. d'Esp.)
R3: Dictio exclusiva addita parti integrali excludit totum (N. de P.)
R4: Dictio exclusiva addita toti non excludit partem (N. de P., Rob. Bac.)
R5: Dictio exclusiva adiuncta minori numero excludit maiorem, sed addita minori non excludit minorem (N.de P., G. de Sher., Syncat. Monac.)
R6: Dictio exclusiva lata super distributionem immobilitat eam (N. de P., G. de Sher.)
R7: Non valet processus ab inferiori ad superius cum hac dictione 'tantum' (N. de P., G. de Sher. Contra: Rob. Bac., cf. R17)
R8: Dictio exclusiva lata super terminum compositum per copulationem vel per disiunctionem est multiplex ex eo, quod potest excludere respectu unius tantum, vel respectu alterius tantum, vel respectu totius complexi (N. de P., Rob. Bac., G. de Sher.)
R9: Quando dictio exclusiva additur cum termino accidentali, duobus modis potest facere exclusionem, scilicet ratione materiae vel ratione formae, vel aliter: ratione subiecti vel ratione accidentis (N. de P., G. de Sher.)
R10: Quando dictio exclusiva ponitur inter subiectum et praedicatum, multiplex est locutio ex eo, quod potest excludere respectu subiecti vel respectu praedicati (N. de P.)
R11: Quandocumque dictio exclusiva ponitur in aliqua locutione cum alio syncategoreumate, locutio est duplex ex eo, quod potest iudicari penes unum syncategoreumatum vel penes reliquum (N. de P.)

R12: Dictio exclusiva nihil respicit extra suam clausulam (N. de P.)

R13: Oratio, in qua ponitur relativum cum dictione exclusiva, est duplex eo, quod illud relativum potest referri ad subiectum exclusionis cum exclusione vel sine (N. de P.)

R14: Dicunt quidam, quod haec dictio 'solus' situm habet ex parte subiecti, cum sit nomen, et significat aequalitatem subiecti ad praedicatum; haec dictio 'tantum' situm habet ex parte praedicati, cum sit adverbium, et significat aequalitatem praedicati ad subiectum. Nos vero dicimus, quod non, quia dicimus, quod 'tantum' non est originaliter adverbium, sed nomen (Rob. Bac.)

R15: Haec dictio 'tantum' ex parte subiecti excludit diversa a subiecto respectu praedicati ..., ex parte vero praedicati excludit diversa a praedicato respectu subiecti (Rob. Bac.)

R16: Habendum est pro regula, quod a superiori ad inferius non tenet argumentum cum dictione exclusiva (Rob. Bac., P. d'Esp.)

R17: Ab inferiori ad superius quandoque tenet, quandoque non tenet (Rob. Bac. Contra: R7)

R18: Sciendum, quod a convertibili ad convertibile non valet argumentum cum dictione exclusiva (Rob. Bac.)

R19: Haec dictio 'solus' excludit semper ab aliquo casuali, sive ponatur in subiecto sive in praedicato (P. d'Esp.)

R20: Haec dictio 'tantum' aliquando excludit ab aliquo casuali ..., aliquando autem excludit ab aliquo actu reliquos actus (P. d'Esp.)

R21: Dicunt quidam, quod ... primo modo facit 'solus' generalem exclusionem, secundo specialem, tertio numeralem. Isti autem dicunt non tantum duos modos, sed tres (G. de Sher., cf. R2)

R22: Item. cum fuerit exclusio in subiecto et implicatio in subiecto vel praedicato, multiplex est locutio eo, quod possit implicatio cadere sub exclusione vel non (G. de Sher.)

R23: Sciendum, quod, cum est implicatio in subiecto, dupliciter potest cadere sub exclusione, aut scilicet ex parte eius, circa quod fit exclusio, aut ex parte eius, respectu cuius fit exclusio (G. de Sher.)

R24: Item. Si fuerit duplex exclusio, potest una includere aliam vel e converso (G. de Sher.)

R25: Quot sunt dictiones in huiusmodi sermonibus, tot sunt sensus eo, quod li 'tantum' possit excludere circa unum vel unum alterum (G. de Sher.)

R26: Item. Cum illud, circa quod fit exclusio, habet respectum ad diversa, potest respectu illorum fieri exclusio. Et intellige, quod circa illud fit exclusio, cuius oppositum excluditur; sed respectu illius fit exclusio, ad quod fertur negatio. Et hoc verum est tam in hac dictione 'solus', quam in hac dictione 'tantum' (G. de Sher.)

R27: Si haec dictio 'solus' praeponatur termino speciali, excludit omnes alias species contentas sub proximo communi genere (Syncat. Monac.)

R28: Dictio exclusiva praeposita termino individuali excludit omnia individua contenta sub eadem specie proxima (Syncat. Monac.)

R29: Si haec dictio 'tantum' praeponatur termino partitivo, duplex est locutio; potest enim assignari exclusio ratione termini particularis vel signi oppositi (Syncat. Monac.)

R30: Si haec dictio 'tantum' praeponatur toti in quantitate, excludit alia tota in quantitate (Syncat. Monac., cf. R4)

Les sophismata résolus grâce à ces règles sont les suivants (le corpus restant limité à Nicolas de Paris et Guillaume de Sherwood):

Nicolas de Paris:

R6: Socrates videt tantum omnem hominem non videntem se

R7: Tantum id quod est homo est homo
Tantum verum opponitur falso
Tantum verum et falsum opponuntur
Sola contingentia esse vera est verum contingens
Sola necessaria necessario sunt vera

R8: Solus Socrates et duo sunt tria

R9: Tantum alter istorum est homo vel asinus
Tantum alter istorum currit
Si tantum pater est non tantum pater est
Tantum unum est

R10: A Platone tantum videtur Socrates
Socrates scit tantum tres homines currere

R11: Solus Socrates est si Socrates et alius homo sunt
Solis tribus sola duo sunt pauciora
Solum genitivum praecedit solus nominativus
Sola assumptio praecedit solam conclusionem
Omnis homo est unus solus homo

R12: Solus Socrates est albus et Plato est albior illo
Solius binarii pars est unitas et nullus numerus
Solus Socrates est si Socrates est

Soli novem homines sunt qui non sunt soli

R13: Solus Socrates videt se

Guillaume de Sherwood:

R6: A solo Socrate differt quicquid non est Socrates

R7: Solus Socrates est idem soli Socrati

R8: TANTUM VERUM OPPONITUR FALSO
Tantum verum vel falsum est propositio
Tantum rationale vel irrationale est animal

R9: Tantum magister est
Tantum unum est

R22: Solus Socrates qui est albus currit
SOLI NOVEM HOMINES SUNT QUI NON SOLI SUNT
SOLUS SORTES EST ALBUS ET PLATO EST ALBIOR ILLO

R24: SOLA DUO SUNT PAUCIORA SOLIS TRIBUS
SOLUS NOMINATIVUS PRAECEDIT SOLUM GENITIVUM
Plura sciuntur a Socrate quam a solo Socrate
Omnis homo videt solum Socratem
Solus Socrates fert lapidem
SOLUS SOCRATES ET DUO SUNT TRIA

R26: SORTES SCIT TANTUM TRES HOMINES CURRERE
Tantum sex homines currere est verum
Ad solum Socratem currere sequitur hominem currere
Ad solum Socratem currere sequitur Socratem currere

Par-delà l'extrême diversité des formulations, la principale caractéristique de ces batteries de règles est que, pour un stock de sophismata relativement homogène, c'est souvent des règles différentes qui, d'un auteur à l'autre, ont à charge d'élucider les causes de l'ambiguïté des propositions. C'est ainsi que pour l'exception, "Omnis homo praeter Socratem et Platonem fert lapidem" est expliqué par R8 chez Nicolas de Paris et par R14 chez Sherwood; "Socrates bis videbit omnem hominem praeter Platonem" par R9 chez Nicolas et R14 chez Sherwood; et que l'on a pour l'exclusion: "Tantum verum opponitur falso": R7 (N. de P.) et R8 (G. de Sher.); "Solus Socrates et duo sunt tria": R8

(N. de P.) et R. 24 (G. de Sher., par généralisation de la règle); "Socrates scit tantum tres homines currere": R10 (N. de P.) et R26 (G. de Sher.); "Solis tribus sola duo sunt pauciora": R11 (N. de P.) et R24 (G. de Sher.); "Solum genitivum praecedit solus nominativus": R11 (N. de P.) et R24 (G. de Sher.); "Solus Socrates est albus et Plato est albior illo": R12 (N. de P.) et R22 (G. de Sher.); "Soli novem homines sunt qui non soli sunt": R12 (N. de P.) et R 22 (G. de Sher.).

La disparité existant soit dans l'utilisation concrète des règles communément admises, soit dans la formulation de règles spécifiques (comme R22, R24 et R26 chez Sherwood) là où les règles communes sont censées échouer est un trait caractéristique du traitement de l'ambiguïté dans la "logique naturelle" des médiévaux. On peut, selon nous, l'interpréter ainsi: le foisonnement des différents domaines de régulation et des différentes propriétés régulatrices assignés aux syncatégorèmes a pour fonction de pallier trois déficits de l'analyse sémantique: (a) la contradiction entre une approche "physicaliste" ("priorité" de la matière sur la forme) et une approche "logico-lingusitique" ("portée" des foncteurs) laissant relativement ouverte la question du fondement de l'"orientation scopique" (droite-gauche ou gauche-droite); (b) la contradiction entre une analyse de la forme logique des propositions fondée sur l'"ordo prolationis" et une analyse fondée sur le "modus prolationis"; (c) l'incapacité relative des théories de l'engendrement du discours à articuler dans une même vue d'ensemble la nécessité des structures de la langue, la contingence des données de l'interlocution et la liberté des actes d'interprétation. Si chacun de ces déficits obère plus ou moins les théories de l'ambiguïté de champ proposées au XIIIe siècle par les logiciens "terministes", ce n'est, cependant, jamais au point que la thèse générale de la pertinence sémantique de la structure de surface des phrases y souffre d'inconvénients décisifs. De fait, chaque théorie proposée rend effectivement compte, à son niveau propre, des phénomènes qu'elle assume. Par ailleurs, et c'est ce point que nous voudrions ici souligner pour conclure, laissant à d'autres travaux le soin de poursuivre la critique spécifique de chacun des "trois déficits", l'unité de visée des sémantiques du XIIIe siècle compense largement la disparité, d'ailleurs souvent stimulante, des réalisations. De quelque façon qu'elle s'accomplisse, la sémantique terministe du XIIIe siècle a une intentention homogène: construire, grâce à l'analyse de sophismata, une logique naturelle capable d'expliciter à la fois la part de raisonnement que contient toute utilisation du langage naturel et la nature des contraintes langagières qui encadrent les opérations intellectuelles.Telle que la construit la littérature syncatégorématique et sophismatique, la Sprachlogik n'est ni une simple logique des actes de connaissance, ni une simple grammaire des formes énonciatives: son objet est à mi-chemin des "modi intelligendi" et des "modi significandi", c'est la "generatio sermonis" elle-même.L'objet de ce que nous avons appelé "la logique naturelle du moyen âge" est donc bien, tout à la fois, l'analyse des catégories logiques d'une langue, le latin, et celle des modèles de déduction qu'elle réalise ou permet de réaliser. Le présent travail aura donc atteint son but si, par exemple, il suggère au lecteur moderne que l'espèce de contradiction nouée entre ordre et mode de l'énonciation par des auteurs comme Sherwood, Bacon et Richard de Cornouailles est une contradiction dialectique, et qu'elle constitue, à ce titre, la première ébauche d'une réflexion systématique sur la rationalité du langage naturel, une logique, qui soit en même temps une linguistique, c'est-à-dire une sémantique du latin. Si l'on nous suit sur ce point, peut-être voudra-t-on aussi admettre avec nous que cette quadruple rencontre, exceptionnellement forte et féconde, de la logique formelle, de la linguistique, de la psychologie de la connaissance et de la théorie de l'interlocution, vaut bien, malgré ses "déficits", d'être appelée une "Philosophie du langage".

NOTES

1. Cf. M. Grabmann, Die Entwicklung der mittelalterlichenSprachlogik (Tractatus de modis significandi), in: Mittelalterliches Geistesleben, I, Münich: M. Hueber, 1926, p. 104-146 et du même: Thomas von Erfurt und die Sprachlogik des mittelalterlicher Aristotelismus, (Sitzungsberichte der Bayerischen Akademie der Wissenschaften, Phil.-hist. Abteilung, Jahrgang 1943, Heft 2), Münich: M. Hueber, 1943.

2. E.A. Moody, The Medieval Contribution to Logic, in: Studium generale 19 (1966), p. 443-452.

3. En fait, Grabmann avait essentiellement en vue la "grammaire spéculative" des Modistes. Dans tout ce qui suit, notre hypothèse est que la "logique terministe" constitue une alternative à la "grammaire modiste" au sein même de la Sprachlogik. Telle que nous l'entendons, la Sprachlogik a donc deux composantes: la logique naturelle des Terministes et la grammaire rationnelle des Modistes. Toutes deux ont en commun leur orientation vers le latin. Elles diffèrent par leur visée épistémologique ultime: syntaxique pour les Modistes, logico-linguistique pour les Terministes. Sur les Modistes, cf. essentiellement J. Pinborg, Die Entwicklung der Sprachtheorie im Mittelalter, (Beiträge zur Geschichte der Philosophie und Theologie des Mittelalters XLII, 2), Münster: Aschendorff-Copenhague: A. Hansen, 1967. Sur la logique des Modistes, cf. du même: Die Logik der Modistae, in: Studia Mediewistyczne 16 (1975), p. 39-97.

4. Sur ce point, cf. G. Fauconnier, Points de vue récents sur les rapports entre la logique et la grammaire, in: Langages 30 (1973), p. 20-30.

5. Pour ceci et pour tout ce qui suit, cf. G. Lakoff, Linguistics and Natural Logic, in: D. Davidson and G. Harman (eds.), Semantics of Natural Language, (Synthese Library 40), Dordrecht: D. Reidel, 1972, p. 545s.

6. G. Lakoff, Linguistics ..., p. 546.

7. Sur la "suppositio", cf. P.V. Spade, The Semantics of Terms, in: N. Kretzmann, A. Kenny and J. Pinborg (eds.), The Cambridge History of Later Medieval Philosophy, Cambridge (GB): The Cambridge University Press, 1982, p. 188-196. Cf. également S. Ebbesen, Early Supposition-Theory (12th-13th Century), in: Histoire Epistémologie Langage 3/1 (1981), p. 35-48. Sur les "sophismata" voir la contribution de N. Kretzmann, Syncategoremata, Exponibilia, Sophismata, in: The Cambridge History..., p. 211-245.

8. Cf. G. Evans, Pronouns, Quantifiers and Relative Clauses, in: M. Platts (ed.), Reference, Truth and Reality. Essays on the Philosophy of Language, Londres: Routledge and Kegan Paul, 1980, p. 255-317, notamment p. 256.

9. On jugera à ce point de vue de la différence entre médiévaux et modernes en consultant P.T. Geach, A Programm for Syntax, in: D. Davidson and G. Harman (eds.), Semantics of Natural Language, p. 483-497, notamment p. 488-489 où Geach fait apparaître l'ambiguïté de la phrase "Every man dies when just one man dies" en imaginant à quelles conditions elle pourrait être vraie: «This could be true (and was once, in this sense, a presumption of English Law) as denying the possibility of quite simultaneous deaths; in the other possible sense, it could be true only if there were just one man, so that his death was the death of every man.»

10. Pour un survol général, cf. par exemple: Pierre d'Espagne, Tractatus VII, ed. L.M. De Rijk, Assen: Van Gorcum, 1972, p. 89-184; bibliographies exhaustives (jusqu'en 1980) dans S. Ebbesen, Commentators and Commentaries on Aristotle's Sophistici Elenchi, (Corpus Latinum Commentariorum in Aristotelem Graecorum VII, 1-3), Leiden: E.J. Brill, 1981 (notamment tome 3, p. 281-333) et du même: The Way Fallacies Were Treated in Scholastic Logic, Paideia, sous presse.

11. Pierre d'Espagne, Tractatus VII; De Rijk 1972, p. 82,19-20. La tendance à ramener la diversité des modes de supposition à une diversité dans le mode de vérification des phrases —et donc aussi à définir les différents types de supposition à partir de la manifestation des causes de vérité— semble électivement liée au Modisme et à la logique modiste. Elle est, en tout cas, principiellement attestée dans les milieux parisiens ou continentaux (Toulouse, Montpellier) des années 1240-1260. Cf. notamment Guillaume Arnaud, Lectura Tractatuum, texte dans L.M. De Rijk, On the Genuine Text of Peter of Spain's Summule logicales, IV. The Lectura Tractatuum by Guillelmus Arnaldi, Master of Arts at Toulouse (1235-1244), in: Vivarium 7 (1969), p. 145: «Diversificatur suppositio secundum diversas causas veritatis ... Et sic sunt diversae suppositiones secundum diversos modos verificandi locutiones ... Et patet, quod diversitas seu divisio ... accipitur ... a parte verificandi locutionem.» Cf. également la définition de la "supposition déterminée" selon Bonaventure, I Sent. 4 1 1; Quaracchi 1882, p. 98a: «Terminus habens multitudinem suppositorum, sine distributione acceptus, stat pro illo, pro quo reddit locutionem veram.»

12. Cf. par exemple Nicolas de Paris, Syncategoremata, in: H.A.G. Braakhuis, De 13de Eeuwse Tractaten over Syncategorematische Termen, II, Nimègue: Krups Repro Meppel, 1979, p. 105, 10-14: «Dicendum, quod terminus communis positus post exclusionem potest duobus considerari: vel in comparatione ad praedicatum, et secundum hoc habet suppositionem, quam exigit praedicatum, vel in comparatione ad dictionem exclusivam, et sic habet simplicem suppositionem.»

13. Nous utilisons ici la nouvelle édition de C.H. Lohr, P. Kunze et B. Mussler: William of Sherwood, Introductiones in Logicam: Critical Text, in: Traditio 39 (1983), p. 219-299. Le "De suppositione" s'y lit aux p. 265-271.

14. La figure du Nat. Lat. 16617, fol. 14v, reproduite ici pour la première fois, ne semble pas de la main même du copiste des Introductiones. Elle n'est, curieusement, signalée par aucun des éditeurs du ms.

15. Voir par exemple l'analyse de "Some men love all women" par J.D. Mac Cawley, Everything that Linguists have Always Wanted to Know about Logic, Chicago: The University of Chicago Press, 1981, p. 88-89.

16. Sur l'hypothèse de Katz-Postal (développée dans An Integrated Theory of Linguistic Description, Cambridge (Mass.): The M.I.T. Press, 1964), cf. G. Fauconnier, Points de vue récents ..., p. 21-25.

17. Sur la différence entre (25.1) et (25.3), voir les analyses de "Everyone likes someone" et "Somenone is liked by everyone" par G: Lakoff dans Linguistics ..., p. 556-559, notamment p. 556, où la formulation de ce que l'on pourrait appeler la "contrainte de Lakoff" semble véritablement très proche des intuitions de Sherwood: «In my speech, though not in that of many other speakers, there is a constraint on possible pairs of logical forms and surface forms which says that when two quantifiers appear in the same surface clause, the leftmost quantifier must be the higher one in the logical form of the sentence. That constraint accounts for the difference in the meaning between "Everyone likes someone" and "Someone is liked by everyone". Voir également p. 628 pour une analyse quantificationnelle proche de la nôtre, i.e. $\forall x$ ($\exists y$ (LIKE (x,y))): "Everyone likes someone" et $\exists y$ ($\forall x$ (LIKE (x,y))): "Someone is liked by everyone".

18. Cette proposition est discutée par Guillaume de Sherwood, Syncategoremata, ed. J.R. O'Donnell: The Syncategoremata of William of Sherwood, in: Medieval Studies 3 (1941), p. 88; par la Dialectica Monacensis, ed. L.M. De Rijk, Logica Modernorum II, 2, Assen: Van Gorcum, 1967, p. 573; par Nicolas de Paris, Syncategoremata; Braakhuis 1979, p. 383.

19. Cf. Sherwood, Syncategoremata; O'Donnell 1941, p. 81,10-15; 81,15-16; 81,17-24; 84,47-85,1; 86,16-21; 87,16-25; 88,30-34; 89,17-22, etc.

20. Pour tout ceci, cf. Roger Bacon, Summa de sophismatibus et distinctionibus, ed. R. Steele, in: Opera Hactenus Inedita Rogeri Baconi, XIV, Oxford: The Clarendon Press, 1937, p. 174-192. Le premier groupe de questions est traité en 174-180, la deuxième question en 180-183, la troisième en 183-185.

21. Pour ces arguments, cf. Roger Bacon, Summa de sophismatibus ...; Steele 1937, p. 175,27-30; 175,31-33; 176,1-13; 176,19-24. On notera que le quatrième argument, fondé sur une intuition physique et ontologique plutôt que linguistique, est directement opposé à ce que nous avons appelé la "contrainte de Lakoff" et, par là même, à la vision Sherwoodienne de la signification de l'ordre des mots qui, au contraire de l'auteur de l'argument rapporté par Bacon, ordonne normalement la relation scopique dans le sens gauche-droite.

22. Cette notion extrêmement floue (soutenue, d'ailleurs à la fois, par Roger Bacon et par ceux qu'il s'efforce de réfuter) est superficiellement définie en Summa ...; Steele 1937, p. 176,32-33 comme l'"expression actuelle—ou l'actualisation expressive—de ce qui est conçu dans l'âme" ("expressio actualis illius, quod intelligitur in anima").

23. Summa ...; Steele 1937, p. 177,34-38: «Cum igitur unum sub una generatione sermonis potest praecedere et retinere supra se virtutem alterius et ad id adiacere in alia generatione et influere virtutem suam supra reliquam, potest competenter distingui, quod unum includat aliud, vel e contrario.» Si l'on comprend bien, la théorie mentionnée par Bacon veut qu'une même phrase puisse être "ordonnée" de différentes façons. Mais s'agit-il bien de la même "phrase"? Une autre "generatio sermonis" ne donne-t-elle pas tout simplement une autre phrase? L'absence d'une distinction précise entre "ordinatio" et "generatio" (pourtant esquissée en 176,29-30) et l'absence, corrélative, d'une distinction entre phrase, énoncé et proposition se font ici cruellement sentir. Dans la suite du texte, en revanche, exposant sa propre théorie, Bacon distingue trois sortes d'"engendrement du discours": mental ("in mente"), verbal ("pronuntiatione") et écrit ("in scripto"). A partir de là, le problème horizontal de l'inclusion entre constituants de la forme de surface peut être traduit dans les termes plus efficaces d'une relation verticale entre différentes sortes d'engendrements. Sur ce point cf. Summa ...; Steele 1937, p. 180,23s.

24. Pour tout ceci, cf. N. Kretzmann, William of Sherwood's Introduction to Logic, Translated with an Introduction and Notes, Minneapolis: The University of Minnesota Press, 1966, p. 128-129, notes 88s.

25. Guillaume de Sherwood, Introductiones 5.3.5; Lohr-Kunze-Mussler, p. 274,91-97.

26. Le texte des Abtractiones Magistri Ricardi Sophistae est cité ici d'après le ms. Paris, Nat. Lat. 14069. La discussion de (30) et de ses équiformes se lit au fol. 26vb. Sur Richard de Cornouailles, cf. J. Pinborg, Magister Abstractionum, in: Cahiers de l'Institut du Moyen Age grec et Latin 18 (1976), p. 1-4; A. de Libera, La littérature des Abstractiones et la tradition logique d'Oxford, in: O. Lewry et J. Ashworth (eds.),

The Rise of British Logic, Acts of the 6th European Symposium on Medieval Logic and Semantics (Oxford, Balliol College, Juin 1983), Toronto: The Pontifical Institute of Medieval Studies, sous presse.

27. Pour tout ceci, cf. ms. Paris, Nat. Lat. 14069, f. 26ra-b.

28. Cf. Sherwood, Syncategoremata; O'Donnell 1941, p. 51.

29. On voit ici clairement que la théorie baconienne de la "generatio sermonis" tire son origine de la distinction boècienne des trois genres de propositions: intelligibles ou mentales, prononcées, écrites. Cf. Roger Bacon, Summa ...; Steele, p. 180,23-28. Outre Boèce (Commentarii in librum Aristotelis ΠΕΡΙ ΕΡΜΗΝΕΙΑΣ pars prior versionem continuam et primam editionem continens, ed. C. Meiser, Leipzig: Teubner, 1877, p. 40,15-22) et Aristote (De interpretatione 1, 16a3-8), cf. l'arrière-plan d' Augustin, De Trinitate XV 10 18-XV 11 20; Bibliothèque Augustinienne 16, p. 467-477.

30. On lira une analyse plus fouillée de cette question dans A. de Libera, Référence et champ: la théorie médiévale de l'"inclusio", in: L. Danon-Boileau et A. de Libera (eds.), La référence, Actes du Colloque de Saint-Cloud (Ecole Normale Supérieure de Saint-Cloud, Novembre 1984), à paraître.

31. Roger Bacon, Summa ...; Steele 1937, p. 184,14-22.

32. Cf. Sherwood, Syncategoremata; O'Donnell 1941, p. 74,45-75,11.

33. Cf. A. de Libera, Référence et champ ..., à paraître. Pour une analyse différente du même texte, cf. K. Jacobi, Die Modalbegriffe in der logischen Schriften des Wilhelm von Shyreswood und in andern Kompendien des 12. und 13. Jahrhunderts, (Studien und Texte zur Geistesgeschichte des Mittelalters 13), Leyde-Cologne: E.J. Brill, 1980, p. 244.

34. Roger Bacon, Summa ...; Steele 1937, p. 185,13-15.

35. Cf. G. Evans, Pronouns, Quantifiers and Relative Clauses, p. 263-295 et du même: Pronouns, in: Linguistic Inquiry II,2 (1980), p. 337s.

36. Herveus Brito (Herveus raucus) est l'auteur d'un recueil d'Abstractiones qui constitue vraisemblablement le pendant parisien des Abstractiones oxoniennes de Richard de Cornouailles. Cette oeuvre est conservée dans le ms. Paris, Nat. Lat. 15170, fol. 48va-52va. Les sophisma "Socrates vult esse talis qualis est Plato" est analysé au fol. 49rb. Nous publierons bientôt une édition intégrale de ce traité.

37. Cf. G. Evans, Pronouns, Quantifiers and Relative Clauses, p. 275.

38. Cf. G. Evans, Pronouns, p. 339.

39. G. Evans, Pronouns, ibid., notamment: «If the prounoun is to be bound by the quantifier phrase, "few congressmen", then its scope must extend to the second conjunct, and the sentence would be interpreted as meaning that few congressmen both admire Kennedy and are very junior. But it is not the interpretation naturally placed upon (41).»

40. Roger Bacon, Summa ...; Steele 1937, p. 185,3-5.

41. Le texte de Lambert est cité ici d'après le ms. Cambridge (Mass.), E.T.S. Library 240, fol. 47ra-b. Sur Lambert, cf. A. de Libera, Le Tractatus De appellatione de Lambert de Lagny (Lambert d'Auxerre), in: Archives d'Histoire Doctrinale et Littéraire du Moyen Age 48, année 1981, Paris, 1982, p. 277-285.

42. Cf. Sherwood, Syncategoremata; O'Donnell, p. 50,40-41

43. Nous citons ici directement le ms. Oxford, Bodleian Library, Digby 204, fol. 88rb, le texte que nous suivons n'étant pas transcrit dans l'ouvrage de H.A.G. Braakhuis, De 13de Eeuwse Tractaten ..., I.

44. Dialectica Monacensis; De Rijk 1967, p. 572,38-573,10.

45. Cf. ms. Paris, Nat. Lat. 15170, fol. 48va.

46. Cf. ms. Paris, Nat. Lat. 14069, fol. 28ra.

47. Les Syncategoremata Monacensis ainsi que les Syncategoremata de Robert Bacon, Nicolas de Paris et Pierre d'Espagne sont cités d'après l'édition ou les extraits donnés par H.A.G. Braakhuis, De 13de Eeuwse Tractaten ..., I et II. Ceux de Sherwood sont cités d'après O'Donnell.

48. Pour tout ce qui suit, cf. Nicolas de Paris, Syncat.; Braakhuis II, p. 138-168; Robert Bacon, Syncat.; Braakhuis I, p. 165-167; Syncategoremata Monacensis; Braakhuis I, p. 97; Sherwood, Syncat.; O'Donnell 1941, p. 60-63.

49. Pour tout ce qui suit, cf. Nicolas de Paris, Syncat.; Braakhuis II, p. 90-128; Robert Bacon, Syncat.; Braakhuis I, p. 148-152; Syncategoremata Monacensis; Braakhuis I, p. 95-96; Sherwood, Syncat.; O'Donnell 1941, p. 64-69; Pierre d'Espagne, Syncat.; Braakhuis I, p. 270-276.

Personenregister